예배,
소중한 하늘 보석

: 급변하는 시대를 위한 예배 신학 탐구

예배, 소중한 하늘 보석
: 급변하는 시대를 위한 예배 신학 탐구

초판 1쇄	2017년 2월 27일
지은이	마르바 던
옮긴이	김운용
펴낸이	김현애
펴낸곳	예배와 설교 아카데미
주　소	서울특별시 광진구 광장로5길 11-4
전　화	02-457-9756
팩　스	02-457-1120
홈페이지	www.wpa.or.kr
등록번호	제18-19호(1998.12.3)
디자인	디자인집 02-521-1474
총판처	비전북
전　화	031-907-3927
팩　스	031-905-3927
ISBN	978-89-88675-67-0

값 29,000원

• 잘못 만들어진 책은 교환해 드립니다.

Reaching
Out
Without
Dumbing
Down

예배,
소중한 하늘 보석

급변하는 시대를 위한 예배 신학 탐구

마르바 던 저 | 김운용 역

본서는 다음 분들에게 헌정합니다.

시대의 흐름에 저항하면서 더욱 신실하게 예배하려는 예배 사역자들,

새 술은 새 부대에 담아야 한다는 필요성을 이해하는 교사들,

우리의 거룩한 공간으로 세상을 초대하려고 애쓰는 목회자들,

흥분되는 일보다 더한 것을 기대하는 예배자들,

생존을 위해 몸부림치는 성도들,

예배에 참여하기를 정말 좋아하는 어린이들,

교회 안에서 삶의 진정한 의미를 찾으려고 하는 청소년들,

믿음 가운데 자녀를 양육하여 바로 세우기를 원하는 부모들,

하나님께 더 놀라운 영광을 올려드리기 위해

노래하고 악기를 연주하는 음악가들,

중요한 내용과 일치하는 새로운 음악 형식을 만들어내기 위해

애쓰는 작곡가들,

말씀 가운데서 새로우면서도 오래된 보석을 찾아내려고 애쓰는 설교자들,

점점 쇠퇴해 가는 우리의 현재 문화에 대해 깊이 연구하는 사상가들,

그리고 무엇보다도 그의 곁에 있기만 해도

우리 삶의 기쁨을 노래하도록 만들어준

나의 예배 파트너인 마이어런(Myron)에게

이 책을 바칩니다.

목차

서문/ 마틴 마티   11

역자 서문   17

1부 우리의 문화와 교회의 예배

1장 정말 이 책이 필요한 이유   27
    현대 사회의 상황: "위험에 처한 마음"   32
    교회의 사명: 하나님 경배와 그리스도인의 품성 함양   35
    교회 안에서의 위험에 처한 마음과 품성: 세상 권세의 작용   39
    본서의 과제   40

2부 우리의 예배를 '둘러싸고 있는' 문화

2장 기술과학문명, 베이비부머, 포스트모던 문화 '안으로'   51
    내부, 외부, 전복적인!   51
    텔레비전 시대   54
    기술과학사회   64
    베이비부머들   73
    포스트모더니즘   80

3장 현대 문화의 우상숭배 '밖으로'   87
    효율성의 신   96
    돈에 대한 우상숭배   101
    "전에 우린 이렇게 해 왔어요"의 우상숭배   105

대리적 주관주의의 하나님과 '유명인'에 대한 우상숭배	106
경쟁의 신, 그리고 숫자와 성공이라는 우상숭배	113
권력이라는 우상숭배	115
교회 안에서 권세의 작용	116
교회 안에 존재하는 죽음의 세력	119

4장 뒤집기: 전복적 행위로서의 예배	123
전통과 종교개혁	125
진리와 사랑	128
사회적 변화와 문화대항주의	142
사고와 감정	144

3부 예배의 문화

5장 예배의 중심이신 하나님: 예배는 누구를 위해 드리는가?	155
예배의 주체이신 하나님	156
예배의 대상이 되시는 하나님	163
예배의 중심이신 하나님 상실	168

6장 믿는 자들의 우아한 품성: 콘텐츠를 가졌는가, 혹은 콘텐츠가 되고 있는가?	211
사람들은 하나님의 방법이다	212
현대 사회와 예배 가운데 존재하는 나르시시즘	214
도덕적 권위에 대한 갈망	226
품성 형성에 대한 양육	230
기억된 전통	237

목차

스타일이 아니라 본질	241
사람들이 더 원하고 필요로 하는 것	245

7장 그리스도인 공동체인 교회의 품성: 무엇이 위기에 처해 있는가? … 253

예배 공동체는 머리되시는 그리스도께 달려 있다	254
공동체에 해가 되는 문화적 나르시시즘	256
민주주의, 공적 견해, 그리고 혼합주의	262
공동체의 삶	269
공적 초청으로서의 예배	271
믿음의 유산	273
교회의 전통과 창조성	279
믿음 전달하기	286
진정한 공동체를 위해 필요한 변증법	294
공동체에 영향을 미치는 장신구	297
다가가는 공동체: 찬양하고 믿음을 설교할 용기	302

4부 우리의 예배 '안에' 존재하는 문화

8장 아이를 목욕물과 함께 버릴 것인가, 아니면 깨끗한 옷을 입힐 것인가: 예배 음악 … 313

나쁜 질문들: 희생양, 견해, 찬양 사역자들	314
예배 음악의 주체와 대상이신 하나님	321
성도들의 품성의 형성	330
기독교 공동체 형성	335
스타일의 다양성	339
매체와 메시지	345

스타일을 묻는 질문들	356
타당성	361
음악적 가치	369
찬양대를 위한 목표들	379

9장 예배가 우리 자신을 죽이도록 해야만 한다: 설교 387

설교의 주체이자 대상이신 하나님	389
성도들의 품성 양육하기	394
그리스도인 공동체의 형성	399
목회자의 동기와 목표	405
신학적 중심의 상실	415
믿음의 언어	431
어린이를 위한 설교	440
신학자들의 공동체	444

10장 스토리 가운데서 우리 자리 발견하기: 의례, 예전, 예술 451

주체로서의 하나님	454
성도들의 품성 형성	464
기독교 공동체에 속함과 육성	467
스토리 안에서 우리의 자리	474
시편, 기도, 신조의 활용	482
교회의 성례전적 삶	487
침묵	493
의례 제스처와 자세	496
예술, 건축, 상징과 이콘들	499
기독교 공동체의 예전적 예배	509

목차

5부 문화를 위한 예배

11장 무기력해짐이 없이 다가가기 — 517
- 교회 성장의 "어두운 면" — 517
- 무기력해지지 않고 다가가기 — 519
- "잃어버린 영혼들" 돌보기 — 521
- 맹목적인 숭배들 — 525
- 예배는 전복적이 되어야 한다 — 528
- 하나님을 만나는 예배는 영원한 매력이다 — 531
- 품성을 형성하는 예배가 지속적인 매력을 가진다 — 535
- 공동체를 세우는 예배가 지속적인 매력이다 — 538
- 교회는 세상에 책임이 있다 — 541
- 복음을 위한 열정 — 544

12장 교회의 최악의 적은 교회가 될 수 있다: 그것이 다시 일어날 것인가? — 551
- 미국에서 불신앙의 진원 — 551
- 그것이 다시 일어날 것인가? — 561

부록: 교회의 역사적 예전 가운데서 가진 일련의 어린이 설교 — 567
참고문헌 — 573

서문

기독교 예배 인도자인 '우리'는 왜 그렇게 형편없이 예배를 인도하는가? 너무 평이하고, 서투르며, 틀에 박힌 예배 가운데 서 있으면서 유명 작가인 애니 딜라드(Annie Dillard)는 많은 사람의 마음에 깊이 담아야 할 한 가지 질문을 던진다.

2천 년 동안 계속해 온 예배를 드리면서 '우리'는 6주 후 있을 연극 리허설을 하고 있는 고등학교 연극반의 단원들이 하는 것만큼만이라도 그렇게 예배를 드릴 수는 없는 것일까? 사실 드라마와 예배는 고대 어원이 동일한 뿌리를 가지고 있기는 하지만 예배는 단지 리허설이 필요한 연극은 아니며, 또한 고등학교 연극반의 연극이 예배는 아니지 않는가? 그러나 기도와 경배, 찬양과 예전적 행동, 설교와 성례전으로 구성된 예배에 참여하는 사람들은 너무 지루한 예배에 당혹해하며 비틀거리고 투덜대면서 견디는 예배를 드려야만 할 때가 종종 있다. 이것은 하나님이 찬양을 받으시는 그런 예배가 아니며, 예배자들이 무한정 그렇게 참아내며 예배의 자리에 나아와 줄 것이라고 기대하기도 어렵다.

마르바 던은 오늘 예배 현장에서 지금 무엇이 잘못되고 있는지를 잘 알고 있기 때문에 예배자들이 그것을 바로 이해할 수 있도록 할 뿐만 아니라 예배 인도자들이 어떻게 그 사역을 잘 감당할 수 있을지를 도울 수 있는 예배 매뉴얼과 같은 책을 써 왔다. 예배 매뉴얼, 그 표현은 마음에 그렇게 큰 울림을 주지 않는다. 그는 "무기력하게 됨이 없이 다가가기"라는 아주 재미있는 제목으로 힘차게 다가와 우리의 관심과 마음을 묶어 놓았다. 앞서 나온 그의 7권의 책을 이미 읽은 사람들은 잘 알고 있겠지만 마르바 던의 글쓰기 스타일은 여기에서도 우리를 실망시키지 않는다. 그는 이 책의 각 장 제목을 통해 우리의 관심을 끌어 모으면서 언제나 독자들이 멀리 가지 않도록 만들고 그 주제로 깊이 들어오도록 붙잡아 두고는 한다. 이러한 장르를 다루는 다른 많은 책들이 있지만 독자들에게 '그럼 어떻게'(how to)의 관점을 제시하는 데에는 실패하고 있음을 보았기 때문에 그가 그런 역할을 잘 수행하고 있음이 더욱 귀하게 여겨지고, 본서를 실질적인 '매뉴얼'이라고 강조한 것도 그 때문이다.

여러 측면에서 볼 때 본서는 '그럼 왜'(why to)를 다루는 책이다. 오늘날 마치 경쟁력 있는 어떤 대안이 있는 것처럼 말을 하지만 예배 공동체를 고양시키지 못하고 있는 상황에서 예배를 무기력하게 만들지 않으면서 현대인들에게 어떻게 다가갈 수 있을 것인가에 대한 분명한 인식이 없이는 예배 개선에 대한 책을 쓸 수 있는 사람은 없다. 마르바 던은 그의 분명한 인식을 잘 보여주며 제시된 대안에 대해 아주 생생한 설명을 제공하고 있다. 마치 오늘의 시장의 판도를 정확하게 분석하여 제시한 연구물과 같이 근대 후반기를 보내는 사람들을 위해 쇼핑몰과 시장, 공연장과 유흥을 제공하는 곳에서 시각, 청각, 후각, 의도와 분위기, 그리고 아우라 등을 생산, 재생산하는 방식을 명확하게 분석한다. 예배 연구에 있어서 이러한 형식을 주장하는 사람들 가운데 대부분은 예배자가 본질적으로 '놀이하는 인간'(homo ludens)이라는 강점을 제대로 부각시키지 못하고 있다. 그러나 마르바 던은 긍정적인 의미에서의 놀이가 아니라 "나를 제발 좀 즐겁게 해 주세요"라는 형식을 취하는 그것을 부정적 의미로 사용한다. 사람들에게 매력적인 것이 되게 하여 그들을 끌어들이려는 방식은 종종 잘못될 수밖에 없는데 왜 그것들이 괜한 헛수고가 되며 시간만 낭비하게 되는지는 정확하게 보여주지 않으면서 그런 주장만 늘어놓기 때문이다.

　나와 별로 연관성이 없고 늘 반복되는 것 때문에 예배를 몹시 지루하게만 느끼는 사람들이나 거기로부터 고립되어 있는 사람들, 그것에 대해 깊은 실망감을 가지고 있는 사람들에게는 그런 예배 형식이 좋다고 생각할 수 있다는 것도 부인할 수 없는 사실이다. 보편적인 교회는 모든 유형의 성도들과 활동가들을 다 포용할 수 있어야 하며, 오늘의 흐름과 관련하여 가끔 성찬식을 갖는 교회에서는 더 자주 가질 수 있어야 한다. 소위 '현대적' 예배라고 불리는 예배 스타일을 전적으로 추구하는 사람들은 완벽한 주차 시설을 갖추어 놓고, 오늘 참석인원은 몇 명인지 늘 분주하게 사람 숫자를 세는 일에 주력한다. 그들은 유럽의 거대한 대성당이 거의 텅 비어 가고 있다는 점과 미국의 로마 가톨릭교회와 개신교 주요 교단의 많은 교회들의 예배 참석자가 점점 줄어들고 있다는 사실을 지적하고는 한다. 그러나 그들은 수많은 복음적인 교회들은 그렇지 않다는 사실을 간과하고 있다. 시장의 취향을 예배에 잘 반영하려고 시도하는 사람들이 늘 자랑스럽고 만족스럽게 생각하는 것이 우리에게는 마치 아침잠을 깨우는 자명종과 같이 귀찮지만 필요하기도 한 것으로 작용한다. 마르바 던은 그것을 잘 알고 있고 이 책에서 그러한 사실을 잘 보여주고 있다.

그러나 저자는 그러한 예배에 있어서 하나님은 어떤 분이고, 예배가 무엇을 의미하며, 예배 가운데서 사람들을 기본적으로 어떻게 이해해야 할 것인지와 관련하여 예배에 대한 기본적인 확신이 잘못되었다고 믿고 있으며, 왜 그런지를 잘 보여준다. 아주 탁월하고 적절하게 지적하고 있는 일련의 장에서 저자는 품성(character)에 대해 다룬다. 하나님의 품성, 성도의 품성, 교회의 특성(품성)에 대한 내용을 포함한다. 이러한 저자의 묘사에 대해서 동의하지 않는 사람은 누구나 그것에 대항할 수 있는 성경적 증거를 제시하려고 해야 할 것이며, 그것에 대한 내용으로 '대안적 예배'에 대해서 생각하는 사람도 그리해야 할 것이다.

동시에 마르바 던과 함께 "대안적 예배에 대한 대안"(이것은 내 친구가 교회를 홍보하는 내용에 나오는 표현인데)을 추구하는 사람은 자주 머물러 있었던 그 기초를 보다 견고하게 할 필요가 있다. 각 장에서 저자는 그러한 기초를 제시한다. 그의 평가에는 언제나 건설적인 대안이 뒤따르고 있음을 알 수 있다. "입에 재갈을 물려 쓰러뜨리는 것"(dumbing down)에 대해 글을 쓰는 사람은 누구나 이미 확신하고 있는 것에 대해 쉽게 안주할 수 있다. 왜 그렇게 많은 시장을 고려한 현대 스타일들이 진부하며, 사소하고, 단명하며, 무기력하고, 무감각한지를 예술 애호가들은 거의 보여주지 못한다. 그러나 마르바 던이 무기력하게 만드는 요인에 대한 설명을 제시하고 있다면 우리는 "당신은 지금 회중에게 설교하고 있군요"라고 말하고 싶은 생각이 들 것이다. 혹은 "무기력하게 만드는 것에 대한 아주 뛰어난 글을 썼다고 생각할 수 있지만 그런 종류의 모든 책과 함께 당신은 지금 우리 시간만 낭비하고 있어요"라고 말하고 싶을 수도 있다.

그러나 그렇지 않다. 이 책은 어떻게 하면 '다가갈 수 있는지'를 향해 '다가가고 있는' 책이다. 저자는 독자들이 미리 예단하면서 속물근성 때문에 그렇게 단정하고 싶어 한다는 가정으로부터 시작하지 않는다. 현대적, 대안적 예배를 증진시키고 있는 사람들은 분명히 잘못된 의도를 가지고 있다거나 그들에게는 이제 더 이상 할 말이 없다는 식으로 말하지 않는다. 저자는 왜 예배자들이 복음을 전하는 사람이 되는 것이 긴급하며, 예배 가운데 초청하려고 하는 사람들이 그러한 초대를 왜 받아야 하는지, 새로 교회에 오는 사람들, 방문자들, 그리고 심지어는 교회를 보러 오는 사람들도 편안하게 집에 온 느낌을 받게 해야 하는지를 보여준다. 일단 하나님의 집에 온 사람들이 내 집처럼 편안함을 느끼게 되면 그들이 단지 예배에서 무슨 즐거움을 추구하고 마음의 안정을 찾는 것에 최종 목적을 두지 않기를 저자는 원하고 있다. "예배는 우리를 죽일 수도 있다." 예배는 하나님과 예배를 일용품 정도로 만들어 버리는 문화의 '특성'(character)에 대해 대항하는 방향으로 나아가야 한다. 그 문화는 어떤 놀라움은 사라지고 아주 다정함과 소탈함의 관점에서 하나님과 인간을 생각하는 경향을 취하게 되며 사람을 묶어놓고 무기력하게 만드는 문화의 속박으로부터 예배자들을 결코 해방시킬 수 없게 된다.

독자들은 이 책이 단지 두 종류의 부류를 다루고 있는 것이 아니라는 점을 주목해야 할 것이다. 첫째, 모든 이에게 잘못되어 있는 것이 무엇이며, 둘째, '우리'는 어떻게 모든 것을 바르게 만들 것인가를 다루고 있지 않다는 점이다. 어떤 점에 있어서 이 두 가지 주제는 함께 연결되어 있다. 각 장에는 분석과 제안된 해결책이 제시되고, 진단과 가능한 해법이 제시되며, 설명과 처방이 제시된다. 이것은 단순한 책이 아니라 "우리 자신을 죽일 수도 있는" 예배 그 자체를 다루는 책이다. 이 책의 저자는 서로 싸우는 그리스도인 공동체를 도와 치유하려고 하며, 혼자 중얼거리는 사람을 바르게 하며, 은혜가 주어지기 전에 필요한 실재로서 심판을 암시하였던 말씀과 소리, 보는 것을 통해 하나님께서 인간을 친히 만나시는 그 장소로 비틀거리는 사람을 인도해 가려고 한다. 그것이 이 책을 통해 효과적으로 일어날 수 있게 되기를 바란다.

마틴 마티(Martin E. Marty)

역자 서문

주께서 명하신 기억 공동체를
견고히 세워가기를 바라는 마음으로

　마음먹었던 일이 한참의 시간이 지난 다음에야 이루어지는 경우도 있습니다. 바로 이 책의 경우가 그렇습니다. 오래전 이 책이 처음 나왔을 때 한국교회에 꼭 필요한 책이라는 생각이 들어 번역할 마음을 가졌는데 누군가가 판권을 이미 가져갔다는 출판사의 이야기를 듣고 마음을 접었던 적이 있습니다. 한참의 시간이 지났지만 책이 나오지 않아 알아보았더니 아마도 번역 작업을 하지 못한 듯합니다. 그래서 거의 20년만에야 이 일을 이루게 되었습니다. 좋은 책은 시간이 지나도 여전히 묵은 술과 같이 그 맛을 더하게 되는데, 본서도 바로 그런 책이기에 2016년 연구학기를 지내면서 본격적인 번역 작업을 시작하여 마무리하게 되었습니다.
　본서는 『고귀한 시간 낭비』(이레서원)와 함께 마르바 던의 쌍벽을 이루는 예배학 책입니다. 사실 본서가 먼저 출간이 되었는데 한국어로는 두 번째로 소개되는 셈입니다. 마르바 던은 미국 인디애나 주의 노틀댐 대학교에서 박사학위를 받았고 캐나다 벤쿠버의 리젠트칼리지(Regent

College)에서 예배학과 영성신학을 오랫동안 가르쳤습니다. 망막 이상으로 한쪽 시력을 상실하고, 홍역 바이러스로 인한 여러 질병과 장애를 안고 평생을 달려오면서도 루터교 목사로서 교단의 예배 연구와 세미나 인도 등 왕성한 저술과 강연 활동을 계속해 왔으나 최근 건강 악화로 대부분의 활동을 중단하였다는 안타까운 소식을 듣습니다. 한국어판 서문을 부탁하기 위해 연락을 드렸을 때 한국어판 출판을 크게 기뻐하면서도 누군가의 도움을 받아야만 가능한 일이라 건강문제로 응하지 못하게 됨에 대해 양해를 구해왔습니다.

본서는 예배가 무엇이며, 우리가 예배하는 대상은 누구이고, 예배에 담아내야 할 내용이 무엇인지에 대해 탁월한 제시를 하고 있습니다. 또한 오늘의 문화 속에서 예배는 어떤 도전을 받으며 위협을 당하고 있는지를 깊이 간파하면서 예배신학적인 통찰력을 제시해 줍니다. 특별히 포스트모더니즘과 커뮤니케이션 환경의 변화, 소비자 중심주의와 새로운 세대의 출현 등은 예배의 모든 것을 변질시킬 위기 현상을 양산하고 있음을 감지하면서 오늘을 사는 예배자들과 예배 사역자들에게 깊은 깨달음을 제시합니다. 그의 예배학적 관심은 현대 예배자들의 삶의 자리인 문화적 상황에서 시작하여 예배의 진정한 본질(essence)을 추구할 수 있도록 독자들을 예배학의 숲으로 초청합니다.

그에게 있어서 예배는 그 무엇보다도 소중한 하늘이 주신 보석이며, 교회와 그리스도인들은 시대적 상황과 상관없이 그것을 지켜내야 할 책무이자 사역입니다. 급변하는 시대에서 어떤 예배 형태를 취하여야 할지 각기 다른 주장을 펼치면서 개신교회는 '예배 전쟁' 상황으로 치닫고 있으며 그로 인해 예배 현장에는 많은 혼란을 야기하고 있습니다.

'모든 것을 무기력하게 만드는 상황'에서 저자는 예배를 보존하고 세상과 소통하기 위한 예배의 본질을 추구하면서 예배 공동체인 교회와 그리스도인들의 품성을 어떻게 형성해 가야 할지를 제시하고 있습니다.

본질적으로 교회는 기억 공동체라는 특성을 가집니다. 모든 것이 위기로 치닫고 있는 상황에서 그리스도인의 공동체인 교회는 하나님께 드리는 경배를 어떻게 지켜낼 것이며, 그러한 사역을 위해 그리스도인의 품성을 어떻게 함양해야 할지에 대한 사명을 가집니다. 예배 공동체인 고대 이스라엘과 신약의 교회는 부단히 하나님이 어떤 분이며, 어떻게 그분을 섬겨야 할지를 명확하게 기억하며 그것을 수행해야 할 사명을 부여받습니다. 하나님께서는 구속의 은총과 인도하심을 허락하시고, 그들에게 새로운 땅(가나안)을 선물로 주신 다음 그들에게 기억 공동체를 명하셨습니다. 생각하고 생각하라고, 기억하고 기억하라고 명하셨습니다. 그들에게 기억하는 일은 의무였습니다.

그러나 세상과 현대 문화는 혼동과 망각을 부추깁니다. 누가 주인이시고, 누가 은혜를 베푸셨는지, 또한 우리가 누구인지를 기억하지 못하게 만들며 혼동에 빠뜨립니다. 포스트모더니즘의 흐름은 절대 주권자인 그분을 부정하게 만들고, 소비자 중심주의는 자신의 만족을 추구하게 만들면서 자신이 마치 주인공인 것처럼 부추깁니다. 나를 기쁘게 하지 못하고 만족시키지 못하는 모든 것은 잘못된 것이라고 부추깁니다. 그러면서 예배와 관련된 모든 것을 전복시키고(upside down) 무기력하게(dumbing down) 만들면서 그 본질을 변질시킵니다. 예배의 무기력은 교회의 무기력으로 이어지게 되고, 예배의 변질은 교회의 변질로 이어지게 합니다.

계몽주의 이래 과학적인 사고를 추구하고 인간 영혼의 해방을 추구하는 현대성은 과거와 전통이 가져오는 기억들에 대해 유해한 억압교회 안에 수많은 기억상실과 무기력을 양산합니다. 월터 브루그만이 말한 대로 "하나님의 뜻에 저항하기 위해 조직된 세상" 속에 몸을 담고 살아가면서 예배 공동체인 이스라엘은 과거를 잊어버렸고, 야웨를 잊어버렸으며, 그들 자신과 자신들의 역사, 정체성, 신앙, 소명을 잊어버렸고, 자신들의 존재이유(raison d'etre)를 잊어버렸습니다. 기억상실을 부추기는 그러한 상황에서 예언자들이 재건해 가는 예배 공동체는 세상의 흐름과 문화에 대한 저항의 공동체였으며, 기억하기 위한 몸부림을 계속해 갑니다.[1] 이사야, 예레미야, 에스겔, 느헤미야, 에스라 등은 예배 공동체를 세우기 위해 피토하듯이 말씀을 전하고 예배 공동체를 새롭게 세워가려는 노력을 계속했을 때 그곳에는 과거와는 전혀 다른 "기이한 공동체"가 세워지고 있습니다. 그 공동체는 하늘과 땅의 주인이 야웨 하나님이심을 새롭게 고백하며, 절기를 회복하고, 하늘의 찬양과 순종 속에서 그들의 정체성을 견고한 언약 위에 새롭게 세워갑니다(에 9장 참조).

문득 문정희 시인의 시가 떠오릅니다. "한 사람이 떠났는데/ 서울이 텅 비었다/ 일시에 세상이 흐린 화면으로 바뀌었다/ 네가 남긴 것은/ 어떤 시간에도 녹지 않는/ 마법의 기억/ 오늘 그 불꽃으로/ 내 몸을 태운다."[2] 한 사람이 떠났는데 세상이 텅 비었답니다. 일시에 흐린 화면

---

[1] Walter Brueggemann, *Biblical Perspective on Evangelism* (Nashville: Abingdon Press, 1993), 3장 참고.
[2] 문정희의 시, "기억" 전문.

으로 바뀌었답니다. 내 생의 전부가 되시는 그분이 남긴 기억은 무엇에 의해서도 잊혀질 수 없는 "마법의 기억"이랍니다. 그 기억하는 일을 위해 불꽃처럼 나 자신을 태워야 한다고 외치는 시인의 외침이 가슴에 깊이 와 닿습니다. 그렇습니다. 예배 사역자들에게는 그런 사명이 주어졌습니다. 그래서 추리소설 작가인 미야베 미유키가 그의 소설, 『모방범』에서 이렇게 주장합니다. "기억, 기억, 기억. 인간이라는 존재는 기억으로 만들어져 있다. 수많은 기억을 얇은 피부 한 장으로 감싸고 있다. 그것이 인간이다."[3] 기억을 통해 만들어진 존재이지만 얇은 피부 한 장으로 감싸고 있어 인간은 그것을 상실할 수 있음을 참 놀랍게 표현합니다. 예배 사역은 계속해서 누가 주인이며 우리가 경배하고 섬겨야 할 분이 누구인지를, 우리는 지금 무엇을 하고 있으며 우리가 무엇을 해야 하는지를 깨우쳐 주는 일입니다. 잊었던 기억을 되살리며, 그들을 바로 하나님 앞에 세우는 일이 예배 사역입니다. 그런 점에서 마르바 던은 본서를 통해 혼란 가운데 있는 개신교회의 예배 신학을 바로 세우는 데 큰 역할을 수행하고 있습니다.

새로 책을 출판할 때마다 늘 생각이 나고, 미안한 마음을 갖게 하는 이들은 사랑하는 가족입니다. 연구학기로 모처럼 온 가족이 함께 모인 기간에도 본서 번역을 위해 시간을 쏟고 있을 때 늘 이해하는 마음으로 격려를 아끼지 않은 아내 박혜신 님과 보석과 같은 세 자녀(한솔, 한결, 한빛)에게 고마운 마음을 전하고 싶습니다. 특별히 큰 아이는 이 책의 번역 작업을 마무리하고 있을 때 오랜 기도와 망설임 끝에 사역자

---

[3] 미야베 미유키, 양억관 역, 『모방범』 (서울: 문학동네, 2012).

의 길을 걷기로 마음에 결심을 하고 아빠가 공부했던 학교(Columbia)에서 신학 공부를 시작하였습니다. 그는 계속해서 예배학의 원시림에 대해 질문을 해 왔고, 본서의 핵심 내용을 가지고 함께 대화하는 기쁨이 컸습니다. 부디 사랑하는 아들이 일생 예배의 감격과 영광에 사로잡혀 살아가는 예배자가 되길 바라고, 이 혼동의 시대에 예배를 바로 세워가려는 열정을 평생 불태워가기를 바라는 마음입니다. 무엇보다 본서의 출판과 교정을 위해 수고해 주신 김현애 목사님과 윤혜경 전도사님의 도움이 컸습니다. 두 해째 본인의 강의 조교로 일하고 있는 전성령 전도사님은 참고문헌 정리 작업을 위해 많은 수고를 아끼지 않았습니다. 깊이 감사를 드립니다.

    예배와 관련된 많은 것을 무기력하게 만들고 하찮은 것으로 만들어 가고 있는 오늘의 시대에 우리는 그러한 흐름에 저항하며, 예배는 교회와 그리스도인들에게 주신 가장 소중한 하늘의 보석이라고 외치며, 그 소중한 보석을 지켜나가야 할 책무를 새롭게 인식하게 됩니다. 본서를 통해 우리 시대에도 예배 사역이 더 힘차게 세워져 갈 수 있기를 비는 간절한 마음으로, 우리의 예배를 통해 받으셔야 할 마땅한 영광과 찬양을 성삼위 하나님께 영원토록 돌려드릴 수 있기를 기도하면서 한국어 역을 내놓습니다. *Laudate omnes gentes, laudate Dominum!*

2017년 원단,
아차산 기슭의 연구실에서
김 운 용

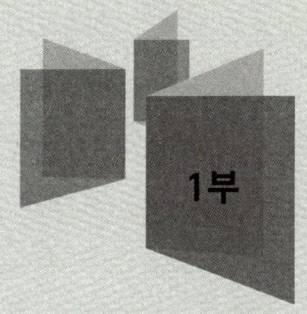

우리의 문화와 교회의 예배

Our Culture *and* the Church's Worship

Chapter 01

정말 이 책이 필요한 이유

Why This Book Is Critically Needed

Chapter 01
정말 이 책이 필요한 이유

:

은혜와 영광의 하나님,
주님의 백성들에게 권능을 부어주소서.
친히 들려주셨던 고대 교회의 스토리에 관을 씌우소서.
봉우리마다 영광의 꽃이 피어나게 하소서.
우리 시대를 잘 대면하기 위하여,
그리고 우리 시대를 정말 잘 대면할 수 있기 위하여
우리에게 지혜와 용기를 주옵소서.

- 해리 에머슨 포스딕, 1878~1969

나는 요즘 교회에 대한 염려에 사로잡혀 있다. 수많은 교회들 가운데서 갈수록 논란이 강해지는 소위 "예배 전쟁"(worship wars)은 우리로 하여금 진정으로 교회가 된다는 것이 무엇인지에 대해서 멀리 서 있게 만든다. 방호벽을 갈수록 든든하게 세우고 있는 두 진영 사이에 격렬해지는 예배 스타일에 관한 논의를 금지할 어떤 방법을 찾을 수 있을 것인가? 대신 서로 반대되는 다양한 논의의 측면을 함께 드러내기 위하여, 그리고 우리의 예배 실행에 관해 함께 논의할 수 있는 교회가 되기 위해, 우리는 예배 가운데서 각기 행하고 있는 것을 평가할 수 있는 공통의 기준(common criteria)을 발견할 수 있을 것인가?

본인은 특별히 미국의 예전적 예배를 드리는 교회에 속한 사람들을 위해 이 책을 썼다. 왜냐하면 일종의 '예배 전쟁'이 그러한 교회 안에서 가장 치열하고 격렬하게 계속되고 있기 때문이며, 비록 내가 말하는 것이 미국과 다른 나라의 모든 교단에 두루 적용할 수 있는 가능성을 가지고 있지만 우리가 인식하는 것보다 세상의 문명화에 의해서 모두가 크게 영향을 받고 있기 때문이다. 예배를 드림에 있어서 어떻게 그것을 수행하느냐에 대한 논의가 예배의 '전통적' 형태와 '현대적' 형태로 나누어져 그 이슈들이 갈수록 양분화되고 있기 때문에 나는 그것을 소위 '예배 전쟁'이라고 부르겠다. 회중도 역시 서로 다른 영역으로 나누어지고 있다. 예를 들어, 베이비부머 세대와 그들의 부모 세대, 이제 막 신앙으로 들어온 이들과 오래 신앙생활을 해 온 이들, 성직자와 찬양 사역자들, 성직자와 평신도, 파이프 오르간 연주자와 전자 기타 연주자, 클래식 혹은 예전적 예배 스타일 지지자와 민속적이거나 복음적 스타일의 찬양을 선호하는 사람들 등으로 나눠진다. 회중도 많은 부분에 있어서 점점 서로 반대되는 방향으로 빠르게 나누어지고 있다. 그 사실은 미묘한 차이를 보이지만 거기에 대해서는 별 해법을 제시하지 못한 채 우리의 무능력을 드러내고 있다. 컴퓨터 집적 회로는 끄거나 켤 수 있고, 데이터 양으로 모든 것을 산정하는 세계에서 우리는 종종 이것이나 저것을 선택해야 한다는 기준에서 무엇인가 자기 논점을 표현하려고 한다. 우리는 이 모든 것을 아우를 수 있는 지점을 생각할 수 있을까?

더욱이 "생각하는 것이 믿는 것이다" 혹은 "논리적 논쟁을 통해 확신을 갖는 것이 바로 믿는 것이다"라는 명제보다는 "느끼는 것이 믿는 것이다"(feeling is believing)라는 이미지 중심의 시대에 우리는 종종 충분히 질문을 하지 못하며, 우리가 행하는 것의 기초가 무엇인가에 대해 물을 때 바른 것이 무엇인가를 묻지 못한다. 가끔 과학자들은 도덕적으로 무엇이 필요한지에 대한 관점을 중요하게 생각하지 않고 어떤 이들이 그에 대해 반대 의견을 개진하기 전에 먼저 의학적 절차를 시작해 버리는 것과 같이 많은 교회(회중)는 예배가 무엇을 의미하는지, 그리고 우리 예배가 현대 문화와 어떤 관련이 있는지에 대해 충분한 탐구와 고민이 없이 바로 예배 실행들을 바꾸고는 한다.

성경, 교회 역사, 나의 신앙과 경험, 받았던 훈련 등은, 그리스도인으로서 우리가 개인적, 공적 삶의 활력과 신실성, 그리고 우리가 사는 세상에서 선교사역의 효율성이 우리 안에 형성된 특성(품성)에 달려 있다는 확신을 갖게 한다. 요즘 나의 관심을 끄는 것은 우리 지역 교회와 교단들이 현대 사회에서 효과적으로 기능할 수 있도록 하기 위하여 예배와 문화에 대해 충분하게 생각을 하고 있는지, 그렇지 않은지이다. 기본적인 품성 형성에 있어서 '무기력해짐'(dumbing down)이 없이 우리는 이 사회에 어떻게 가장 잘 다가갈 수 있을 것인가?

교회와 관련하여 나의 주요 관심은 예배 실행과 관련이 있다. 왜냐하면 교회의 품성 형성에 대한 가능성은 아주 예민하면서도 거의 관심을 가지지 않는 부분이기 때문이며, 예배는 여전히 회중의 마음과 영혼, 삶에 있어서 가장 큰 영향력을 만들어내기 때문이다. 사실 우리가 어떻게 예배하는가는 개인과 공동체로서의 우리의 정체성을 드러내고 형성한다.

시대가 바뀌면서 기독교 예배는 모든 것을 '무기력하게 만드는' 오늘의 문화의 특성에 의해 깊이 영향을 받고 있다. 결과적으로 우리를 둘러싸고 있는 세상과 소통하기 위하여, 그리고 그 문화에 영향을 끼치기 위하여 마땅히 있어야 할 본질이 어떻게 결핍되어 있는지 관심을 기울여야 하고, 그리스도인인 우리 개개인의 품성과 공동체인 교회의 특성에 대해 깊은 관심을 기울여야 한다. 본서에서 나의 관심은 우리의 문화와 예배를 보다 완벽하게 이해하는 데 있으며, 다양한 영향력을 판단할 수 있는 기준이 무엇인지를 규명하는 것이다. 또한 우리의 예배생활을 더 깊게 하고 믿음의 진보를 이룰 수 있는, 그리고 보편교회를 통하여 성도들이 세상으로 힘차게 나아가도록 만드는 가장 좋은 방식과 형식을 선택하는 데 있어서 실질적인 제안을 하고자 한다.

교인들은 그들의 지도자들이 벌이고 있는 예배 전쟁의 한복판에 종종 서 있게 되는데, 믿음에 있어서 본질적인 자원의 기초가 무엇인지를 보다 분명하게 생각하여 좀 더 깊은 질문을 한다. 1993년에 있었던 "Re-Imagining"(다시 상상하기) 여성 지도자 컨퍼런스에서 토론을 가진 후 *The Christian Century*에서 데이빗 하임(David Heim)은 다음과 같이 결론을 내린다.

> 대부분의 교인들은 [두 가지 반대되는] 진영의 어느 한 쪽에 자신을 세우지 않는다. 그들은 성경의 증언과 정통, 기독교 경험에 위배되는 것에 대해서 들었던 것이 과연 옳은 것인지 듣고 배우고 확인할 준비가 되어 있다. 이러한 접근은 신학적 사고로부터 상상력을 떨쳐버리려고 하는 이들이나 전통은 바꿀 수 없게 굳어져 있고 자리를 잡았다고 생각하는 이들에게는 별로 설득력이 없어 보일 것이다. … 전통은 아주 타락되어 있어 전적으로 다시 재고해야 한다고 생각하는 사람들이나

전통은 이미 파산되었기 때문에 계속 그것을 붙잡는 것은 별로 이득이 없다고 생각하는 이들에게는 그것이 별로 매력적으로 보이지 않을 것이다. 이 접근은 비판적인 충실성(critical faithfulness)과 현명한 개방성(wise openness)을 가지고 기독교 증언을 다룰 때 분명한 약속을 가져다준다. … 교회의 주의를 요하는 그런 문제에 대해 그리스도인들이 이해할 수 있고 판단할 수 있으며 행동할 수 있다면 솔직하고 관대한 논의와 비평은 필요하다.[1]

우리가 이 책에서 함께 추구하려고 하는 것은 비판적인 충실성과 현명한 개방성을 어떻게 결합할 수 있을지를 살펴보는 것이다. 이 과정에서 요구되는 것은 인내심을 가져야 한다는 점이다. 왜냐하면 예배 그 자체의 특별한 측면을 살펴보기 전에 먼저 이에 대한 완전한 여러 토대를 놓아야 하기 때문이다. 그러한 토대는 사회 분석과 교회의 사명을 신중하게 고려해야 한다. 여기에서 살펴보려는 민감한 사안들이 실로 중요하다는 사실을 이해할 수 있기 위하여 우리는 이러한 사회학적, 철학적, 그리고 신학적 토대를 주의 깊게 살펴보아야 한다. 이 장의 나머지에서 이러한 토대가 되는 주제에 대해서 소개하려고 하겠지만 그것은 이 책의 다음 두 부분에서 보다 상세하게 기술하게 될 것이다. 그리고 이 책의 마지막 두 부분에서 실질적인 제안과 함께 이러한 문화적, 신학적 기초를 놓을 수 있을지를 살펴보게 될 것이다.

---

1 David Heim, "Sophia's Choice," *The Christian Century*, 111, no. 11 (April 6, 1994), 339~40.

현대 사회의 상황: "위험에 처한 마음"

우리의 믿음이 위축됨이 없이 교회가 세상에 그것을 전하게 하려는 나의 관심은 제인 힐리(Jane Healy)의 무게감 있는 책인 *Endangered Minds*(위험에 처한 마음)에서 그 근원을 찾을 수 있다.[2] 교사들을 훈련하는 사람인 힐리는 왜 교사들은 그들이 할 수 있음에도 불구하고 질문을 많이 던지지 않으며, 학생들은 과거에 했던 것보다 질문을 적게 하는지 의아해한다. 이러한 사실은 그로 하여금 많은 연구를 하게 하는데, 여러 가지 충격적인 사실이 밝혀진다. 가령 텔레비전을 많이 보는 아이는 실제로 작은 뇌를 가지고 있다는 사실은 가장 주목할 만한 내용이었다(47~55, 195~234). 가정과 사회의 복합적인 요소를 살펴보면서 현대 사회의 많은 아이들이 과거의 아이들보다 실제로는 지능이 높지 못하며 학습능력도 떨어진다는 사실을 확신하도록 만드는 압도적으로 많은 증거를 제시한다. 이러한 사회의 위기를 요약하면서 학교가 가정에서 학습의 결핍을 막는 역할을 해야 한다는 힐리의 주장을 통해 우리는 오늘 교회가 처한 상황에 대해 생각해 보자.

> 만약 우리가 문자 시대 문화에 남아 있기를 원한다면 혹자는 모든 사회적, 경제적 차원에서 어떻게 말하고, 듣고, 생각할지를 아이들에게 가르치는 책임을 우리가 수행해야 한다고 주장할 것이다. … 언어적 표현, 지속적 관심사, 그리고 분석적 사고를 위한 중립적 토대가 가소성(plasticity)의 작업대 아래에서 마치 면도기 앞에서 솜털이 사라지는 것과 같이 끝나버

---

2 Jane M. Healy, *Endangered Minds: Why Our Children Don't Think* (New York: Simon and Schuster, 1990). 이후 문단에서 이 책의 인용 페이지는 본문 안에 괄호로 표시했음을 밝힌다.

리기 전에 그리해야 한다는 것이다.

… 모든 삶의 영역에서 나아온 학생들[혹은 예배 참여자들]은 교사들[교회들]이 전통적으로 생각하는 정신적 습관을 이해하기에는 아주 빈궁하게 된 뇌를 가지고 나아오게 되는데, 교사들[교회들]이 전통적으로 추정하는 것보다 훨씬 열악하다. 과거에 대부분의 아이들은 가정에서 갖는 경험에 의해 언어나 정신적 지속성(mental persistence)의 깊은 우물이 가득 채워져 있었다. … 이제 교사들은 중요한 직관적이고 언어적 기초가 부족한 두뇌를 가진 아이들에게서 어떤 '기교들'(skills)을 이끌어내려고 하기 전에 그 간극을 메우려고 노력해야 한다(교회는 근본적인 믿음과 그것의 언어 사이에 존재하는 간극을 메워나가야 한다).

우리는 아이들의 지나친 '영민함'(smartness)에 대해 깊이 있게 다루어야 한다. 그러나 우리의 문화(교회)는 지적인 요소(믿음)가 함께 엮어져 있는, 여유 있고 시간을 낭비하는 것 같아서 깊은 노력을 하는 인내심이 결여되어 있다. 유년기의 조용한 공간(그리고 예배?)은 미디어의 공격과 즉각적인 감각적 여흥에 의해 방해를 받고 있다. 어린이(예배자)는 분주한 성인들의 스케줄에 따라 멍에를 메고 애쓰며, 사회적 번민에 의해 공격을 받고 있다(277~28).

왜 우리는 이러한 것에 주의를 기울이지 않는가? 왜 우리 사회는 이러한 상황을 바꾸려고 철저한 행동을 취하지 않는가? 우리 중 누구도 우리 아이들의 미래가 더 밝게 되기를 원하지 않는 사람은 아무도 없다. 이러한 위기를 바로 기술하는 데 실패하는 이유의 하나는 그 문제의 긴박성을 가져야 할 학교와 전문가들이 이러한 시련에 "무감각해지면서" 감추어져 있다는 사실이다. 힐리는 1974년에 가진 초등학교 4학년 학생들의 읽기 시험과 1982년에 가졌던 시험 결과에 깜짝 놀랄 만한 차이를 보여주면서 이러한 주장을 제시한다. 힐리도 역시 1982년부터 중학교 3학년 읽기 성취 '고급' 시험 결과를 역시 언급하고 있다(27~36). 이때 가진 중3 학생들의 '고급' 읽기 시험은 1964년도 4학년 대상의 시험보다 훨씬 더 쉽게 출제되었다.[3]

우리는 아이들의 뇌가 작아지고 이전 세대의 아이들보다 사고와 어휘 능력이 훨씬 떨어진다는 사실에 대해 별로 신경을 쓰지 않는다. 왜냐하면 교육 시스템은 시험에 대해 "무감각해져" 있기 때문이다. 실제로 그러한 과정은 단순하지 않다. 교사들 역시 그러한 사실에 대해 무감각해져 있다는 사실을 '인식하고' 있다. 그러나 그들은 학생들의 성취도에 대한 사회적 기대에 대한 과도한 압박을 받고 있다. 만약 학생들이 어떤 과제를 수행하지 못한다면 교사들은 학교에서 그것을 수행할 수 있는 어떤 방식을 발견해야 한다. 만약 학생들이 전년도에 출제했던 시험 문제를 잘 풀지 못한다면 교사와 시험 출제자들은 그것을 좀 더 쉽게 출제해야 한다고 생각한다.

Endangered Minds(위험에 처한 마음)은 현대 미국 사회에서 수많은 세력들 – 역기능적인 가정, 미디어의 공격, 창조적인 놀이 시간의 부족, 그리고 이 책의 목적을 위해 열거할 필요가 있는 보다 많은 요소들 – 이 사람들의 사고하고 말하고 듣는 능력이 결핍될 수밖에 없도록 인도하고

---

3 변화의 필요성과 이유에 대한 것과 마찬가지로 훨씬 낮게 나온 시험 성적에 대한 유사한 분석에 대해서는 Christopher Lasch, "Schooling and the New Illiteracy," *The Culture of Narcissism: American Life in an Age of Diminishing Expectations* (New York: W. W. Norton, 1970), 125~33을 보라.

있다는 사실을 설득력 있게 제시한다. 깨달아야 하는 것은 우리 사회를 무감각하게 만드는 것들이 교회로 하여금 신앙생활과 예배, 그러한 세상에서 살아가는 사람들에 대한 사역, 후기 기독교 시대에 생존할 능력에 대해 중요한 질문을 던지도록 요청한다는 사실이다. 우리는 지성과 믿음을 형성함에 있어서 필요한 인내심이 어떤 방식으로든 결여되어 있지 않는가? 즉각적인 감각적 만족을 추구하는 것이 믿음을 형성함에 있어서 어떻게 방해하고 있는가? 기독교 신앙은 그러한 문화 가운데서 교회를 새롭게 하고 계속해서 세워감에 있어서, 그리고 그러한 문화 가운데서 사는 사람들에게 다가가기 위하여 어떤 자원을 제시하는가?

교회의 사명: 하나님 경배와 그리스도인의 품성 함양

우리의 어떤 노력으로가 아니라 전적으로 하나님의 은혜로 구원을 받았다는 사실을 그리스도인들이 인식하면서 각 시대를 통해 교회는 기구로서의 자신의 사명을 그러한 은혜에 응답하여 하나님을 예배하고 경배하며 다른 사람을 돌보는 삶을 살도록 교인들을 교육하고 육성하는 기회를 제시하는 것으로 이해했다. 이러한 두 가지 위대한 계명 – 온 맘과 뜻과 정성, 그리고 힘을 다해 하나님을 사랑하고 이웃을 내 몸과 같이 사랑하는 것 – 에 따른 두 가지 사명을 숙고해 볼 필요가 있다.

이러한 사명은 과거에는 보다 쉽게 수행할 수 있었다. 과거에는 서구 문명의 구조에서 많은 요소들이 교회의 목표를 이루어가는 데 도움이 되었다. 기본적인 사회 구조에 있어서 광범위하고 일반적 관점을 갖기 위하여 (비록 많은 예외가 있기는 하지만) 우리는 이러한 주요 공헌 요소들을 아주 쉽게 열거할 수 있다. 우리는 오늘의 시대와 이전 시대 사이에는 거대한 차이점이 존재한다는 사실을 알아야 한다. 오늘의 시대는 그리스도인의 품성을 형성하는 데 저항적인 요소가 많이 작용하고 있지만 이전 시대에는 로마 가톨릭교회로부터 큰 개혁을 이루면서 형성된 개신교 교파들이 먼저 번성하였고, 이러한 종교 기관들이 새로운 세상을 만들어가고 있었다.

종교개혁기에는 최고의 음악과 예술의 대부분이 기독교 신앙에 의해 영감을 받아 만들어졌고, 예배를 위해 사용되었다. 가정은 기독교의 원리를 따라 형성되었고, 온 마을 공동체는 아이들이 기독교 신앙의 실천을 이해하고 참여하도록 교육하였다. 더욱이 교회는 일반 공적 생활을 위해 사람들을 교육하는 선두주자였다. 성직자들은 사회에서 가장 전문적 그룹으로 존경을 받았다. 교회가 운영하는 학교나 수도원, 수도원 분원은 가장 우수한 교육이 이루어지던 곳이었다. 더욱이 기독교적 에토스는 사회 전반에 스며져 있었고, 시민들의 품성을 형성하는 데 도움을 주고 있었다. 루터는 하나님을 경외하는 것이 그들의 소명이라는 사실을 왕자들과 귀족에게 가르쳤고, 상인과 농민도 교육을 했다. 칼뱅도 역시 기독교 원리를 따라 도시를 세웠다.

미국 사회의 초기에는 유대-기독교 에토스가 생생하게 작용하였다. 데이빗 웰스(David Wells)는 이것을 연대기적으로 잘 정리해 주고 있는데, 그의 광대한 연구서인 *No Place for Truth*(진리를 위한 자리 없음)의 첫 부분에서 매사추세츠 주의 웬함(Wenham) 마을을 조사한 결과를 제시하고 있다. 여기에서 그것을 상세하게 언급할 필요는 없을 것 같다.[4]

---

4 David Wells, *No Place for Truth: What Happened to Evangelical Theology?* (Grand Rapids: William B. Eerdmans, 1993), 17~52. 이 책에서 인용한 내용의 페이지는 본문 안에 괄호로 표시했

우리의 문화가 그 시대의 종교적 기초로부터 벗어난 것과 같이 교회를 흔들어 놓고 있는 복합적 변화에 관심을 기울이기 위해서는 그의 책에서 오히려 몇 가지 요약된 내용을 인용하는 것으로 충분할 것이다.

웰스는 문화를 "중립적이고 무해한" 것, 즉 "기독교의 진리를 경축함에 있어서 함께할 수 있는 우호적 파트너"로 이해하는 관점에 대해 반대한다. 문화가 많은 가치를 간직하고 있기 때문에 그러한 소박한 생각을 위험한 것으로 간주한다.

> 문화는 현대 사회가 제공하는 유익을 통해 중재할 때조차도 믿음의 본질을 재배열하려고 한다. 기술과학이 하나의 예가 될 수 있다. 기술과학은 분명히 우리의 삶 전반에 걸쳐 인간이 할 수 있는 많은 것들을 고양시켜 주고 많은 혜택을 펼쳐주지만, 거의 불가피하게 중립적이며 선한 것과 효과적인 것을 동등하게 여기는 가치 윤리를 가져온다. 기술과학은 본질적으로 복음을 공격하지는 않는다. 그러나 기술과학사회는 복음을 오늘의 사회와는 별로 연관성이 없는 것으로 여기게 만든다. 기술과학에 대해 언급하는 것은 가치와 유사하게 놓여 있는 문화의 많은 측면에 대해 언급하는 것이 된다(11).

웰스에 따르면 문화로부터 믿음의 세계로 나아가는, 즉 이러한 가치로 나아가는 길로 접어드는 것은 역사적 정통성을 세속화(worldliness)에 의해 차단되게 만드는 요인이 된다. 많은 사람들은 "문화 자체가 드러

음을 밝힌다.

내는 문화적 순수성 때문에" 그 안에 담겨 있는 세속성을 인식하지 못하는 경우가 많이 있다. 정통성은 분명히 "흠과 약점"을 가지고 있지만 믿음이 가지는 신학적 핵심을 잃어버리는 것은 "성경에 대한 신뢰성을 약화시키고, 진리에 대한 관심을 약화시키며, 진지함과 깊이를 약화시키고, 이미 형성된 사고에 대안을 제시하는 방식을 따라 그 세대에 하나님의 말씀을 효율적으로 전하는 능력을 약화시킨다는 사실"을 웰스는 깊이 인식하고 있다. 신앙인을 포함하여 현대인들은 "형이상학적 본질에 있어 텅 비어 있게 되는데"(51) 흔히 그들은 사고와 인격에 대해서보다는 경험과 외형에 더 조율되어 있다(52).

가정 안에서의 양육과 훈련을 약화시키는 우리 문화가 안고 있는 약점을 벗어나 교회는 신앙 가운데 내재하는 본질적인 지혜와 가치 가운데 우리 아이들을 세워갈 수 있을 것인가? 사회 가운데서 소수이지만 대안적 사회가 되어야 하는 그리스도인들이 오늘의 문화 가운데서 어떠한 위치를 차지하고 있는지를 분명히 이해하는 일은 아주 긴급한 사안이다. 초대교회의 그리스도인들이 그러했던 것처럼 우리를 둘러싸고 있는 세상의 정신에 의해 형성된 존재가 아니라 우리는 성경의 내러티브와 성도들의 공동체에 의해 형성된 존재로 서기를 원한다. 그러나 우리가 속한 사회의 본질과 사람들이 말하고 듣고 배우는 능력에 영향을 주는 것 때문에 종종 일어나는 독특한 충돌은 초대교회를 괴롭히지 않았는데 우리도 그것을 발전시킬 수 있어야 한다. 주의를 기울이지 않으면 우리의 예배 경험은 그리스도인의 품성 형성에 불리한 영향을 미칠 수 있다(이러한 방식으로 이 책은 설명을 계속해 나갈 것이다). 상호 영향을 미치면서 변증법적으로 서로 깊어지는 요소인 예배와 품성 형성 대신에 품성은 예배를 보존하려는 시도나 그것을 대중문화에 "어필하게" 만들려는 시도에 의해 희생을 당하게 된다.

그러므로 우리는 세상의 문화로부터 오는 요소뿐만 아니라 교회가 그것을 이해하는 데 영향을 주는 내적인 요소로부터 오는 소리를 깊이 고려해야 한다. 이 책에서 우리는 믿음의 가족들 가운데서 예배하고 사는 것이 가지는 의미와 수단, 그리고 우리의 자녀와 외부인들을 환영하여 받아들이고 함께 살아가도록 돕는 것이 무엇을 의미하고 어떻게 그것을 수행할 수 있는지에 대한 새로운 질문을 제기하려고 한다.

교회 안에서의 위험에 처한 마음과 품성: 세상 권세의 작용

우리는 과거로 환원하려는 것, 즉 세상의 문화는 악한 것이며 고대 교회 문화는 선한 것이라는 주장을 하려는 것이 아니다. 예수님은 그의 제자들을 세상에 보내시면서 그들이 세상에 속하지 않도록 기도하심(요 17:14~18)으로 변증법적 긴장감을 우리 가운데 형성하신다. 우리는 새것과 옛것이라는 문화적 형태를 사용한다. 그러나 그것들이 우리가 속한 궁극적인 영원한 세계(ultimate eternal world)와 일치하는지를 분명하게 하려는 노력을 늦추어서는 안 된다.

세상 안에 있으나 세상에 속한 존재가 아니라는 변증법적 긴장이 가지는 중심적인 측면은 적절하게 인식되지 않았는데, 그것은 우리에게 뿐만 아니라 신약성경은 "세상의 지배자들과 권세"라고 부르고 있는 악한 세력에 대한 영향력을 가지고 있다. 이러한 주제에 대한 나의 연구는 그러한 성경적 개념이 우리가 가지는 현대적인 경험의 틀 가운데서 어떻게 이해될 수 있을 것인가에 대해 많은 혼동을 나타냈다. 이 책에서 그 주제는 참으로 중요하다. 왜냐하면 교단과 회중 가운데 수행되는 전투와 같은 요소, 결국 반감을 갖게 하고 관계를 깨뜨리는 '현대적' 예배와 '전통적' 예배의 주창자들 사이에서 분리, 종종 확실하게 하는 복음의 실종, 세상으로 나아감에 있어서 그리스도인들의 품성의 약화와 결과적으로 본질적인 진리, 혹은 참된 사랑이 약화되는 것은 결국 교회를 약화시키려는 사탄의 권세가 분명코 자행하는 일이기 때문이다. 3장은 이러한 권세가 역사하는 방식에 대해서 살펴보게 될 것인데, 그렇게 함으로 우리는 그 권세에 저항하는 몸짓으로 설 수 있게 될 것이다(엡 6:10~18 참조).

본서의 과제

사실 교회를 섬기는 우리 모두는 교회가 무기력해지지 않고 신실하게 서가길 원한다. 이러한 의문은 우리가 수행해야 할 것을 정말 알고 있는지에 대한 사항이다. 학교 교사들은 그들이 가르치고 시험을 통해 성적을 내는 일이 무기력해지고 있음을 알고 있다. 많은 교육자들은 무기력하게 만드는 사회적 힘에 대해 저항한다. 목회자, 교회 음악지도자, 예배 참여자, 그리고 교구 사역자들은 우리가 언제 교회를 무기력하게 만드는지 알고 있는가? 우리는 종종 예배를 무기력하게 할 때가 있다는 사실을 알지만 현대 문화 속에 사는 사람들에게 어필하기 위해 그렇게 해야 한다고 생각하고 있지 않은가? 다른 한편으로 그렇게 무기력하게 만드는 요인을 피하려는 우리의 시도는 예배가 너무 비밀하여(esoteric) 우리를 둘러싸고 있는 세상에 접근하지 못하게 하는 요인으로 작용한다. 우리가 예배를 계획하고 교인들을 가르치는 것과 같이 어떤 선택이 우리에게 유용한지를 인식하고 있는가? 어떤 변증법적 긴장은 세상 안에 살고 있으나 세상에 속하지 않은 존재로 살면서 동일한 요구사항을 보다 효과적으로 균형을 유지할 수 있도록 도와줄 것인가?

이 책의 내용은 사회학적 자료로부터 수집하였을 뿐만 아니라 특별한 교회에서 가진 경험으로부터도 수집하였다. 비록 의도적으로 그 교회들에 대한 정보는 제시하지 않았다. 어떤 점은 당신이 속한 교단이나 교구에서는 사실이 아닐 수도 있을 것이다. 그러나 미국과 다른 지역의 많은 교회들과 다양하나 교단에서 프리랜서로 거의 20년이 넘게 활동해 오면서 자주 인식하였던 일반적인 문제들에 초점을 맞추었다. 본인은 여기에서 교회에서 영적으로 무엇이 일어나는지에 주로 관심을 기울일 것이다. 그리하여 예배의 의미와 실행에 관한 신중한 신학적 숙고에 대한 탄원을 독자들에게 던지고자 한다. 잘못을 행한다면 나의 잘못을 용서하고 수정해 주기를 빈다. 그러나 나의 견해가 예배와 교회의 삶을 걸고 이러한 주제에 대해 보다 심도 있게 생각하도록 우리 모두에게 도전할 것이다.

이 책은 대략 네 가지 목적으로 기록되었다. 우리가 복음을 전하기 원하는 문화를 깊이 숙고하는 것, 교회의 삶과 예배에 있어서 변증법적 균형을 무너뜨리고 우상숭배로 우리를 유인한 미묘한 세상 권세를 드러내는 것, 우리가 조직하고 계획하고 참여하는 교육 안에, 그리고 예배 그 자체 안에 믿음을 무기력하게 만드는 방식이 만약 있다면 그것이 왜 일어나며 어떻게 일어나는지에 대한 보다 깊은 질문을 활발하게 제시하는 것, 교회 밖에 있는 사람들에게 효과적으로 다가갈 수 있는 보다 좋은 수단을 제시하는 것 등이 그것이다. 우리의 문화의 패턴에 따라가야 한다거나 그럴 필요가 전혀 없다는 것을 주장하려는 것이 아니다. 오히려 사람들에게 그리스도를 진심으로 전할 수 있기 위하여, 개개인이 믿음을 따라 신실하게 살 수 있도록 양육하기 위하여 기독교 공동체는 의도적으로 그것의 독특한 특성을 유지하여야 하며, 그것을 둘러싸고 있는 문화에 대해 의도적으로 관심을 가져야 한다는 것이 본서에서 주장하려는 내용이다.

본인은 신학적으로 뿐만 아니라 실천적으로 그 이슈에 깊게 관련되어 있기 때문에 예배의 주제에 관해 냉정하게 글을 쓴다는 것이 거의 불가능한 일로 보였다. 학교 교사들이 오직 책상에 앉아 교육에 대해 논문만 쓸 뿐 실제로 교실에서 시간을 연장해 가면서 가르쳐 본 경험이 없는 교육 행정가들에 대해 불평하는 소리를 들을 때가 있다. 본인은 본서가 그러한 조롱을 받는 책이 되지 않기를 바랄 뿐이다. 그래서 본인은 여기에 제시된 예배와 관련된 확신을 실제로 섬기는 교회의 회중에게 실험적으로 적용해 보았다. 내가 속한 교구의 교회 예배 시간에 일련의 어린이 설교를 행하기도 했고, 주중 부모 교육 프로그램과 4개월 과정의 교회생활 관련 성인교육 프로그램, 성인 찬양대 등에 실제로 적용해 보았다. 이러한 프로그램과 초청받은 여러 교회에서 행한 설교와 교육 경험을 통해 대부분의 아이들과 성인들은 교회의 예배에 대해 보다 깊이 배우기를 원한다는 사실을 발견하였다. 본서에서는 이러한 경험들을 활용하게 되는데 나 자신을 드러내기 위해서가 아니라 – 여러분은 나의 약함과 실패를 분명히 발견하게 될 것이다 – 단지 아이디어를 제시하고, 독자들의 창조성을 고양시키고, 독자들의 보다 나은 노력을 일으키기 위한 목적으로 그것들을 사용하게 될 것이다. 여러분의 상황에서 이러한 본인의 주장이 적합하지 않을 때는 그것을 가볍게 무시해도 좋겠고, 동료 목회자들이나 교단의 지도자들, 예배위원회 위원들과 그것을 논의의 자료로 삼아도 좋겠다. 그것이 유용하다면 그것을 널리 전해 주길 바란다. 무엇보다도 이러한 가장 기본적인 질문을 함께 던지는 것을 잊지 않으면 좋겠다. 예배 가운데서 우리의 노력이 진정으로 하나님께 영광을 돌리는 것이 되며, 우리 신앙의 공동체 전체와 교인들 가운데 우리의 품성이 온전히 성숙하게 하는 데 기여하고 있는가?

에벌린 와우(Evelyn Waugh)는 서구 교회가 서서히 죽어가고 있다는 사실을 상기시키면서 그것이 하나님의 노여움 때문이라고 단정할 수 없다고 주장한다. 대부분의 교회와 교단들은 교인 숫자가 감소되고 있는데 그것은 단지 교회에 적대적인 외부인 때문이 아니라 무관심과 망설임, 지적 무책임함에 점령당한 교회를 지키는 사람들(custodians) 때문이다. 그들은 모든 것을 너무 쉽게 내던져 버리고 있다. 우리는 교회와 그것이 간직하고 있는 복음의 능력을 무기력함 가운데서 세상에 전하는 데 실패하면서 그것을 내던져 버릴 것인가?

나태함과 분노의 이분법보다 더 우리를 몰아세우는 것에 대해 닐 포스트만이 비교한 것이 도움이 된다.

> 문화의 정신은 그러한 이분법을 통해 뒤틀리게 만든다. 먼저는 문화가 감옥이 되는 경우인데 마치 오웰이『1984년』이라는 책에서 그리고 있는 경우다. 두 번째로는 헉슬리가『멋진 신세계』(Brave New World)에서 그리고 있는 내용인데, 여기에서 문화는 사람을 즐겁게 하는 해학극과 같은 것이 된다. 헉슬리가 가르치는 것은 고도로 발전된 기술과학 시대에

는 영적인 폐허가 의심과 증오로 가득한 얼굴로 다가오는 이들을 통해서가 아니라 웃는 얼굴로 다가오는 적으로부터 야기된다는 점이다. 헉슬리가 예고하는 대로 빅브라더는 그의 방식으로 우리를 조종하기 위해 감시하지 않는다. 대신 우리 방식으로 우리가 그를 주목하게 된다. 관리자나 통제하는 문이나 '진실 확인처'(Ministries of Truth)를 필요로 하지 않는다. 특정인들이 사소한 것에 마음이 쏠리고, 문화 상황은 영속적인 엔터테인먼트의 영역으로 규정될 때, 그리고 심각한 공적 대화는 유아기 대화의 형태가 되고, 요약하면 사람들이 단순한 관람객으로 전락하고 공적인 일은 보드빌 행위(vaudeville act; 역주/ 노래, 춤, 만담, 곡예 등을 섞은 가벼운 희가극)가 될 때 국가는 그 스스로 위험 가운데 있게 된다. 문화가 죽게 되는 현상은 분명한 가능성으로 나타나게 될 것이다.[5]

어떤 장소에서 드려지는 예배 가운데 일어나게 되는 무기력해짐 현상이라는 관점에서 우리는 마지막 문구를 이렇게 바꾸어서 읽을 수 있을 것이다. "회중이 단순한 관람객으로 전락하고 그 예배가 보드빌 행위로 전락할 때 그때 교회는 위험 가운데 있게 되며 믿음과 기독교의 특성이 죽어 사라지게 되는 현상이 분명히 나타나게 될 것이다."

본서는 오늘의 문화 안에서 대부분의 교회의 예배가 어떻게 하면 사람들에게 의미 있는 것이 될 수 있게 할 것인가를 진지하게 묻는 것이 너무 늦어지지 않기 위하여 쓴 책이다. 이 책을 읽는 여러분도 나와 함

---

5 Neil Postman, *Amusing Ourselves to Death: Public Discourse in the Age of Show Business* (New York: Viking Penguin, 1985), 155~56. (역주/ 이 책은 『죽도록 즐기기』라는 제목으로 번역되었다).

께 이러한 질문을 던질 수 있을까? 우리 모두가 너무 분주한 시대를 살면서 정말 중요한 것이 무엇인지를 알고 그것을 진심으로 추구하는 노력을 계속할 수 있을 것인가? 텔레비전과 정보화된 사회에서 문화의 죽음 대신에 교회는 의미 있게 말하고(meaningful talking), 세심하게 듣고(attentive listening), 심오하게 사고하는(profound thinking) 자리가 될 수 있을 것인가? 요약하면 우리는 다음의 질문을 던진다. 모든 것이 전복되는 시대의 문화 속에서 교회가 융성하며 성장할 수 있는 예배의 신학을 발전시킬 수 있을 것인가?

2부

우리의 예배를 '둘러싸고 있는' 문화
:

The Culture *Surrounding* Our Worship

Chapter 02

기술과학문명, 베이비부머, 포스트모던 문화 안으로

︙

Inside the Technological, Boomer, Postmodern Culture

Chapter 02
기술과학문명, 베이비부머, 포스트모던 문화 안으로

MTV에서 우리는 14세 소년들을 향해 총을 쏘지 않는다.
우리는 그들을 소유해 버릴 뿐이다.

– 밥 피트만, MTV 회장,
*Dancing in the Dark : Youth, Popular Culture and the Electronic Media*에서 인용.

내부, 외부, 전복적인!

예수님을 믿는 그리스도인들은 이 세상 '가운데서' 살도록 부름을 받았다. 세상으로부터 오염과 그것이 안고 있는 문제를 피하기 위해 그것으로부터 피해야 하는 것이 아니라 세상이 필요로 하는 것에 적절하게 대처하기 위하여 그 내부로부터 세상을 바로 이해하려고 해야 한다. 동시에 우리는 세상의 일원이 되지 않으려는 노력을 계속해야 한다. 우리는 세상의 가치관을 거부해야 하며 그것의 유혹과 우상숭배에 머물러서는 안 된다. 세상 '안에' 있는 존재이면서 세상에 속한 존재가 아니라는 변증법적 긴장을 유지하기 위하여 교회의 예배는 '전복적'(upside-down)인 특성 – 적어도 세상의 눈으로 보면 – 을 가져야 한다. 즉, 그 문화의 관점으로 세상을 보는 훈련이 필요하며(사람의 지혜로가 아니라 하나님의 계시로부터 사고하는), 세상의 가치와 반대되는 것(나 자신 대신에 하나님과 이웃을 사랑하는 것)을 가르쳐야 하며, 성도들로 하여금 세상과 분명히 다른 삶을 살 수 있도록 만들어 주어야 한다. 교회의 이러한 내부와 외부, 전복적인 특성을 주의 깊게 바라보면서 2부의 세 장은 그것을 둘러싸고 있는 문화의 광범위한 관점에 대해 묘사하게 될 것이다.

먼저, '문화'라는 단어가 이 책에서 어떻게 사용될 것인지에 대해 명료하게 설명할 필요가 있다. 마치 성경에 나오는 '세상'(world)이라는 용어가 복음과 상반되는 가치를 의미하는 것으로 다소 경멸적으로 사용되기도 하고, 하나님께서 전적으로 사랑하시는 우주적 영역을 총체적 의미로도 사용하는 것과 같이 본서에서도 '문화'라는 용어가 종종 부정적으로 사용되기도 하고, 또한 긍정적으로 사용되기도 한다. 이 용어가 부정적으로 사용될 때는 고급예술의 오만함에서 나오는 엘리트 배타주의와 관련이 있다. 그러나 일반적이고 총체적인 관점에서 보면 '문화'는 인간 존재에 의해서 양산되는(창조를 통해 주어진 것과 반대되는 개념으로) 삶의 모든 측면을 내포한다. 여기에서 사용되는 이 용어의 넓은 의미는 웨이드 클락 루프(Wade Clark Roof)가 그것을 잘 설명해 준다.

> 문화는 삶과 관련하여 이해하여야 하며, 행동과 관련하여 그 전략을 수립해야만 한다. 사람들이 근본적으로 수행하는 일에서 추론하는 관념(ideas)과 표상(symbols)이 분명하지 않더라도 은연중에라도 종교적 의

미와 깊이 연관되어 있다. 종교 그 자체는 일종의 문화적 상징이다.[1]

본서에서는 의도적으로 다양한 방식으로 '문화'라는 용어를 사용하려고 한다. 1부에서는 독자들을 교회의 예배와 관련하여 깊은 의미를 탐구할 수 있도록 초대하기 위해 문화의 다양한 영역과 측면과 관련하여 다소 애매하게 사용하였다. 2부에서는 새로운 세기의 도래와 함께 미국 사회라는 영역에서 문화라는 개념이 의미하는 바를 드러내기 위하여, 그리고 분명한 방식으로 이 시대와 공간에서 사람들이 삶의 영역과 시간을 명료하게 인식할 수 있도록 우리가 살고 있는 세상의 추세를 드러내기 위해 이 단어를 사용하려고 한다. 3부에서는 특별히 "예배의 문화"를 다루는데, 하나님의 백성들이 함께 모인 그 독특한 목적과 예배의 상징이 전달해 주는 믿음의 의미라는 관점과 연결하여 이 용어를 사용하였다. 언어, 음악, 교회의 예술과 그것을 둘러싸고 있는 세상의 예술과 관련하여 복합적인 의미로 사용하였다. 4부에서는 '문화'라는 용어를 하나님으로부터 듣고 응답하기 위하여 함께 모인 그리스도인들이 사용하는 자산(resources)의 독특성을 전달하기 위하여 사용하였다. 이 책의 마지막 부분에서는 '문화'라는 용어를 믿는 자들의 모임에 아직 들어오지 않은 사람들과 관련하여, 또한 하나님의 백성들이 그들의 예배를 통해 세상과 진정으로 다른 삶을 살아가도록 공급해 주시는 힘을 얻으면서 하나님의 백성답게 바뀌어 가는 사회적 측면과 관련하여 사용하였다.

---

1 Wade Clark Roof, *A Generation of Seekers: The Spiritual Journeys of the Baby Boom Generation* (San Francisco; Harper, 1993), 5.

이러한 모든 의미와 뉘앙스는 이 책을 읽어 가다 보면 보다 분명해질 것이다. 여기에서는 텔레비전을 통해 영속화되어 가는 습관으로부터 벗어날 수 있도록 하기 위하여 의도적으로 그것을 사용하였다. 텔레비전은 시청자들에게 어떤 감정을 자극하도록 기획된 그림 이미지에 고착되도록 강요한다. 반대로 이 말은 다양한 의미를 가지는데, 다양하고 확장된 방식으로 그것을 이해하도록 이끌어 줄 수 있다. '예배 전쟁'이 반대되는 두 진영으로 나뉘어 어떤 일을 단순화하여 축소시키는 환원주의(reductionism)에 의해 더욱 악화되면서 예배와 문화의 관계에 대한 우리의 이해가 다양한 방식을 반추할 수 없는 것처럼 축소하는 경향이 있다.[2]

텔레비전 시대

현재 우리가 살고 있는 미국 사회가 지니는 가장 분명한 측면에서 보면 텔레비전의 영향과 힘이 두루 퍼져 있을 뿐만 아니라 과도하게 영향을 미치고 있다. 이 책의 첫 장에서 텔레비전을 과도하게 시청하는 아이들은 뇌가 작아진다고 밝힌 연구 보고서에 대해 언급하였다. 그러나 여기에서 우리는 우리 문화에 있어서 이런 압도적인 영향력이 어떤 해악을 끼치는지에 대해 좀 더 깊이 살펴볼 필요가 있다. 여러 해 동안 텔레비전에 관해 부정적으로 생각한다고 이야기를 해 왔고, 한 번도 텔레비전을 산 적이 없지만 나는 닐 포스트만의 책, *Amusing Ourselves*

---

[2] 여기에 제시된 다양한 문화의 양상 중 교회의 예배에 가장 복합적으로 영향을 주고 있는 것을 중심으로 살펴볼 것이다. 특별히 불신자들에게 복음을 전달하기 위해 고려되어야 할 문화적 측면에 대한 뛰어난 논의를 보기 위해서는 William A. Dryness, *How Does America Hear the Gospel?* (Grand Rapids: William B. Eerdmans, 1989)을 참고하라.

to Death: Public Discourse in the Age of Show Business(죽도록 즐기기)에서 언급하는 텔레비전의 해악에 대해 대비하지 못했다.³

포스트만은 미국 사회가 조지 오웰의 『1984년』이 제시한 내용에 따라 진행되고 있지 않다는 것을 보여주었다. 물론 오웰의 예언적 비전이 어떤 현대의 독재 국가들에서 성취되고 있음이 사실이기도 하다. 오히려 텔레비전은 앨더스 헉슬리의 『멋진 신세계』(Brave New World)에서 보여주는 방식과 더 유사하게 진행된다. 포스트만이 헉슬리의 비전을 잘 요약해 주었다. "빅브라더는 사람들의 자율성, 성숙, 역사를 침해하지 않았다. 그가 주목했던 것과 같이, 사람들은 그들의 억압을 오히려 사랑하고 그들의 생각할 능력을 활용하지 못하게 하는 기술과학을 찬양하게 된다"(vii).

본서의 내용을 발전시키면서 언급한 많은 학자들은 텔레비전의 파괴적 특성에 대해 논평하였다. 웨이드 클락 루프가 "커뮤니케이션 형식에 있어서 주로 변화에 대해" 언급하고 있는 것처럼 그것은 실로 거대하며 미국인들이 진리와 지식, 심지어는 실재(reality) 자체를 어떻게 규정하는가에 강력한 영향을 끼쳐 왔다.⁴ 그러나 포스트만이 보았던 것과 같이 그렇게 정확하고 완벽하게 이러한 점을 보는 것 같지는 않다. 포스트만의 책은

20세기 중후반 미국의 가장 중요한 문화적 사실에 대한 질문이요, 또한

---

3 Neil Postman, *Amusing Ourselves to Death* (New York: Viking Penguin, 1985). 이 책에서 인용한 내용의 페이지는 본문 안에 괄호로 표시했음을 밝힌다.

4 Roof, *Seekers*, 54.

그것에 대한 탄식이다. 즉, 문자(Typography) 시대가 몰락하고 텔레비전 시대가 부각되는 것에 대한 탄식이다. 이러한 변화는 극적으로 이루어지며 돌이킬 수 없는 변화를 만드는데 공적 담론(public discourse)의 내용과 의미에 있어서 변화가 일어난다. 이렇게 크게 다른 두 미디어는 동일한 개념으로 동화시킬 수 없다. 인쇄 매체가 쇠퇴하게 됨으로 야기된 영향력과 같이 공적 비즈니스를 구성하는 정치, 종교, 교육, 그리고 그 어떤 것의 내용은 변화되어야 하며 가장 텔레비전에 적합한 것으로 되돌려야 한다(8).

텔레비전 용어에 맞추어 종교가 다시 구성되어야 한다는 이러한 그의 인식은 이 책에서 우리가 믿음의 본질을 전달함에 있어서 무기력해지지 않고 어떻게 해야 하고 할 수 있을지를 질문하게 될 것이다. 4부에서 보게 되겠지만 예배는 즐거움을 추구하는 텔레비전 시대 회중에 맞게 드려져야 한다고 주장하려는 것은 아니다. 그러나 현대 사회와 관련하여 신실하고, 깊고, 진리에 적합하며, 그것에 이를 수 있게 하려는 우리의 노력은 증진되어야 할 것이다. 그 일이 비록 고통스럽게 느껴질 수 있을지 모르지만 텔레비전이 어떻게 우리에게 영향을 미치는지를 정확하게 분석하게 된다면 그러한 노력을 증진해 갈 수 있을 것이다.

우리의 문화가 실재를 인식하는 방식을 텔레비전이 변화시켜 왔음을 우선적으로 이해해야 한다. 문자 시대가 우리로부터 연관성(relevance), 힘, 일관성을 앗아갈 때 텔레비전 시대에 우세한 기술과학문명의 과정은 시작된다고 포스트만은 주장한다. 먼저, 그것은 연관성이 없이도 행할 수 있도록 만들어 준다.

왜냐하면 그것은 상황으로부터 자유로운 정보에 대한 개념에 합법성을 제공하기 때문이다. 즉, 정도의 가치가 사회적, 정치적 결정을 내리는 데 적절하게 기능을 하려고 할 필요가 없다는 주장을 인정해 주기 때문이다. 그러나 그것이 가지는 숭고함, 관심, 호기심에 더 많은 가치를 부여하게 된다. 전신기술(telegraphy)은 상품에 정보를 제공해 주는 역할을 하는데 그것이 가지는 사용처와 의미와 관련하여 사고팔고 할 수 있는 '상품'이 되게 한다. … 그것은 연관성을 비연관성으로 만들어 버린다. 넘쳐나는 정보의 흐름은 그것을 제시하는 사람들과 별로 상관이 없게 만든다. 그들의 삶이 세워지는 사회적, 지적 상황과 별 상관이 없게 만든다. … 전신기술은 온 나라가 바로 "한 이웃"이 되게 만들면서도 특별한 존재가 되게 한다. 또한 전혀 알지 못하지만 각자의 겉으로 드러난 가장 피상적인 부분만 알게 만드는 이방인으로 넘쳐나게 만든다(65, 67).

분명히 이러한 비연관성(irrelevance)은 텔레비전이 지금 전달하는 수많은 '뉴스'와 '사실들' 때문에 음울하게 확대되고 있다. 결과적으로 사람들은 서로 오직 상세하게 알지만 사소한 것만 알게 되었다. 이러한 영향력은 기도나 기독교 공동체에도 미치게 된다는 사실을 쉽게 추측할 수 있다. 나중에 살펴보겠지만 보다 예민하면서도 위험한 결과는 잘못 나아가고 있는 연관성에 대한 질문이다.

연관성의 상실은 본질적으로 무능력으로 이어진다. 포스트만이 언급한 대로, "우리가 매일 접하는 뉴스의 대부분은 우리가 뭔가 언급할 수 있지만 어떤 의미 있는 행동으로 이끌어갈 수 없는 사소한 것이 된다." 별로 우리 삶과 연관성이 없는 정보의 풍요에 대해 아무 것도 할 수 없기 때문에 텔레비전은 "정보-행동 비율"(information-action ratio)을 급격하게 변화시키고 있다(68).

포스트만의 이러한 설명은 본인이 진행했던 기독교 공동체에 관한 4개월 과정의 클래스가 왜 그렇게 효과적이지 못했는지를 알려주는 부분적인 이유였다는 사실을 고통스럽게 깨닫는다. 그 클래스를 수강했던 학생들은 그들이 얼마나 그 강의를 재미있게 듣고 있는지, 얼마나 많이 배우고 있는지를 본인에게 자주 언급했지만 본인은 정작 우리 회중은 왜 그렇게 변하지 않는지에 대해 의아해했다. 나의 순진한 생각에 대부분의 사람들은 진리를 실행에 옮겨야 하며, 우리 모두는 아는 것과 어떻게 살아야 할 것인지가 서로 일치되도록 힘써야 한다고 믿었다. 텔레비전이 시청자들에게 낮은 정보-행동 비율(a low information-action ratio)에 익숙하도록 만든다는 사실은 본인에게 있어 논쟁할 여지가 없어 보인다. 즉, 사람들은 새로운 생각(good idea)을 '배우는 것'(심지어는 설교까지도)에 익숙하도록 만들고, 그것을 실행하는 것에는 별로 관심을 두지 않게 만든다는 사실도 논쟁의 여지가 없어 보인다. 의심할 것 없이 텔레비전 시대는 우리가 어떻게 가르치고 실제로 배우는 것에 보다 깊이 숙고하도록 요청한다. 그것은 우리가 지금 '알고 있는 것'이 우리가 어떤 존재이고 무엇을 행하고 있는지에 어떤 영향을 주든지 간에 그리하는 것을 보게 된다.

전신 시대가 양산한 모순을 통해 비연관성과 무능함이 만들어지고 악화된다. 포스트만은 "우리가 물어온 질문에 대한 아무런 대답이 없는 정보를 받게 되는데, 어떤 경우에는 응답의 권리조차 허용되지 않은 정보만 받게 된다"고 주장한다. 더욱이 루이스 멈포드(Lewis Mumford)가 명명한 것처럼 전신술은 "깨어진(broken) 시간과 관심의 세계가 되도록 옮겨가게" 되었다(69).

> 뉴스를 수신하는 사람들은 그가 할 수 있다면 의미를 제공해야 한다. … 그리고 이 모든 것 때문에 전신에 의해 묘사되는 세계는 통제하기 어렵고, 심지어는 해독하기 어려운 것으로 보이게 된다. … 그 사실들을 '아는 것'은 새로운 의미를 갖게 되었다. 왜냐하면 함축의미와 배경, 연결성을 이해했던 것을 함축하지 않기 때문이다. 전신 시대의 강화(discourse)는 역사적 관점에 대한 시간을 허용하지 않으며, 질적인 것에 대한 우선권을 부여하지 않는다(70).

이와 같이 '뉴스'는 우리 자신과 별 연관성이 없고 무능함을 깨우쳐 주는 것 외에도 점점 어떤 상황에서 뽑아 온 파편적인 것으로 바뀌게 되었고 모순적인 것이 되어간다. 파편화는 사진의 발명과 함께 더 강화되기 시작한다.

> [사진의 발명은] 삶의 실재(reality)에 대한 이러한 특별한 분할, 삶의 상황과는 별 상관이 없는 순간의 왜곡, 각 사람들과는 논리적으로, 역사적으로 별 상관이 없는 사건과 일의 병치 등을 수행한다. 전신기술과 마찬가지로 사진기술은 세상을 일련의 특이한 사건으로 재구성한다(73).

새로운 기술과학이 제시하는 이미지는 단지 부가적인 언어만을 제시하지 않고, 삶의 실재를 구현하고 이해하며 점검하는 우리의 주요 수단으로 그것을 위치시킨다. 결과적으로 이미지에 초점을 맞추는 것은 "정보, 뉴스에 대한 전통적 정의뿐만 아니라 삶의 실재 그 자체에 영향을 미친다"(74).

그것이 우리 삶과 별로 상관이 없고, 응답으로 이끌어가지 못하며, '사실'(facts)의 창고에 있는 모든 것에도 전혀 연결성이 없기 때문에 별로 의미가 없는 정보에 의해서 모든 것이 세워지던 세계를 우리는 이미 떠나왔다. 그 모든 정보와 도대체 무엇을 하려고 하는가라고 포스트만이 질문을 던지고 있는 것처럼 오락성에 의해서 길들여진 소비주의 시대를 사는 사람들로 바뀌어가는 것은 이제 불가피한 사실이 되었다. 가로 세로 말맞추기 퍼즐은 '가짜 상황'(pseudo-context)을 만들었던 첫 모델로 제시된다. 의미 없는 정보를 사용하는 다른 경우는 칵테일파티, 라디오 퀴즈 쇼, 텔레비전 게임 쇼, Trivial Pursuit[5] 등에서 찾아볼 수 있다. "이러한 별로 연관성이 없는 사실에 대해 내가 해야 할 것은 무엇인가?"라는 질문에 대한 동일한 대답을 이러한 모든 것은 갖추고 있다. 대답은 다음과 같다. "오락성 추구를 위해, 자신을 즐겁게 하기 위해, 게임에서 다양성을 위해 왜 그것을 사용하면 안 되는가?"(76).

이와 같이 전신기술(telegraphy)과 사진기술(photography)은 텔레비전을 통해 우리 사회에 영속적으로 오락성을 추구하는 길을 열어놓고 있었다. 포스트만은 다음과 같이 공언한다.

---

[5] 역주/ 1979년 캐나다 몬트리올에서 시작된 보드 게임으로 일반 상식과 대중문화와 관련된 질문에 답을 제시하는 능력에 의해 승자가 결정되는 게임이다. 이것은 1980년 중반에 2,000만 개가 넘게 팔릴 정도로 대단한 인기를 끌게 되는데, 2000년대 중반에는 8,800만 개의 게임이 전 세계 26개국, 17개 언어로 팔려나갔다. 게임에는 수십 개의 질문이 제시되고 질문 카드는 다양한 주제로 구성되어 있다. 이것이 1990년 초에는 영국의 BBC방송의 프로그램으로 제작되어 방영되기도 했다.

새로운 선율의 음악이 들려오고 있었으며 … 상황 연관성도 거부하고, 상황을 고려하지 않고 앞으로 나아가며, 역사와의 무상관성을 논의하며, 아무런 설명도 하지 않으며, 복잡성과 일관성의 장소에서 황홀함을 제공하는 "언어"을 활용하여 … 이미지와 즉각성이라는 이중주가 울려 퍼졌다. … 19세기 말과 20세기 초에 각 매체들은 전자식 의사소통에 돌입하였고 전신과 사진이 이끄는 대로 따라가면서 이러한 편향성을 증폭시켰다. … 결국 이 같은 전자기술들이 종합적으로 함께 어울리면서 하나의 전혀 다른 새로운 세상을 출현시켰는데, 그것은 '피커부'(peek-a-boo)[6]의 세상이다. 그것은 어떤 사건이 눈앞에 순간적으로 나타났다가 일순간에 사라지는 세상이다. 그것은 일관성과 판단력이 결여된 세상이며, 마치 어린아이들의 피커부 놀이와 같이 우리에게 아무것도 요구하지 않는 세계이다. 실제로 우리가 무엇을 행하는 것을 허용하지 않는 세계이며, 어린아이들의 피커부 놀이와 같이 완전히 따로 독립적으로 노는 세계이다. 그러나 피커부 놀이와 같이 끝없이 즐기는 오락이기도 하다. 물론 오락 삼아 … 피커부 놀이를 하는 것이 잘못된 것은 없다. 어떤 정신의학자가 주장한 것처럼 우리 모두는 허공에 성을 축조한다. 문제는 우리가 그 성에 '살고자' 할 때 발생한다(77).

현대는 텔레비전이 주도권을 쥔 사회 안에서 살기 시작하였다(78).

그 영향력이 구체화하면서 텔레비전은 우리 사고의 구조를 혁명적으로 바꾸어 놓았다. 인쇄된 자료들이 신중하고 통일성 있는 세계, 즉

---

6 역주/ 이것은 숨어 있다가 나타나 아이를 놀래주는 식의 놀이로 우리 문화의 "깍꼭 놀이"에 해당하는 놀이다.

"이성에 의해 통제될 수 있고 논리적이고 상관성 있는 비평에 의해 증진될 수 있는"(62) 세계를 드러냈다고 한다면, 텔레비전은 급격히 변화해 가는 이미지들을 통해 세상을 묘사하였다. 그 이미지들은 그동안 성숙한 강화(discourse)를 통해 전에 형성된 모든 덕을 파괴하는 것들이다. 오늘날 "쇼 비즈니스 시대"는 상세하게 설명해 주던 시대가 가지는 이러한 다양한 국면, 즉 "개념적으로, 연역적으로, 그리고 순차적으로 생각할 수 있는 다양한 능력, 이성과 질서의 높은 가치판단, 모순된 행위를 싫어함, 초연함과 객관성의 탁월한 능력, 그리고 답이 지연되는 것에 대한 인내" 등에 의해서 특징지어지지 않는다. 사실 텔레비전의 "인스턴트 오락화는 … 이성적인 것을 시대착오적이고, 편협하고, 불필요한 것"으로 보이게 만든다.[7]

설명의 상실은 믿음을 다음 세대에 전해 주고, 신조를 가르치며, 믿음의 현저한 책임성을 수행하며, 진리와 희망 가운데서 성숙을 향해 성장해 가도록 하는 데 아주 따분하다고 느껴지는 교리들 가운데 자녀들을 견고하게 세우려는 교회에 있어서 가장 주요한 관심사가 되어야 한다. 신학적 기초가 없이 믿음은 변덕적인 감정과 삶의 문제에 천착하게 된다.

우리의 설명의 문화를 과도하게 거절하는 것 외에도 텔레비전의 본질은 감성에 어필하려는 강력한 경향성을 가진다. 그것이 활용하는 이미지는 시청자가 이성적으로 선택하고 정당화하는 능력을 왜곡시킨다. 초기의 광고들은 구매자가 그 물건의 질이 어떠한가를 기준으로 결정

---

7 Kenneth A. Myers, *All God's Children and Blue Suede Shoes: Christian and Popular Culture* (Westchester, IL: Crosway Books, 1989), 171.

할 수 있도록 하기 위해 물건에 대한 사실들(facts)을 정확하게 배열하였다. 그러나 지난 세기를 넘어오면서 "광고는 하나의 심층심리학의 일부가 되었고 미학적인 이론의 하나"가 되었으며, 이성은 어디론가 밀려나야만 했다(60). 이와 같이 텔레비전은 방법론에 있어서 주요한 개정을 이끌어내었다. 실로 광고는

> 판매할 제품의 특성과는 전혀 관련이 없다. 사실 그 광고는 제품을 구매할 소비자의 특성과 관계가 깊다. 영화배우와 유명 운동선수의 이미지, 잔잔한 호수와 남자다운 낚시 여행의 이미지, 우아한 저녁식사와 로맨틱한 간식의 이미지, 야외 피크닉을 위해 스테이션 웨건에 짐을 싣는 행복한 가족의 이미지, 이런 것들은 판매할 제품에 대해서 한마디 말도 하지 않는다. 그러나 물품을 구입하게 될 사람들이 경험하게 될 두려움, 환상, 그들이 가지고 있는 꿈에 대해서 말해 준다. 광고주가 알아야 할 것은 제품에 대한 정확한 지식이 아니라 구매자들에 대해 잘못 알고 있는 것이 무엇인가에 대한 것이다. 그래서 비즈니스 예산의 균형이 '제품' 조사에서 '시장' 조사로 옮겨가고 있다. 텔레비전 광고는 비즈니스가 제품의 쓸모보다는 소비자가 가치 있게 느끼도록 하는 쪽으로 선회하고 있다. 비즈니스를 위한 비즈니스가 이제 일종의 유사 테라피(pseudo-therapy)와 같이 되었다. 이제 소비자들은 심리극(psycho-dramas)을 보면서 안심하게 되는 일종의 환자가 되었다(128).

교회 지도자들은 예배가 "시장의 필요가 이끌어가는"(market driven) 것이 되려는 유혹에 빠지지 않기 위하여 그러한 방법이 얼마나 위험

한 것인지를 직시해야 한다. 하나님과의 관계 속에서 바른 것이라고 우리가 연구한 것보다, 소비자가 되어 있는 예배 참석자들(consumers/ worship participants)이 더 열광하는 것이 무엇인지 연구할 때 일어나는 것을 인정해야 한다. 그때 예배는 하나님의 치유하시는 계시가 아니라 유사 테라피가 될 수 있다.

텔레비전 시대의 촉진은 교회에 대한 거대한 영향력을 가지고 있다. 그것의 태도와 습관들이 우리가 행하는 바로 그 사역을 위태롭게 하며, 참으로 진정한 교회가 되지 못하도록 방해할 것인가? 텔레비전이 사람들에게 '진리'가 전달되고 설득받는 방식을 바꾸어 놓고 있는 이래, 우리는 어떻게 믿음의 진리를 되풀이하여 가르칠 것인가? 세상에 존재하지만 거기에 속하지 않는 존재로 서 있기 위하여 우리가 사용하는 수단이 어떤 것을 좋아하는지에 대해 무슨 질문을 해야만 할 것인가?

기술과학사회

생각(thinking)과 진리에 대한 우리의 문화 인식에 대한 텔레비전의 영향력은 기술과학사회 환경의 영향력으로부터 형성된 사회적 구조에 거대한 변화로 나타나고 있다. 자크 엘룰은 그것이 완전히 발전하기 전에 이렇게 형성된 순열(permutations)에 대해 오래전부터 깊이 가늠하고 있다.[8] 이러한 전환 중에서 이롭지 못한 것 중의 하나가 이 책

---

8 그동안 제시된 자크 엘룰의 저작들에 관심을 가지고 많은 연구들이 이루어지고 있다. 기술과학사회 환경의 본질에 "세상의 정사와 권세"라는 성경적 교리의 관점에서 그의 연구에 대한 내용이 많이 소개되었다. 이러한 주제에 대한 엘룰의 설명이 그의 많은 작품 여기저기에 흩어져 있기 때문에 그 자료들에 대해 여기에서는 따로 각주를 제시하지는 않는다. 이러한 주제에 대해 계획하고 있는 책이 아직 완성되지 않았기 때문에 여기에서는 참고문헌에 제시된 엘룰의 책이나 나의 박사학위 논문을 참조할 것을 권한다.

의 목적상 특별히 비판적인 관점으로 제시하고는 했는데 현대 사회의 개인적 관계에서 진정한 친밀감의 상실을 들 수 있다. 이러한 것에 대해 다음 장에서 다시 언급하게 될 것인데 예배 가운데서 종종 충돌하게 되는 우상숭배로 우리 문화 안에서 쉽게 나타나고 있기 때문이다.

우리가 다양한 요소에 대해 살펴본 것처럼 이러한 것은 기술과학사회의 유일한 요소는 아니며, 단지 많은 사람들이 언급하지 않은 것에 대해 우리의 사고를 진작시키기 위해 예로 제시한 것임을 기억할 필요가 있다. 더욱이 이러한 요소들은 나타나는 현상이기도 하고 원인으로 작용하기도 한다. 결코 끝나지 않는 순환구조의 일부로서 그것들은 이전 시대의 기술과학문명의 발전과 사회적 요인들로부터 발생하고 있으며, 또한 반대로 우리의 인간성을 파괴하는 다른 요소로 작용하고 있다. 그러한 요인들이 무엇인지 살펴봄으로 우리는 그것이 가지는 부정적 영향력을 감소시킬 수 있을 것이다.

엘룰이 추적한 대로 일반적이며 사회적인 가족과 공동체의 결합의 구조는 가족 산업과 농장이 공장과 회사에 내주기 시작한 산업 시대(Industrial Age)에 잘게 찢어지기 시작했다. 이제 다른 장소에 있는 일터로 나가는 가정의 가장은 일터에서 주어지는 부수적인 심리적 긴장감, 다른 가족은 상관도 없는 수많은 관계들, 그리고 외부의 관심사와 실재들을 가지고 가정으로 돌아온다. 2차 세계대전 후에 여성들이 가정 밖의 노동력 충당을 위해 집을 떠났기 때문에 그러한 발전은 훨씬 고조된다. 사람들은 사랑하는 가족과는 훨씬 적은 시간을 보내고 있으며, 훨씬 더 많은 시간을 표면적 관계로 구성된 다양한 공동체 가운데서 보내게 되면서 그들은 친밀감의 기술을 배우고 실행할 기회를 잃어버리게 되었다. 그러나 기술과학문명사회가 시작되면서 가족관계를 무너뜨리는 수많은 일들이 일어나는데, 이러한 일과 관련된 새로운 환경의 도구와 기쁨을 주는 장난감이 서로에게서 우리를 멀어지게 하고 있기 때문에 일어난 일들이다. 자동차, 미디어 기기들, 개인 컴퓨터, 서로를 연결하는 일터의 기기들, 기술과학문명이 만들어낸 도구와 장난감은 우리의 친밀감을 앗아가는 단지 몇 가지 요소일 뿐이다.

온정이 넘치는 대화나 사회적 관계가 형성될 수 있는 기회를 제공하는 버스나 기차를 타는 대신에 미국 사회 문화 속에서는 대부분의 통근자들이 개인 자가용을 이용한다. 결과적으로 우리 사회는 유럽의 도시들이 제공하는 것과 같은 외곽 도시와 시내 안에서의 연결 시스템을 발전시키지 못하고 있다. 우리에게는 생태적이고 사회적 환경을 파괴하는 시스템이 더 많은 셈이다. 이제 자동차는 우리로 하여금 태어난 고향에서 가족들과 함께하지 못하고 멀리 떨어져 살게 만들었으며 심지어는 일터나 예배드리는 교회도 멀리 떨어져 있게 만든다. 결과적으로 많은 공동체 안에서 살아가지만 진정한 친밀감이 있는 공동체는 그렇게 많지 않다. 조지 케난(George F. Kennan)은 자동차를 우리의 문화 가운데서 가장 일반적인 '중독'을 만드는 요소라고 말하면서 그것은 "내적이고 변경할 수 없는 내용에 의거해 일반적으로 공동의 적으로 판명되고 있으며 그것이 발전되는 곳에서는 이웃과 공동체 의식은 점점 사라지게 된다"고 주장한다.[9]

---

9 Gerge F. Kennan, *Around the Cragged Hill: A Personal and Political Philosophy* (New York: W. W. Norton, 1993), 161. 이 책의 내용을 축약적으로 제시하고 있는 그의 논문, "American Addictions: Bad Habits and Government Indifference," *New Oxford Review*, 60, no. 5 (June 1993): 14-25를 참고하라.

혼자서 출근하는 사람은 완전히 고립되는 위험에 처해 있으며, 도시 외곽에 현대 건축의 붐이 일어나면서 그러한 현상은 증폭된다. 그 건축물에는 뒤뜰에 파티오(patio)가 설치되어 있지만 그것은 친밀감이 부재한 증상과 원인이 되고 있다.10 이러한 파티오는 우리가 사람을 만나는 데 더 적합한 장소인 현관으로부터 점점 멀어지게 만든다. 본래 현관은 기술과학사회 문화가 생성되기 이전에 공동체의 삶과 공간을 특징화하는 곳이다.11 어린아이일 때 나는 가족과 현관 앞에서 즐거운 저녁 시간을 보냈다. 그곳은 하루의 일과 꿈이 교차되는 곳이고, 걸어서 이웃집을 방문할 수도 있었다. 나는 종종 남편과 함께 현관 처마 밑에 흔들리는 이웃과의 친밀감 형성을 위해 그네 흔들의자를 걸어놓았지만 그곳으로 다가오는 사람은 없으며 우리는 이미 친한 친구 곁에 살지 않는다. 뜰에 쳐 놓은 담장과 울타리는 옆집에 사는 이웃과 우리를 분리해 놓고 있다. 현대 서구사회의 많은 시민들은 - 극단적인 공적 관료체제에 떠밀리면서 전문적인 사다리를 올라가야 할 필요성, 사업 현장이나 연구하는 현장에서 동료로 우정을 나누는 대신에 서로 경쟁해야만 하고, 일터에서는 미친 듯이 달려야 하며, 카탈로그에 너무 많은

---

10 이러한 파티오 개념은 래쉬의 통찰력에서 빌려온 것인데, 그는 주장하기를 현대 사회의 새로운 친밀감의 출현은 "환영일 뿐이다. 친밀감의 숭배는 그것을 발견할 수 없다는 절망감을 없애준다. 개인적인 관계는 그것이 짐이 되고 있는 감정적 무게에 눌려 붕괴하고 있다. '자기 자신의 죽음' 외에는 무엇에도 관심을 갖지 못하게 만들면서 현재에는 친밀한 개인적 관계의 추구가 긴박하다는 사실을 알려주는데 예전보다 친밀감에 더 깊은 관심을 갖게 만든다." Lasch, *The Culture of Narcissism* (New York: W. W. Norton, 1979), 188.

11 역주/ 흔히 미국의 주택에 설치되어 있는 파티오(patio)는 한국 집의 베란다와 같은 공간으로 외부로 돌출되어 있어 주로 고기를 굽는다든지 여름에는 거기에서 가족끼리 차를 마신다든지 개인적인 용도로 사용되는 사적인 공간이라면, 현관(porch)은 주로 찾아오는 사람을 맞는 공적인 공간이다. 저자는 지금 사람을 만나는 공적인 공간에서 벗어나 개인적인 공간으로 옮겨가고 있는 현대 미국인의 삶의 패턴을 메타포적으로 지적한 것이다.

것들이 나와 있어 다른 많은 요소들을 필요로 하면 달려가야 하는 – 일터에서 주는 압박과 위협, 그리고 종종 일어나는 폭력의 위협으로부터 편안함과 안전을 추구하면서 개인적인 삶의 영역으로 숨어들어간다. 그러한 폭력은 종종 친밀감과 가족적인 분위기의 결핍, 폭력적인 미디어가 제시하는 오락성에 젖어 사는 것, 기술과학 시대에 수많은 무기를 양산해 내면서 그것이 대중화되고 있는 것이 원인으로 작용하고 있다.

우리의 사고를 파괴하는 것 외에도 앞서 살펴본 것처럼 텔레비전은 가족적인 친밀감을 쉽게 – 생각 없이 – 왜곡시키는 데 일조한다. 함께 대화를 나누고, 놀이를 하고, 쿠키를 굽고 하는 대신에 오늘날 가족들은 종종 모니터 앞에서 – 자주 서로 다른 자기 방에서 함께하지 않는 프로그램을 선택하면서 – 별 생각 없이 무위로 지낸다. 다양한 음악을 듣는 기기들이 이러한 고립으로 몰아넣는 데 큰 역할을 하는데, 함께 음악을 듣고 같은 경험과 아이디어를 나누던 데서 벗어나 서로 다른 음악방송을 듣기도 하고 다양한 음원을 통해 음악을 혼자서 듣게 만들면서 사적이면서 대리적인 세계(vicarious world)로 사람들을 몰고 간다. 그리고 나중에는 그렇게 되면서 외로운 고립으로 인도해 가는 청취 능력 상실의 주요 원인을 만들어간다.

그렇다고 본인이 기술과학 문명의 혁신에 대해서 변덕스러운 비관론자가 아니라는 점을 여기에서 분명히 할 필요가 있다. 그러나 우리는 엘룰이 "기술과학 문명의 절벽"(technological bluff)이라고 명명했던 것에 대해 현실적인 자세를 견지할 필요가 있다. 그것은 우리가 사용하는 도구와 즐겨 사용하는 장난감과 관련하여 긍정적 진보(advances)와 부정적 파괴가 섞여 있는 가방을 들고 우리는 점점 판단력을 잃어가고 있기 때문이다. 실로 기술과학문명의 진보는 우리에게 많은 유익을 가져온 것이 사실이지만 그 유익이 복합적 상실도 함께 가져온다는 사실을 알아야 한다. 가장 중요한 상실은 인간이 함께 살아가는 공동체성의 상실을 들 수 있다. 컴퓨터가 아주 좋은 본보기라고 할 수 있다. 컴퓨터는 책을 집필하는 데 얼마나 유용한 도구인지 모른다. 내가 초기에 집필했던 몇 책은 타자기로 원고를 타이핑하고, 수정할 때마다 그것을 다시 타이핑하는 작업을 몇 번을 반복했는지 모른다. 그러나 많은 일터는 얼굴과 얼굴을 맞대고 대화를 나누는 대면 커뮤니케이션을 상실하게 되었는데, 얼굴을 맞대지 않아도 컴퓨터를 통해 전할 메시지를 다 전달할 수 있기 때문이다. 부모나 아이들이 언제나 컴퓨터와 인터넷이 제공하는 게임에 빠져 있거나 그것으로 이것저것 작업을 하는 일이 일반화되었기 때문에 점점 가족 해체라는 문제도 발생하고 있다. 오늘날 우리 가정에 제한하여 이야기를 하면 방사선 화학치료 때문에 저항력이 많이 약해져 있기 때문에 그런 기계들로부터 크게 멀어져 있다는 생각을 하고 있다. 어쩔 수 없이 친구들로부터 멀어지면서 연구로부터 벗어나 가족과 더 가까워질 수 있지만 그들과 악수를 할 수 없고, 가벼운 포옹을 할 수도 없으며, 얼굴을 맞대고 볼 수도 없고, 깊은 통찰력을 공급받을 수도 없다.

친밀감을 상실해 가는 오늘 우리의 문화는 심각한 결과로 우리를 이끌어간다. 그 중의 하나가 많은 사람들이 사회적 사귐을 위한 필요가 충족되지 못하면서 성적인 것과 같은 원초적 친밀감에 혈안이 되게 만든다는 사실이다.12 또 다른 결과로 사람들은 대리적인 삶으로 만족을 하게 된다. 토크 쇼는 개인적이면서도 친밀한 이슈에 대해 공개적으로 이야기를 나눈다. 사람들은 가까운 사람으로부터 공개적으로 상처를 받을 위험도 없어지고, 자기를 사랑하는 사람에게 의존할 필요도 없으며, 대신 자신을 드러내지 않고서도 프로그램에 참여하면서 듣고 말할 수 있게 되었다. 어떻게 친밀감을 가질 수 있는 것인지에 대한 기술을 훨씬 줄여주는 현대의 다양한 기술과학문명의 요소들이 그들의 가족이나 친구들과 어떻게 관계를 가질 것인지 고민하지 않아도 될 수 있도록 만들어 준다.

사회적으로, 그리고 가족 간의 친밀감 상실은 다양한 방식으로 교회에도 영향을 미치게 된다. 교회의 교인들은 이제 서로 멀리 떨어져 살면서 가장 중요한 근원적 공동체로서 각자를 인식하지 않게 된다. 결과적으로 교회는 우리의 시대를 함께 특징지어 갈 수 있는 깊은 친밀감을 경험하지 못한다.13 우리는 서로에 대한 어떤 사실은 알고 지낼 수 있지만 다른 교인들이 진정으로 어떤 존재인지에 대해서는 실제로는 잘 알지 못하고 살게 된다. 그래서 함께 모였을 때 우리는 사소한 것에 대해서 이야기를 나누지만 진정 중요한 일에 대해서 어떻게 나눌지를 잘 모르며 진정한 삶과 정직한 사람이 당하는 깊은 고통과 의심에 대해 어떻게 다루어야 할지를 잘 알지 못한다. 이렇게 회중의 코이

---

12 이것에 대해서는 본인의 다음의 책에서 보다 집중적으로 다루었다. Marva J. Dawn, *Sexual Character: Beyond Technique to Intimacy* (Grand Rapids: William B. Eerdmans, 1993).

13 본인은 이것에 대해 개인적이고 회중적인 영향에 대한 구체적인 내용과 질문을 다루면서 반대하는 입장을 제시한 책으로는 *The Hilarity of Community: Romans 12 and How to Be the Church* (Grand Rapids: William B. Eerdmans, 1992)가 있다.

노니아에서 진정한 친밀감이 결여되면서 우리는 친밀감을 만들어 줄 수 있는 예배를 드려야 한다는 잘못된 눌림에 사로잡히게 된다(이 점에 대해서는 7장에서 좀 더 상세하게 살펴보게 될 것이다). 진정한 '공' 예배가 결핍되면서 사람들은 서로 멀어졌고, 많은 사람들은 우리 문화가 가지는 비친교적인 엄중함에 의해 영향을 받으면서 예배에 진정으로 참여(participate)하는 것이 아니라 단지 출석하는(attend) 것에 만족을 한다. 그들은 수동적 관람자의 무리 가운데서 예배의 길을 잃어버리게 되며, 텔레비전에서 방영되는 프로그램을 시청하듯 그렇게 예배를 드리는 사람들로 전락하게 된다.

더욱이 미디어 매체들은 함께 노래하는 능력을 우리에게서 빼앗아 가버렸다. 십대들은 아이돌 가수에게 혼을 빼앗기고, 다양한 기기와 음악 방송(MTV) 등에 매료되어 자신들의 노래를 배우려고 하지 않는다. 피아노 곁에 둘러서서 가족이 함께 노래할 시간을 도둑맞았다. 학교에서 이런 기술과학문명과 관련된 기기에 초점을 맞춘 교육은 악기를 배우거나 합창 음악, 시, 회화, 연극, 춤과 같은 순수예술에서 아이의 관심을 앗아가 버렸으며, 교회에서 사용하는 상징이나 예전에 대해서도 관심을 갖지 않게 만들었다. 이것과 다른 많은 요소들은 예배에서 다른 요소에 매료되게 만들어 버린다. 많은 교회들은 회중이 함께 노래하거나 연주하는 것은 점점 줄어들고, 독창이나 녹음된 연주 음악을 사용하기도 한다. 학교에서의 악기나 음악 훈련이 점점 줄어들면서 교회에서 사용할 큰 규모의 레퍼토리를 작곡하는 데도 별로 관심을 갖지 않게 되었다.

그러나 기술과학문명 환경의 영향은 회중의 참여와 예술을 파괴하는 차원을 훨씬 넘어서고 있다. 가장 위험한 것은 그러한 환경이 빚어내는 우상화이다. 포스트만은 문화적 삶의 모든 형태가 테크닉이 절대적인 것인 요소가 되는 사회를 묘사하기 위해서 "테크노폴리"(technopoly)라는 용어를 사용한다.[14] 테크노폴리는

> 테크놀로지를 신성시하는 것을 골자로 한다. 그것은 문화가 테크놀로지 안에서 그 권위를 찾으며, 그 안에서 만족을 찾으려고 한다. 또한 그것으로부터 그 질서를 찾으려고 한다. 이것은 새로운 종류의 사회적 질서를 발전시키려고 함과 동시에 전통적인 신뢰 가치와 관련된 많은 것을 아주 빠르게 와해시키면서 새로운 필요성을 추구하게 된다(71).

자크 엘룰은 이러한 기술문화를 신으로 명명한다. 특히 그의 책, *The Technological Bluff*(기술과학 문명의 절벽)에서는 그것이 최고의 권위를 가지고 있음을 우리에게 어떻게 완전하게 확신시켜 가고 있는지를 잘 설명해 준다.

테크노폴리의 우상화에 대해 다음 장에서 좀 더 상세하게 살펴볼 것이지만 그것이 가정하는 세상에 대해서 본서에서 주장하는 내용과 관련하여 조금은 언급할 필요가 있다. 이것은 다음과 같은 신뢰 기준을 포함한다.

그것이 유일한 것은 아니지만 인간 노동과 사고의 주요한 목표는 효율성

---

14 Neil Postman, *Technopoly: The Surrender of Culture to Technology* (New York: Alfred A. Knopf, 1992), 52. 이 책에서 인용한 내용의 페이지는 본문 안에 괄호로 표시했음을 밝힌다.

이다. 기술과학문명이 제시하는 수치는 사람들이 판단하고 신뢰하는 부분에서 가장 신뢰하는 내용이 된다. 사실 인간의 판단은 신뢰할 것이 못된다. 수치로 환산할 수 없는 것은 존재하지 않거나 가치가 없는 것이다. 시민들의 일은 전문가에 의해서 인도를 받으며 수행된다(51).

우리는 이후에 단지 효율성만 강조하는 풍토가 가져올 파괴력에 대해서 특별히 살펴보게 될 것이다. 수치로 환산하는 것과 전문가에 대한 강조도 많은 사람을 교회로 이끌기 위해 예배 현장에서 그 실행에 있어서 많은 강조를 하는 것으로 바뀌고 있으며, 회중은 그리스도인 공동체 대신에 거대 비즈니스로 교인들을 바꾸고 있는 추세이다.

베이비부머들

기술과학문명 환경이 태동되면서 야기된 사회적 요소에 있어서 일어난 거대한 변화는 사회적 사건에 대한 심리학적 반향(reverberations)에 의해서 강화된다. 1960년대 이것이 태동되어 성장하게 되는데 – 소위 베이비 붐, 혹은 베이비부머 세대 – 이것은 거대한 흐름이 되었다. 웨이드 클락 루프는 그의 책의 한 챕터의 타이틀을 "산들이 움직일 때"로 정했는데, 이것은 거대한 복합성의 시대로, 혹은 노스탈지아와 낙관주의 시대로 1960년대를 명명한 것이며, 세계가 염려로 짝을 이루어가고 있었다.[15] 루프는 애니 고틀리브(Annie Gottlieb)의 제안을 인용하는데, 이 시대는 케네디 대통령의 암살이 일어났던 1963년부터 시작되어 에

---

15 Roof, *Seekers*, 32. 이 책에서 인용한 내용의 페이지는 본문 안에 괄호로 표시했음을 밝힌다.

너지 위기와 경제가 있었던 1973년에 끝났다고 이해한다. 이 기간 선정은 1960년대가 격변의 시기였으며 풍요의 시간이었음을 알려준다. 이렇게 주요한 영향력에 더하여 루프는 성 혁명(gender revolution), 높은 교육과 텔레비전의 역할을 들고 있다(36~54). 이들이 성인이 되는 중요한 기간 동안의 그러한 사건과 경험들은 베이비부머 세대에 속한 사람들로 아주 다른 방식을 개발하도록 만든다. "미국인들이 그들의 삶을 인식하는 데 오랫동안 의존해 온 아주 깊게 각인된 문화적 내러티브 조차도 그들의 시대의 사건들에 의해 깊게 진동하면서 삐걱거리게 하는 요인이 되었으며, 급격한 변동은 그들의 종교적이고 영적인 이해의 기초에까지 영향을 미치게 된다"(31). 이것은 오늘날의 교회에도 거대한 영향을 미치게 되는데, 교회의 예배를 통해 이러한 세대에 맞게 적절하게 목양을 하도록 요청하게 된다.

여론 조사 전문가인 다니엘 얀켈로비치(Daniel Yankelovich)에 따르면 이 시기의 풍요로움은 미국의 베이비부머들로 하여금 보다 내향적인 일을 좋아하도록 만든다. 1950년대, 1960년대 평균적인 보통 시민들은 그들이 성공하고 넉넉한 생활을 하며, 행복하고 건강하며 성공적인 자녀로 양육할 수 있었으면 하는 바람을 갖고 있었다. 1970년대에는 그 추구가 달라지는데, "어떻게 하면 자기 충족의 삶을 살 수 있을까?" "개인의 성공은 도대체 무엇을 의미하는가?" "나는 어떤 공헌을 해야 하는가?" "무엇을 위해 희생할 때 그것이 가치가 있는가?" "어떻게 하면 성숙할 수 있을까?" 등을 묻게 되었다.[16]

---

16 Daniel Yankelovich, *New Rules: Searching for Self-fulfillment in a World Turned Upside Down* (New York: Random House, 1981), 4~5.

우리의 목적이 중요해지면서 이러한 내향성은 베이비부머들의 교회와의 관계에 큰 영향을 끼치게 된다. 그들은 "선택, 지식, 자기 자신에 대한 이해, 개인적 자율성의 중요성, 그리고 개인적 가능성의 성취 – 종교에 있어서도 고도의 개인적 접근에 영향을 주게 되는데 – 를 강조하는 60년대 후기 문화 가운데서"(Roof, 30) 성장해 왔다. 6장은 그리스도인들의 품성 형성에 주목하면서 이러한 주관주의(subjectivism)에 초점을 맞추게 될 것이다. 여기에서 우리는 20세기 후반의 이러한 태도가 얼마나 복합적인 요소로 이루어져 있는지를 이해해야 한다. 이러한 흐름의 근저에는 현대 기술과학문명 환경의 여러 요소가 놓여 있음을 알 수 있다.

앞에서 상세하게 살펴본 대로 현대 커뮤니케이션 매체의 발전은 우리의 경험을 넓혀 주기는 했지만 깊게 만들지는 못했다는 사실을 알 수 있다. 이제 그것은 지역적이지 않고 세계적인 경향을 띤다. 우리의 관심과 영향력은 어느 하나에만 집중되어 있지 않고 아주 다양한 측면을 가지고 있다. 데이빗 웰스가 관찰한 대로 "현대인들에게 있어 가장 현저한 특징은 정보 차원이나 심리적 차원에서 그들이 거주하고 있는 세계에만 한정되어 있지 않다는 점이다. 그들은 이제 그들이 경험한 것에 대해 관점이나 높이나 깊이가 거의 없게 되었으며 아주 왜소해졌다. 그들은 보다 많은 것을 알고 있다. 그러나 그들은 필요한 만큼 지혜롭지는 못하다. 그들의 믿음은 작아졌고, 본질적인 면에서는 왜소하다."[17] 그러한 왜소화가 낳은 하나의 결과는 사람들이 많은 것을 '알고' 있지

17　David Wells, *No Place for Truth* (Grand Rapids: Eerdmans, 1993), 51~52.

만 거대한 세상과 '접촉점'이 없기 때문에 세상으로부터 그들의 처지를 알 수 없다는 사실이다.[18]

웰스는 우리 문화가 그 기준점(point of reference)으로 하나님을 잃어버린 과정에 대한 현대화에 대해 비판한다.[19] 현대화의 주요 영향은

> 인간 이해의 일관성을 깨뜨리고 수많은 관심사를 분산시켜 왔다. 또한 그들이 계속해서 의미를 찾아왔던 점과 관련하여 중심으로부터 멀어지게 만들었다. … 특히 중심적인 핵심을 깨뜨리면서 그렇게 되었는데, 생각과 삶이 돌아가야 할 것이 사라지게 되었다. 그들의 확신과 인식을 부식시켰고, 변화하는 상황 가운데서 변할 수 없는 지킴이로 서 있던 진리 역시 상실하게 되었다. 왜냐하면 그것이 하나님 안에서 생성되고 중재되기 때문이다. … 중심에서 벗어나 가장자리로 밀려나면서 이것들은 복음적인 신앙을 방해해 왔다. 현대의 삶의 토대와 본질이 뒤죽박죽이 되었다. 한편으로 신학으로 인해 침식된 믿음을 남겨 놓았으며, 다른 한편으로는 절대적인 것이 사라져 버린 삶이 남아 있을 뿐이다. … 세속화의 영향은 하나님을 주변으로 내몰고 절대적이고 초월적인 것을 매일 일상의 삶과 일에는 별로 상관이 없도록 만들어 버리는 데 결정적인 역할을 했다는 사실을 널리 인정하고 있지 않는가?[20]

---

18 이러한 구절은 마델라인 르엥글(Madeleine L'Engle)의 소설, *The Love Letters* (New York: Farrat, Straus and Giroux, 1996), 189에서 인용한 것이다.

19 그의 최근의 책(출판사가 책을 너무 늦게 보내주어서 여기에서 많은 부분을 포함시킬 수 없었다)에서 웰스는 하나님이 어떤 분인가에 대한 이해력을 상실한 것을 묘사하면서 "무게감을 잃어버린 하나님"이라는 구절로 표현한다. David F. Wells, *God in the Wasteland: The Reality of Truth in a World of Fading Dreams* (Grand Rapids: Eerdmans, 1994), 특히 88~117을 참고하라.

20 Wells, *No Place for Truth*, 7~8.

하나님은 가장자리로 밀려나 현대인들의 삶과는 별 상관이 없는 분이 되었을 뿐만 아니라 많은 미국인들은 "그동안 나라가 견지해 온 종교적 핵심과 국가의 문화단체"를 동일하게 여기면서 호의적으로 수락하는 개방성을 갖게 되었다. 미국인들의 62%가 텔레비전이 종교에 대해 적대감을 가지고 있다고 생각하며, 46%는 신문들이 그렇다고 생각한다.[21]

현대 종교생활에 있어서 영향을 주고 있는 다양한 요소 가운데 다른 요인은 1960년대 많은 사람들이 캠퍼스 폭동, 워터게이트 사건, 그리고 베트남 전쟁의 발발과 같은 사건에 의해서 깊게 흔들리고 있다는 점을 들 수 있는데, 그러한 사건들은 지도자들과 국가 관리들의 진실성에 의문을 갖게 했다. 루프는 이것을 다음과 같이 설명하고 있다.

베이비부머들이 크게 양분되는 요소 가운데 하나는 권위에 대한 의문을 가진다는 점이다. 우리 가운데 세워진 종교적 신념과 도덕적 가치는 무엇에 그 기초를 두고 있는가? 어떤 진리가 받아들여지고 있는가? 그러한 의문은 우리 시대와 같이 다원적이고 상대적인 문화 속에서, 그리고 전통적인 권위가 그 영향력을 이미 상실해 가는 시대에서는 더 혼란스럽게 만든다. 그러한 의문에 대한 답변들은 종종 의견이 나눠지게 만들며, 감정을 상하게 만든다. 특히 사람들이 그들의 신념과 도덕적 가치를 다른 사람에게 '불어넣으려고' 하면 그러한 현상은 더 강해진다. 미국인들은 특별히 도덕적, 종교적 사안에 있어서 자신의 결정을 내릴 때는 개인의

---

21 Jeffrey L. Sheler, "Spiritual America," *U.S. News and World Report*, 116, no. 14 (4 April 1993): 57.

권리를 굉장히 중요하게 여긴다. 공적인 영역에서 그러한 강요가 일어날 때는 강하게 저항한다(31).

이러한 요소나 다른 요소들은 베이비부머 세대로 하여금 자기 나름대로의 믿음과 그들 자신의 내적 힘을 중요하게 생각하게 만든다. 그들은 독립심을 가치 있게 생각하며, 그들이 이룬 성취가 자신들이 인지하고 있던 가능성에 부합한 것이 아니면 깊이 실망하게 된다. 그들은 모든 유형의 신념과 다른 이들의 행동에 대해 깊은 관용의 자세를 갖게 된다. 자기실현, 자기 도움, 자기 성취에 대한 그들 나름대로의 윤리와 깊이 연결되어 있다(45~47).

자아에 대한 이러한 탐구(때로는 지나치게 탐닉하는)는 우리가 예배하는 것에도 영향을 미치면서 거대한 도전으로 다가온다. 이러한 세대에 다가가기를 원하는 교회들은 예배의 형식과 스타일에 대해서 주의 깊게 생각해야 한다. 보다 효과적인 목회를 어떻게 할 수 있을까를 묻고 그것을 제시하려고 할 때 여러 해 전에 교회를 떠난 많은 베이비부머들이 섬길 교회를 "주변에서 쇼핑하도록" 만든다. 그러나 베이비부머들을 위한 계획과 변화에 깊이 주의를 기울여야 한다. 왜냐하면 그들은 "종교의 울타리를 안팎으로 자유롭게 넘나들면서 개인적이면서 자기 자신에게 꼭 맞는 의미 체계를 만들기 위해 다양한 전통으로 여러 요소를 받아들여 통합한다." 현대의 중요한 가치가 되어 있는 선택은 "이제 역동성과 다양한 종교적 스타일을 통해 그 스스로를 표현한다"(5). 루프는 그의 연구팀이 통계 수치와 개인적인 설명을 통해 발견한 사실을 통해 새롭게 대두되는 세대는 다음과 같다고 요약해 준다.

놀라울 정도로 다양한 구도자 세대는 깜짝 놀랄 만한 공통점을 공유하고 있다. 그들은 신념 위에 경험을 두면서 그것을 더 가치 있게 여기며, 조직이나 리더를 그렇게 신뢰하지 않는다. 개인적 성취에 강조를 두며, 공동체를 그리워하고, 그들이 전념하며 추구하는 것을 참 많이 가지고 있다. 그런 점에서 보면 이 세대는 새롭고, 구별되며, 오히려 신비하기까지 한 세대이다(8).

어떻게 교회들의 이러한 불신을 해소할 수 있을까? 우리는 개인적 경험을 넘어서는 우리 믿음에 대한 객관적인 신앙을 어떻게 그들에게 전할 수 있을까?

베이비부머 사회의 다른 특성들은 다음 장에서 좀 더 선명하게 제시될 것이다. 이 장의 첫 번째 세 부분을 함께 묶으면서 하나의 두드러지면서도 분명하게 연결되는 한 가지 사실은 공동체가 해체되고 있고 그 상실감을 강하게 인식하고 있다는 점이다. 텔레비전은 거의 모든 가정에 권위에 대해 인정하지 않았던 1960년대 이런 재난과 같은 사건들을 그대로 전달해 주었다. 동시에 텔레비전은 다른 미디어와 기술과학문명 혁신과 결합하면서 그러한 사실을 전하고 있어서 진정한 공동체의 회복 가능성은 점점 줄어들고 있다. 베이비부머 세대는 점점 친밀감에 대한 기교가 약해지고 개인적 만족에 중점을 두면서 내면적인 부분에 더 전념하고 있다. 아주 많은 사람들이 공동체가 필요하다는 것을 잘 알고 있다. 그러나 그것을 진정으로 어떻게 세워갈 수 있을지에 대해서는 잘 알지 못한다.

포스트모더니즘

이러한 개략적 고찰은 오늘날 교회가 그 안에서 예배를 수행하고 그것에 대해 봉사하려고 하는 문화에 대한 또 다른 일련의 묘사를 필요로 한다. 다른 많은 문화적 측면이 우리의 주의를 끌기에 충분하지만 여기에서는 교회의 예배생활에 직접적으로 영향을 주고 있는 것을 살펴보자. 우리는 특별히 모더니즘에서 포스트모더니즘의 다양한 경향으로 옮겨가고 있는 여러 영향력 아래 있는 진행과정에 대해 주의를 기울여야 한다. 오늘 우리 시대를 포함하고 있는 이러한 태도와 반응에 대해 탐구하기 위해 몇 쪽에서 살펴보고자 한다.

'모더니즘'이라는 용어는 처음에 예술과 문학 작품에 적용되었는데, 특별히 스타일의 특별한 특징과 관련된 용어로도 쓰인다. 그러나 종종 이 용어는 그 스타일을 받치고 있는 태도와 관련된 용어였다. 그 스타일은 기술과학문명 시대의 환경에서 다양한 요소를 양산해 냈다. 모더니즘을 정신병, 특히 정신분열증과 병치시킨 그의 기념비적인 작품에서 루이스 아네손 사스(Louis Arnesson Sass)는 포스트모더니즘에서 강하게 나타나고 있는 모더니즘의 다음의 특징을 정리한다.[22]

- 부정주의와 반전통주의: "권위와 관습을 거부하는 자세, 청중의 기대에 대한 적의와 무관심, 가끔 혼돈에 대한 분노"에 잘 나타난다(29).
- 관점의 불확실성, 혹은 복합성: 이것은 과도한 허무주의로 연결된다

---

[22] Louis A. Sass, *Madness and Modernism: Insanity in the Light of Modern Art, Literature, and Thought* (New York: Basic Books, 1992). 이 책에서 인용한 내용의 페이지는 본문 안에 괄호로 표시했음을 밝힌다.

(30~31).

- "실재에 영향을 미치고 자아를 독립된 주관적 사건의 집합을 위한 단순한 경우 정도로 취급해 버리는 파편화의 형태" 안에서의 모더니스트들의 비인간화: 감각, 인지능력, 기억과 같은 주관적 사건에 중점을 둔다. 압도적인 명확함(vividness), 다양성, 이러한 경험적 집합이 가지는 파편적 자아의 독립성이 중요해지는데, 여기에서는 그것이 가지는 명료한 특성인 일관성과 조절력과 같은 특성은 파괴된다(31).

- 가장 극단적 객관주의라는 대조적 형태 안에서의 모더니스트들의 비인간화: "여기에서 인간의 행위는 가장 냉정하게 외면적 측면만을 주목하게 되는데, 그것은 모든 공감을 거부하고 인간적 의미가 가지는 본래의 내용(valences)을 담고 있는 물질세계를 분해하려고 주목하게 된다(31~32).

끝의 두 가지 비인간화의 유형을 규명하면서 사스는 '비현실화'(derealization)라는 용어와 하이데거의 용어인 "(인간) 세계의 비세계화"(unworlding)를 사용한다. 이 모든 형식에서 "자아는 수동적이 된다"라는 사실을 그는 강조한다. 비현실화 가운데서 "그것은 놀람과 이미지 등과 같은 내적 경험을 사물 같은 것(thinglike)으로 인지하면서 무능한 관찰자가 된다." 또한 비세계화를 통해 "정적이고 중립적인 대상의 세계에 위치하는 실재(entity) 기계와 같은 것으로 변형시킨다"(33). 위에서 언급한 모든 형태의 주요 특징은 분리(disengagement)에 있다.

역사적 기준과 비교 문화의 기준으로부터 사스는 문화 사회적 요소들, 즉 대가족 제도의 약화와 전통적인 농촌 형태에서 보다 비인간적이고 핵가족화하는 현대 사회의 구조로 변환되고 있는 현상과 증가하는 정신분열증의 상호 연관성을 제시해 준다. 그것은 점점 전문화되는 업무 역할과 경쟁적인 기대감, 초자연적인 설명(explanation)과 치유의 의식, 그리고 재통합을 이루는 축제의 상실, 증가하는 "복합적이고 갈등을 불러일으키며 점점 혼란을 야기하는 인식적 요구들"이 점점 기술과학사회의 복잡한 특징이 되어가는 것과도 연관이 있다(359~65). "현대 서구사회에서 생각하고 믿고 느끼는 특징적인 방식들이 정신분열증적인 상태의 분리하는 특성과 숙고(reflextivity)가 발전되어 가는 전제조건이 되고 있다"고 설명한다. 데카르트, 로크, 칸트와 같은 철학자들의 사상과 사회화의 근대적 패턴에 의해 부양된 분리와 자기 인식에 의해 이것은 생성되었다. 이것은 객관적인 외적 질서에 대한 탐구로부터 인간 존재가 벗어나 "우리 자신의 행위와 우리를 형성하고 있는 과정으로부터 내부로 향하는 것에 치중하게 된다. 뿐만 아니라 질서가 없는 세계로 점점 자신을 표현하려는 차원으로 나아가는 것을 우리 자신의 모습으로 형성하려고 한다"(369). 사회학자 앤소니 기든스(Anthony Giddens)는 "근대성의 '대대적인 숙고'가 가지는 정함이 없는 특성"을 강조한다. 그것은 모든 전통에 대항하는 방식으로 나아갈 뿐만 아니라 "정착된 유리한 지점과 보편적인 '의심의 기구화'의 용해를 가져오는 사유 자체의 본질"에 반대하는 특성으로 나아가게 된다(371~72).

마틴 루터가 "내적으로 치닫는 특성"(inward turned)이라고 지칭한 것에 대해 찬성하면서 객관적으로 유리한 지점을 반대하는 근대성에 대한 대대적인 숙고는, 교회를 둘러싸고 있는 이러한 문화 가운데 사는 사람들에게 이르려고 하는 우리 모두에게 이런 경향에 대해 거슬러 올라가면서 하나님을 진정으로 예배하는 것을 어떻게 세워갈 수 있을 것인지 심사숙고하도록 요청한다. 정신분열증과 모더니즘에 대해 집중적인 분석을 제시한 다음에 사스는 이러한 비판적인 질문을 던진다.

> 어떤 이들이 마음의 암이라 부르는 정신병의 가장 심각한 특성과 아주 현저하게 닮은꼴을 보여주는 모더니즘에 대해 그러한 분석이 '말해 주는' 것은 무엇인가? 이렇게 같은 동급으로 보는 병렬구조는 근대의 민감성과 관련이 있는 부분을 어떻게 판단해야 할지를 제시해 주는가? 점점 증가하는 복합성과 예민성, 혹은 통찰력, 점점 인자함과는 멀어지는 무엇이 가중되면서 그것이 마치 불가피한 표징 - 아마도 우리 시대의 스타일과 민감성이 부식되면서 질병과 영적 퇴락의 깊은 병리현상으로 나타나는 표징 - 으로 등장하는 근대의 정신이 지니는 분리성(alienation)과 자기 인식을 우리는 인지할 수 있을 것인가?(339)

이어지는 다음 몇 장에서 모더니즘의 광기에 대항하는 방식으로 우리는 하나님을 교회 예배의 주체가 되시게 해야 하며 하나님의 계시의 객관적인 진리를 인식하여야 한다는 이 긴급한 요청에 대해 좀 더 논의하게 될 것이다. 여기에서 우리는 모더니즘에 대한 응답으로 주어진 현대 문화의 흐름의 하나가 바로 포스트모더니즘이라는 사실을 주목하게 될 텐데, 그것은 과정의 새로운 개방성에 의해 특징지어진다는 사실을 강조하게 된다. 앨런 미틀만(Alan Mittleman)에 따르면 이러한 대항운동(countermovement)은 "정복하려고 하고, 조종하려고 하며, 과거를 떨쳐버리려고 하는" 모더니즘이 추구하는 프로젝트의 "오만함

(hubris)과 무익함(futility)"을 명확하게 인지하면서 대신에 "전통이 현재와 미래를 향한 약간의 동요를 허용하려고" 한다.[23] 사스는 철학자 자끄 데리다와 문학이론가인 폴 드 만(Paul de Man)을 하이데거, 메를로 퐁티(Merleau-Pontry),[24] 그리고 비트겐스타인에 비교하면서 이러한 궤도가 가지는 가능성을 제시한다. 그들은 모두 "근거(groundedness)와 일관성에 대해 깊은 감각을 가지도록 우리를 일깨우면서 우리 자신과 연결하여 뒤를 돌아보도록" 만든다(347). 이러한 경향은 교회의 예배를 위한 위대한 가능성을 제공한다. 특히 기독교 예전에 바탕을 두고 2000년이 넘는 긴 시간 동안 형성된 찬송 전통, 성경에 근거한 예전, 성경적으로 형성된 공동체와 함께 그런 가능성을 보여준다. 미틀만의 주장에 증거를 제공한 하나의 예를 미국에서 찾아볼 수 있는데, 정교회에 깊은 관심을 가지면서 그곳에 새로 개종한 사람들이 많이 늘어나고 있다는 사실이다. 특별히 그곳에 보존되어 있는 고대의 의식과 예전에 관심을 기울이고 있다. 다른 예로는 소위 베이비 부스터(혹은 X세대나 20대인 청춘들)라고 부르는 그룹에 대한 강조를 들 수 있다. 그들은 과거와의 연대에 대한 욕구가 있고 공동체와 베이비부머 부모 세대가

---

23 Borowwitz's *Renewing the Covenant: A Theology for the Postmodern Jew*에 대한 Alan L. Mittleman의 서평의 글이 실린 *First Things* 30 (Feb. 1993): 45에서 인용하였다.

24 역주/ 해체주의 사상가이자 문학비평가인 폴 드 만(1919~1983)은 벨기움 태생으로 미국 하버드대학교에서 박사학위를 취득하였고, 코넬대학교, 존스홉킨스대학, 예일대학교 등지에서 교수로 활동하였다. 저서로는 『맹목과 통찰』, 『이론에 대한 저항』, 『미학적 이데올로기』 등이 있다. 프랑스의 철학자이자 문학비평가인 모리스 메를로 퐁티(Maurice Merleau-Ponty, 1908~1961)는 프랑스 현상학의 지도적 주창자였다. 파리 고등사범학교에서 철학박사학위를 취득했고, 리옹대학, 소르본느대학, 프랑스대학 등에서 교수로 활동했다. 에드먼드 후셀의 영향을 강하게 받았지만 신체행동과 지각에서 자신의 이론을 발전시킨다.

지고 있었던 것보다 훨씬 더 깊은 관계성을 추구하기 시작하게 된다.[25]

그러나 이러한 포스트모더니즘의 해안은 아마도 가장 최근의 영향력으로 등장하고 있는데 문화적 엘리트들 사이에서 특히 그렇다. 무정한 극단에 대해서 우발사건으로 여기거나 상대적으로 여기는 경로를 취하는 포스트모던주의자들의 흐름이 점점 크게 가시화되고 있다. 야구 유머 가운데 객관적 진리에 대해 모던 이전의 믿음으로부터 포스트모더니티의 해체주의로 나아가는 분명한 진행이 이루어지고 있음을 알려주는 것이 있다. 모던 이전의 사고를 가진 심판이 한 번은 이렇게 말했다. "투수가 던지는 공에는 볼도 있고 스트라이크도 있어요. 액면 그대로 규정에 따라서 볼이나 스트라이크를 외치면 돼요." 발견 가능한 절대 진리를 확신하면서 이전 사회는 그 진리를 발견할 수 있는 증거를 바라보았다. 대신에 모던 시대의 심판은 이렇게 말을 할 것이다. "투수가 던지는 공에는 볼도 있고 스트라이크도 있어요. 내가 보는 대로 외치면 돼요." 모던주의자들에게 진리는 자기 자신의 경험에 따라 발견되는 것이다. 이제 포스트모던 심판은 이렇게 말할 것이다. "투수가 던지는 공에는 볼도 있고 스트라이크도 있어요. 내가 그렇다고 외치기까지는 아무것도 존재하지 않아요." 그들에게 있어서 진리는 우리가 만들지 않으면 존재하지 않는다.

게르트루드 힘멜파브(Gertrude Himmelfarb)는 자신의 역사 분야 연

---

25 특별히 Andres Tapia, "Reaching the First Post-Christian Generation," *Christianity Today*, 38, no.10(Se12, 1994): 18~23과 William Mahedy and Janer Bernardi, *A Generation Alone: Xers Making a Place in the World* (Downers Grove, Il: InterVarsity Press, 1994) 등을 보라. 또한 Douglas Coupland의 두 책, *Generation X: Tales for an Accelerated Culture* (New York: St Martin Press, 1991)와 *Life after God* (New York: Pocket Books, 1994) 등을 보라.

구에서 모던주의자들과 포스트모던주의자들 사이의 중요한 구분을 제시하면서 이러한 흐름을 다음과 같이 묘사한다.

> 전자는 오래된 상대주의 경향을 가진 상대주의자들이라면 후자는 새로운 절대주의적 상대주의자들이다. 모던주의자들이 상대주의에 대해 관용의 마음을 가질 때 포스트모던주의자들은 그것을 환영한다. 모던주의자들이 객관성의 방식에 방해가 되는 것을 인지하면서 이것을 도전으로 여기고 가능한 한 보다 더 객관성과 편견이 없는 진리를 얻기 위해서 무척 노력한다면, 포스트모던주의자들은 절대적 진리를 거부하면서 어느 정도 객관성을 유지하려는 의무감으로부터 벗어나 어떤 진리를 열망하면서 모든 진리로부터 벗어나려고 한다. … 포스트모더니즘은 전통적인 가치(진리, 정의, 실재, 도덕성)와 계몽주의의 수사(rhetoric) 자체를 거부한다. 지식과 이성의 "훈육"(discipline)을 거부하면서 포스트모더니즘은 사회와 권위가 제시하는 "훈육" 역시 거부한다. 언어로부터 벗어난 어떤 종류의 실재(reality)를 거부하면서 언어의 구조와 함께 사회의 구조 역시 전복시킨다. 불확실성의 행동원리(principle)는 무로부터(ex nihilo) 창조에로의 초대이다. 그것은 역사학자들에게 백지 상태(tabula rasa)를 제시하는 것으로 그가 선택한 것은 무엇이든지 새길 수 있는 서판을 제시한다.[26]

그러면서 힘멜파브는 역사학자들이 과거의 '텍스트'의 해체와 새로

---

26 Gertrude Himmelfarb, "Tradition and Creativity in the Writing of History," *First Things*, 27 (Nov. 1992): 30, 33.

운 역사에 대한 그들의 창조에 대해 계속해서 논의한다. 다른 것보다 하나의 스토리를 선택하는 것에 대한 객관적인 기초 같은 것은 존재하지 않으면서 다른 것보다 이것이 더 좋다고 판단하는 유일한 근거는 "그것의 설득력, 그것의 정치적 유대감, 그리고 그것의 정치적 순수함"에 둔다. 널리 행해지는 인종, 계급, 성별에 대한 편견 때문에 왜 바뀌지 않는지에 대해 다음과 같이 묻고 있다.

"모든 남자/ 여자의 그와 그녀 자신에 대한 역사가(historian)가 모든 흑인/ 백인/ 히스패닉/ 아시안/ 미국 원주민들 등과 같은 범주로 왜 바뀌지 않는가?" 혹은 "모든 그리스도인/ 유대인/ 가톨릭 신자/ 개신교도/ 무슬림/ 힌두교도/ 세속주의자/ 무신론자…."로는 어떨까? 혹은 이성애자/ 동성애자/ 양성애자/ 남녀 양성의(androgynous)/ 다처, 혹은 다부제(polymorphous)/ 결혼 혐오자/ 성 혐오자(misogynous)…는 어떤가? 모든 민족, 인종, 종교, 성적 취향, 국적, 이데올로기, 사람을 구별하는 다른 특성들을 통하여는 어떤가? 이것은 분명히 역사를 정치화하는 데 분명한 효과를 가진다. 그러나 그것이 가지는 보다 파괴적인 효과는 역사의 주체의 가치를 떨어뜨리고 비인간화시킨다는 점이다. 일반적인 '인간'됨을 포기하는 것은 양성을 가진 인간의 공통적 특징을 거부하는 것이다. 넌지시 모든 인종적, 사회적, 종교적, 민족적 그룹이 공통적으로 가지는 인간성을 그리 만드는 것이다. 역시 그들이 한때는 공유하려고 했던 공통의 역사를 거부하는 것이다. 전통적인 역사학자들, 심지어 많은 급진적인 역사학자들조차 너무 다원화되고 파편화되면서 모든 일관성과 중심(focus)이 결여되어 있고 연속성과 모든 의미가 상실되면서 역사의 전망이 어둡다고 걱정한다. 포스트모던주의자들의 관점으로 보면 이것은 선하고 좋은 모든 것이다. 왜냐하면 그것은 "전체화", "보편화", "로고스 중심적", "남성 중심적" 역사를 무너뜨리는 것이기 때문인데 그것을 모더니티의 큰 악으로 간주한다. 포스트모더니즘은 '아포리아'(aporia), 해결하기 어려운 문제 – 차이, 불연속성, 불일치, 모순, 불화, 불확실성, 애매함, 아이러니, 모순, 외고집, 애매함, 난해함, 혼돈-에 더 관심을 둘 것을 요청한다.[27]

힘멜파브에게서 길게 인용한 것은 그녀의 관찰이 공통의 역사를 상실해 가는 공적 삶에 영향을 주는 것이 무엇인지를 잘 보여주었기 때문이다. 교회는 역사, 선물, 인종, 계급, 성의 다양성을 존중할 수 있는 가능성과 능력이라는 차원에서 보면 큰 선물을 제공했다. 특히 성령의 하나되게 하심과 그리스도인으로서 공통의 역사라는 관점에서 더욱 그랬다. 그러나 우리의 예배가 그러한 하나됨, 그리스도 안에서 우리의 공동의 특성, 모든 상대적인 것을 조화롭게 하실 수 있는 절대자를 가르치고 있는가? 포스트모더니즘이 모든 권위와 신빙성을 거부하는 것에 대한 대답으로 교회는 신뢰할 만한 진리, 혼돈 가운데 의미를 줄 수 있는 분명한 스토리를 제공하고 있는가?

오늘날 세계의 고통이 증가하는 삶의 한복판에서 희망을 위한 투쟁에 대한 응답으로 일어났던 현대의 태도에 대한 다른 세 가지의 요소에 주목할 필요가 있다. 포스트모던 문화 유행인 거대한 사안에 대한

---

27   위의 책, 33~34.

반작용(reaction)으로 크리스티안 베커(Christiaan Beker)는 냉소적 자세와 그릇된 예언적 희망으로 이해하는 양극단적 자세에 대해 관찰하면서 중도의 방식의 시도들(종종 편협하게 배타적인 자세로 취하기도 하지만)을 제시한다. 고통의 통렬함에 대해 깊이 숙고하면서 베커는 다음과 같은 내용을 강조한다.

> 오늘의 세계의 고통의 '양'과 '질'은 희망에 대한 타당성 있는 기초, 혹은 최소한 개인적인 실패와 성공의 주기, 즉 고통과 희망 사이의 적당한 연결점을 무너뜨리는 것 같은 그러한 수단으로 우리를 사로잡아 버리는 위협으로 존재한다.[28]

이와 같이 고통은 "절망과 희망 없음"으로 나아가게 하거나 "억제, 회피, 거부" 등의 자세를 취하게 하는 원인이 된다. 희망에 불타고 있는 사람들은 "크게 자기중심적인 방식으로 그것을 인식하게 된다." 마치 그것은 값이 나가고 개인적인 차원으로 테크놀로지에 사람들이 투자할 때와 같이 우리 가운데 "종교성이 강한 사람들이 선택받은 몇 사람을 위한 하늘의 축복의 환상곡을 만들어낼 때"와 같다. 그러한 활동이나 계획은 세상의 고통의 실재를 통해 오염되는 것을 피하기 위해 고안되었다.

이러한 극단의 행동들은 "(우리 시대에) 고통의 공간적이고 양적인 차원, 즉 그것이 널리 퍼져 있는 영역이 질적 차원, 즉 그것이 경험되는 강도를 증강하기 때문에" 생겨난다. 나치 수용소의 공포와 전쟁에

---

[28] J. Christiaan Beker, *Suffering and Hope: The Biblical Vision and the Human Predicament* (Grand Rapids: William B. Eerdmans, 1994), 18.

서 죽음 직전까지 갔던 자신의 경험을 토대로 베커는 적들에 대한 우리 문화의 반작용을 정확하게 분석한다.

> 그러나 실제로 고난과 희망에 대해서 자주 근대적인 질문을 억제하려고 하고 우리 문화 가운데서 흑암과 종말에 대한 예언들에 식상해하면서 우리는 단지 우리 시대의 유사하지 않는 영역과 강렬한 고통에 대한 질문을 피할 수 없다. 우리 문화에 있어서 이러한 질문에 대한 흔한 반응은 두 가지 종류로 나타나는 것 같다. 우리는 희망을 갖는 것을 억누르고 냉소적이 되거나, 그렇지 않으면 종말을 말하는 묵시적인 예언자들이나 교단이나 세속적인 기술자들이 제시하는 거짓 희망의 이미지를 행복하게 집어삼키면서 고통을 억누르고 쉽게 믿어 버리는 몽상가가 될 수 있다. 냉소주의나 우직함 가운데 중간 길을 구할 때 우리는 종종 사적이고 위험이 없는 지역을 만들고, 생존을 위한 자기중심적인 계획을 수립하려고 할 것이다.[29]

베커가 명명한 희망의 상실과 냉소주의는 현대 미국 문화 가운데서 다양한 형태로 나타나고 있다. 그래미 헌터(Graeme Hunter)는 이러한 새로운 숙명론의 표현으로서 행운, 악, 그리고 희생자 의식에 대해 논의한다. 그가 주장하는 것같이 "그들은 객관적 의미를 발견하려는 모든 희망이 사라진 후에 남아 있는 것이 그들의 삶이다."[30] 복권이 엄청

---

29 위의 책, 19.

30 Graeme Hunter, "Evil: Back in Bad Company," *First Thing*, 41 (March 1994): 38.

나게 호황을 누리는 것, 즉흥적인 폭력이 두려울 정도로 증가하는 것, 그리고 미디어의 확산은 포스트모던주의적 절망에 모든 초점을 맞추어 가고 있다.

오늘날 우리가 살고 있는 세상의 문제점이 얼마나 거대한지에 대해 아무도 부인할 수 없을 것이다. 포스트모던주의적 절망 가운데서 살아가면서 그러한 상황에 직면해 있는 사람들에게 교회는 무엇을 제공할 수 있을 것인가? 우리의 예배는 이 고난의 강렬함과 그 영역을 어떻게 다룰 것인가? 우리는 우주적인 것을 받아들일 수 있는 진정한 소망을 선포하고 있는가? 고통을 완화하고 이 세상에 평화와 정의를 세워가는 데 우리의 예배는 효율적으로 장치가 되어 있는가? 혹은 우리 자신의 안전한 성소 안에서 그들에게 우리는 단지 개인적인 행복과 안락한 편안함만을 제공하고 있는가?

교회가 주어야 할 진정한 희망에 대해 살펴보고 우리가 그것을 제시할 수 있는 방식을 살펴보기 전에 우리는 그리스도인 공동체의 고결함을 위협하는 우상숭배를 살펴보아야 한다. 이러한 우상숭배는 이 장에서 개괄하였던 문화의 측면과 불가피하게 연결되어 있다. 그러나 보다 중요한 것은 그것들이 하나님의 사랑으로부터 우리를 분리해 버리려고 하는 세상의 정사와 권세가 작용하면서 만들어낸 산물이라는 점이다.

Chapter 03

현대 문화의 우상숭배 '밖으로

Outside the Idolatries of
Contemporary Culture

Chapter 03

현대 문화의 우상숭배 '밖으로'

예수님께서는
텅 빈 세상의 황금 가게와 관련된 예배로부터 우리를 불러내신다.
우리를 붙들고 있는 각 우상들로부터 불러내셔서
"그리스도인들이여, 나를 더 사랑하라"
그렇게 말씀하신다.

– 세실 알렉산더(Cecil F. Alexander, 1823~1895)

세상에 존재하나 세상에 속하지 않은 존재로 산다는 것은 교회가 둘러싸고 있는 문화를 이해하고, 그것의 우상숭배에 저항할 것을 요구한다. 앞 장에서 기술과학문명 사회와 베이비부머 시대, 포스트모던 문화에 있어서 중심적인 요소 몇 가지를 살펴보았다. 그러한 문화는 그러한 세상 속에서 살고 있는 사람들에게 다가갈 수 있는 예배를 어떻게 드릴 수 있을 것인지에 대한 질문을 우리에게 계속해서 던지고 있음을 알 수 있다. 이 장에서는 우리를 사로잡고 있는 그러한 권세에 대해 마땅히 인식하고 있지 못해 주어지는 위험을 알리는 데 주안점을 두게 된다. 월터 브루그만(Walter Brueggemann)이 그의 책, *Israel's Praise*(이스라엘의 찬양)에서 분명하게 밝히고 있는 대로 하나님의 백성들의 예배

는 하나님을 향해 올려드리는 찬양일 뿐만 아니라 세상의 신들에 대항하여 올려드리는 찬양이다.[1]

이 책을 쓰게 된 본인의 첫 번째 추진력은 회중을 바라보고 사회의 우상숭배가 교회와 예배를 얼마나 광범위하게 침공하고 있는지를 발견하는 고통에서 기인했다. 그것은 나의 가장 큰 비탄거리였다. 이전의 연구에서 현대 기술문화 사회에서 성경에 나오는 "세상의 정사와 권세"가 어떻게 작동하고 있는지를 발견하면서 많은 경각심을 갖게 되었다. 그러나 이 장에서 관찰하는 것이 이전에 집중하였던 연구에 의존하는 것은 결코 아니다. 만약 주의를 기울인다면 사회와 교회 안에 우상숭배가 넘쳐나고 있다는 사실을 알 수 있게 될 것이다. 그러나 우리 교회의 지도자들과 예배자들이 정말 주의를 기울이고 있는가? 아니면 우리는 그것의 영향력에 눈이 멀어 그것을 우리 자신의 신으로 삼고 그것에 사로잡혀 있는가?

효율성의 신

앞 장에서 열거하였던 친밀감과 공동체의 증대되고 있는 분열은 효율성(efficiency)이라는 기술과학문명사회의 우상숭배를 통해 증대된다. 우리 시대의 문화는 모든 것을 보다 빠르게 하려는 거대한 압박을 받고 있다는 특징을 가지고 있다. 우리는 보다 빠른 도구, 컴퓨터, 요리기구를 원한다. 우리의 모든 문제는 즉시 활용 가능한 기술과학문명의 도구를 통해 해결해야 한다. 일은 정해진 시간에 이루어져야 한다. 효

1　Walter Brueggemann, *Israel's Praise: Doxology against Idolatry and Ideology* (Philadelphia: Fortress Press, 1988), 특히 29~53을 참고하라.

율성이라는 압력은 미디어에 의해서 증대되는데 그것들은 삶의 속도를 계속해서 높이는 데에 혈안이 되어 있다. 마치 뉴스 보도는 보다 간략하게, 덜 실질적으로 제시하고, 상업광고는 보다 자극적으로 판매 활기를 돋우기 위해 활용되며, 자극적인 효과를 활용하여 포격을 이루듯이 빠르게 제시된다. 최근 암 투병에 웃음 치유 방식이 효과가 있을지 궁금해서 번스 알렌(Burns-Allen)의 옛 텔레비전 프로그램을 비디오로 본 적이 있다. 그 비디오의 내용은 아주 빈약하였는데 중간 중간에 잦은 광고를 끼워 넣고 있었다. 현대 사회의 속도에 익숙해 있는 사람은 그러한 늘쩍지근한 광고를 견디지 못할 것이다. 교회가 기술과학문명의 환경에 길들여진 사람을 대상으로 목회를 진행하려고 하기 때문에 쉽게 효율성의 주요 기준에 굴복하게 된다.

이러한 기술과학문명에 영향을 받은 사고방식이 교회를 공략해 올 때 다양한 방식으로 진정한 예배가 크게 파괴될 수 있다는 점이다. 특별히 우리가 예배를 한 시간 안에 반드시 '마쳐야만 한다'면 특히 그런 영향을 이미 받고 있는 것이다. 예배는 시계에 의해 지배받는 일(clockwork)이 되었고, 예배에 사용되던 여러 요소는 예배 가운데서 사라졌고, 자유롭게 표현되던 찬양은 점점 사라졌으며, 설교는 깊은 성경적 해석이 제시되지 못할 정도로 아주 간략하게 짧아졌으며, 찬송은 전체를 부르지 못하고 몇 절만 부르게 되었으며, 성찬은 자주 시행하지 않는 것이 좋은 것으로 전락하였고, 공동 기도를 함께 드리고 서로에 대한 관심과 감사를 나눌 나눔의 시간을 넉넉하게 가질 만한 시간은 사라졌다. 가장 최악의 내용은 예배 가운데 침묵할 시간이 사라졌으며, 성령님의 놀라운 역사를 기다릴 만한 시간적 여유가 사라지고 말았다는 점이다.

둘째, 무차별적으로 부추기는 미디어 영향이 예배도 "상승 경향"(upbeat)을 필요로 한다는 사실을 만들어내고 있다. 가슴을 치며 회개하는 찬송이나 십자가에 달리신 주님을 위한 탄식의 만가, 보다 깊은 숙고를 불러일으킬 깊은 묵상의 찬양도 자리잡을 곳이 없다. 기술과학문명사회의 속도는 쉽게 모든 우리 예배의 템포를 침공하고 들어온다. 많은 음악가들은 찬송가로 회중의 흥미를 유발하는 유일한 방법은 빠르게 부르는 것이라고 생각한다. 너무 성급하게 예배를 진행할 때 노래는 부르는 데 목적이 있을 뿐 가사가 빠르게 넘어가면서 의미에 집중하지 못하게 방해를 한다. 그래서 우리는 많은 주요 찬양과 마음을 움직이는 사순절의 탄식의 마음을 담은 찬양의 파토스를 상실하였으며, 주님의 기도와 신앙고백과 같은 복합적인 중요성도 잃어버리게 되었다. 또한 성경을 천천히 읽으면서 깊게 들을 수 있도록 해 주는 것도 상실하게 되었다.

셋째, 예배와 주일학교 사이에 위치했던 '친교 시간'도 효율성에 중점을 두는 것은 돌봄의 시간을 몰아내게 되었다. 친교는 어떤 특별한 일들이 있을 때 나르텍스[2]에서 커피와 쿠키를 단지 함께 나누는 시간으로 바뀌었다. 어떤 교회는 '코이노니아'(공적인 나눔이라는 뜻의 헬라어)라고 부르면서 이 순간이 가지는 의미를 좀더 깊게 하려고 시도하기도 한다. 그러나 역시 똑같이 커피와 쿠키를 나누는 시간 정도로 진행되는 것은 마찬가지이다. 함께 모여 날씨에 대해 이야기를 나누고 최근

---

2 역주/ 고대 기독교 예배실 입구 앞에 있는 넓은 홀을 지칭하는 용어였으며 세례반이 설치된 공간까지를 의미하였다. 오늘날 교회 로비의 친교실 공간을 의미하는 용어이다.

어떤 경기의 스코어에 대해 이야기하는 시간일 뿐이다. 그들은 우리가 서로 연결되어 있고 속해 있는 존재라는 사실을 알지 못한다. 진정한 의미에서 "안녕하십니까?"라는 인사에 대한 대답을 알기를 원치 않는다. 하나님의 일들이 시간 속에 빈틈없이 지정되는 형식으로 우리의 예배의 실행을 가두어 버리게 되면 점점 이러한 효율성이 그리스도의 몸 안에서 서로에 대한 관계가 파괴되게 될 것이다. 그렇게 되면 나이 든 교인들을 위한 교통수단을 제공하기에 충분한 시간이 없고, 다른 사람의 관심사에 대해 들어줄 수 있는 시간이 넉넉지 않으며, 그리스도의 몸의 중요한 부분이라는 사실을 배울 필요가 있는 어린아이를 환영할 만한 충분한 시간이 없다고 생각하는 그런 경향을 증가시키게 될 것이다.

무엇보다도 효율성을 추구하는 기술과학문명사회의 매진은 안식의 리듬을 회중에게서 빼앗아 갈 것이다. 그 리듬은 멈춤(ceasing), 쉼(resting), 맞이함(embracing), 그리고 축연을 베풂(feasting)을 위해 7일 중에서 하루를 따로 떼어 구별하는 것, 하나님을 위해 하루를 온전히 구별하는 것, 서로를 위해 기쁨과 치유를 위해 하루를 구별하는 것을 포함한다. 결과적으로 그리스도인들은 세상의 세속적인 삶의 방식을 흉내 내게 될 것이며 휴식과 일의 놀라운 리듬, 새롭게 됨과 응답의 놀라운 리듬을 하나님께서 디자인하셨다는 사실을 이해하지 못하게 된다. 그러한 리듬 가운데서 주일에 해야 할 일이 있는 것이 아님에도 불구하고 우리는 예배가 1시간 안으로 정확하게 끝나고 밖으로 나오기 위해 서두를 필요가 없다. 그날은 예배와 관계성, 하나님이 누구이시며 우리가 누구인가에 대한 생각 가운데서 성장하는 일을 위해서 따로 구별된 날이며, 예수님을 닮아가기를 바라는 개인과 그의 백성들이

세상에 나가 그분의 인품을 온전히 드러내기 위해 존재한다는 사실을 인식하는 날이다.³

마지막으로는 각자의 지역 교회 상황에서 찾을 수 있는 예를 생각할 때 개인적으로든 공동으로든 숙고할 수 있는 것인데 예배 계획과 준비가 효율성에 대한 필요에 의해 진행된다는 점이다. 목회자는 사도행전 6장 4절이 제시하는 대로 기도와 하나님의 말씀 전하는 일에 전념하리라고 사도들이 말했던 그 일에 집중할 수 없게 만드는 많은 '행정적인 업무'를 수행해야 하는 짐을 지고 있다(말씀을 '연구하는 일'[the study] 대신에 '업무'[the office]라는 용어로 그들의 사역의 자리를 나타내고 있음에서 그러한 변화를 읽을 수 있다). 신학교는 예배와 교회의 유산에 대해 가르치는 일에 시간을 그렇게 많이 보내지 않으며 회중을 관리하는 기술을 터득하는 내용에 많은 커리큘럼의 내용을 배정하고 있다. 마케팅 트렌드에 대해 연구하고 있는 조지 바아나(George Barna)는 성직자는 컴퓨터와 미디어를 교구 목회에 잘 활용하기 위하여 최근의 기술과학문명의 발전에 대해 계속해서 관심을 가지고 있어야 한다고 주장한다. "교회의 지도자는 기술과학문명에 대해서 문맹이 되어서는 안 된다"라고 주장하면서 "회중이 새로운 기술과학문명을 사용하고 있다는 바로 그 사실이 우리를 둘러싸고 있는 공동체에 중요한 시그널을 보내고 있다"고 주장한다.⁴ 우리를 둘러싸고 있는 문화에 중요한 시그널을 보내

---

3 이러한 것을 위해 구별된 날의 기쁨에 대한 보다 완벽한 설명을 위해서는 다음의 본인의 책을 참고하라. Marva J. Dawn, *Keeping the Sabbath Wholly: Ceasing, Resting, Embracing, Feasting* (Grand Rapids: William B. Eerdmans, 1989).

4 George Barna, *The Frog in the Kettle: What Christians Need to Know about Life in the Year 2000* (Ventura, CA: Regal Books, 1990), 49.

는 것, 즉 우리의 예배 인도자들이 개인적 영적 준비와 보다 깊은 성경 연구, 그리고 기도라는 그렇게 효과 없는 것처럼 보이는 사역에 그들의 시간을 보내고 있다는 시그널을 보내는 것에 좀 더 관심을 가져야만 하는가? 대신에 예배 - 교회의 가장 중요한 사역이고 그리되어야만 하는 - 는 그 아래에 있어야 하는 기도를 많이 하지 않은 채로 기획되고 수행되고 있다. 성경말씀에는 그렇게 적절한 반응을 보내지 않고, 서로 적게 돌보며, 최소한의 실질 내용(substance)을 간직하고, 효율성을 따지며 시간이라는 굴레에 붙들려 있다.

돈에 대한 우상숭배

효율성의 요구와 긴밀하게 연결하여 오늘 우리의 문화와 교회들 안에는 돈에 대한 우상숭배가 존재한다. 많은 회중은 그들의 제한된 돈을 사용하는 다양한 방식에 대한 논의로 나눠지며 - 교회당 안에 새로운 카펫으로 바꾸면서 색깔을 선택하는 문제로 회중은 나눠질 수 있다 (예컨대 그것은 예배당의 음향에 방해가 될 것이라고 주장하면서) - 교회 재정은 점점 삶의 방식의 '필요'가 교인들의 수입에 따라 제한되게 된다. 소수의 교인들은 예산 사용에 있어서 성경이 말씀하는 예배와 가난한 사람들에게 우선권을 두어야 한다고 생각한다.

유대인들은 그들의 십일조를 예배, 가난한 사람들을 돌보는 일, 전문 사역자였던 레위인, 제사장, 찬양하는 사람들을 위해 사용하도록 명령을 받았다(신 14:22~29, 사도행전은 초기 그리스도인들이 이 방식을 따랐다고 전하고 있다). 실제로 모든 교인이 십일조를 하고 있는 회중을 알고 있지 않으며, 그들의 십일조를 성경적으로 사용하는 교회를 알지 못한다. 유대인들은 빌딩과 장신구는 따로 헌물로 드렸는데 기쁨으로 드렸다(출 35:4~36:7). 우리가 훌륭한 음악가를 모시기 위해 더 많은 돈을 지불해야만 했다면 우리 교회에서 일어날 수 있는 음악에 대한 경험을 한번 생각해 보라. 많은 돈을 지불하고 좋은 음악가가 있는 교회는 그렇게 많지 않으며, 그럼에도 음악은 예배에 있어서 중심 부분이라는 사실을 알지 않는가!

세상의 재정적인 용어로 말하면 실제로 지역교회에서 찬양대 지휘자가 될 수 있는 사람은 아니다. 사례로 주어지는 돈은 좋은 찬양을 준비하기 위해 계획하고 연습한 시간에 대해서까지 충분하다고는 할 수 없다. 그러나 남편의 직업이 그 사례를 받지 않아도 될만큼 안정되어 있다면 찬양 연습과 회중 찬송과 악기를 위한 악보 준비와 특별 음악회 준비까지의 시간을 기쁨으로 드릴 수 있다. 말하기 사역에서 시간의 반을 보내야 하기 때문에 그러한 일을 수행할 만한 여지가 내게 있는가가 계속적으로 마음의 부담으로 다가왔다. 그럼에도 불구하고 상황은 왜 많은 청중이 음악에 대해서 문외한인가를 깨닫게 했다. 예배에 있어서 하나님의 위대하심과 숭고하심, 그리고 초월성에 대한 감각을 불러일으켜야만 하는 다양한 음악적 경험을 할 수 있도록 할 만한 재정적, 시간적 헌신이 없었다.

결과적으로 "폴 만츠 교회음악연구소"(Paul Manz Institute of Church Music)에서 젊은 오르간 반주자를 위한 재정지원을 해 주었다. *Christian Century*라는 잡지에서 마틴 마티(Martin Marty)는 큰 소리로 주장한다. "평범한 음악에 교회가 자주 만족해야 하는 우리 시대의 야만상태와 그러한 음악가가 되고 회중이 되어야 하는 재정적 어려움의 해소를 위

해 그런 지원이 시급하다."⁵

맘몬(Mammon)의 힘과 아주 밀접하게 관련되어 있는 문제는 교회가 예산이 축소될 때 많은 교회에서는 그 재정 결손을 극복하기 위하여 잘못된 방향으로 선회하게 된다. 그들은 예배를 보다 '재미있고'(attractive) '대중적인' 것이 되도록 매진하게 된다. 그 이유는 구원받지 못한 대중에게 어필되게 하며 그들을 교회로 이끌기 위해서 그렇다. 종종 이러한 움직임의 지도자는 믿음을 보다 입맛에 맞게 하는 것으로 약화시키고 있다. 교회는 주님을 따르기 위함이라는 예수님의 가르침과 반대되는 내용이다. 복음은 실로 구원받지 못한 사람들에게 매력적인 것이 되어야 한다. 그러나 우리가 만약 깊은 제자도의 세계로 나아가기를 원한다면 얕은 밭에 그 복음의 씨를 뿌릴 수는 없다. 하지만 교회는 단지 교인수를 늘려서 재정 확보를 하기 위해서가 아니라 구원받지 못한 사람들을 위하여 그들을 돌보아야 한다.

새 교우들의 마음을 끌어 교회로 인도하려는 대부분의 운동은 대중의 취향에 호소하는 것을 강조한다. 그들이 세상에서 듣는 것과 유사한 음악을 사용하여 그들의 선호도에 맞추고, 설교 역시 예배자들의 '취향'(felt needs)에 맞추어야 한다고 강조한다. 그러나 최고의 연구는 그와 반대되는 접근을 요청한다. 벤톤 존슨(Benton Johnson), 딘 호그(Dean Hoge), 도널드 루이덴스(Donald Luidens)는 교회 침체의 이유를 조사한 그들의 폭넓은 연구의 결론을 다음과 같이 내리고 있다.

---

5   Martin E. Marty, "M.E.M.O.: Instrument of Grace," *The Christian Century*, 109, no. 36 (9 Dec. 1992): 1151.

주요 교단 교회들의 중요한 문제는 … 활기 넘치는 공적인 삶을 유지하는 데 필요한 열정과 에너지를 불러일으킬 만한 영적 확신이 약화되고 있다는 점이다. 지난 세기가 지나가는 과정에서 이러한 교회들은 기독교 신앙을 가르칠 의지와 능력과 젊은이들 그룹에게 그들의 충성을 요구하는 방식으로 신앙 계승에 필요한 것을 상실하게 되었다. … 모더니티의 흐름에 반응하면서 교단의 지도자들은 … 분명한 기독교 신앙의 강력한 새로운 버전을 고안하고 장려하지 않았다. 그들은 활발한 변증을 형성하지도 않았고 그것을 설교하지도 않았다.

… 그들 중의 많은 사람들은 기독교 신앙을 하나님을 믿는 신앙, 예수님 공경, 황금률 등으로 축소시키기도 했고, 이 그룹들 중에는 교회를 필요로 하는 흐름이 점점 줄어들고 있는 것이 늘어나는 추세이다.

아마도 생각지 않은 문화적 변화는 하루아침에 베이비부머 세대 탈락자 수백만 명이 교회로 돌아오게 했다. 그러나 우리 연구에서 발견된 어떤 것도 그러한 변화의 가능성을 제시하지 않는다. 만약 주류 교회들이 그들의 역동성을 되살리기를 원한다면 그의 첫 번째 단계는 주요 신학적 이슈를 제시할 수 있어야만 한다. "기독교가 무엇이 그렇게 특별한가?"라는 질문에 분명한 답을 … 제시할 수 있어야 한다.[6]

우리의 예배에서 사용하는 음악이 일반 세상의 표면적이고 의미 없는 내용을 흉내 내고 있으며, 우리의 설교가 회중석에 앉아 있는 사람들이 심리학자, 사회학자, 그리고 지역 텔레비전 방송에서 배울 수 있

---

[6] Benton Johnson, Dean R. Hoge and Donald A. Luidens, "Mainline Churches: The Real Reason for Decline," *First Thing*, 31 (March 1993): 18.

는 주제에 대해서 말하고 있다면 기독교의 특별성을 어떻게 가르칠 수 있을까? 다음 장에서 좀 더 살펴보겠지만 본인은 현대 음악을 사용하는 것에 깊은 관심을 가지고 있다. 그러나 우리의 예배 음악이 믿음의 '본질'과 교회의 독특성을 보여주는 유산, 기독교의 특성을 형성하는 진리를 담고 있어야 한다. 유사하게 우리 설교는 하나님의 말씀에 초점이 맞추어져 있어야 하는데, 그 말씀은 기독교의 '특별한' 영역(domain)이다. 우리의 예배는 재정적으로 건실하게 서가기 위하여 예배에 무엇인가를 드러내기 위해 기획되어서는 안 된다. 우리의 예배는 예배자들을 진정한 기독교의 본질 가운데로 초대하는 진정한 예배 방식으로 기획되어야 한다.

"전에 우린 이렇게 해 왔어요"의 우상숭배

예배에서 무엇인가를 교인들에게 어필하려고 하다가 결과적으로 믿음의 본질을 상실하게 되는 흐름의 또 다른 측면에는 전통주의(traditionalism)의 우상숭배가 존재한다. 그것은 우리에게 행해야 하는 모든 것을 수행하도록 만들면서 예배를 지루하고 진부하게 만드는 요소로 작용하게 된다. 새 포도주는 새 부대에 담아야 한다. 왕성한 부흥이 일어날 수 있도록 하기 위하여, 그리고 성령의 새로운 움직임에 진정으로 개방적이 되기 위해서는 생명력이 없는 과거의 형식에 고착되어 있어야 한다.

단지 모든 것을 내던져 버린다고 해서 이러한 우상숭배와 잘 싸우는 것은 아니다. 왜냐하면 인간의 정신에는 연속성에 대한 큰 필요가 있기 때문이다. 그래서 우리는 전적으로 다른 반대 방향으로 진자(振子)의

흔들림의 위험에 대해서도 인식해야 한다. 일단 우리는 이 양극단에 대해 신중하게 생각해야 하며 이에 대해 변증법적 자세가 요구되는데, 이 둘 사이에 존재하는 많은 가능성에 대해서도 깊이 숙고해야 한다.

대리적 주관주의의 하나님과 '유명인'에 대한 우상숭배

'친화력'(attraction)에 중점을 두는 것은 그리스도인이 아닌 사람이나 미온적인 그리스도인에게 어필되는 잘못된 방법들을 단지 도입한다는 것보다 훨씬 더 깊은 이슈와 관련이 있다는 것이 문제이다. 그 바닥에는 현대의 즐겁게 되기를 원하는 강박감에 사로잡힌 '필요'가 놓여 있다. 앞 장에서 이러한 주제는 포스트만의 책, *Amusing Ourselves to Death*(죽도록 즐기기)가 제창한 내용이었음을 살펴보았다. 그래서 여기에서 다시 그것을 다룰 필요는 없어 보인다. 그러나 여기에서 오늘의 사회 가운데 흥분시키려고 노력하는 그러한 흐름의 다른 요소에 대해서는 최소한 언급할 필요가 있다.

여기에서 모든 것을 설명하려는 의도는 없다. 단지 폭넓게 여기저기에 나타나는 타격과 함께 일반적인 사회적 구조를 묘사하려고 한다. 앞서 이미 언급한 것처럼 텔레비전의 계속적 포격은 개인적 정신세계와 계속적인 과대광고를 요구하는 전체 영역에 영향을 미치고 있으며, 텔레비전을 과도하게 시청하는 아이들은 그렇지 않은 아이들보다 더 작은 뇌를 갖게 되었으며 지속적인 집중력이 약해지는 현상이 나타나고 있다. 더욱이 텔레비전과 많은 학교의 가르침 패턴이 아이들의 상상력과 창조성을 파괴하고 있다.

이러한 요소보다 더 깊은 문제는 우리 사회가 영적 센터를 상실하고 있다는 점이다. 너무 많은 어린이, 십대, 성인들이 삶의 목적을 가지고 있지 않다. 그들은 삶의 의미의 심각한 결핍으로 인해 인생을 지루해하고 있으며, 그들의 일상의 업무와 가정의 활동, 직장과 다른 사람을 돌보는 일에서 그러한 의미를 찾을 수 있는 가능성을 보지 못하고 있다. 많은 사람은 삶의 의미를 발견하는 방식으로 많은 물질을 소유하고 쌓아두려고 생각하지만 종국에는 텅빈 마음만 남게 된다. 그래미 헌터는 이렇게 질문을 던진다.

> 진실로 가치가 없는 우리가 우둔하게 갖고 싶어 하는 물건들을 소유하지 못하게 될 때 그 좌절감으로부터 가치관을 애써 얻을 수 있을 것이라고 정말 생각하는가? 결국에는 이러한 의미를 찾으려는 의지조차도 쓸데없게 된다. 의미가 없는 것에 가치를 부여하려는 큰 목소리의 간곡한 권유도 우리의 삶이 단지 상당한 것이 아닐 뿐만 아니라 부조한 것이라는 의심으로부터 우리를 떼어 놓지 못한다.[7]

관련이 있는 가치를 발견하는 데 있어서 그들을 인도해 줄 멘토가 있는 사람은 그렇게 많지 않다. 한편 미디어는 폭력, 성적 부도덕성, 물질주의의 이미지로 넘쳐나고 있으며, 그것들은 우리의 지루함의 대안으로 쉽게 인식하게 하면서 우리를 이끌어가고 있다.

더욱이 이러한 모든 요소가 함께 어우러지면서 우리의 삶을 아주 지독하게 피상적으로 만들어가고 있다. 진정한 친밀감이 상실되면서 많

---

7 Graeme Hunter, "Evil: Back in Bad Company," *First Things*, 41 (March 1994): 40.

은 사람들은 진정한 삶을 "경험하는 것"에서 점점 멀어지고 있으며, 어떻게 그것을 경험할 수 있을지에 대해서 알지 못하게 되었다. 그들은 심포니와 챔버 음악의 심오함이나 참된 예술 작품의 깊이, 고전문학의 복합성, 극적인 미스터리, 시적 장엄함, 자연에 담긴 단순하면서도 깊은 기쁨, 과학적 발명에 대한 경이감, 정교한 공예 작품, 부단한 연습을 통해 만들어내는 악기 연주, 배움의 절묘한 기쁨 등에 감사하게 생각하기를 배우지 못했다. 내가 어린아이였을 때 이러한 일들은 나를 흥분시켰고, 사로잡았으며, 거대한 즐거움으로 나의 시간이 가득 채워졌다. 지금 나의 남편이 가르치는 5학년 클래스의 학생들은 그것에 대해 냉소적이며 지루해한다. 그들 대부분은 배우고자 하는 열망이 없다. 그들은 쉬는 시간에 서로 다투면서 보내며 서로를 정중하게 대하지 못한다. 텔레비전이 그들을 배우는 것에 수동적이게 만들었고, 관계에 있어서는 공격적이게 만들었다. 또한 텔레비전은 그들을 무례하게 만들고 스스로 노력하지 않고 지속적으로 즐겁게 되기를 원하는 '권리'만을 주장하도록 가르친다.

    결과적으로 우리 사회의 많은 사람들은 대리적으로 살아간다. 그들은 피아노 연주를 배우는 것이 아니라 워크맨을 통해 연주 음악을 들으며, 함께 대화하는 대신에 싸구려 잡지에 몰입하게 된다. 그들은 예술이나 자연에 대해서는 별 경험이 없고 단순히 사진 몇 장으로 자연을 감상하며 동네 산책 정도를 통해 자연을 누린다. 조이 호올스트만(Joey Horstman)이 이러한 현상을 노골적으로 묘사하여 그것이 가지는 파괴성에 대해 주의를 집중하도록 하며 무엇인가를 하도록 충격을 준다.

현대 기술과학문명과 미디어는 우리의 여가 시간을 발륨(Valium, 역주/ 일종의 정신안정제 상표명)으로 만들고 있음은 분명해졌다. 그것들은 미국을 구경꾼의 나라로 전락시키면서 삶에 참여하기보다는 삶을 구경하도록 만들어버렸다. 예를 들어, 우리는 그 세계에 집중하려고 하기보다는 가볍게 오락(distraction)을 제공하는 예술을 원하게 되었으며 정치적 메시지는 피하거나 자동적인 반응을 요구하게 되었다. …

아마도 장 보드리야르(Jean Baudrillard)가 그런 사실에 가장 근접해 있었는데, 무엇보다도 그가 우리의 시대를 시뮬라시옹(simulation)의 시대[8]로 특성화할 때 그리했다. 쇼핑몰이 거대한 옥외 활동공간으로 가장하는 것과 같이 형광 불빛과 푸른 모형 식물로 태양과 나무를 대신하면서 우리는 놀이공원의 탈것으로 위험을, 라디오 토크 쇼 출연자로 친구와 적으로, 찢어진 청바지와 검정 부츠로 반항을, 음란전화로 성(sex)을, 향상된 직물 연화제로 혁명을, 최신의 팬티 라이너(liner)로 자유를 가장한다. 우리는 위험과 헌신을 제거함으로써 진실한 삶을 살고 있다고 가장하기도 한다. 무엇이 가짜인지, 무엇이 실재인지를 혼동하는 것을 끝내게 된다. 즉, 거대한 문화적 콘돔 안에 집어넣은 상태로 존재하고 있다.[9]

---

8 역주/ 대중문화와 미디어, 소비사회와 소비문화, 정보화 등의 연구로 유명한 프랑스의 철학자이자 미디어 이론가인 장 보드리야르가 사용한 용어로 존재하지 않지만 존재하는 것처럼, 때로는 존재하는 것보다 더 생생하게 인식되는 것들을 시뮬라크르(simulacre)라고 칭하며, 시뮬라시옹(simulation)은 시뮬라크르가 작용하는 상태를 표현한 동사이다. 이것은 그의 책, *Simulacres et Simulation*에서 사용한 개념으로 모사된 이미지가 현실을 대한다는 시뮬라시옹 이론을 제시한다. 더 이상 모사할 실재가 없어지면서 모사한 이미지는 실재보다 더 실재적인 하이퍼리얼리티가 생산된다고 주장하는데 영화 "매트릭스"가 여기에 해당된다. 이 책의 한국어 번역으로는 하태환 역, 『시뮬라시옹: 포스트모던 사회문화론』(서울: 민음사, 1992)을 참고하라.

9 Joel Earl Horstman, "Channel Too: The Postmodern Yawn," *The Other Side*, 29, no. 3 (May-June 1993): 35.

이러한 대리성(vicariousness)은 크게 주관적이다. 모든 것은 자기 자신에게로 집중되게 된다. 자기 자신의 자아가 모든 것의 가치를 결정한다. 거기에서는 감사의 마음을 갖도록 과분한 보물이 선물로 주어진 객관적 세계와 그분의 창조적인 은혜의 세계에 응답하도록 초대하시는 공평하신 하나님(objective God)에 대한 감각은 거의 없다.

최근에 마이어런(Myron)과 함께 내 생일에 포틀랜드 동물원에 다녀온 적이 있다. 특별히 경이감을 갖게 했던 것 중에 유리로 독특하게 만들어진 아프리카 새들의 집이 눈길을 끌었다. 나는 당시 몸이 불편하여 휠체어에 앉아 많은 종류의 새들의 모양과 색깔, 습성에 대해 살펴보면서 놀라움을 가졌다. 나의 장애 때문에 마이어런은 내가 볼 수 없는 다양한 것을 가리키면서 도와주었고, 내가 발견할 수 없는 것들을 볼 수 있게 나를 이리저리 옮겨 주었다. 우리가 보고 들었던 것 가운데서 우리의 관심을 끌었던 것을 함께 나누려고 했다. 그러나 대부분의 사람들은 건물로 들어와 그곳에 2분 정도를 보낸 다음에 서둘러 밖으로 빠져나갔다. 조금의 침묵과 약간 사색하듯 했던 기다림, 공동체의 나눔과 함께 우리를 사로잡았던 모든 것을 그들은 거의 놓치고 있었다. 그리고 그들은 단지 그 동물원을 능률적으로 '다녀간 것'으로 만족하는 듯했다.

예배의 자리에 있는 회중 가운데서도 동일한 패턴과 습관을 우리도 볼 수 있다. 그들의 예배와 친교 시간은 거의 침묵의 시간이 없고 사색적인 기다림과 공동체의 나눔의 시간을 담고 있지 않다. 그분의 위엄은 우리의 경이감 넘치는 숭배(adoration)를 요구하신다. 그런데 우리는 공평하신 하나님에 대한 인식이 그리 많지 않다. 대신에 주관주의(subjectivism)가 압도하면서 오직 개인의 느낌과 필요에 초점이 맞추어지고 하나님의 속성과 특성에는 별 관심이 없게 된다. 물론 어떤 경우에 자기 본위(subjectivity)는 필요하기도 하다. 감정(feelings)이 없이 생생한 예배가 될 수는 없다. 문제는 감정이 생각 없는 주관주의에 의해 우세하게 되고 그 과정에서 하나님이 보이지 않을 때 생겨난다.

오늘의 문화 가운데 사람들을 끌어들이기 위해 어떤 교회에서는 하나님의 말씀의 실재적인 선포(substantive declaration)나 오늘 우리 삶을 위해 주시는 말씀의 권위적인 계시보다는 화려함, 호화로운 공연(spectacle), 기술과학문명이 낳은 장난감들에 의존하게 된다. 이러한 경향은 "오락성을 통한 복음화"(Entertainment Evangelism)에 강조를 두면서 시끄럽게 모든 것을 제시하는 방식을 취하는데, 보다 깊은 제자도 가운데로 사람들을 이끌어가면서 사람을 양육하고 세워가는 상호관계적인 과정은 중요하게 생각하지 않는다. 그리스도와 우리의 관계는 피상적인 오락성(superficial entertainment)이라기보다는 삶에 중심적인 특성을 가진다. 수단과 목적 사이의 적합성에 대한 필요를 무시할 때 우리는 어떻게 하나님의 목적을 성취해 갈 수 있을까?

예를 들어, 1987년 밴쿠버 세계 박람회에서 기독교 관람석의 프레젠테이션은 현란한 더블 리버서 사진과 섬광이 번쩍이는 레이저를 사용하였다. 한 참석자가 그 쇼를 어떻게 생각하는지 물어왔을 때 그 작품에 대한 나의 의구심을 이야기했다. 그때 그는 그것이 많은 사람을 구원으로 인도하는 데 사용되어 왔다고 항의하듯 말했다. 나는 그에게 다시 물었다. "어떤 그리스도를 통해 사람들을 구원했다는 말입니까?" 사람들이 호화로운 공연의 그리스도(spectacular Christ)를 통해 구원을 받았다면 우리 자신의 헌신적인 삶이라는 어설픈 것을 통해 그리스도를 발견할 수 있을 것인가? 혹은 목회자와 오르간 반주자가 종종 실수를 연발하는 지역교회의 소박한 예배에서 그렇게 할 수 있다는 말인가? 화려한 그리스도의 초상화가 자발적인 고난과 희생적 순종을 보이신 그리스도의 품성을 새로운 그리스도인 안에 형성할 수 있을 것인가? 그것이 과연 우리 시대의 우상숭배에 대해 인식시켜 줄 수 있을 것이며, 회개로 이끌 수 있을 것인가? 육감적인 하드 락 사운드 트랙이 세상의 피상성(superficiality)을 떠나 보다 깊은 숙고와 묵상으로 부르고 계시는 그리스도께로 사람들을 이끌어 나갈 수 있을 것인가? 진리의 말씀을 옳게 분별하도록 요청하는 디모데후서 2장 15절의 권고는 우리가 방법 – 헬라어 '메소디아'(methodia)는 신약성경에서 두 번 사용되었는데 두 번 다 경멸적으로 우리의 방법 어떤 것이라도 속이는 영의 도구가 되지 않게 주의를 기울여야 한다는 관점으로 사용된다 – 을 선택할 때 언제나 우리의 지침이 되어야 한다.

'유명한' 그리스도인에 대해 우상숭배에 가까운 지나친 칭송은 이러한 집중된 주관주의와 대리적인 삶의 이슈와 관련이 있다. 그들 자신의 예수님을 따르는 매일의 경험의 가치를 인식하는 것 대신에 어떤 신앙인들은 널리 이름이 알려진 유명인을 높이거나 다른 이들이 그들의 목회를 수행하도록 하는 것은 잘못된 것이다. 결과적으로 현대 기독교 음악 연주자들이나 큰 인기를 누리는 설교자들(speakers)이나 작가들은 마치 고귀한 성직자의 지위로까지 높임을 받고 있다. 크리스토퍼 라쉬(Christopher Lasch)는 이러한 우상숭배가 '영웅예찬'(hero-worship)과 같은 것이 아님을 명확하게 제시하는데 그러한 영웅예찬은 "그들을 닮고 싶어 하거나 혹은 적어도 삶의 모범으로 삼을 만한 가치가 있는 사람으로 확인된 그 영웅들의 행동과 희망을 부러워하는 것"이다. 유명 인사들은 우리가 숭배할 영웅이 아니다. 그들은 자기애가 중심을 이루는 이상과 구경거리, 수동성을 고양시키는 역할을 한다.[10]

그러한 '명성'의 위험은 몇 년 전 나에게도 분명하게 다가왔다. 내 강의를 들었던 한 십대가 큰 규모의 십대 수련장이 있던 포틀랜드의 한 가게에서 나를 보고서 사인을 해 달라고 했다. 나는 내 사인을 자신의 것보다 왜 더 귀하게 여기는지를 물었다. 우리 모두는 똑같이 그리스도의 몸의 중요한 지체들이지 않는가? 우리 모두는 세상에서 교회의 사역을 수행하는 데 중요한 부분을 감당하고 있다. 그 교회는 누구나 소중한 존재로 여김을 받아야 하는 바로 마지막 자리가 되어야 한다. 그러나 종종 특징 있는 회중 가운데 중심 역할을 하는 음악가나 찬양하는 이를 무대의 중심에 세우고 싶어 하는 마음을 갖게 되는데 결과적으로 예배자들은 단지 그들이 순서를 담당하게 하고 싶어 하거나 그들이 찬양하지 않을 때는 그 예배에 참석하지 않으려 하는 경향도 보게 된다. 너무 바빠서 자신 자신이 그 일을 수행할 수 없을 때 그들은 다른 사람을 고용하여 교회의 다른 일을 감당하게 할 수 있다고 생각한다.

경쟁의 신, 그리고 숫자와 성공이라는 우상숭배

우리 문화는 수치를 중요하게 생각하고, 앞서 살펴본 것처럼 기술과 학문명이 이루어가는 왕국은 그러한 경향을 더욱 부추긴다. 관계성, 오락, 심지어는 뉴스까지도 점점 표면적인 요소로 채워지면서 우리 사회

---

10 Christopher Lasch, *The Culture of Narcissism* (New York: W. W. Norton, 1979), 85~86.

는 성공을 중요하게 여기는 방식을 마음에 두게 된다. 질(quality)을 가늠하는 도구가 없기 때문에 우리는 양(quantity)을 중요한 측정도구로 삼게 된다. 더욱이 자본주의 세상은 필수적으로 경쟁적인 특성을 지니게 된다. 기업이 생존하기 위해서는 생산품을 다른 사람에게 많이 판매해야만 한다. 결과적으로 성공은 본질적으로 숫자를 통해 경쟁에서 이기야 한다는 생각을 가진 현대인의 마음의 구조와 깊이 연결되어 있다.

교회에 있어서 위험은 더 거대해지지만 이상하게도 그것은 명확하게 드러나지 않는 경우가 많이 있다. 사람들의 주요 관심이 양에 있을 때 질은 어려움을 당하게 된다. 대부분의 사람들이 그것에 찬성하는 것은 아니지만 예배 찬송을 사소한 것으로 생각하는 그룹을 고려할 때 다음의 언급에 충격을 받은 적이 있다. "그러나 그것이 옳을 수도 있습니다. 예배 가운데서 그런 종류의 찬송은 사람들을 파리 떼처럼 몰려오게 할 수 있습니다." 실로 파리 떼는 달콤한 것이 있는 곳으로 몰려든다. 그러나 우리 아이들에게 그런 설탕 덩어리로 범벅이된 점심을 먹일 수는 없다!

예수님께서는 얼마나 많은 제자들을 가졌느냐로 성공을 가늠하지 않으셨다. 오히려 예수님께서는 그의 제자들이 좁은 길로 걸어갈 것을 권고했다. 디모데후서 3장 12절은 경건한 삶을 살기 원하는 모든 사람은 핍박을 받게 될 것이라고 주장한다. 믿음의 깊이와 성숙된 구제활동 등으로보다는 이끌어낸 사람 숫자로 교회의 성공을 가늠한다는 것은 진정한 제자도에 있어서 얼마나 파괴적인가!

다른 한편으로 이러한 우상숭배의 위험은 우리 주변의 사람들을 돌보지 않은 핑계로 사용될 수 없고, 그들 모두를 그리스도께로 온전히 인도할 수 있다고 평계를 댈 수도 없다. 그러나 수적인 성공보다는 우리가 과연 신실함의 목표를 이루었는지에 관심을 기울여야 한다.

지역교회가 더 많은 교인을 확보하기 위하여 서로 경쟁하기 시작할 때 우주적 교회(the universal church)는 치명적인 해를 입게 된다.[11] 그러한 경쟁심은 모든 교회가 그들의 독특한 은사를 통해 사람들을 섬기고 다양한 방식을 따라 믿지 않는 사람들을 신앙의 세계로 이끌기 위해 세상에 영감을 불어넣을 수 있도록 격려하는 대신에 교인수를 늘리기 위해 종종 교인들이 다른 교회의 "교인 훔쳐오기"를 자행하게 만든다.

권력이라는 우상숭배

이 장에서 다루고 있는 모든 것과 관련이 있고, 현대 교회가 몸부림을 하고 있는 다른 포괄적 차원과 연관이 있는 것은 권력이라는 우상숭배이다. "자신의 권리를 요구하는" 훈련을 받은 사람들은 교회의 예배를 위한 의제들을 배치하고 결정할 권력을 갖기 원한다. 아주 주제 넘는 그런 예를 하나 들면 뉴욕 시의 가톨릭 교구에서 "액트 업"(Act-Up)이라는 이름을 가진 그룹이 예배 가운데 성찬 축성과 예배의 해체를 요구한 것을 들 수 있다. 그들이 요구하는 것 가운데 하나는 교회에서 동성애에 대한 관심을 기울이는 것에 우선권을 두어야 한다는 것이었다. 공격적인 페미니즘에서 포괄적 언어 사용에 대한 요구는 종종 성경본문의 진정한 의미와 적용이나 교회의 유산을 고려함에 있어서 부정하는 것을 보게 된다. (비기독교적 가부장제나 교회의 유산 가운데 소수 인종이

---

11 Os Guiness, *Dining with the Devil: The Megachurch Movement Flirts with Modernity* (Grand Rapids: Baker Book House, 1993), 49~51.

나 가난한 사람들을 억압했던 것을 변호하는 것이 결코 아니다. 오히려 본인은 '신실한' 교회의 전통을 보존하기를 원한다. 이러한 주제에 대해 보다 심도 있는 논의를 위해서는 5장을 참고하라).

권력에 대한 우상숭배는 예배의 스타일이나 구조에 대해 종종 회중의 의견이 나누어지는 것의 근원으로 작용한다. '전통주의자들'과 '현대적' 스타일을 옹호하는 사람들 사이의 논쟁은 말씀과 음악에 있어서 발견되는 옛것과 새것을 혼용하는 공생의 대화 대신에 주도권(power)의 예민한 전쟁으로 화하고 있다.

회중의 예배는 종종 잘못된 비난과 속임수의 권세를 통해 훼손을 당하는 경우가 있다. "… 그렇고 그런 것에 대해서 들었어요?" "나는 많은 사람들이 이런 스타일의 예배를 별로 좋아하지 않는다고 듣고 있어요…." 루머와 공중의 취향은 자격을 갖춘 신학자, 목회자, 교회 음악 전공자들의 기술이나 훈련과정보다는 결정을 어떻게 내리는 데 있어서 더욱 중요한 요소로 작용한다.

교회 안에서 권세의 작용

우리는 이런 모든 유형의 우상숭배가 예배와 연결되어 있다는 것을 이해할 수 없는데, 논의된 요소들이 교회에서 우리의 문화적 환경의 거대한 영향을 만들고 있는 악의 은밀한 세력의 증상이라는 것을 인식하지도 못하고 살아가는 동안 그러한 일들이 일어난다. 사회의 다양한 영역에서 작용하고 있는 "세상의 통치자들과 권세"의 본질에 대해 논의하게 될 책의 집필을 구상 중인데 이 장에서는 앞으로 논의될 내용에 대해 간단한 언급만 제시될 것이다.

성경은 정사와 권세가 선을 위해 하나님께서 지음을 받았으나(골 1:16) 타락하였다(롬 8:19~22)는 사실을 보여준다(골 1:16). 그것들은 십자가에서 그리스도에 의해 정복되었지만(골 2:15) 지금도 계속해서 싸우고 있다(엡 6:10~18). 그들의 본성(nature), 혹은 본질(essence)이 무엇인가에 대해서 성경은 분명하게 밝히지 않고 다소 애매하게 남겨 놓았다. 권세자들(powers)은 천사들과 구분되며 초자연적인 방식으로 묘사된다(엡 3:10, 6:12에는 "하늘에 있는"이라는 표현을 통해 이것을 반증한 다). 그러나 그것들은 예수님을 죽음에 내어준 헤롯과 빌라도, 가야바 등과 같은 인간 존재와 연결시키기도 한다(고전 2:8). 이러한 측면을 모두 함께 묶는 가장 좋은 방식은 악한(초자연적인) 영들과 권세자들은 인간 존재와 제도, 법, 권력, 지배자들, 통치자들을 통해 그 가운데서 역사한다. 그들은 하나님이 주신 권세를 바꾸어 악을 자행하는 데 사용하고 있다. 하나님의 창조 목적은 이러한 악한 방식을 따라 왜곡되게 역사하면서 거짓, 분열, 비난, 파괴, 혹은 권세, 혹은 예수님께서 맘몬으로 명명한 세력 등으로 나타난다.[12]

그러한 권세자들은 효율성, 돈, 명성 등과 같은 그러한 것들을 우리의 삶의 신으로 바꾸어 놓는 역할을 한다. 이것들은 진정한 신이 아니라 우리가 그렇게 만들고 있을 뿐이다. 그리고 이러한 것들 안에서 우리는 악한 세력의 영향력을 보게 된다. 인간의 제도는 선을 위하여 만들어졌지만 하나님의 설계는 전혀 다른 반대되는 목적으로 왜곡, 붕

---

12 자크 엘룰은 이러한 여섯 가지를 세상의 통치자들과 권세자들이 역사하는 방식으로 규정한다. 그의 책, *The Subversion of Christianity*, trans Geoffrey W. Bromiley (Grand Rapids: William B. Eerdmans, 1986), 174~90을 참고하라. (역주/ 이 책은 『뒤틀린 기독교』라는 제목으로 번역되었다).

괴, 변형되었다. 심지어 교회조차도 이러한 권세자들의 대리인이 될 수 있다 - 그것이 내가 이 책을 쓰는 이유이다. 우리가 논의하게 될 예배의 문제점은 단지 인간 차원의 문제만은 아니다. 분명하게 우리는 교회에서 사역하면 악의 세력에 대해 인식할 수 있어야 한다. 지금까지 해 왔던 일을 수행하면서 사람들로 하여금 다른 사람을 거짓되게 비난하거나, 속임수를 쓰거나, 권세를 얻기 위해 사람들을 조종하려고 할 때 특히 그러한 인식이 필요하다. 우리 중에 누구도 회개함이 없이 악의 권세자들에 관해 생각할 수 없다. 왜냐하면 우리 모두는 그들이 그리스도를 따라 사는 제자의 삶으로부터 우리를 얼마나 간단하게 돌려 놓는지를 인식해야 하기 때문이다.

우리가 교회를 "무기력하게 만들어 넘어지게" 할 때, 그리고 맘몬과 권세자를 맹목적으로 숭배하는 희생물로 전락할 때, 우리 문화의 마음이 내키지 않는 부분(sloth)이나 효율성이 우리를 지배하도록 허락할 때 우리는 악의 목적을 따라 섬기고 있으며 세상의 통치자들과 권세자들이 성도들의 인격 성장을 위해, 그리고 진정한 복음을 가지고 필요로 가득한 세상에 나아감에 있어서 하나님의 선물에 그들이 응답하도록 하려는 하나님의 계획을 방해하도록 허락한다.

권세자들은 십자가에서 패배하였지만 그러나 우리는 여전히 그들과 영적 전쟁을 수행해야만 한다. 그리스도께서 우리의 지성(mind)과 마음(heart)의 전쟁에서 이미 승리하셨다는 분명한 소망 가운데서, 또한 우리는 권세자들에게 대항하기 위해 부단히 깨어 있어야만 한다는 확신과 함께 이 책을 쓰고 있다.

교회 안에 존재하는 죽음의 세력

성경은 사망을 부활을 통해 이미 패배를 당한 "마지막 원수"로 명명한다. '사망'이라는 이름은 파괴의 모든 유형을 나타낸다. 그래서 교회가 우리 문화의 맹목적인 숭배와 습성의 희생물로 전락할 때 파괴되는 다양한 종류의 일들을 숙고하면서 이 장을 끝맺게 될 것이다. 우리 사회는 많은 교육적 실행과 미디어, 부모들의 지도와 훈육의 부족을 통해 이미 어린이들의 마음과 양심을 무너뜨리고 있다. 위대한 문헌들이 보여주는 "문화"는 가부장 제도를 비난하면서 사라지게 되었으며 "정치적으로 옳은" 삼류 소설로 대체되었다. 과거 시민운동의 위대한 음악은 거부되고 있고, 언어 역시 어떤 자료나 뉴스의 무능력을 통해 그 기능이 상실되었다. 무엇보다 삶 자체가 인간의 존엄함의 상실로 인해, 그리고 어린이, 장애인, 노약자의 가치에 대한 현재의 태도로 인해, 너무 많은 무기, 의미와 희망이 없는 빈곤에 노출되어 있는 아이들의 닥치는 대로의 폭력으로 인해 파괴를 당하고 있다.

사회활동의 죽음(societal death)에 대해 여러 경우를 열거할 수 있지만 교회 안에 존재하는 이러한 파괴적 경향에 대한 하나의 배경만으로도 충분한다. 교회를 "무기력하게 만들어 넘어뜨리려고" 강요하는 사회를 허용하게 될 때 우리는 신학적 훈련을 죽이게 될 것이며, 그리스도인으로의 품성 형성을 방해받게 될 것이며, 과거 교회에 허락하신 풍부한 선물에 대한 감사를 갖지 못하게 방해할 것이다. 무엇보다도 하나님의 무한하신 엄위를 놓치게 될 것이며, 하나님 앞에서 드리는 예배에 있어서 경외감과 경이감은 사라지고 하나님을 단순한 '친구'와 같이 잘못 인식하게 되며 주관적 경험으로 만족하는 사건 정도로 특징을 짓게 된다.

아직 너무 늦지는 않았다. 교회의 의미와 목적은 분명하게 잃어버리지 않았다. 그동안 무너진 것은 다시 회복할 수 있다. 그러나 부지런함과 사려 깊은 신학적 숙고와 목회자와 음악가를 새롭게 훈련하며, 예배 교육을 실시하고 어디에 우선권을 두어야 할지를 분명하게 하며, 무엇보다도 필요한 노력을 넉넉히 계속해 갈 수 있도록 그리스도인 공동체를 강하게 세워 나가야 할 필요가 있다.

Chapter 04

뒤집기: 전복적 행위로서의 예배

Upsid-Down:

Worship as a Subversive Act

Chapter 04
뒤집기
: 전복적 행위로서의 예배

⋮

하나님께서는 슬픔 가득한 피조물을 위해
그들의 운명에 알맞은 참된 기쁨을 선물로 주신다.

- 요한 세바스찬 바흐, 1685~1750

처음에 이 장의 제목을 "이질적인 행위로서의 예배"로 잡았었다. 그러나 초기에 이 책에 대해 숙고하면서 그 제목이 그렇게 정확하지 않다는 사실을 깨닫게 되었다.[1] 만약 교회를 둘러싸고 있는 문화 가운데서 살고 있는 사람들에게 다가가기를 원한다면 예배는 이질적인(alien) 것이 될 수 없다. 물론 예배는 다양한 문화적 형식을 사용한다. 예수님께서는 세상으로부터 떨어진 곳에 있도록 우리를 부르지 않으시고 '그 가운데' 있도록 부르셨다. 2부의 첫 번째 장에서 우리는 그것을 이해할 수 있기 위해 그 문화 안에 우리를 위치시키려고 하였다

---

[1] 이것을 분명하게 깨닫게 해 주어 '전복적'이라는 용어를 선택하는 데 도움을 준 풀러신학대학원의 윌리엄 다이니스(William Dyness) 교수에게 특별히 감사를 드린다.

한편 우리는 세상의 사람이 되어서는 안 된다. 우리는 세상의 유혹에 저항해야 하며, 2부의 2장에서 묘사한 대로 문화의 맹목적인 숭배를 넘어설 수 있어야 한다. 만약 교회의 예배가 신실하다면 예배는 그것을 둘러싸고 있는 문화에 대해서 결과적으로는 전복적인 특성을 갖게 된다. 왜냐하면 하나님의 진리는 세상의 문화에 의해서 양육된 사람들의 삶을 변화시키기 때문이다. 예배는 우리 시대의 문화가 형성한 가치관, 습관, 생각 등을 뒤집어 놓는다. 그때 우리는 진정으로 바르게, 영원히 존재하게 된다. 그때에야 우리는 비로소 운명에 알맞은 영원한 기쁨을 알 수 있게 될 것이다.

사도 바울이 주장한 변증법적 균형을 우리의 예배 가운데서 추구하게 된다. 라민 샌네(Lamin Sanneh)는 교회에 주어진 바울의 유산은 다음 것을 포함하고 있다고 주장한다.

> (바울의 유산은) 문화의 진정한 본질에 대해 이러한 엄격한 깨어 있음을 요구한다. 그리스도인의 삶은 지울 수 없는 문화의 인장이 찍혀 있다. 신실한 청지기직은 세상의 문화 가운데 예언적 말씀을 전하는 것을 포함하며 종종 그것에 대항하는 말씀을 전하기도 한다. 바울은 문화 안에 확실한 경향성을 넘어서는 문화적 인습타파주의자였다. 그러나 그는 문화에 대해서 언제나 냉소적이지는 않았다. 왜냐하면 하나님의 목적은 특별한 문화적 흐름을 통해 중재된다는 견해를 가졌기 때문이다.[2]

2　Lamin Sanneh, *Translating the Message: The Missionary Impact on Culture*, American Society of Missionology Series, 13 (Maryknoll, NY: Orbis Books, 1989), 46.

이 장에서 우리는 예배가 가지는 이러한 전복적인 사역이 효과적으로 수행되기 위해 균형을 유지해야 하는 여러 변증법적 긴장을 살펴보게 될 것이다. 극단적으로 이러한 긴장관계 가운데 어떤 입장에 서려고 하지 않을 것이다. 왜냐하면 그때 우리는 문화 가운데 교회의 자리가 견지해야 하는 "그 안에 있으나 거기에 속하지 않는" 본질을 잃게 될 것이기 때문이다.

전통과 종교개혁

전통은 한때 그것이 가지는 상관적 권위(correlative authority)를 따라 서구사회를 함께 견지해 온 가장 강한 근력의 하나였다. 데이빗 웰스는 이 기반의 중요성과 그것의 상실로 인해 야기되는 요소들을 다음과 같이 기술한다.

전통은 한 세대가 그 다음 세대에게 그들이 형성한 지혜, 전승적 지식, 그리고 가치 등의 소개를 통해 이룩된 과정이다. 한때 가족은 이러한 전달을 위한 주요 통로로 역할을 하였다. 하지만 단지 이혼 문제뿐만 아니라 기술과학문명 시대의 풍요로움과 혁신의 결과로 인해 가족은 붕괴되고 있다. … 영화와 텔레비전은 이제 한때 가족이 어떠해야 하는지를 전해 주었던 것과는 전혀 다른 가치를 전하고 있다. 공교육은 … 가치중립적인 위치를 견지해야 한다는 의무 때문에 이러한 임무를 온전히 수행하지 못하고 정반대의 방향으로 나가고 있다. 그래서 새롭게 형성되고 있는 문명사회 안에서 어린이들은 마치 밀려오는 조수에 닻이 없어 떠내려

가는 배와 같이 과거의 가치로부터 벗어나고 있다.³

이러한 믿음의 전통 가운데 견고하게 서서 다음 세대에 그것을 섬세하게 전달하기를 원하는 마음으로 교회는 어떤 점에서 이러한 새로운 문명사회에 대해 이질적이 될 수밖에 없다.

이러한 이질화는 우리 시대 가운데서 세 가지 요소에 의해서 더욱 심각하게 되고 있다. 무엇보다도 역사 가운데 첫 시기에 있어서 '세계 문명화'(world civilization)는 현대 의식을 형성한다(89). 미국의 텔레비전 프로그램들, 영화 작품들과 태도는 세계 전역에 걸쳐 유비쿼터스의 특성을 나타낸다. 이러한 것들이 결핍되어 있는 문화는 그러한 것들을 요구한다(마치 내가 포틀랜드에서 얼마나 크게 당황하면서 그것을 배웠던가). 둘째, 미디어는 근대화의 가치를 증진시키고 퍼트리는 데 중요한 역할을 하는데, 그것은 "아주 주제넘게 침입해 들어오는 특성과 널리 미치는 특성, 에워싸면서 근대성(modernity)의 '경험'을 선행하는 것이 전혀 소용없을 정도로 강하게 만드는 특성을 가진다." 셋째, 이러한 전세계적이고 집중적인 인식 때문에 "우리는 전에 없이 거대한 실험정신과 모더니티 가치들의 차용이 이루어지고 있는 사회적 척도를 보고있다"(90). 웰스는 다음과 같이 주장한다.

> 이러한 요소들은 문화 가운데서 모두 경험된다. … 그것들은 그리스도인들과 비그리스도인들 모두의 내부 정신을 재형성하는 거대한 힘을 만들

---

3 David Wells, *No Place for Truth* (Grand Rapids: William B. Eerdmans, 1993), 84. 이 책에서 인용한 내용의 페이지는 각주로 표시하지 않고 본문 안에 괄호로 표시했음을 밝힌다.

어낸다. 그리고 정확히 말해서 근대화(modernization)가 불신앙이 자연스러운 외부 세계를 만들어냈기 때문에 자연스럽게 기독교 신앙이 낯선 것이 될 수밖에 없는 세상이 만들어진다. 기독교 정신세계에 무질서를 만들어내는 이러한 괴상함에 대해 저항하는 데 무능하다(91).

기독교 신앙은 언제나 괴상한 것이었고 우리는 변증법적 극점의 중요성을 강조해야만 한다. 그러나 교회들이 극단적인 이러한 극점을 견지할 때 - 전통에 고착되어서 완전하게 문화에서 동떨어진 자세를 취하거나 혹은 일상의 삶과는 관련이 없는 것으로 전통을 여기면서 현대 문화를 열렬히 환영하거나 - 그때 그리스도인들은 분파주의나 지역주의, 혹은 비의적(esoteric) 영지주의와 같은 경향을 견지하면서 세상으로부터 자신들을 완전히 분리하는 입장을 취하게 되는데, 문화부터 자신을 완전히 분리하면서 그들의 목회를 보호하려는 입장을 견지하게 된다.

변증법적 다른 극점에 서 있는 경우는 계속해서 전통에 생명력을 다시 불어넣으려는 필요를 견지한다. 그는 새로운 예배 형태를 통해 믿음의 유산을 표현하려고 하며, 교회를 둘러싸고 있는 세상에 다가가려고 노력한다. 이러한 변증법적 입장을 함께 견지해 가는 데 있어서 중요한 요소는 교육을 들 수 있다. 아직 잘 알지 못하거나 이해하지 못하는 사람들에게 믿음의 전통이라는 선물을 가르치려고 할 것이며, 새로운 형태로 그 유산을 사랑하는 사람들이 그것을 다른 사람들에게 효과적으로 제시할 수 있도록 가르치게 된다.

다른 쪽이 없이 이러한 변증법적 한 극점만 강조하는 것은 양쪽 모두를 잃어버리게 된다. 과거의 예배 유산과 연결이 없이 오직 새로운 예배 형태를 사용하는 것은 유대-기독교 전통 3500년 역사를 벗어나 최근 몇 년과만 연결을 지으면서 완전히 고립되는 것이다. 개혁은 언제나 본래의 원형이라는 선물로 돌아가는 것이며 그것을 더 깊게 하는 것이다. 다른 한편으로는 개혁이 없이는 전통은 왜곡되거나 창백해지면서 점점 생명력을 잃게 되거나 혹은 맹목적 숭배에 빠지게 된다.

그러므로 본서 전반에 걸쳐 전통과 새 활력을 불어넣는 것, 옛것과 새것이라는 두 기둥 사이의 균형을 유지하면서 논의를 펼쳐가게 될 것이다. 믿음의 전통이 경화되고(ossify) 접근하기 어렵게 되지 않도록 그것을 보존해야 할 것이다. 동시에 우리의 영혼을 잃어버림이 없이 현대의 문화에 참여하기를 원한다.

진리와 사랑

교회 예배 가운데 필요한 또 다른 변증법적 긴장관계는 진리와 사랑의 필요라는 반대되는 두 진영 사이에 존재한다. 진리라는 기둥은 신학적 내용과 깊이와 함께 교회를 생동력 있게 만드는 데 필수적인 요소이다. 사랑이라는 기둥은 그 진리를 필요로 하는 사람들을 목양하는 데 필요하다. 충분한 지식이 없는 사람을 배제하는 방식으로 진리에 집요하게 고착되어 있는 것은 지식에 우월성을 두면서 사랑을 잃어버리는 것이 된다. 한편 사람들이 '필요로 하는' 것이 무엇인지를 마케팅의 관점에서 분석하면서 오직 그것에 이끌려가게 되면 잘못된 관점으로 사랑을 이야기하게 되면서 교회의 진리의 독특성을 상실하게 된다. 어느 영역의 기둥으로 치우치는 것은 완전히 두 기둥을 함께 상실하게 된다. 진리를 사랑하지 않는 것은 진리가 아니며 진리에 근거하지 않고 마케팅 방식으로 사랑하는 것도 역시 진리가 아니다.

데이빗 웰스는 이러한 변증법적 긴장관계에 있어서 진리의 기둥을 가장 강하게 주장한 현대의 주장자이다. 그는 문화적 가치가 가지는 많은 위험성을 보지 못하는 동료 복음주의자들을 꾸짖는다. 또한 많은 복음주의자들이 "현대 문화의 순수성을 믿고 있고, 그것 때문에 그것을 활용하고 있으며, 그것에 의해서 이용당하고 있다"고 주장한다(11). 결과적으로 "개신교 정통으로 … 특성화된 적이 있는 모든 진리를 믿을 수 없게 되었다"고 주장한다. 그 취약성을 인정하면서도 웰스는 "진리에 대한 열정에 이끌리는" 과거 정통주의를 열망하는데, "오직 그것만이 신학적 용어로 그것 자체를 가장 잘 표현할 수 있기 때문"이다(12).

진리에 대한 웰스의 열정은 사랑에 대한 동일하게 거대한 열정과 균형을 이룰 필요가 있어 보인다. 그는 실로 참석자들의 삶의 환경이 가지는 가치를 인식하지 못하는 기술과학문명의 과도하게 단순히 수용하는 것을 피하도록 우리에게 분명하게 경고한다. 더욱이 그는 복음이 가지는 전복적 능력이 감소되면서 성경에 대한 충실성(biblical fidelity)을 상실해 가는 것을 한탄한다. 그러나 그의 주장은 그 진리를 받아들일 만한 여건을 갖추고 있지 않은 현대 세대와 어떻게 그 진리를 적절하게 소통할 수 있을 것인지에 대해서는 충분한 관심을 담고 있지 않는 것 같다. 교회는 진리를 널리 공표할 수 있는 가장 최고의 수단을 발견할 신중한 창조성과 우리가 그 진리를 융숭하게 하기 위한 여건 가운데서 그것을 가르칠 교육적 과정을 필요로 한다.

안타깝게도 이러한 변증법적 관계에 대한 논의들 가운데 사랑의 기둥을 강조하는 많은 책들은 오직 마케팅 전략의 관점에서 교회 밖의 세상에 어떻게 다가갈 수 있을 것인가를 논의한다. 우리는 그리스도를 알지 못하는 사람들의 영적 필요를 채우는 진정한 사랑을 생각하기 전에 이러한 관점이 가지는 이점과 함께 위험을 분석해야만 한다.

전통과 개혁의 이전의 긴장과 함께 진리와 사랑의 변증법을 함께 통합하려고 하면서 예일대학교 신학부의 전 학장이었던 린더 켁(Leander Keck)은 믿음의 역사를 거부하는 마케팅 중심의 접근 방식의 위험을 지적한다. "복음과 기독교 휴머니즘의 비전에 대한 확신이 사라지고 자기애가 중심을 이루는 영성과 열광적 활동을 좋아하면서" 종종 그렇게 보였기 때문에 자신이 교회로부터 멀리 떨어져 있음을 발견했다고 한다. 그는 회중의 정체성과 사명이 언제나 "그들의 삶의 정황과의 교차로에 세워졌고," 늘 그래 왔으며, 불가피하게 그래야만 했음을 인식했다. 그러나 그는 "세계는 의제를 세워간다"는 생각은 단순한 협정(capitulation)일 뿐이라고 주장한다. 그는 지난 10여 년간의 거친 난류 가운데서 "이전 시대의 유산 – 황금기에서 무감각해진 시기까지" 그 유산을 소홀히 해 왔으며 "대신 인공적이고 최신 유행의 광고전단들이 즉흥적으로 사용되었다"고 한탄한다. 교회는 다음과 같은 역할을 해 왔다.

> 교회는 마치 집 안에서 어떻게 살 수 있을지를 몰라서, 혹은 관심이 없어서 뒤뜰에 텐트를 치고 살아가는 부동산 상속자와 같이 행동하고 있다. 실로 종교 도서 시장의 베스트셀러 작가들이나 종교 지도자들 자신이 사실상 교회가 집 안에 살고 있지 않다고 말하지 않거나 거기에 관심도 없는 경우가 많다. 반복적으로 교회 안의 사람들은 그들의 선조들이 강조

했던 것은 의심스러운 가치였다고 듣고 있다.⁴

아직도 교회 안의 사람들은 종종 마케팅 전문가들의 접근 방식에 매료되어 있다. 왜냐하면 그들 주변의 세상을 진정으로 섬기기를 원하며, 최고의 방식을 추구하고 있기 때문이다.

복음전도에 있어서 마케팅 접근 방식의 대중적 리더인 조지 바아나는 교회가 베이비부머 세대가 "느끼는 필요"에 응답해야 한다고 강조한다. 그의 연구팀들은 그러한 필요에 대한 분석을 계속해서 쏟아놓고 있다.⁵ 그들의 작업은 교회들이 문화적 가치와 바람을 보다 깊게 이해할 수 있도록 유용한 도움을 주고 있다. 그러나 그들이 "느끼는 필요"를 아는 것의 유익은 "뜰에서 캠핑하는" 사람들을 만나는 데에 놓여 있지 않고, 진정한 필요는 보다 깊은 곳에 놓여 있다는 사실을 사람들에게 보여주는 데 있으며, 그들이 느끼는 필요는 보다 복합적인 영적 빈곤의 증상이며 그 빈곤은 "집 안에서 사는" 것을 배움으로 해결될 수 있음을 알려주는 데 있다.

바아나의 연구는 굉장하게 와 닿는 것이 사실이다. 불신자들에 대한 사랑으로 거기에는 가득 차 있으며, 세상에 다가가기 위해 필요한 놀라운 제안을 하고 있다.⁶ 그러나 우리는 분별력을 가지고 그의 연구물들

---

4 Leander Keck, *The Church Confident* (Nashville: Abingdon Press, 1993), 16~17.
5 조지 바아나에 대한 데이빗 웰스의 비판을 보기 위해서는 David Wells, *God in the Wasteland* (Grand Rapids: William B. Eerdmans, 1994), 153을 참고하라.
6 예를 들어, 이러한 내용을 참고하기 위해서는 George Barna, *User Friendly Churches: What Christian Need to Know about the Churches People Love to Go To* (Ventura, CA: Regal Books, 1991)를 보라.

을 읽어야 한다. 왜냐하면 변증법적 구조에서 그는 진리 쪽에 대한 강조가 약하기 때문이다. 예를 들면, 바아나는 우리가 "기존의 경건과 엄숙함(solemnity)의 태도를 예감(anticipation), 기쁨, 성취를 위해 결별할 수 있어야 한다"고 주장한다.7 실로 교회는 보다 개방적으로 교회가 가지고 있는 희망과 기쁨을 드러내어야 한다는 말이다. 그러나 또한 복음의 진리는 거룩함과 경건, 회개, 엄숙함을 요구한다. 바아나는 행복을 추구하는 현대 문화가 제시하는 우상숭배(idolatry)에 깊이 빠져 있다.

유사하게 회중의 "마케팅 영역"(market niche)의 발견에 대한 그의 강조는 수적 성장을 유지하기 위해 미디어를 이용하고 최근의 기술과 학문명의 발전된 것들을 활용하여 능숙함으로 잘 준비된 현대적 특성을 가지고 있다는 사실을 드러내고, 베이비부머 세대의 삶의 스타일에 아주 적합하다는 것을 강조하면서 교회가 무엇인지를 넘어서 통제하기 어려울 정도로 외부 문화를 도입하면서 교회의 신실성에 위험 요소로 다가오고 있다. 신학교가 미래 목회를 수행할 목사 후보생들이 기술과학을 잘 활용할 수 있는 사람이 될 수 있도록 하기 위해 더 많은 시간을 할애해야 한다고 바아나는 교묘하게 주장한다. 많은 목회자 후보생들이 성경적, 신학적으로 결핍된 것을 극복하기 위해 더 깊이 연구해야 할 충분한 시간이 부족하기만 한 시대에 그는 그런 주장을 펼친다. 바아나의 연구의 많은 부분이 교회가 이르기 위해 노력해야 할 문화를 이해하는 데 유용하기 때문에 그가 제안하는 많은 것들이 우선되는 주요 사역들 - 그리고 교회의 필수적인 목적 - 로부터 목회자들을 멀

7　George Barna, *The Frog in the Kettle: What Christians Need to Know about Life in the Year 2000* (Ventura, CA: Regal Books, 1990), 153.

어지게 하고 있다는 것을 인지하는 데 어려움이 있다.[8] 기술과학문명의 환경이 만들어낸 신들 – 효율성, 수적 성장, 시장 조절(market control), 행복, 기술과학문명에 대한 효율성 등등 – 에 초점을 맞추는 대신 목회자들과 교인들은 그들이 어떻게 하면 진리와 사랑에 근거하여 교회와 세상에 하나님을 나타낼 수 있을 것인지에 초점을 맞추어야 한다. 그것은 하나님의 말씀의 효과를 성령님께서 지배하신다고 맹목적으로 숭배하는 찬탈(usurpation)과 같은 것이며, 바아나가 주장한 것처럼 "당신이 목표로 삼고 있는 시장을 명시하라. 당신이 영향을 주려고 하는 것이 누구인가?"[9]에 강조점을 두고 전환하는 것을 성령님께서 지배하신다고 맹신하는 것과 같다. 마태복음 5장 14~16절에 나오는 예수님의 비유는 우리가 세상의 빛이 되어야 한다고 가르쳐 주신다. 우리에게 빛을 주시고 등잔대 위에 우리를 세워 주신 것도, 집안으로 사람들을 들이는 것도 하나님께서 하시는 일이다. 우리가 해야 할 일은 복음으로 빛을 비추는 것이다.

많은 사람들을 교회로 이끌어가는 많은 전략은 믿음을 "무기력하게 만드는" 것이 될 수 있기 때문에 바아나는 실제적으로 "강력한 영적 특성을 개발하도록 요구하는 전략"과 "수적 성장을 이루는 것"을 필요로

---

[8] 예들 들어, 바아나는 회중의 마케팅 계획을 이용하기 위하여 필요한 다음의 7가지 단계를 정교하게 제시한다. 마케팅 디렉터로 사람을 세워가라; 중심 리더들 가운데 계획을 스스로 만들게 하라; 그 계획과 함께 앞으로 나아갈 필요가 있는 자원과 조건을 명확하게 하라; 그 계획에 대한 이행을 위한 자원을 점검하라; 리더들에게 마케팅의 기본 원리를 교육하라; 사람들을 그들의 과제에 대해 신뢰할 수 있는 사람으로 만들라; 전체 계획을 실행하라. George Barna, *Marketing the Church: What They Never Taught You about Church Growth* (Colorado Springs, CO: NavPress, 1988), 121. 이러한 절차에 있어서 필요한 모든 시간과 자원을 사람들에게 믿음, 예배의 의미, 교회가 된다는 것이 무엇을 의미하는지를 가르치는 데 사용한다면, 그리고 이웃을 환영하는 데 하나님의 사랑이 넘쳐나게 한다면 무슨 일이 일어날까?

[9] Barna, *Marketing the Church*, 102.

하는 사람들 사이를 실제적으로 구분하고 있다. 그는 "경쟁하면서, 그러나 보충적인 관심 사이에서 균형감을 추구하고 이루어가는 데 실패하는 것은 건강하지 못한 교회로 이끌어가게 된다"고 인식한다.[10] 그러나 그는 전략의 이 두 세트가 서로 보완하기보다는 경쟁적이 된다는 사실을 보지 못하고 있다.

더글라스 웹스터(Douglas Webster)는 바아나의 접근 방식을 준엄하게 비판한다. 수적 성장과 영적 성장을 위한 전략의 이러한 분리는 단지 사소한 이슈가 아니라 즉각적이면서도 긴 기간에 걸쳐 충격을 주는 것이다. 하나님께서는 이 두 가지의 분명한 일련의 전략을 산개하시기를 원하셨을까? 웹스터는 마케팅이 "교회를 섬길 수 있는, 가치 판단을 하지 않는 중립적 테크닉"인지에 대해 의문을 제기하면서 결과적으로는 사람들이 소비자(consumer)가 되도록 만든다.[11]

웹스터는 마케팅 접근 방식의 극단으로 치우침이 없이 우리 문화 가운데 사는 사람들을 위한 진리와 사랑의 변증법적 기둥을 균형 있게 유지하려고 노력한다. 그는 문화에 대한 교회의 접근은 "미국에서 그리스도인들이 직면하는 가장 중요한 이슈 중의 하나"라고 주장한다. 그리고 다음과 같은 질문을 제기한다.

우리는 소비자 중심의, 성적으로 발광하는, 자아 열중의, 성공 중심의, 복

---

10 Barna, *Users Friendly Churches*, 23.
11 Douglas D. Webster, *Selling Jesus: What's Wrong with Marketing the Church* (Downers Grove, IL: InterVarsity Press, 1992), 37. 이 책에서 인용한 내용의 페이지는 본문 안에 괄호로 표시했음을 밝힌다.

잡한 기술과학문명의, 마음 편한(light-hearted), 오락성 중심의 문화 가운데 어떻게 그리스도를 전할 것인가? 예수님께서 제자들과 함께 행하셨던 것처럼 대중적인 의견과 성령의 인도하심을 받는 고백 사이를 어떻게 구분하면서 전략을 세워갈 것인가? 기독교 제자들의 공동체로서의 고백을 가진 교회(confessional church)는 어떻게 세상이 호감을 갖도록 할 수 있을 것인가?

많은 존경받는 교회 컨설턴트들이 이에 대해 솔직하면서도 명백한 답을 제시하고 있다. 그것들은 분위기를 증진하는 전략인데, 예를 들면 맞춤형 청중에게 초점을 맞추고, 마케팅 영역을 잘 수립해 가도록 교회들을 격려하며, 사람들이 느끼는 필요성의 광범위한 영역을 충족시키면서 공동의 탁월성을 추구하고, 역동적이고 품위 있는 지도자를 선정하고, 긍정적이며 명랑하고, 기쁨이 넘치는 분위기를 조성하는 것을 포함한다. 그러나 기독교 내에서 마케팅 전략을 강조하는 이들은 지금 바른 질문을 던지고 있는 것인가? 진정성(authenticity)과 사람을 끄는 매력, 교회로서의 고결함과 흥분이 될 만큼의 즐거움 등이 미국의 교회를 위한 이슈인가? 주어진 대답들을 판단하면서 이슈는 "당신의 교회에 어떻게 하면 사람들로 넘쳐나게 만들 수 있을 것인가?"가 된다. 혹은 무엇이 사람들을, 특히 베이비부머들을 그리스도께로 이끄는 데 가장 쉽고, 가장 효과적이며 능률적인 방식인가?(20~21)

교회의 마케팅을 주장하는 사람들과 교회를 쉽게 성장시키기를 원하는 전략주의자들에게 응답하면서 웹스터는 그것을 다시 어렵게 만들어가고 있다고 생각한다(22). 그는 그리스도의 왕국의 문화 대항적인(countercultural) 강조점과 함께 무엇이 사람들의 입맛에 잘맞고 어울리는가에 열심히 주의를 기울이는 것에 반대한다. 신실성과의 보다 큰 긴장관계 가운데서 그것의 적합성에 대한 의문을 던진다. 그는 "마케팅 전략들이 복음의 영향력과 기독교 선포의 상관성, 믿음의 집의 참신성, 하나님의 전체 계획에 대한 교회의 헌신도 등에 어떻게 영향을 주는가?"를 묻고 있다(23).

세상에 복음을 나누기 위해 교회의 마케팅이 필요함을 강조하는 접근의 가장 큰 위험은 그것이 사람들을 소비자 - 아마도 종교 소비자, 그러나 결국은 소비자들이다 - 로 여긴다는 점이다. 크리스토퍼 래쉬는 그의 책, *The Culture of Narcissism*(나르시시즘의 문화)에서 소비자를 "영속적인 불만족을 가지고 있고, 들떠 있으며, 불안해하고 지루해하는" 존재로 묘사한다. 그들은 광고에 의해 길들여졌고, 소비를 삶의 방식으로 옹호하는 환경에 의해 길들여져 "상품뿐만 아니라 새로운 경험, 그리고 개인적 성취에 대해 진정시킬 수 없는 욕망을 가진" 존재가 되었다. 소비가 "노년의 외로움, 질병, 약해짐, 성적 만족 결핍에 대한 해답"을 제공해 줄 뿐만 아니라 지루함에 대한 막연한 불안, 의미를 찾기 어려운 직업, 그리고 "무익함과 피곤함의 감정"을 해소해 줄 수 있는 것으로 기대한다. 동시에 "그것은 현대 시대에 특별한 요소인 불만족의 새로운 형태를 만든다."[12] 소비가 사람들의 삶 속에 허전한 부분을 채워 줄 것이라는 약속을 결코 지킬 수 없기 때문에 종교를 또 다른 소비 아이템으로 취급하려는 회중으로 만드는 것은 그들을 하나님께

---

12 Christopher Lasch, *The Culture of Narcissism* (New York: W. W. Norton, 1979), 72.

서 그들의 텅빈 마음속에 정말 채우시기를 원하는 방식을 숙고하지 않도록 훈련하는 것이다.

웹스터는 종교적 소비자들이 느끼는 필요를 만족시키는 데 초점을 맞추고 있는 접근 방식들이 치러야 할 대가는 교회 마케팅을 주장하는 이들에 의해 과소평가되고 있는 흐름을 4가지의 중요한 방식으로 요약해 준다. 첫째, 그는 도시 외곽으로[13] 마케팅 전략에 이끌려 나가는 회중의 고립정책을 비판한다. 풍요로운 베이비부머의 높은 기대에 부응하기 위해 "감정적 에너지, 물적 자원, 개인적인 헌신과 같은 비용을 충당하려 하면서 세계 선교와 사회적 정의에 대한 관심은 약화되고 많은 자원이 그쪽으로 너무 자주 옮겨가게 된다"(90). 웹스터의 관심은 본인이 교회성장 운동의 강조점에 대해 반대하는 내용과 흐름을 같이 하는데, 그것은 회중의 관심에 부응하기 위해 마케팅에 중점을 둔다. 또한 인종적으로, 사회적으로, 그리고 경제적으로 그렇게 강조점을 두게 된다. 회중 가운데 동질성을 만든다는 것은 초기 교회에서 서로에 대한 관심과 세상에 대한 관심을 가지고 계급과 인종을 뛰어넘어 하나가 되었던 성경이 제시하는 초대교회와는 반대되는 모습으로 나아가는 것으로 보인다. 도시 외곽에서 잘 살고 있는 회중에게 있어서 세상에서 정의를 향한 하나님의 열정을 논의한다는 것 자체가 어려운 일로 보인다. 나에게 있어서 그 이슈는 멕시코, 마다가스카르(Madagascar),[14] 폴란드 등의 선교 사역에서도 논쟁거리로 존재한다. 교인들이 예배에 잘 참

---

13 역주/ 미국의 대도시는 백인들을 중심으로 한 중상층이 도시 발전과 함께 외곽으로 이동하는 경향이 있다.

14 역주/ 아프리카 남동쪽에 위치한 섬나라이다.

석하고 효과적으로 선교가 영감 넘치게 진행되었던 시대는 지나갔다.

웹스터의 두 번째 관심은 교회 마케팅 전략에 의존하는 접근 방식이 다음의 것에 의해 지배를 받는다고 주장한다.

> [교회 마케팅 전략은] 늘 시간에 쫓기며, 가족 중심의, 경력과 사회적 지위가 중요한 베이비부머들에게 달려 있는데 그들은 늘 소비자들의 요구에 부응해야만 만족을 하는 존재들이다. 나이가 든 교인들 – 의무를 중요하게 생각하며 시간과 물질을 드려 헌신하는 온화하며 전통적 생각이 강한 존재들 – 은 직장에서 은퇴하면서 비현실적이고 자기중심적인 기대감에 부응해야 한다는 강박관념과 부담에 직면하게 될 것이다. 그들은 소진되거나 내던져지지 않고 온전한 기독교 하위문화를 만드는 데 필요한 재정적이고 경영의 책임을 감당할 수 있을 것인가?(90)

프리랜서로서 섬겼던 한 교회의 회중은 깜짝 놀랄 정도로 이러한 문제를 확대시킨 적이 있다. 교회가 필요한 예산에서 수십만 불이 부족한 것을 발견하게 되면서, 또한 동시에 교회 운영위원회에 여덟 개의 주요 자리에 섬길 만한 사람을 찾을 수 없게 되면서 발생하였다.

세 번째로 웹스터는 교회 마케팅 접근 방식으로 인해서 생겨난 대중성을 지향하는 태도 때문에 생겨나는 반대편 내용에 대해서도 주의를 환기시킨다. 과거 기독교 진영에서는 복음을 위해 이러한 대중성을 거부했었는데 이제 복음은 종종 대중성에 매몰되며 축소되고 있다. 교회가 "믿음의 집으로보다 종교 쇼핑몰과 같이 된다면"(91) 웹스터가 언급하는 네 번째 문제가 교회 속에서 폭군처럼 작용하게 된다. 그때 교회는 소비자들의 자기 관심과 바람에 사로잡히게 되는 것처럼 그렇게 작용하게 될 것이다. 그러한 자기 도취주의에 공급하는 대신에 웹스터가 주장한 대로 교회는 교인들이 자기 자신으로부터 벗어날 수 있는 대안을 제시할 수 있어야 한다(92). 마케팅 원리를 강조하는 이들이 이러한 접근 방식이 가지는 파괴적인 대가를 경시하는 이러한 네 가지 방식은 "단지 사람들에게 그들이 원하는 것을 제공하는 것은 어떤 부분에서는 필요를 충족시킬 수 있을지 모르지만 진정으로 그들에게 필요한 것을 제공하기는 어렵게 될 것이라는 사실"을 보여준다(100).

게다가 그들의 필요를 충족시켜 주려고 노력하는 교회에 이끌리는 사람들이 정말로 교회와 신앙 가운데 정착하게 될 것인지는 의문이다. 윌리엄 헨드릭스(William Hendricks)는 그들의 교회에 대한 환상이 깨지면서 교회를 떠난 여러 사람과 인터뷰를 했다. 조직 교회에 소극적으로 남아 있는 베이비부머들은 이 교회에서 저 교회로 여러 차례 교회를 옮겨 다닌 사실이 있다고 연구 결과를 제시한다. 그는 시장 중심적이고 소비자 중심의 철학이 특별한 교회에 사람들로 머물게 할 것이라는 사실에 깊은 의문을 제기한다. 더욱이 헌신된 그리스도인들은 그들에게 무엇을 제공하는 교회보다는 다른 어떤 것을 추구하면서 교회를 떠나는 경우가 많이 있으며, 그들은 진리와 실재, 예배의 진정성을 추구하고 있다.[15] 그들은 단지 피상적인 소비자 중심주의가 아니라 "그들의 미래에 일어날 일에 가치가 있는 진정한 기쁨"을 더 원하고 있다.

진정한 사랑은 사람들에게 그들이 필요한 것이 무엇인지를 생각하

---

15 William D. Hendricks, *Exit Interviews: Revealing Stories of Why People Are Leaving the Church* (Chicago: Moody Press, 1993), 257~71.

게 하는 것이 아니라 진정으로 그들에게 필요한 것이 무엇인지를 주는 것이다. 여기에서 더하고 싶은 것은 사랑은 그들이 받게 될 방식을 따라 그들을 섬기게 된다는 사실이다. 이와 같이 사랑의 기둥은 모더니티의 전통가치의 상실, 혹은 포스트모더니티의 완전한 허무주의 가운데서 그들의 뜻에 반대되는 것에 사로잡혀 있는 사람들에 대한 그들의 관심이 되어야 한다. 교회는 그들의 영적 유산을 다시 얻기를 원하는 사람들을 사랑 가운데서 목양할 수 있어야 한다. 제프리 셸러(Jeffrey Sheler)가 밝히고 있는 대로 "우리 가운데 사회적 비평과 우리 안에 있는 양심은 점점 우리가 도덕적 잣대를 잃어버리고 우리의 영적 유산을 버린 것이 아닌지를 생각하게 한다."[16] 셸러의 아티클을 뒷받침하는 광범위한 조사는 미국 시민들은 "우리의 종교적 자극과 우리의 세속 사회에 대한 확고한 헌신 사이의 영속적인 긴장"이 쉽지 않다는 것을 드러낸다. "우리는 개인적 자유에 우선을 두는 전통적인 도덕성에 대한 신뢰성을 공언하며 종교적 권위주의를 저항한다." 이러한 긴장관계는 사람들이 정치인들에 의해 표현된 영적 가치에 대해 반응하는 양면 가치(ambivalence)에서 볼 수 있다. 또한 익숙한 종교적 전통 가운데서 그들이 발견하는 위로와 다원적이고 세속적인 사회 가운데서 그 믿음을 가지고 살려고 하면서 그들이 경험했던 불확실성 사이에 존재하는 많은 갈등에서도 발견하게 된다.[17] 회중은 이러한 긴장관계가 야기하는 고통에 응답해야 하며 이러한 갈등에 대해 해결을 바라는 많은 사람들을

---

16 Jeffrey L. Sheler, "Spiritual America," *U.S. News and World Report*, 116, no 13 (4 April 1993): 48.

17 Sheler, "Spiritual America," 49~50.

목양함에 있어서 교회로서 온전히 서갈 수 있는 기회를 붙잡아야 한다.

닉슨 전 대통령의 죽음 후에 발표된 한 아티클에서 윌리엄 딘(William Dean)은 미국의 영적인 악, 전체 문화에 스며 있는 폭력과 허무주의를 인지하고 있는 것에 대해 1968년에 닉슨을 칭찬했다. 보다 최근에 코넬 웨스트(Cornel West)의 *Race Matters*(경주와 관련된 일)와 즈비그니우 브레젠스키(Zbigniew Brzezinski)의 *Out of Control*(통제 불능)은 사회적 실패와 관련된 영적 붕괴를 비난한다. 1993년 연설에서 클린턴 대통령은 법 없음과 공동체와 가족의 붕괴를 "오늘 미국에서 주의를 끄는 것은 커다란 영적 위기"와 연결시킨다.[18] 딘은 이러한 미국 사회의 분명한 붕괴에 대해 비통해하는데 "조상들로부터 이어져 온 전통으로부터, 그리고 영원하고 우주적인 의미로부터 이동, 그리고 시장과 개인 자아에서 확인되지 않는 투자"로 옮겨가고 있음에 비통해한다.[19] 교회의 전통과 그것이 간직하고 있는 믿음의 진리로부터의 이동에 편승하고 있는 문화에 대해 동정심을 가질 필요는 없다. 그러나 동시에 교회는 세상과 단절되어 있어서 그러한 이동 가운데서 거대한 영적 상실을 인식하는 사람들의 고통을 알고 나누는 데 실패해서는 안 된다.

교회가 진정으로 하나님을 찬양하고 결과적으로 사람의 인격 형성에 기여하였다면 진리와 사랑을 함께 최고의 것으로 가져와야 한다. 하나님의 사랑 가운데서 참여자들을 포용하는 방식으로 믿음의 진리를 우리는 예배 가운데서 경축한다. 더욱이 예배하는 공동체의 사랑은

---

18 William Dean, "What Nixon Knew," *The Christian Century*, 111, no. 16 (11 May, 1994): 484.
19 Dean, "What Nixon Knew," 486.

낯선 이들을 환영하고 그들 가운데 진리를 함양하는 습관을 스며들게 하는 데까지 이르러야 한다.

사회적 변화와 문화대항주의

우리는 세상 가운데 있으나 세상에 속한 것이 아닌 예수님의 방식을 사회적 변화와 문화 대항적(countercultural) 분리의 변증법적 기둥으로 설명할 수 있을 것이다. 앞에서 언급한 긴장관계와 함께 양쪽 진영은 어느 한쪽이 실제적으로 필요하다. 그리고 양 진영은 자기 주장만을 극단적으로 내세우며 어느 한쪽에 너무 크게 치우치게 될 때 모두를 상실하게 된다. 사회적 변화라는 측면에서 파괴적인 극단은 인간의 노력으로 하나님의 나라를 이 땅 위에 오게 할 수 있다고 생각하는 것이다. 그러한 메시야 콤플렉스는 잘못된 자부심으로 이어지게 만든다. 하나님은 온 우주를 다스리시는 전능하신 주님이시며 이 세상은 악의 세력에 의해 완전히 영향을 받아 죄악으로 가득 차 있으며, 깨어진 곳이라는 사실을 우리는 잊고 있다. 켁(Keck)이 주장한 대로 주요 교단 교회들은 "사회를 향한 하나님이 주신 책임감을 가지고 있다는 인식으로부터 점점 벗어나야 하며 대신에 무엇보다도 복음을 전할 책임이 있는 영향력 있는 참여자가 되어야 할 자유를 요구해야 한다."[20] 그러한 책임성은 문화 대항적 기둥을 요청하는데, 그것은 우리가 사회적 변화라는 하나님의 목적을 성취해 가야 하는 단순한 대리자이며 그리스도는 모든 권세를 이기셨고, 언젠가 완전한 승리가 나타나게 될 것

---

20 Keck, *The Church Confident*, 79.

이라는 사실을 인식한다.

문화 대항적인 진영에서 파괴적인 극단은 교회가 세상의 커다란 고통을 돌보지 않거나 동떨어져 있어서 세상 밖에 서 있는 사람들과 연결되기가 어렵다는 우리의 인식에 대해 어떤 부분에서는 논의가 이미 되어온 상황이다. 더욱이 그리스도인들을 둘러싸고 있는 문화에 대해 지나치게 구분되는 것을 강조하게 될 때 그들은 세상을 사탄의 세계라고 몰아세우면서 자신들은 죄악이 가득한 타락한 세상에 속하지 않았다고 자랑스럽게 생각할 수 있다.

마틴 루터(그의 앞에는 어거스틴)는 두 왕국 교리를 정리하면서 이러한 변증법적 긴장관계를 잘 지켰던 것을 볼 수 있다. 이러한 교리에 대한 적절한 이해를 가지게 되면 이것은 사회와 하나님의 나라에 대한 변증법적 충실성이 필요하다는 사실을 깨닫게 된다. 켁이 설명한 대로 그것은 "교회가 매주 행하고 말하는 것을 통해 사회에 긍정적인 영향력을 가질 수 있는 가능한 모드"를 제공하게 되는데, "그것은 참을성 있고 지속적이며 일상적인 것에 대한 추구를 통해 이루어진다. 그 일상적인 것은 태도를 만들고 보다 깊은 이해를 갖게 한다."[21] 이와 같이 교리는 예배에 대한 거대한 영향력(consequence)을 가진다. 예배는 문화 대항적 특성을 가진 공동체가 하나님께 올려드리는 독특한 찬양이다. 그 공동체는 하나님과의 관계에서 아주 깊은 감지력을 가지고 있으며, 그들이 드리는 예배의 자리에서 세상 가운데 사회적 변화를 만들어갈 수 있는 능력을 가지고 있는 공동체이다.

---

21 위의 책, 85.

더군다나 하나님의 계시는 찬양, 설교, 예전의 순서를 통해 예배 가운데서 세상에 나타나는 것으로 우리 자신에 대한 망상(illusions)을 벗겨 준다. 예배는 우리의 자부심과 개인주의, 자기중심적 사고 - 요약하면 우리의 죄 - 를 폭로한다. 그러면서 예배는 또한 용서, 치유, 변화, 동기부여, 그리고 세상에서 하나님의 정의와 평화 - 요약하면 광범위한 관점에서 구원 - 를 위해 일할 수 있는 용기를 부여한다.

분명히 죄와 용서를 말하는 것은 현대 문화에 반대로 달리는 것이다. 그러나 죄와 용서에 대해 한쪽만이든, 아니면 양쪽이 함께이든 그것을 인식하는 것은 세상의 자기 이해와 관련하여 교회의 예배에 있어 큰 선물이다. 죄와 악의 잠재력을 다시 인식하는 것과 하나님의 사랑과 자비의 보다 큰 권세를 깊이 아는 것은 그리스도인들이 자기 열심에 꽂혀서 사회적 변화를 위해 일하지 않도록 만들어 준다.

사고와 감정

사회적 변화의 축과 파괴적 자부심을 갖는 한쪽 극단으로 치우치는 것에 대한 부분을 써내려가면서 나 자신을 꾸짖었다. 문화적 '무기력해짐'에 직면하여 너무 쉽게 사람들을 구해내려고 했던 메시야 콤플렉스를 가지고 있었음을 알았기 때문이다. 여기에서 기술과학문명의 흐름에 거슬러서 사는 사람은 그렇게 많지 않고, 전반적으로 주관화되고(subjectivized) 평범화된 문화의 해로운 효과에 거슬러 올라가야 한다고 생각하는 사람이나 그렇게 서가는 사람이 그리 많지 않으며 그것이 가능하지도 않다는 사실이 아주 마음을 불편하게 했다. 예배를 유일하신 한분 메시야의 다스림 가운데 자리를 잡을 필요가 있고, 주관화된 사회에서 객관적인 사고의 버팀목을 유지하기 위해 하나님의 방법을 내가 추구해야 한다는 사실을 기억할 필요가 있다.

교회는 문화를 구원할 수 없다 - 그러나 그리스도인들은 세상에서 가장 최고의 사상가가 될 수는 있다. 하나님과의 관계는 우리 자신의 존재를 정화시켜야 하는 것으로부터 우리를 자유롭게 만들어 주기 때문에 우리의 중요성을 증명하고, 우리 동료들에게 맞추어야 하고, 정치적인 예절을 흉내 내야 하며, 현재의 이념이나 맹목적으로 숭배하는 것에 의거하여 생각해야 할 필요는 없다. 우리의 정신(mind)은 오직 그리스도의 주권에 사로잡혀 있다. 성령님은 하나님께서 창조하신 머리(brains)를 가급적 사용할 수 있도록 능력을 부어주신다. 하나님의 진리를 따라 형성된 정신은 현대 세속적 정신과는 다르게 사물을 이해하기 때문에 우리도 역시 우리 문화의 지성에 영향을 준 이념이 무엇인지를 인지해야 한다. 앤소니 우골닉(Anthony Ugolnik)은 우리가 앞서 논의한 바 있는 포스트모던 정신구조에 대해 다음과 같이 요약한다.

> 해체주의자들의 분석과 신성시하는 상대주의는 모든 현상을 쌓아 올린다. 하지만 모든 의미는 해석자에게 달려 있는 그림자 같은 환영(a ghostly apparition)을 만들어낸다. … 이러한 인위적인 과정에서 오직 확실한 것은 모든 의미는(물론 비평이 구분해 놓은 것은 예외이고) 허상(chimera)이라고 깨닫게 되는 능력을 제공하는 통찰력을 가진 것으로 자격이 부여된 비평가뿐이다. 이러한 "의미의 민주화"(democracy of meaning)보다 더 독재적이 될 수 있는 것은 없다. 왜냐하면 그 안에는 서구의 비평가들이 의미 그 자체를 분별할 수 있는 과정을 통제한다. "다양성"의 주창자들

은 사상 그 자체를 "유효한" 것으로 판단할 수 있는 과정을 통제한다. 이와 같이 서구의 세속적 지성은 서구의 뉴스 미디어가 카메라를 사용하여 제공하는 것과 같은 방식으로 정신세계를 다루게 된다. 서구의 방송 매체는 선택적으로, 그리고 그것이 초점을 맞추는 그것에 의존하여 도구가 존재 그 자체를 부여한다는 확신에 따라 움직인다.[22]

그렇게 이념적으로 통제받는 생각과 의미의 상실에 저항하면서 기독교 예배는 복음이라는 객관적 진리와 생각의 참된 자유를 선포한다. 더욱이 예배는 그 참석자들을 좋은 생각을 갖도록 가르쳐 주며, 좋은 질문을 던질 수 있는 충분히 거대한 우주를 드러내 준다. 하나님의 절대성과 하나님의 계시를 견지하면서 교회는 성도들에게 도덕적 척도와 그들 자신이 자리하게 될 스토리와 그 기초를 발견하게 하는 유산을 제공한다.

그러나 이러한 변증법적 긴장관계에서 건전한 사고(sound thinking)라는 지주의 극단에 서게 되면 교회가 유일하게 지적인 곳이라는 인식을 갖게 된다. 어떤 예배에서든 분명한 주관주의에 대한 지나친 강조는 과거 세대의 신앙인들의 차가운 객관주의에 대한 반향으로 일어난 것이다. 우리 루터교 신자들은 스칸디나비아 사람이거나 독일인이기 때문에 다른 것은 될 수 없었다고 농담을 한다. 그러나 루터 자신은 그의 신앙생활에서 심원한 기쁨을 맛보았고, 하나님의 은혜와 사랑의 객관적 진리에 대해 기쁨 가득한 응답을 경험할 수 있었다.

---

22 Anthony Ugolnik, "Living at the Borders: Eastern Orthodoxy and World Disorder," *First Things*, 34 (June/July 1993): 16.

주관적 요소를 강조하는 한 극단은 믿음에 있어서 감정에 의존하면서 감정의 표현이 예배를 지배하게 하는데, 우리를 예배 가운데로 부르신 하나님께 초점을 맞추는 대신에 우리 자신에게 초점을 맞추는 방식을 취한다. 감정은 어떤 순간의 상황에 따라 흔들리기 때문에 그것은 하나님을 아는 것에 있어서 믿을 만한 지침이 될 수 없다. 그럼에도 불구하고 하나님께 대한 우리의 응답은 중요하며 억누르거나 무시하는 것, 강요하는 것은 바람직하지 않다.

아마도 변증법적 구조에서 사고의 영역을 너무 강조한 것 같다. 그러나 나의 관찰이 많은 교회가 현대 문화의 초주관주의(super-subjectivism)의 위험을 잘 인식하지 못하고 있는 것으로 드러나고 있음을 발견했기 때문에 그렇게 한 것이다. 교회의 예배가 생동감 있게 살아나게 하려는 시도 가운데 많은 시도들이 새로운 열정, 적당한 기교와 함께 교묘하게 실행하기도 하면서 그것을 살려보려고 묘미를 곁들이는 경우가 있다. 웰즈가 정확하게 주장한 것처럼 그것들은 모더니티가 야기한 문제들에 대한 모더니티의 해결 방안을 도입한 것이다. 되살리기 위해 기교를 사용하는 대신에 교회에 진정으로 필요한 것은 참된 개혁이다.[23] 우리는 사람들이 필요로 하는 행복감을 그것이 양산해 낸다고 주장하면서 사람들에게 열정적이 되라고 강요할 수는 없다. 그러나 그들에게 하나님의 객관적 진리를 주는 것이 즐거움과 기쁨의 주관적 차원으로 이끌어 줄 것이다.

웰즈는 모더니티가 우리 가운데 양산하는 것을 보여주면서 초주관

---

23 Wells, *No Place for Truth*, 196.

성(hypersubjectivity)의 위험성을 다음과 같이 요약해 준다.

[모더니티는] 우리로 하여금 어쩔 수 없이 삶을 심리학적으로 고찰하게 하며, 한때는 표면적이었던 실재에 대해 자아의 상태와 일시적인 기분을 주시하도록 만든다. 객관적인 것에서 주관적으로의 이동은 자아에 대한 새로운 매력으로 인식되고 있는데, 성경적, 역사적 믿음에 대해 항상 적의를 갖게 만든다. 로버트 니스베트(Robert Nisbet)는 이러한 자기 열중(self-absorption)은 우리 시대의 문화적 쇠퇴의 척도로 가장 널리 회자되는 내용이라고 주장하는데, 그러한 자기 열중은 많은 사람들로 하여금 복음적인 신앙의 본질을 약화시키는 요인으로 작용한다. 그는 "퇴보하고 소멸해 가는 시대는 언제나 주관적이며, 모든 진보적인 시대의 경향은 객관적이다"라는 괴테의 견해를 인용한다.

주관적인 강박관념 … 그것이 종교적인 옷을 입었든 아주 비종교적인 옷을 입었든지 간에 그것은 동일한 근원적 심적 상태, 동일한 마음의 습관, 오직 실재는 자아를 통해서만(그리고 사고에 의해서보다는 직관에 의해서) 다가갈 수 있다고 생각하는 동일한 가정(assumption), 우리의 감춰진 자원을 두드려 주기만 하면 우리는 무제한적인 개인적 진보를 실질적으로 얻을 수 있다고 생각하는 동일한 믿음을 드러낸다….

[반대로 개신교 개혁자들은] 자아에 대해, 인간 이성의 신빙성에 대해 … 인간의 느낌과 인지에 대해 깊은 침묵을 유지하였다. 개혁자들은 인간은 사랑을 받아야 하는 존재이지만 인간은 죄인이기 때문에 무조건적으로 신뢰할 수 없는 존재라는 입장을 견지한다. 또한 그들은 개인적 경험이 강렬하기 때문에 그것은 힘이 있다고 인정한다. 그러나 경험은 언제나 옳다

고 생각하도록 우리를 미혹하는 것을 허용하지 않아야 한다고 주장한다.[24]

다음 장에서 설명하겠지만 경험이 언제나 진리나 하나님에 대한 지식을 제시하는 것은 아니다. 느낌은 우리의 삶에 하나님의 관여하심을 정확하게 계측하는 것은 아니다. 그러나 느낌은 그 관여하심에 응답하는 데 있어서 중요하다. 그래서 우리는 교회가 종종 그랬고, 그러고 있는 것처럼 사고와 느낌이라는 변증법적 기둥을 잃지 않으려고 한다.

우리는 지성주의와 감성주의의 위험을 피해야만 한다. 정신(mind)에 초점을 맞추는 것, 사람들의 의지(will)나 심정(heart)에만 관여하지 않는 것은 그들이 아는 것을 행하도록 하게 하기 위함이다. 오로지 감정(emotions)만을 훈련하는 것에 초점을 맞추는 것은 실체(substance)가 없는 믿음을 격려한다. 진정한 예배는 두 극단을 바르게 해 준다. 왜냐하면 웰톤 개디(Welton Gaddy)가 주장한 대로 예배 가운데서 "하나님께서는 예배자가 그의 모든 것을 통해 그분을 경배하고 사랑하기를 원하시는" 분이기 때문이다.[25]

그리스도인은 오늘의 사회가 온통 소비 중심의 오락화로 편재되어 있기 때문에 합리적인 강화(reasoned discourse)를 상실하는 것이 얼마나 위험한지를 깨달을 수 있도록 도와주어야 한다. 즐겁게 되기를 바라는 마음 대신에 마음을 새롭게 하여 변화를 받아 하나님의 온전한 뜻을 깨닫는 향상(롬 12:2)을 이루어가는 교육을 통해 온전한 예배를

---

24 위의 책, 144~45.
25 C. Welton Gaddy, *The Gift of Worship* (Nashville: Broadman Press: 1992), 67.

올려드림으로 교회는 오늘 우리 시대의 문화가 의미 없음을 폭로한다. *Amusing Ourselves to Death*(죽도록 즐기기)의 결론에서 포스트만은 그가 설명했던 거대한 문제들을 선명하게 드러나게 하기 위해 헉슬리를 다시 소환한다. 그는 헉슬리가 *Brave New World*(멋진 신세계)에서 "사람들을 괴롭게 하는 것은 아무런 생각이 없이 웃는 것이 아니라 왜 그들이 웃는지를 모른다는 것이며 왜 그들이 생각하기를 멈추었는지를 말해 주려고 했다"고 주장한다.[26]

생각과 느낌의 생생하고 균형 잡힌 변증법적 관계를 유지함으로써 교회는 우리 시대의 문화의 웃음이 지니는 천박성과 공허함을 드러내며 사람들을 생각하는 습관을 갖도록 훈련한다. 진정한 예배는 실로 사람들에게 진리의 깊이를 가르치며 "그들의 운명에 가치 있는 기쁨"(Joy worthy of their destiny)과 함께 자유롭게 웃을 수 있도록 만든다.

우리는 어떻게 그 기쁨을 발견하며 전달할 수 있을까? 진정한 예배라고 했을 때 그것이 의미하는 것은 무엇인가? 이 장에서 교회에 필요한 변증법적 균형에 대해 논의한 것과 이전 장들에서 교회를 둘러싸고 있는 문화와 그것을 숨 쉬며 살아가는 사회의 맹목적인 숭배를 깊이 마음에 두었을 때 이제 우리는 교회 예배의 독특한 문화에 대해 다음 장에서 관심을 돌리게 될 것이다. 그 예배가 참여자들과 거대한 문화 속에서 살아가는 사람들에게 제공해야 하는 특별한 선물은 무엇인가?

---

26   Neil Postman, *Amusing Ourselves to Death* (New York: Viking Penguin, 1985), 163.

예배의 문화

The Culture *of* Worship

Chapter 05

예배의 중심이신 하나님
: 예배는 누구를 위해 드리는가?

God as the Center of Worship
: Who Is Worship For?

Chapter 05
예배의 중심이신 하나님
: 예배는 누구를 위해 드리는가?

과거와 새로운 시대의 놀라우신 주님, 주님을 너무 늦게 사랑했나이다.

실로 우리는 주님을 너무 늦게 사랑했나이다.

우리 안에 주님은 언제나 계시지만

우리는 나 자신 밖에 서 있었고 거기에서 주님을 찾고 있나이다.

나의 연약함 가운데서 주께서 만드신 창조세계의 아름다움을 쫓아가나이다.

주님은 언제나 내 안에 계시지만 저는 주님과 늘 함께하지 못했나이다.

주께서 만드신 것들이 내 마음을 빼앗아 내가 주님으로부터 멀어지게 했나이다.

그것들이 주님 안에 있지 않으면 그것은 존재의 의미가 없건만

주님께서 부르시고, 소리치시고, 나의 듣지 못하는 귀를 열어 듣게 하셨나이다.

내 앞에 빛을 비추셨고 그것이 밝게 빛나게 하셨나이다.

주께서는 나의 보지 못함을 일소하셨나이다.

주님의 향기를 허락하시고 그 안에서 숨 쉬게 하셨나이다.

오 주님, 내가 주님을 갈망합니다.

내가 주님의 선하심을 맛보고 주님을 목말라하고 배고픔을 느끼나이다.

주께서 나를 어루만지셨고 나는 열렬하게 주님의 평화를 바라나이다.

– 히포의 어거스틴, 354~430

이 장의 제목부터가 문법적으로 그리 매끄럽지 않은 것에 미안한 마음을 갖게 된다.[1] 그러나 문법적으로 매끄러운 표현을 사용하게 되면 중

---

[1] 역주/ 저자는 여기에서 사용한 부제를 "Who Is Worship For?"라는 다소 문법적으로 매끄럽지 않은 표현을 사용하였다.

심적인 질문이 그 힘을 잃기 때문에 이렇게 사용하였다. "누구를 위해 예배를 드리는가?"(for whom is worship?)와 "예배는 누구를 위해 드리는가?"(Worship is for whom?)라고 질문을 던지는 문장은 하나님을 단순한 전치사의 목적어로 만들어 버린다. 이 장의 중심적인 내용은 진정한 예배에서는 하나님이 주체 - 우리가 주체가 아니라 - 이시다라는 점이다. 그래서 문법적으로 규범 문법에서 보면 다소 적절하지 않은 표현(who)을 그대로 사용하였다. 어거스틴의 시는 우리의 예배를 평가할 때 가장 중요한 기준을 제시해 준다. 진정한 예배는 하나님께서 우리를 불러주셨기 때문에 시작된다. 하나의 메아리와 같이 하나님께로 향하는 우리의 예배는 그분의 부르심에 대한 응답으로 주어지는 선물이라는 점이다.[2] 웰튼 개디(C. Welton Gaddy)가 선명하게 제시한 것처럼 "예배는 서로에게 귀한 것을 주려는 마음을 가진 사랑하는 사람들 사이에 주고받는 선물이다."[3]

예배의 주체이신 하나님

그리스도인이 된다는 것은 예수 그리스도 안에서 나타나신 하나님은 우리의 모든 것이 되신다 - 창조자, 공급자, 그리고 지탱하시는 분;

---

2 가능하면 광범위한 청중에게 이르려는 나의 관심을 벗어나는 것이기도 하고 교회의 유산의 전승을 유지하는 것에 대해서는 많은 논쟁이 있는 것이 사실이지만 - 특히 엘리자베스 악트마이어(Elizabeth Achtemeier)의 논쟁이 대표적이다 - 이 책에서는 하나님에 대한 대명사를 남성 대명사인 he, his, him이라는 단어로 사용하였다. 하나님은 남성도 아니고 여성도 아니기 때문에 이러한 대명사들을 사용하는 것은 적절하지 않다는 것을 알고 있다. 우리의 모든 단어보다 더한 어떤 것이 내포될 수 있기 때문이다(이러한 주제에 대한 논의를 위해서는 이 장의 결론 부분을 참고하라). 나의 이러한 단어를 사용한 것으로 인해 마음이 불편해진 사람들의 양해를 빌고, 다른 많은 사람들이 가능하면 주의하여 사용하는 이러한 다소 적절하지 않은 용어를 사용하기로 한 나의 결정을 너그럽게 받아 주시길 빈다.

3 C. Welton Gaddy, *The Gift of Worship* (Nashville: Broadman Press, 1992), xi. 이후 이 장의 다음 두 섹션에서 이 책의 인용 페이지는 본문 안에 괄호로 표시했음을 밝힌다.

구원자, 구속주, 그리고 주님; 거룩하게 하시는 분, 영감을 주시는 분, 능력을 주시는 분-는 사실을 믿는 것을 의미한다고 했을 때, 교회는 하나님을 예배의 주체(subject)로 고백한다는 것은 단연코 본질적인 내용이다. 함께 모인 공동체의 친목, 교육, 그리고 다른 요소들은 중요하다. 그러나 하나님께서 우리를 그의 백성으로 부르셨으며 예배와 생명의 세계에로의 부르심에 응답할 수 있는 능력은 전적으로 하나님의 은혜의 선물이라는 사실을 지속적으로 기억하지 못한다면 우리는 존재 이유를 상실한 것이 된다.

'그리스도인'이라는 이름으로 살아가는 우리는 예수님께서 완성하신 구원으로 인해 우리 자신으로부터 구원받은 존재이다. 우리가 그것을 받을 만한 가치가 있고 대가를 지불해서 구원을 받은 것이 아니라 전적으로 하나님의 선물임을 깨달을 때 기독교 예배는 무엇보다도 구원의 선물과 다른 모든 선물을 주신 분이 누구이며, 그분의 존재 앞에서 응답의 삶을 살도록 세상에 도전하시는 분이 누구인지를 선명하게 해 준다.

'예배'라는 단어는 '존경'(honor)과 '돌려야 할 가치'(worthiness)라는 의미를 가진 고대 영어의 어근, weorth와 '만든다'의 의미를 가지는 scipe가 결합된 것이다. 물론 우리는 하나님께 대한 존경을 '만들 수' 없다. 왜냐하면 우리와 상관없이 그것은 본질적으로 하나님의 속성이기 때문이다. 그러나 우리는 하나님을 존경하고 영광을 올려드릴 방식들을 고안하고 그분께 마땅히 올려드려야 할 영광을 나타낸다. 물론 우리의 그러한 시도들이 온전하지 못하다는 사실과 영원히 하나님을 온전하게 경배하는 천군과 천사들, 먼저 간 성도들과 함께하기 전까지는 우리는 성삼위 하나님을 충분히 찬양하지 못한다는 사실을 잘 알고 있다.

하나님께서 우리를 부르셨고 우리로 예배를 드릴 수 있게 한다는 점을 강조하는 데 – 그 점을 위해서는 유명한 예배학자들이 자주, 분명하게 언급하였다[4] – 시간을 더 보낼 필요는 없을 것 같다. 그러나 2장에서 현대적인 환경에서 중요한 요소에 대해 묘사한 것을 통해서 볼 때 현대의 자기도취적이고 주관화되고 있는 문화 가운데서 예배의 주체를 하나님이라고 주장하는 것이 얼마나 어려운지를 강조했다.

한 가지 예가 즉각적으로 마음에 떠오른다. 작은 도시의 큰 예배당에서 있었던 현란한 부활절 뮤지컬(Ester extravaganza)에서 한 남자가 종려주일에 예수님의 예루살렘 입성을 표현하기 위해 살아있는 당나귀를 타고 들어왔다. 고난주간에 있었던 다른 사건에 대한 극적인 프레젠테이션이 있은 다음에는 많은 대원으로 구성된 찬양대가 찬양곡을 의기양양하게 연주함으로 프로그램이 끝이 났다. 그러나 "주님의 영광이 드러날 것이라"는 성경의 강조는 그의 영광을 어떻게 "우리가 볼 것인가"로 바뀌어 왔음을 알 수 있다. 이것은 단순히 흠을 들춰내려는 것이 아니다. 왜냐하면 동일한 도치(inversion)가 그날의 모든 예배 합창을 특징짓고 있었기 때문이다. 초점은 하나님과 그분이 드러내신 것에 있었던 것이 아니라 우리 자신에게 맞추어져 있었다. 그러한 예배는

---

[4] 제임스 화이트는 그의 책에서 하나님의 행위라는 관점에서 예배의 정의를 역사적으로 잘 정리해 주고 있다. James F. White, *Introduction to Christian Worship*, rev. ed. (Nashville: Abingdon Press, 1990), 25~30. 특히 그는 루터교 학자인 피터 브루너가 독일어, Gottesdienst를 사용하여 설명한 것을 인용하는데, 그 단어는 인간에 대한 하나님의 섬김과 하나님에 대한 인간의 섬김을 함축적으로 설명한다. 그러나 화이트가 주장하는 것처럼 브루너에게 있어서 예배의 이중성이 "우리에게 자신을 주시고, 하나님의 선물에 대해 우리의 응답을 증진시켜야 한다는 하나님의 행동이라는 단일 초점을 통해 오히려 지나치게 가려지고 있다"(27). 역시 Roger D. Pittelko, "Worship and the Community of Faith," *Lutheran Worship: History and Practice*, ed. Fred L. Precht (St. Louis: Concordia Publishing House, 1993), 44~45와 Robert Webber, "The Divine Action in Worship," *Worship Leader*, 1, no. 3 (June/July 1992): 7, 49를 참고하라.

하나님의 은혜로 우리가 받게 되는 하나님의 계시라는 선물에 초점을 맞추기보다는 믿음이라는 것은 하나님의 영광을 우리가 어떻게 인식할 수 있는가에 달려 있다는 기본적인 인식을 증진시키는 것에 맞춘다.

수많은 수단을 통해 우리는 하나님을 우리의 예배의 주체가 되시게 할 수 있다. 교회의 역사 가운데 등장하는 예전은 하나님 중심성 – 전주(prelude)로 시작되는 예배는 예배자들이 그들의 일터 혹은 가정과 관련된 삶의 자리로부터 벗어나 하나님의 임재 안으로 들어갈 수 있는 기회를 제공한다 – 을 강력하게 제시하고 있다. 대부분의 예배 음악의 스타일도 그것이 하나님을 예배의 주체가 되실 수 있도록 만드는 것만 사용될 수 있었다. 예배자들에게 찬양은 하나님께 올려드리는 것임을 상기시키는 코랄 전주는 그분의 임재 의식에 주의를 끌게 하는 데 특히 효과적이다. 하나님께로 나아가게 하는 데 주안점을 두는 전주의 의도는 '침잠'(centering)[5]으로 알려진 퀘이커교의 예배와 유사하다. 개디가 지적한 것처럼 예배를 위해 함께 모인 퀘이커 교도들은 먼저 "그들의 전 존재를 하나님께 온전히 초점을 모으려고 한다. 예배자들은 각자 모든 감성과 생각, 그리고 필요를 함께 모으려고 노력하며 하나님께 그 모든 것을 집중하기 위해"(99) 시간을 보낸다.

예배의 시작인 예배 기원(liturgical invocation, 종종 개회찬송 후에 주어

---

[5] 역주/ 퀘이커교 예배에서 'centering'은 마음의 평정을 이루면서 모든 긴장과 걱정거리를 내려놓고 하나님의 임재 가운데로 들어가는 과정으로 하나님의 음성을 듣는 시간으로 규정된다. 이것은 하나님과의 직접적 내적 교제가 가능하다고 본 퀘이커의 사상을 바탕으로 하고 있는데, 트라피스트회 수사인 배질 페닝턴(Basil Pennington)은 중심으로 들어간다는 의미로 '향심기도'(centering prayer)라고 하였으며, 수 몽크 키드(Sue Monk Kidd)는 임재기도(Prayer of Presence)라고 명명한 것과 맥을 같이한다. 리차드 포스터가 제시한 관상기도의 첫 번째 단계인 '마음의 평정' 단계와 같은 맥락에서 이해할 수 있다.

지는데)은 하나님이 예배의 주체이심을 고백하게 만든다. "아버지와 아들과 성령의 이름으로" 우리가 여기에 있다는 선언은 성삼위 하나님께서 그분을 예배하도록 우리를 함께 부르셨음을 상기시켜 준다. 오직 하나님의 이름 안에서 – 즉, 계속적인 은혜를 베푸시는 하나님의 속성 가운데서 – 어떤 예배이든 가능해진다.

어떤 교회는 기원(invocation)을 목사, 혹은 성직자가 평상적인 인사로 대신하는 경우가 있다. 예배자들이 보다 편안하게 느낄 수 있도록 만들어 '공동체'를 형성하려는 의도로 그리할 수 있지만 잘못된 시도가 될 수 있다. 우리는 이전에 교회를 특징지웠던 공동체의 그 깊이를 회복하여야 한다는 것에 동의한다. 그러나 예배의 하나님의 중심성을 상실하는 것보다는 그것을 이루는 보다 더 좋은 방법들이 있다.[6]

한때 많은 목회자들이 교인들과는 거리를 두고 은둔적이고 금욕적인 관점을 취하기도 하였는데 – 많은 회중은 카리스마가 있는 지도자의 은둔적 종파에 속하려는 방향보다는 그 반대 방향으로 나아가는 추세가 두드러지고 있지만 – 그것보다는 단연코 교구의 교인들과 친화적이 되는 것이 아주 중요한 일이다. 여기에서 다소 극단적인 경우로부터 이야기를 시작해 보자. 예배를 시작함에 있어서 마치 성삼위 하나님의 신비를 목회자의 인품(character)으로 미묘하게 대체하려는 듯한 움직임에 대해 우려를 금할 수가 없다. 그분의 임재 가운데로 하나님께서 우리를 환영하여 맞아들이는 대신에 목회자들이 마치 그의 응접실에 교인들을 초대하는 것과 같이 예배가 진행되고 있다. 그래서 본

---

6 이러한 관점을 위해서는 Marva Dawn, *The Hilarity of Community* (Grand Rapids: William B. Eerdmans, 1992)를 참고하라.

인은 회중과 친밀한 공동체성을 형성하기 위해 필요한 목회적 관점에서 나누는 인사, 필요한 광고 사항은 가급적 예배의 시작 전에 다 나누고 실제 예배는 전주가 그들을 하나님의 임재 가운데서 나아갈 수 있게 인도해 가도록 하며 "이제 여기 예배의 자리로 우리를 부르신 성 삼위 하나님께 우리의 온 마음과 관심을 기울이십시다. 성부, 성자, 성령의 이름으로…"와 같이 시작되는 문구를 통해 시작할 것을 권유한다.

많은 여성 신학자들은 교회가 "성부, 성자, 성령"이라는 전통적 삼위일체 형식을 바꾸어야 한다고 말하면서 대신에 "창조주, 구속자, 거룩하게 하시는 분(Sanctifier)"이라는 용어를 사용해야 한다고 주장한다. 그러나 이러한 용어들은 하나님이 수행하시는 기능을 의미하는 것이지 그 깊이를 헤아릴 수 없는 한분이신 삼위 하나님을 명명한 것이 아닙니다. 교회의 유산의 연속성과 하나님께서 하나님의 임재를 상기시키면서 스스로 사용하셨던 성경적 용어를 존속시키려는 적절한 논의가 많은 사람을 통해 이루어졌다. 그런 용어를 사용한다고 해도 회중이 신실한 교회에서 언제나 그 말들이 무엇을 의미하는지에 대해 가르침을 잘 받는다면 가부장제를 고양시키지는 않을 것이다. 마틴 루터도 우리가 삼위일체 형식의 초대(trinitarian invocation)를 들을 때마다 우리 자신을 가로질러 우리의 세례 언약을 기억할 수 있게 될 것이라고 제시한다. 이러한 표현을 통해 우리는 예수님을 따르는 2000년이 넘은 공동체 안으로 들어가게 된다. 이러한 말들은 모든 시대, 모든 지역의 그리스도인들과 우리를 함께 연합되게 만든다.

예배의 다른 많은 부분들은 하나님을 예배의 주체로 인식하게 만든다. 복음서 말씀이 낭독되기 전에, 혹은 후에 "오 주님, 영광을 올려드립니다"(Glory to you, O Lord)와 "오 그리스도여, 주님을 찬양합니다"(Praise to you, O Christ)와 같은 일련의 예전적 멜로디(liturgical lines)를 나는 특히 좋아한다. 첫 번째 것은 예수님 자신의 말씀과 행위가 드러나는 예배의 첫 번째 클라이맥스 부분을 위해 우리의 마음과 정신을 준비하게 만든다. 큰 기쁨을 가지고 이 문구로 찬양을 올려드릴 때 그리스도를 높이기 위해 우리의 발꿈치를 들게 되며 "찬양 받기에 합당하신 주님! 지금 우리에게 오셔서 우리를 가르쳐 주옵소서. 우리를 위해 행하신 것을 다시 우리에게 말씀해 주옵소서. 이렇게 주께서 우리에게 오심이 얼마나 놀라운 선물인지요"라고 말하게 된다. 두 번째 멜로디는 말씀이신 그리스도께서 그분을 증언하시는 성경 가운데서 우리를 만나주시기 때문에 우리가 지금 들은 말씀은 우리 삶을 변화시킨다는 사실을 깨닫게 해 준다. "오 그리스도시여, 주님은 찬양 받으시기에 합당하신 분입니다. 실로 주님은 인간의 몸을 입고 이 땅에 오신 하나님이시며 우리에게 생명을 주시기 위해, 이 진리를 계시하시기 위해 우리에게 오신 분입니다." 예배 가운데서 이런 부분이 우리를 잘 깨우쳐 줄 때 후렴구로 부르는 찬양이 예수 그리스도의 임재를 보여주시는 복음서의 말씀을 받아들이기 위해 우리의 마음을 활짝 열어주게 된다. 그분은 우리를 예배 가운데로 이끌어가시기 위해 서 계시는 분이며 그분의 말씀을 통해 완전하게 우리를 변화시키시는 분이다.

지역 교회가 이런 응답을 사용하지 않는다면 말씀을 봉독하고 선포하는 시간에 하나님의 임재를 강조하기 위해 다른 적당한 예전적 의식(liturgical ritual)을 활용할 수 있을 것인가? 성경 가운데 역사하셨던 하나님과의 만남을 예배 참여자들이 기대할 수 있도록 어떤 그 상징이 그 의미를 전달하며 깊게 하는가? 어떤 교회는 기억을 위해 유대교의 관습을 따라 토라 두루마리를 장식으로 사용하기도 하고 그것을 펼쳐 보이기도 하며 복음서 낭독을 위해 말씀을 들고 행진하기도 한다. 정교회에서는 향을 사용하기도 하고, 정교한 성의나 찬트를 이용하여 목적을 완성하기도 한다.

이러한 모든 예전적 멜로디나 의식을 함께 사용하는 것은 예배 가운데서 하나님 중심성을 보다 강력하게 드러낼 수 있는 환경을 만든다. 역시 학령기 이전의 어린이들도 이러한 상징적 행동을 통해 하나님의 임재를 인식하는 법을 배우게 되며, 주마다 반복되는 행위와 예전적 응답을 암기할 수 있도록 해 준다면 그들은 예배에 잘 참여할 수 있게 된다. 더욱이 이러한 분위기는 예배 환경의 다른 요소들에 의해서 증폭될 수 있는데, 가령 오르간의 장엄한 연주, 배너에 사용된 상징들, 성단소(chancel)의 가구들, 스테인드글라스 창문들, 빵과 포도주, 조각상들과 십자가 등을 들 수 있다. 이러한 모든 것이 함께 어우러져서 우리가 행하고 있는 일에 주체가 되시는 하나님께서 이 장소에서 특별한 방식으로 존재하신다는 사실을 알 수 있다. 그분의 은혜는 우리로 하여금 매일의 삶 속에서 그분에 응답할 수 있게 함으로 온전한 예배를 드릴 수 있게 해 준다.

예배의 대상이 되시는 하나님

하나님은 예배의 주체이시며 대상이시기 때문에 기독교 예배는 드림과 희생의 차원을 포함한다. 예수님께서는 그분의 십자가에서의 희생이라는 온전한 행동으로 예배가 의미하는 것이 무엇인지를 나타내 보이셨다(Gaddy, xvii). 예배의 선물들은 주체가 되시는 하나님으로부터 흘러나와 우리의 경외의 대상이 되시는 하나님께로 다시 돌아간다. "하나님을 예배할 수 있는 기회(특권)는 하나님께로부터 오는 선물 그 자체이며 예배의 특별한 행동들은 하나님으로부터 오는 다른 선물들 - 영적이고 물질적인 - 에 의해 증진된다. 역으로 하나님의 예배는 하나님께 선물을 드리는 것으로 구성된다"(xv). 윌리엄 템플은 이러한 아름답고 포괄적인 예배의 정의에서 주체로서의 하나님으로부터 대상이 되시는 하나님에게로 함께 나아가는 이런 움직임을 다음과 같이 설명한다.

> [그러한 움직임은] 우리 모든 피조물이 하나님께 부복하는 것이다. 그것은 그분의 거룩함에 의해 양심이 살아나는 것이며, 그분의 진리와 함께 하는 마음의 양육이며, 그분의 아름다움을 통해 상상력이 정화되는 것이며, 그분의 사랑에 우리의 마음을 여는 것이며, 그분의 목적에 우리의 의지를 항복하는 것이다. 그리고 이 모든 것은 우리 본성이 할 수 있는 가장 최고의 사심 없는 감정인 경배로 보아진다.[7]

우리가 예배 가운데 올려드릴 수 있는 경배라는 응답을 통해 하나님께 올려드릴 수 있는 선물의 모든 종류에 대해서는 이후에 좀 더 살펴보게 될 것이다. 그러나 먼저 우리의 우선권과 그 명칭에 대해서는 분명히 할 필요가 있을 것 같다.

"누구를 위해 예배하는가?"라는 질문에 대한 대답으로 개디는 그렇

---

[7] William Temple, *Reading in St. John's Gospel* (London: Macmillan 1940), 68. Gaddy, *The Gift of Worship*, xvi에서 재인용.

게 주장한다. "예배는 하나님을 위해 드린다. 오직 하나님만을 위해! 예배의 주된 목표는 하나님을 기쁘시게 하는 데 있다. 경배와 찬양, 기도와 선포, 고백과 봉헌, 감사드림과 헌신, 혹은 다른 어떤 행동이 더해지든지 간에 그것만이 예배의 진정한 목적이다." 예배의 이러한 관점은 "홀로 하나님만이 중요하시다"라는 사실을 인식하게 한다(201). 우리가 행하는 것을 계획할 때 기초적인 기준으로 이것을 마음에 간직하게 된다면 우리가 사용하는 예배 형식이 무엇이든 상관없이 예배 스타일에 대한 많은 논쟁들은 사라지게 될 것이다.

많은 사람들은 예배를 "구도자에 민감한 예배"로 바꾸든지, 혹은 "엔터테인먼트 전도스타일 예배"(entertainment evangelism)로 바꾸어야 한다고 주장한다. 하나님을 잘 알지 못하는 사람들에게 다가가려는 이러한 시도들은 분명히 칭찬할 만하지만 – 우리 모두는 각자의 믿음을 나눌 수 있는 방식을 찾기를 바랄 수 있다 – 그러나 그들의 목적이 하나님을 경배하는 것보다 사람들의 관심을 끌려는 것이라면 그러한 것을 '예배'라고 부르는 것은 분명히 잘못된 것이다. 믿지 않는 사람들을 교회로 인도하려는 특별한 시도들에 대한 계획은 실제로 하나님을 예배하는 그곳으로 그런 복음적 집회를 통해 이끌려 온 사람들을 감동시키기 위한 보다 명확한 준비가 있어야 한다. 중요한 것은 하나님을 알기 위해 나아온 새로운 신자들을 위한 교육이 이루어져야 하는데, 예배를 드린다는 것이 무엇을 의미하는지를 분명하게 가르쳐야 한다.

신약성경은 예배가 의미하는 것을 제시하기 위해 아주 많은 다른 단어들을 사용한다. '라트류오'(*latreuo*)와 같이 그들 중의 많은 단어들이 하나님께 존경을 드리고 공경하는 행위를 수행하는 종교적 의식을 강조한다.[8] 문자적으로 '입 맞추다,' '엎드리다'의 뜻을 가진 '프로스퀘네오'와 같이 다른 것들은 어떻게 표현할 것인지(expression)보다는 태도, 혹은 몸짓, 무엇을 충실히 하는 자세, 신적 존재에 대해 존경하는 자세에 초점을 맞추고 있음을 알 수 있다.[9] 이러한 단어들은 적절한 몸짓을 통해 겸손하면서도 충실한 경배의 심원한 의식을 전달해 준다. 다른 단어들은 예물을 가지고 왔음을 강조하는데[10] 개다는 성경의 시대나 오늘이나 이것을 중심적인 요소로 보고 있다.

첫 번째 성경,[11] 즉 구약에서는 희생제사가 중심을 이루는데 "그것은 의심할 것 없이 드림(giving)의 필요성과 관련이 있다. 다른 형태와 행동을 통해 표현되기도 하지만 드림은 신약성경의 예배에서도 역시 중심 행위로 남아 있다." 그러나 교회의 역사 가운데서 어떤 시기에는 태도가 바뀌기도 한다. "사람들은 드리기 위해서라기보다는 복을 받기 위해 예배에 참석하기 시작한다." 이러한 파괴적인 변화는 예배자들을 수동적 역할을 하는 자리로 떨어뜨린다. 그들이 예배에 참석하고, 수도원에 기부하는 것을 제외하고 어떤 요구도 하지 않는다면 선물로서의 예배의 본질은 상실하게 된다. "예배와 관련하여 온갖 기대감이 중심에 이르게 되면서 예배 가운데서 당연히 주어져야 할 것보다는 경험

---

8   Johannes Louw and Eugene A. Nida, eds., *Greek-English Lexicon of the New Testament Based on Semantic Domains* (New York: United Bible Societies, 1988), vol. 1, 531~34, 53.1~15.

9   위의 책, 540~41, 53.53~64.

10 위의 책, 534~35, 53.16~27.

11 여기에서 성경의 3/4에 해당하는 첫 부분을 "첫 번째 성경" 혹은 "히브리 성경"으로 부르기를 좋아한다. 이는 우리 문화가 구약성경을 "옛날"의 책으로 부정적인 의미를 내포하는 것을 피하기 위해서이며 이스라엘 백성과 그리스도인과 맺으셨던 언약의 연속성을 강조하면서 모든 백성을 향한 하나님의 은혜의 항구성을 강조하기 위해서이다.

(영감 넘치는 음악, 교화시키는 말씀, 감동시키는 설교가 있든지 그렇지 않든지 간에)을 통해 받을 수 있는 것에 중점을 두게 된다.

대신에 개디는 예배의 모든 행위는 하나님께 드리는 교회의 드림의 일부로 이해되어야 한다고 주장한다. "그러한 조건과 부합되지 않는 어떤 행위는 예배 경험의 한 부분이 될 수 있는 가치가 없다."

전주에서부터 후주까지 모든 음악은 "하나님을 기쁘시게 하고 하나님을 예배하는 사람들을 돕는 목적을 수행하면서" 연주의 달란트를 하나님께 올려드리는 것이다(39). 감사의 기도, 신앙고백, 그리고 중보기도 – 침묵 가운데서 개인적으로 드리는 기도이든, 공동의 기도문으로 함께 드리는 형식이든 – 는 예배자가 하나님께 올려드리는 선물로 드리는 것이다. 설교는 단지 설교자가 올려드리는 선물만은 아니며, 찬양대가 올려드리는 찬양은 단지 찬양대만이 올려드리는 선물이 아니다. 오히려 회중 모두가 그들 자신을 올려드리는 것을 포함한다.

어떤 예배에서는 하나님께 헌금, 재능, 시간, 헌신이라는 선물을 드림에도 불구하고 섬김이라는 관점에서 보면 이런 것들은 참여의 자리가 만들어지는 것은 아니다. "기독교 예배의 전 행동은 예배자들의 삶의 전 영역을 하나님께 선물로 올려드리는 것"이기 때문에 개디는 다음과 같이 주장한다.

기독교 예배의 목적은 어떤 가능한 혼동이나 변경은 언급되어야 하고 피할 수 있어야 한다. 실용주의에 대한 계속적인 유혹은 거부되어야 한다. 하나님의 영광이 아닌 다른 어떤 목적을 위해 기독교 예배를 사용하는 것은 예배를 오용하는 것이다.

하나님께서는 교회가 숨은 다른 동기 없이 성스러운 예배를 만나게 되기를 기대하신다. 이와 같이 예배는 교회 예산을 위해 헌금을 작정하고, 사역을 수행할 자원자를 찾고, 교회의 특별 행사 준비를 하고, 예배 참석률 목표를 이루고, 혹은 개인적 문제가 해결함을 받기 위해서 모이는 것이 아니다. 진정한 예배는 오직 하나님을 높이기 위해서 드려진다. 사람들은 하나님을 예배하기 위해서 모이는데, 예배를 통해 그분께 모든 것을 드리기 위해서이다(40).

많은 신학자들은 예배를 연극에 비교하면서 키엘케골의 입장을 따른다. 많은 교회의 예배에서 회중으로 하여금 목회자와 찬양하는 사람을 배우로 생각하게 만들면서 그들은 청중(audience)이라는 생각을 갖게 하는데, 그것과는 정반대로 모두가 하나님이 유일한 청중이시라는 사실을 인지할 때 참된 예배는 일어나게 된다. 찬양하는 사람이나 목회자는 프롬프터(prompter)나 코치, 무대감독일 뿐이다. 우리 모두는 하나님 앞에 서 있는 일종의 배우이며 우리의 모든 예배는 하나님께로 향하게 된다. 그럼에도 불구하고 하나님이 예배의 유일한 주체이시기 때문에 역설적인 사실을 추가한다면 하나님께서 처음으로 배우로 역사하셨기 때문에 우리는 언제나 배우(actors)가 될 수밖에 없음을 기억해야 한다.

예배의 중심이신 하나님 상실

내적으로, 외적으로 많은 요소들이 예배에서 주체이신 하나님을 상실케 만드는 데 일조한다. 그 내적 요인으로는 예배할 때 우리가 무엇을 하는 것이며, 왜 그것을 행하는지를 교회 안에 있는 사람들을 잘 교육하고 가르치지 못하였기 때문에, 즉 예배 교육의 실패를 들 수 있다. 부가적으로 예배 전쟁에 의해 교회가 관점의 차이로 나뉘거나 분열이 생길 때 우리가 쟁취하여야 할 예배의 목표에 대한 온전한 논의를 방해한다.

주요 외적 요인들 가운데 현대문화의 영적 사고방식에 있어서 일어나고 있는 커다란 분열을 들 수 있다. 웨이드 클락 루프는 이후에 제시하게 될 네 가지 이슈 가운데 존재하는 거대한 영적 간격 가운데에서 특별히 새로운 것과 보다 전통적인 것 사이에 존재하는 양극화를 분석한다.[12] 분명히 양 진영은 파괴적인 극단을 취할 수 있지만 보다 전통적이고 보수적인 진영이 예배의 중심에 하나님을 모시는 것을 더 잘 수행하고 있음을 보게 될 것이다.

- **자아의 개념작용**

새로운 세대는 자기 성취, 자율성, 높은 독립성, 자신의 가능성을 실현해 가는 온전한 가능성을 추구한다. 루프는 "자신의 추구에 대해 관심이 있는" 사람들의 예를 제시하는데 "그는 다른 사람에 대한 의무에 대해서 묻는 질문을 만드는 것에는 별로 확신이 없다." 다른 역할이나 책임성에 대한 것보다는 오직 자기 자신의 자아를 돌보는 것에 항상 우선권을 둔다. 보다 전통적 관점을 가진 사람들에게 있어서 진정한 성취는 하나님의 뜻에 진정으로 복종할 때 이루어진다는 것을 인식한다. 이 지점에서 인간은 자신을 계속해서 점검하게 되며, 너무 많은 자유를 허용하지 않는다(119). 물론 극단으로 치우치게 되면 이 기둥

---

12   Wade Clark Roof, *A Generation of Seekers* (San Francisco: Harper, 1993). 이 책에서 인용한 내용의 페이지는 본문 안에 괄호로 표시했음을 밝힌다.

은 예배에 파괴적이 될 수 있는데, 인간에게 어떤 즐거움이나 자기 성취는 전혀 허락하지 않는 분으로, 마치 하나님을 권위적인 무서운 존재(authoritarian ogre)로 간주하게 된다. 이 장은 우리 예배 가운데 묘사되어야 할 하나님은 어떤 분이어야 하는가에 대해서는 나중에 논의하기로 한다. 자율성과 복종이라는 변증법적 구조 안에서 사랑이 가득한 하나님의 전능하심은 "사랑하는 사람들 사이의 선물"이 있는 예배로 인도하게 될 것이다.

• 권위

위의 내용과 관련하여 새로운 세대는 자아를 가장 중요한 권위로 생각한다. 그들의 온전한 가능성을 발전시킬 수 있기 위해 모든 외적인 제약으로부터의 자유를 요청한다. 이 진영에서 인간은 영성을 자기 안에 있는 진리와 의미를 추구하는 여정, 혹은 탐색과정으로 이해한다. 또 다른 진영에서 "권위는 외적인 요소에 위치하게 되는데, 성경 안에서 그 모든 것이 밝히 드러나고 있는 예수 그리스도의 죽음과 부활을 통해 인간을 구원하신 초월적인 하나님께 있다. 우리는 세월에 따라 변하는 자아보다 훨씬 더한 것을 의지해야 한다." 이 진영에 서 있는 어떤 이들은 성경이 가르치는 것은 "영원하고 객관적인" 것이라고 믿는다(120). 우리 문화 가운데서 많은 사람들은 자기 밖에 위치하는 어떤 권위에 대한 존경을 상실한 상황에서 교회는 하나님을 예배함에 있어서 우리 삶을 넘어서 존재하시는 주권자이신 하나님을 예배한다는 것이 무엇을 의미하는지에 대해 신중하게 설명해야 한다. 믿음의 전통의 이 측면은 완전히 문화 대항적이다. 그래서 교회는 하나님의 권위의 진리를 그것이 사랑스럽고 은혜가 충만한 것으로 나타낼 수 있는 언어로 설명하는 것이 아주 중요하다.

- **의미 체계**

의미 체계의 두 가지의 다른 구조는 권위에 대한 두 극단에 상응한다. 루프는 그것을 '신비적', 그리고 '유신론적'(theistic)이라는 용어로 지칭한다. 그러나 본인은 그것을 '귀납적', 그리고 '연역적'이라고 부르기를 더 좋아한다. 그것은 교회의 역사 가운데 등장하는 위대한 신비가들을 현대의 신비주의로 혼동하는 것을 막기 위해서이다. 귀납적인 사람은 완전(wholeness)을 원하며 서로를 갈라놓고 하나님과 피조물로부터 갈라놓으려는 장벽을 극복하기 위하여 그의 노력과 그가 가진 자원들 밖에서 시도한다. 귀납적 구조 안에서는 느낌과 삶의 경험에 그 강조점이 주어진다. 여기에서 '탐사'와 '여정'은 누가 진정한 존재인가를 발견하기 위한 수단이 된다. 최고의 덕은 "자신의 필요에 민감하고 개방적이 되어야 하며" 그의 마음의 틀에 적합한 것은 무엇이든 그것을 붙잡고 선택하기 위해서는 "개방적이고 솔직해져야 한다." 다른 한편으로 유신론적, 혹은 연역적 접근은 하나님에 대한 믿음에 중점을 둔다. "하나님께서는 매일의 삶 속에 영향을 미칠 뿐만 아니라 모든 실재를 형성하고 궁극적 의미에서 인생의 의미를 부여하시는 분이다." 이러한 의미 체계는 현대의 세속성에 직면하여 종교적 전통에 충실, 하나님과의 언약에 대한 성실성, 순종에 근거한 도덕성으로 귀착된다(120~21).

절대적인 하나님에 대한 믿음으로부터 일어나고 있는 '연역적' 모드에 대해, 자아에 초점을 맞추는 '귀납적' 의미의 대립은 예배에 있어서 거대한 중요성을 가진다. 우리는 말씀 가운데서 자신을 드러내시는 객관적인 하나님을 예배하는가, 혹은 이전에 우리가 가졌던 이념에 적합하게 우리가 만들어낸 조립된 하나님을 예배하는가? 현대 문화에서 개인적으로 축조된 의미 체계가 널리 유행하지만 그것은 하나님을 진실로 분명하게 드러내는 일을 확고하게 수행하는 예배에서 우리가 행해야 할 모든 것을 신중하게 음미할 필요가 있음을 권한다.

- **영적 스타일**

조화에 대한 현대의 추구는 전통은 지나가게 하고 전 세계의 권세와 혼합하려는 문화의 흐름과 함께하려는 영적 스타일을 만들어내고 있다. 인간은 자신의 힘을 뛰어넘어 조정해 가는 죄책감, 부끄러움, 학대와 같은 모든 것으로부터 자유롭게 되려고 한다. 다른 진영에서는 그의 삶의 영역 위에 존재하는 신비를 간직하기 위해 그가 행하려고 하는 것을 견고하게 통제 가운데 두려는 형식을 취한다. 이 진영에 서 있는 사람은 자신을 세상과 반대쪽에 서 있는 존재로 여기며, 유혹을 피하기 위해 정기적인 성경 읽기와 기도생활과 같은 개인적 훈련에 강조를 둔다(121-22). 이러한 네 측면을 루프가 분석한 것과 같이 영적인 스타일에 있어서 위험은 양극단에 모두 존재한다 - 첫 번째 진영에서는 도덕적, 영적 중요성과 상관없는 흐름을 따라가고 있다면, 다른 진영에서는 세상과는 반대의 입장을 취하는데 그 가운데 있는 사람과 이어지기 위해 문화로부터 너무 우리를 분리시키는 경향을 취한다.

이러한 네 종류의 갈림은 모두 문화의 한중간에서 객관적이신 절대자 하나님에 대한 신앙으로부터 벗어나려는 현대 문화의 한복판에서 교회가 어떻게 하나님을 예배의 주체와 대상이 되시도록 가장 충실하게 할 수 있을지에 대한 질문을 제시한다. 루프가 인식한 대로 그 질문은 아주 중요하다. 왜냐하면 그의 리서치 그룹이 인터뷰를 했던 베이비부머들 중 "실질적으로는 모두"가 "교리나 교회적인 관점에서 종교를 보는 사람은 아주 적었고 많은 사람들이 개인적인 의미의 관점에서 판단하고 있었으며 모호하거나 일반화된 도덕적 관점에서 보는 사람은 일부 있었다." 본인도 죽은 교리나 편협한 교단주의를 증진하려는 것이 아니다. "무엇을 믿느냐, 혹은 어떤 종교를 따르느냐가 아니라 어떻게 살고 있느냐"(186)와 관련된 태도는 전적으로 기독교가 객관적인 언어로 당신을 드러내시는 은혜의 하나님을 믿고 그분께 응답하는 것을 의미하는 관점을 놓치고 있다. 우리가 믿는 것은 어떻게 우리가 응답을 해야 할지를 결정짓는 데 있어서 필수적이다.

객관적 신앙에 대해 이 책에서 이야기를 할 때 나는 단지 차가운 지적인 지식만을 의미하지 않았다는 점을 여기에서 좀 더 설명하고자 한다. 하나님의 말씀은 그 자체로 사람들의 응답을 이끌어내고 마음과 뜻을 움직이는 힘을 가지고 있다. 초기 루터교 신학자였던 필립 멜란히톤은 복음은 "인식적(cognitive)이면서 정서적인(affective) 요소를 함께 지닌, 서로 구분되면서도 함께 연결되어 있는" 믿음으로 우리를 이끌어간다고 했다. "이러한 요소들은 '노티티아'(notitia), '지식'과 '피두키아'(fiducia), '신뢰'의 의미를 포함한다. 그리스도를 아는 것은 하나님의 '약속'과 연결되어 있으며, 그 약속은 '은혜'(benefit) 안에서 특별한 것이 된다. 하나님에 대한 지식은 그것과 함께 약속과 은혜가 주는

'주관적' 효과가 있기 때문에 그것은 '확실한'(assured) 지식이다.[13] 이러한 지식과 다른 차원을 강조하기 위하여 '객관적'이라는 단어를 사용하였다. 우리가 그것을 제조하는 것이 아니라 그것은 우리에게 주어지는 것이다. 그것은 선포된 진리이다.

데이빗 웰즈가 선언한 것처럼 "성경적인 믿음은 진리에 관한 믿음이다." 하나님께서 자신을 드러내시고 성경에서 자신의 역사(役事)를 서술하신 이래 "그것은 우리가 하나님으로부터 보다 잘 들을 수 있는 (우리의 경험을 통하여) 방식을 찾았고, 하나님의 실재를 찾을 수 있는 보다 좋은 길을 찾았다고 (자아 안에 그것을 세워감을 통해서) 말하는 것은 아주 주제넘는 말이다.[14] 그는 사고방식 사이에 존재하는 차이를 다음과 같이 요약한다.

> 기독교 정신은 그 점에서 유일하고 진실한 수단으로 삶의 의미에 관한 하나님의 선언을 수용한다. 그러나 현대의 정신은 종교적 상상력에 의해 가공된 허구로 생각하여 그러한 계시를 거부한다. 오늘날, 실재는 극히 사유화되고 상대화되면서 진리는 그것이 각 사람에게 의미하는 것이라는 관점에서 이해된다. 실용적인 문화는 '진리'를 어떤 사람에게든 작동하는 것으로 보게 될 것이다. 그러한 문화는 기독교가 진리라는 말은 기독교만이 생명의 길이라는 말로 어떤 사람에게는 진리로 받아들여지겠지만 어떤 사람에게는 그러한 생명의 다른 길은 그렇지 않다는 의미로

---

13 Michael Aune, "*Lutheran Book of Worship: Relic or Resource?*" Dialog 33, no. 3 (Summer 1994): 177.

14 David F. Wells, *No Place for Truth* (Grand Rapids: William B. Eerdmans, 1993), 184.

그 진술을 해석하게 될 것이다.

웰즈는 이러한 상대화된 진리의 개념을 다른 신과 종교에 대면했던 엘리야와 선지자들, 예수님, 그리고 아레오바고 언덕에 서 있던 바울의 태도와 비교한다. 그리고 "우리가 자주 그렇게 하지 않는 방식으로 진리를 믿는 이유는 그들의 교구제도나 우리의 상대적인 지적 교양과는 할 수 있는 것이 없으며 진리가 가지는 객관성과 그 이해의 상실과는 행할 수 있기 때문이다."[15]

객관적 진리에 대한 인식을 상실해 가는 문화의 한복판에서 교회는 객관적으로 알려질 수 있는 하나님을 예배한다. 우리 예배의 주체가 되시는 하나님은 그의 계시를 통해 우리를 그분에게로 인도하신다. 우리는 우리의 찬양이라는 선물을 가지고 우리가 알고 있는 유일하신 하나님께 응답한다.

- **진정한 찬양**

"하나님께 찬양을 분명하게 올려드리기"라는 주제로 열린 세미나에 주강사로 초청되어 강의를 했던 세인트폴의 루터신학대학원의 제임스 네스티겐(James Nestigen)은 찬양에 대한 성경적 정의가 무엇인지를 일깨워 주었다. "오 주여 우리의 입술을 열어 주소서"라는 예전 찬양과 "내 입술로 주님을 찬양하며"라는 응답송에 기초하여 그는 진정한 찬양은 하나님께서 우리의 입술을 열어 주실 때 오직 앞으로 나아

---

15 위의 책, 280.

가는 것으로 설명한다. 시편 51편 15절을 중심으로 하고 있는 이 찬양은 우리 예배의 주체와 대상이 되시는 하나님의 상호관계를 강조한다. 왜냐하면 그분의 임재는 그의 영광을 선포하도록 우리의 입술을 열어주기 때문이다. 우리가 그분을 먼저 뵙고, 알고, 우리의 삶 가운데서 그분이 하나님이 되심이 없이는 우리 찬양의 대상이 되시는 하나님께 우리는 응답할 수 없다. 네스티겐은 "오늘날 종종 수다(schmooze)로부터 찬양을 구분하기가 쉽지 않다"고 이의를 제기하면서 진정한 찬양은 하나님께서 우리를 위한 하나님이 되실 때 일어나는 것이라고 주장한다. 그러므로 우리는 외쳐야 한다. "우리에게 하나님이 되시옵소서." "주님의 말씀을 크게 우리에게 들려주옵소서. 그래서 우리가 다른 것이 들려오지 않게 하소서."16

교회들이 계속해서 하나님을 찬양하기 위해 신선한 찬양 가사와 음악을 사용할 수 있게 되기를 희망한다. 그러나 너무 많은 새로운 찬양 곡들이 하나님에 대한 우리의 인식과 지식, 경배의 마음을 무기력하게 (dumb down) 만들지 않을까 염려가 된다. 그러한 무기력의 주요 원인은 현대인들은 찬양과 내가 "행복해지는 것"을 혼동하고 있다는 데서 기인한다. 어떤 예배 기획자들과 참여자들은 하나님을 찬양하는 것은 단지 기쁨을 주는(upbeat) 찬양을 노래하는 것이라고 생각한다. 결과적으로 '찬양'이라고 불리는 많은 노래들이 하나님의 품성보다는 성도들의 느낌을 실제로는 더 많이 묘사한다. 극단적으로 좋은 느낌(good

---

16 1994년 5월 14일, 제임스 네스티겐(James Nestigen)이 미국 복음주의 루터교회(ELCA) 사우스웨스트 워싱턴 대회 총회(Southwest Washington Synod Assembly)에서 행한 주제 강의에서 인용하였다.

feeling)에 초점을 맞추는 것은 복음의 진리를 "건강, 부, 승리"의 치료법으로 왜곡하게 된다. 그것이 새로운 우상숭배이기 때문에 이것을 인식해야 한다. 행복에 중점을 두는 것은 세상이 그리스도의 영광을 통해서가 아니라 그리스도에 대한 회상과 하나님의 백성들의 고난을 통해서 구속함을 입는다는 사실을 잊어버리도록 만든다.

린더 켁이 아주 강력하게 우리에게 상기시키는 것과 같이 하나님께 드리는 진정한 찬양은 그것이 진리에 바탕을 두고 있는가에 달려 있다. 찬양은 단지 감사의 태도나 마음의 편안함을 느끼는 감정, 혹은 기쁨의 태도만은 아니다. 대신에 그것은 최상의 속성과 행위에 감사를 표현하는 것이다. 찬양은 우리 자신의 갈망이나 소원을 표현하는 것이 아니라 우리에게 주어진 무엇에 응답하는 것이다.[17] 이와 같이 찬양은 성공적으로 "대안적인 일시적 충동(impulse), 태도, 생각의 습관과 싸워야 한다. 그래서 오직 하나님을 찬양하는 것이 우리 안에 깃들어 있는 세속성으로부터 우리를 해방시킬 수 있다." 결과적으로 창조주를 찬양하는 것은 "훈련, 즉 우리의 삶의 형성에서 규범적 요소"로 인식되어야 한다. 만약 그렇지 않으면 그것에 대해 "지속되어야 할 도전, 우리가 실재와 관련하여 취하여야 할 것으로부터 벗어남"이 될 수 있다(29). 진정한 찬양은 우리의 행복감이나 우리 자신을 위해서가 아니라 진실로 거기 있어야 하는 하나님 안에 존재하는 우리의 특성에 집중하면서 우리의 세속성과 우상숭배, 나르시시즘에 대해 도전해야 한다(30).

우리의 예배 가운데서 반드시 "벗어나야 할 것" – 무엇보다도 우리

---

17 Leander Keck, *The Church Confident*, 27.

스스로 좋다는 느낌을 갖는 것 - 에 강조점을 두는 것은 인간 중심의 실용주의를 하나님 중심의 찬양으로 바꾸어 놓게 된다(34). 하나님을 예배하는 최종적인 목적인 한 "예배를 유용하게 만드는 것은 그 자체를 파괴한다. 왜냐하면 이것은 찬양 가운데 숨어 있는 동기를 끌어내기 때문이다. 그리고 숨어 있는 동기는 교묘한 조작(manipulation)을 뜻하는데 관계를 다루면서 창조주와 피조물의 관계를 전복시키게 된다(35).

만족감을 강화하기 위해 예배 음악을 보다 빠른 음악으로 만들려고 하기 전에 교회는 새로운 찬양을 올려드리려고 해야 하는데, 그것은 하나님에 대한 신선한 이해를 가질 때 비로소 가능해진다(40). 우리는 새로운 비전이 결핍되어 있기 때문에 현대인들에게 하나님을 소개하려고 하는 대신에 우리가 사람들을 즐겁게 해야 한다는 그런 빈약한 부적절함 가운데서 현대 우상숭배를 하나님의 자리에 두면서 그 의미를 축소시켰다. 켁은 그러한 결과를 다음과 같이 비판한다.

> 우리는 풍선을 불고, 통로에 서서 춤을 추며, 배너를 앞세우며 행진을 해 왔다. 토마스 아퀴나스와 같이 신학적 내용을 탁아소의 리듬 음악으로 만들면서 재즈로 바꾸었고 민요곡을 불렀다. 그러나 그것은 일을 보다 생기 있게 만들기에 충분하지 않으며 우리의 열망과 의제를 노래하는 것으로 바꾸어 버렸다. 그보다 훨씬 더한 것을 행할 수 있고 그리해야 한다. 왜냐하면 그리스도 안에서 실제화되고 복음 안에서 증명된 하나님의 진리는 하나님에 대한 올바른 찬양이 나오게 만들 때 기독교 예배는 세속주의에 대한 대안으로 굳게 서게 되는데, 그렇지 않으면 그 세속주의가 예배가 주는 약속으로부터 우리를 미혹하여 멀어지게 만든다(42).

우리가 '즐거움을 추구하는'(upbeat) 노래로 사용하는 '찬양'은 예배자들에게 극도로 파괴적일 수 있다. 왜냐하면 그것은 하나님, 하나님의 숨어 계심, 그리고 수많은 그리스도인들이 어려움의 시간에 경험하게 되는 하나님께로부터 버림을 받았다는 느낌 등의 의심의 실재 자체를 부인하기 때문이다. 오직 행복한 찬양에만 집중되어 있는 예배를 드렸던 사람들은 예배가 끝난 다음에 자기와는 전혀 맞지 않는다는 부적절함의 감정에 크게 사로잡혀 예배당을 나섰던 경험을 이야기하는 많은 사람과 상담을 한 적이 있다. 그들은 이렇게 말했다. "왜 내가 그렇게 실망감에 사로잡혀야 하는 것입니까? 하나님을 찬양해야 한다는 것을 나도 압니다. 그러나 그렇게 할 수가 없었습니다." 그것은 예배가 그들의 죄책감, 의심과 두려움, 위선적이라는 생각, 죄의식 등을 전혀 다루지 않기 때문이다. 많은 사람들은 그들의 믿음에 대해 의심하였다. 왜냐하면 그들은 다른 예배자들처럼 결코 행복하지 않았기 때문이다. 자신의 삶이 비틀거림 가운데 있다면 그들은 그런 오락적인 찬양 가운데로 들어가지 못할 것이다. 하나님에 대한 우리의 관계의 한 측면만을 가르치는 예배가 자신에게 적절하지 않다고 느끼는 대신에 그들은 적응력이 모자라는 자신의 믿음에 대해 자신을 비난할 것이다.

웰빙으로서의 방침과 삶의 붕괴로서의 방향감각 상실의 범주를 설명하면서 월터 브루그만은 행복과 오락성을 제공하는 예배에 대한 현대의 강조에 대해 날카로운 비판을 제시한다.

교회의 이러한 행동은 믿음에 의해서 인도되는 복음적 저항이 약화되며 겁을 먹고 마비되어 거부하지 못하게 되며 삶의 방향감각 상실을 인식하고 혹은 경험하기를 원하지 않는 기만 가운데 서게 된다는 것이 나의 판단이다. 방향감각에 대한 가차 없는 주장의 이유는 믿음에 의해 오는 것이 아니라 우리 문화가 바라고 있는 낙관주의로부터 오는 것 같다. 그러한 거부와 은닉은 그 실체를 드러내려고 하는데, 열정적인 성경 애독자들에게도 괴상한 경향이 되고 있다. 많은 시편은 세상에서 경험하는 모순(incoherence)에 대해 탄식, 항의, 불평의 노래를 제시한다. 결국 이러한 생생한 현실에 직면하여 "해피 송"을 계속 부르고 있는 교회는 지금 성경 그 자체가 하고 있는 것과 아주 다른 무엇을 하고 있다.[18]

브루그만은 하나님을 찬양하는 노래가 삶의 모진 실제와 그 가운데 함께하시는 하나님의 임재를 외면한다면 실제로는 교회가 예배 참여자들을 구박하고 있는 것이라고 비평한다. 오직 즐겁게 되기만 원한다면 비성경적으로 되는 것이다. 포스트모던주의자들의 도피주의 영향으로 그것은 세상의 거대한 고통을 무시하는 행위가 되었다.

많은 새로운 찬양 가사가 깊이가 얕다는 문제점은 예배 가운데 희망에 의거한(wishful) 낙관주의와 밀접하게 관련되어 있다. 떼제 공동체의 부드러운 합창 가운데서 보는 것과 같이 오직 하나님의 한 가지 속성만 계속해서 반복하는 찬양은 그것에 대한 보다 심오한 숙고를 할 수 있도록 인도한다. 그러나 끝없는 반복은 무한하신 하나님의 새로운 속성을 드러내는 신선한 이미지를 만들어내는 데는 실패하면서 지루해질 수 있는 가능성도 있고, 성경과 교회의 전통 가운데서 찾을 수 있는 이미

---

18 Walter Brueggemann, *The Message of the Psalms: A Theological Commentary*, Augsburg Old Testament Studies (Minneapolis: Augsburg, 1984), 51~52.

지의 복합성을 주제넘게 거부하는 것이 될 수도 있다. 오직 하나님께서 우리를 사랑하신다는 사실을 반복해서 노래하는 것은 하나님의 분노하심에 대한 진리를 놓칠 수 있고, 하나님의 정의의 관점에서 우리의 회개의 필요성을 놓칠 수 있으며, 깨어지고 죄악으로 가득한 세상의 혼동에 대한 답으로서 찾게 되는 하나님의 자비와 진리에 대해서도 놓칠 수 있게 된다. 더욱이 하나님의 사랑에 대한 마음이 담기지 않은 후렴의 반복은 그 사랑이 어떻게 우리에게 나타났으며, 우리가 그것을 어떻게 깨달아 알게 되었는지를 말해 주는 어떤 이미지와 같은 정성과 정교함(elaboration)도 담고 있지 않다.

예배 가운데서 이러한 편협한 조망은 역시 목회자의 설교에서도 나타나는데, 만약 그의 설교가 오직 한 본문에만 기초를 둔다면 그런 일들이 동일하게 일어날 것이다. 만약 우리가 성경의 다양한 문학 양식, 즉 하나님에 대한 다양한 묘사에 대해 주의를 기울이지 않는다면 "하나님에 대한 완전한 권고"(the whole counsel of God)를 놓치게 된다. 예배는 하나님의 무한하신 속성 – 하나님의 위엄, 친밀함, 분노, 은혜, 비밀, 모호함, 사랑, 미워하시는 것, 자비, 창조성, 거룩성, 권세, 고난, 편재, 초월, 미, 영광, 신비 등에 적절하게 초점을 맞추면서 – 이 조화롭게 제시되는 것을 요구한다.

예전적 예배를 드리는 교회에서 사용하는 정해진 성서정과(pericopes)는 하나님의 무한하심에 대해 우리가 숙고함에 있어서 그러한 다양성으로 우리를 인도해 준다. 그러나 종종 그것도 성경의 많은 부분을 생략하기도 하고 성경의 믿기 어려운 정도의 부분을 뛰어넘기도 한다. 역시 그렇게 정해진 본문들은 당시의 중요한 이슈를 다루기 위해 바뀌기도 한다. 그러나 그러한 때에도 그 이슈가 중심이 되어서는 안 되며 오히려 초점은 그러한 이슈와 관련하여 하나님이 어떤 분인지에 맞추어져야 한다. 설교의 전체 관점은 우리의 찬양의 주체와 대상이 되시는 하나님께로 나아가게 하는 것이 되어야 한다.

하나님에 대한 진정한 찬양은 우리의 감정과 필요를 포함하는데 우리 자신에게 초점을 맞춤으로서가 아니라 하나님의 진리와 그분의 속성과 우리를 위해서 행하시는 하나님의 역사를 선포함을 통해 그리 되어야 한다. 켁은 주요 교단 교회에서 예배자들이 매일 매일 증언되는 "하나님의 위대하심, 심판과 자비, 자유와 완전하심"을 거의 듣지 못한다는 점을 지적한다. "하나님에 대한 암시는 주장과 선포를 대신했다"(39). 우리가 하나님이 진실로 존재하는 분으로 알 때 우리는 진정으로 우리 자신을 알 수 있다 – 그때 우리는 찬양의 드림으로 응답할 수 있다.

- **회개와 탄식**

종종 하나님께서 그분의 진리 안에서 자신을 드러내실 때 우리의 응답은 이사야가 올려드렸던 것과 같을 수밖에 없다. "화로다 나여 망하게 되었도다"(6:5. 마틴 루터는 이것을 "내가 절멸되게 되었나이다"라고 번역한다). 우리의 예배 가운데서 거룩하신 분을 대면하면 할수록 우리는 우리의 전적인 죄성과 마주하게 되며 회개로 나아가게 될 것이다. 이것은 우리가 올려드리는 찬양의 필수적인 부분이다.

"벌레 같은 날 위하여"와 같은 찬양 가사를 목회자 몇 명이 비난하는 이야기를 들은 적이 있다. 나는 진심으로 동의하지 않는다(그리고 정말 그러고 싶지 않다). 나는 한 마리의 벌레와 같은 존재라는 것을 알 필요가 있다. 그렇지 않으면 도무지 믿을 수 없는 자유와 용서의 큰 기쁨을 경험할 수 없을 것이다. 자존감(self-esteem)을 강조하는 우리의 문화는 우리를 혼란스럽게 만든다. 우리 자신에 대한 바른 인식은 자기애를 위해 우리의 절망적인 필요를 따라 주어진 하나님의 무한하신 은혜의 변증법적인 상호작용과 함께 시작된다는 것을 우리는 잊고 있다. 그 때 가장 진실하고 고귀한 자존감을 위해 진정한 자유를 제공해 주신다.

시간, 침묵, 하나님을 향한 진정한 찬양 안에서 회개로 나아갈 수 있게 하는 말씀 등은 예배 가운데 주어지는 최고의 선물이다. 모든 하나님의 품성을 둘러싼 찬양은 우리가 깨어지고, 반역과 우상숭배에 빠져 있었다는 사실에 직면하고 인식한 것 안에서 주어지는 안전함을 제공해 준다. 이것은 하나님께서 우리의 찬양의 주체와 대상이 되시지 않으면 불가능한 일이다. 우리가 우리 자신에게 초점을 맞춘다면 우리는 우리의 부족함과 소외를 드러내는 하나님의 진리를 충분히 받아들일 수 없게 된다.

우크라이나의 그리스도인들과 함께 예배를 드린 후에 헨리 나우웬은 동방정교회의 영성이 간직하고 있는 현저한 회개의 본질과 인간의 죄성에 대한 깊은 인식에 대해 주목한다. 그는 감탄하면서 다음과 같이 외친다. "이러한 영적 비전에 대해 놀라운 아름다움이 있습니다. 왜냐하면 그것은 인간의 타락에 대면하면서 하나님의 엄위와 은혜를 보여줄 수 있기 때문입니다." 서구의 교회는 동방의 자매와 형제들로부터 배워야 할 많은 것이 있습니다. 왜냐하면 "인간의 죄성에 대한 인식은 서구에는 거의 실재하지 않기 때문입니다."[19] 나의 논점은 우리 자신이 더 좋게 느끼려는 잘못된 시도 가운데서 하나님의 진리를 무기력하게 만들고 있기 때문에 그러한 인식이 부족하다는 것이다. 우리는 우리의 죄를 고백하면서 원기를 북돋아 주는 자유와 용서에 대한 기쁨 가득한 아름다움을 경험하기 위해서 필요한 하나님에 대한 – 특별히 그의 사랑의 중간에 그의 진노에 대한 진리에 대해 – 충분한 지식을 가지고 있지 않다.

유사하게 우리가 탄식하기 위해 하나님에 대해 충분함을 가지고 있어야 한다. 오늘의 우리가 사는 세계에는 미국의 문화적 낙관주의에도 불구하고 우리는 외로움, 실직, 폭력, 온 세계에 만연해 있는 정치적, 경제적 혼돈, 가정 파괴, 깨어짐, 그리고 고통, 포스트모던 사회의 파편화 등의 실재에 직면해 있는 우리 자신을 발견하게 된다. 하나님을 우리 예배의 주체와 객체로 모시는 것은 어두움에 대해 탄식하고 불평함으로써 그것을 다룰 수 있게 해 준다. 시편은 우리에게 간구, 불평, 청원, 심지어는 대적들에 대한 저주(imprecation)까지 하나님께 아뢰는 것에서 놀라운 찬양의 성과로 옮겨갈 수 있는 놀라운 도구를 제공한다. 이 모든 것을 통하여 하나님의 임재는 하나님께서는 우리의 간구를 들으셨고 그 상황이 변화될 것임을 – 우리 안에서, 그리고 우리를 통해 세계 가운데서 – 확신시킨다.

예배 가운데서 우리가 온전하신 하나님을 만나게 될 때 우리의 긴급한 절망적 상황은 감사와 웰빙의 느낌으로 바뀔 수 있다. 월터 브루그

---

19 Henri J. M. Nouwen, "The Gulf Between East and West," *New Oxford Review*, 61, no. 4 (May 1994): 12.

만은 진정한 찬양에 대해 설명을 하면서 이스라엘의 예배를 통하여 탄식의 필요성을 가르쳐 줄 뿐만 아니라 왜 현대의 회중이 그것을 무시하는지의 이유도 가르쳐 준다.

이러한 "흑암의 시편들"(psalms of darkness)의 사용은 세상에 의해서 판단될 수 있는데, 세상에게 그것은 '불신앙과 실패'의 법령이 되게 한다. 그러나 믿음의 공동체에는 그것이 비록 변형된 믿음이기는 하지만 '담대한 믿음의 행위'가 된다. 세상은 짐짓 꾸며진 상태로가 아니라 실제로 있는 그대로를 경험해야 한다고 주장하기 때문에 한편으로 그것은 담대한 믿음의 행위가 된다. 다른 한편으로 그런 모든 혼란의 경험은 하나님과의 강화에 대한 적당한 주제가 될 수 있다고 주장하기 때문에 그것은 담대함을 가진다. 규칙을 넘어서는 것은 아무것도 없으며, 미리 배제되거나 적당하지 않은 것도 없다. 모든 것은 이러한 마음의 대화에 다 적당하게 속해 있다. 그러한 대화로부터 삶의 어떤 부분을 철수하는 것은 실제로는 하나님의 전능하심으로부터 철수하는 것이다. 이와 같이 이러한 시편은 중요한 연결을 지어준다. 모든 것은 '고백되어야 하며' 또한 그 고백되는 모든 것은 모든 삶의 최종적 관계(reference)가 되시는 '하나님께 아뢰는' 것이 되어야 한다….

교회가 이러한 시편들을 직관적으로 회피해 왔다는 것은 이상한 일이 아니다. 그것들은 삶이 진정 어떠해야 하는지에 대한 위험한 인식으로 우리를 인도한다. 그것들은 모든 것이 친절하거나 정중하지만은 않은 하나님의 임재 가운데로 우리를 인도한다. 그것들은 생각할 수 없는 것을 생각하도록 만들며, 말할 수 없는 말을 말하게 만든다. 최악의 경우 모든 것을 조종할 수 있고 통제할 수 있다고 생각하는 '모더니티'의 안락한 종교적 요구로부터 벗어나도록 만들기도 한다. 우리의 모던 경험, 아마도 모든 것이 성공적이고 풍요로운 문화 속에서 충분한 권력과 지식은 두려움을 길들일 수 있고 어두움을 제거할 수 있다고 확신한다. … 그러나 그것이 개인적이든, 혹은 공적이든지 간에 우리의 가장 솔직한 경험은 우리가 그렇게 하려고 해도 어둠은 회복력(resilience)이 있음을 입증한다. 이스라엘과 관련하여 현저한 일은 그들의 종교적 활동에서 어두움을 추방하거나 거부하지 않았다는 점이다. 그들은 새로운 삶을 위해 반드시 필요한 재료로 어두움을 포용해 왔다. 실로 이스라엘은 새로운 삶을 어디에서도 찾을 수 없다는 사실을 알고 있었던 것 같다.[20]

브루그만에게서 길게 인용한 것은 그가 현대 예배의 경향 가운데 존재하는 피상적인 두려움을 정확하게 드러내고 있기 때문이다. 우리 하나님을 하나님되게 하지 않기 때문에 삶의 어두움을 피하려고 한다. 우리 자신이 그 어두움을 통제하려고 하거나 우리 예배는 하나님의 전능하신 통제하심을 선포하지 않기 때문에 그것을 무시해야만 한다.

본인은 나 자신이 죄인의 괴수라는 생각으로부터 이것을 쓰고 있다. 지난 몇 년 동안 나에게는 건강의 어려움-손과 다리를 절게 되고 청력과 시력이 약화되었으며 아물지 않은 상처를 자주 입었으며 장 기능 저하, 면역체계 약화, 신경계 악화, 암 등-이 계속해서 이어졌다. 그 어두움 가운데서 충분히 운동하고 몸을 잘 돌보면 그것을 관리하고

---

[20] Brueggemann, *The Message of the Psalms*, 51~53.

조절할 수 있을 것이라고 쉽게 생각하면서 그렇게 했다. 그러나 어두움이 나를 다시 내려덮었을 때 그것을 조절하려고 했던 나의 모든 노력이 공적 예배에는 참석을 못하고 혼자서 예배를 드리게 만들었으며, 하나님을 너무 작은 분으로 만들고 있음을 깨닫게 되었다. 나의 죄성을 보여주시고 회개와 용서의 가능성을 제시해 주시는 거룩하시고 자비로우신 하나님께로 나를 이끄는 공적 예배가 필요했다. 나로 하여금 탄식하게 만들고 돌보시는 하나님의 임재를 발견하게 해 주는 예배가 필요했다. 그들의 삶 속에서 하나님이 하나님되어 주시길 요청하고 그래서 하나님의 능력과 신실하심, 그리고 은혜로우신 치유하심을 선포하는 사람들의 공동체(assembly)가 필요했다.

고통과 혼동의 한가운데서 하나님을 찬양하는 것은 켁의 용어로 한다면 궁극적인 '그럼에도 불구하고'(nevertheless)를 선언하는 것이다. 명백하게 반대되는 증거로 가득한 상황에도 불구하고 은혜로우신 하나님을 향한 믿음을 고수하는 것이다.

- 예배 스타일

하나님이 우리 예배의 주체와 대상이 되어야 한다는 것에 동의하게 될 때 '전통적' 스타일과 '현대적' 스타일 사이에 존재하는 신랄한 전쟁은 진정한 이슈를 놓치고 있다는 사실을 발견하게 된다. 양 진영은 쉽게 맹목적인 숭배에 빠질 수 있음을 알 수 있다. 전통적 예배를 옹호하는 많은 사람들은 자부심을 가지고 교회의 역사적인 예배가 그것을 바로 행할 수 있는 유일한 방식이라고 주장한다. 반대 진영에서는 현대적 예배 스타일이 하나님을 조정하려고 들고, 그들 자신의 노력을 통해 사람들을 개종시키려고 한다. 자부심이나 추정(presumption)에는 찬양이 전혀 깃들어 있을 수 없다. 양 진영은 하나님이 우리 예배의 주체와 대상이 되지 못하도록 방해한다.

열정적으로 현대적 예배를 주장하는 사람들은 우리를 둘러싸고 있는 문화 가운데서 살고 있는 사람들에게 어떻게 하면 다가갈 수 있을 것인가를 추구하고, 오늘의 시대에서는 진부하게 되어버린 전통을 거부한다는 점에서는 옳다. 교회의 예배 유산을 가치 있게 여기는 사람들은 많은 현대적 예배의 형식에 있어서 신실성과 통전성에 대해 의문을 제기한다는 점에서와 교회가 세상의 문화에 대해서 저항하는 부분에 강조를 두는 예배에는 현저한 차이가 있다는 점에 주의를 기울이며 그것을 추구한다는 점에서 옳다. 오직 전통과 개혁이라는 변증법적 긴장관계 가운데서 우리는 예배가 성경과 예수 그리스도 안에서 계시된 하나님의 본성과 조화가 되어야 한다는 점을 확실히 해야 한다는 보다 좋은 의제를 물을 수 있다.

예배 스타일에 대한 논쟁은 우리를 둘러싸고 있는 문화의 흐름에 다가갈 수 있어야 한다는 바람 가운데서 예배는 그러한 사회에 의미가 있는 것이 되어야 한다는 사실을 교회가 추구하기 때문에 흔히 제기된다. 그러나 개디는 이러한 접근은 잘못된 질문을 던지는 것이라고 주장한다.

어떻게 예배를 의미 있게 만들 수 있을 것인지에 대한 주제로 강의를 해 달라는 부탁과 집필을 해달라는 부탁을 종종 받곤 한다. 그러한 요청 배후에 포함되어 있는 억측이 나를 힘들게 한다. 첫째로는 일반적으로 예배는 흥미가 없는 것이라는 확신이 담겨 있기 때문이다. 둘째는 예배는 인간의 재간과 창의력에 의해 얼마든지 흥미 있게 만들 수 있다는 암시가 담겨 있기 때문이다. 이 두 가지 생각은 그것이 일반화될수록 잘못될 수 있다. 의미 있는 예배(meaningful worship)라는 주제로 강의하는 것을 언제나 좋아한다. 그러나 예배는 의미 있는 것이라는 가정과 함께 논의를 해야 한다. 의미 있는 예배를 탐구하는 것은 예배를 고찰하는 것이다. 그들이 의미를 느끼지 못하기 때문에 불평하며 예배는 이러하여야 한다고 주장하는 공동의 경험은 잘못된 것이다. 진정한 예배(authentic worship)는 언제나 의미 있는 예배이다.

예배의 의미 탐구는 어떻게 성실하게 예배하려고 할지를 발견하게 될 때 가장 잘 이루어질 수 있다. 진정한 예배의 본질을 결정하는 것은 인간이 예배에 새로움(novelty)을 가져올 수 있을지를 탐구하는 것보다 더 중요하다.[21]

여기에서 개디는 참된 예배를 위해 필요한 것에 깊이 천착하면서 여러 원리를 개략적으로 진술하고 있다. 의미에 대한 관심은 이러한 원리에 대한 깊은 탐구와 함께 시작한다면 유효할 것이라고 그는 주장한다. 예배는 하나님께 집중되어야 하며, 그리스도께 영광을 올려드려야 하고, 사람들과 관련이 있어야 하며, 경배를 올려드리는 것이 되어야 하며, 성경의 진리를 증거하는 것이 되어야 하며, 믿음을 고양시키는 것이 되어야 하고, 구원의 약속을 전하여야 하며, 성육신의 신비를 드러

21　Gaddy, *The Gift of Worship*, 200.

내야 하며, 교회를 세우고, 비전을 스며들게 해야 하며, 예물을 드리는 것이며, 성도의 교제를 육성하는 것이 되어야 하며, '아멘'을 불러일으키는 것이 되어야 한다(200-20). 의미 있는 예배는 하나님께 집중되어야 하고 경배를 올려드리는 것이 되어야 한다는 개디의 이러한 주장이 진실이라는 점을 여기에서 많이 살펴보았지만 우리는 이 책의 다음 몇 장에서 이러한 많은 원리들을 탐구할 것이다.

예배 스타일은 중심적인 이슈가 되어왔지만 실제로는 결코 그렇지 않다. 전통적이어야 하느냐, 현대적이어야 하느냐에 대한 논쟁에 사로잡히는 대신에 우리는 언제나 그 스타일이 하나님의 임재와 자기 주심을 진정으로 잘 전달하는지를 물어야 한다. 가톨릭 계통 학교의 교목인 마이클 헌트(Michael Hunt)는 몇 년 동안 채플에 참석한 학생들을 대상으로 설문 조사를 하였는데 그들이 그 예배에 왜 참석했는지를 물었을 때 그들 대부분은 한 목소리로 '하나님' 때문이라고 답을 했다. 가톨릭교회는 "설교 주제를 복사해서 나눠 주지도 않고, 초청 설교자가 어떤 사람인지 그의 이력을 강조하지도 않는다." 또한 "찬양은 늘 부르던 일상적인 찬양이다." 그러나 거기에는 "예배의 요지에 대한 모호함은 거의 없다. 그것은 하나님이시다."[22]

- **우리는 어떤 하나님을 예배하는가?**

여기에서 우리가 주의해야 할 내용을 언급해야 할 것 같다. 왜냐하면 우리가 하나님을 예배의 주체와 대상으로 삼으려고 할 때 우리가

---

22 Michael J. Hunt, C.S.P., *College Catholics: A New Counter-Culture* (New York: Paulist Press, 1993), 34~35.

그리고 있는 하나님은 어떤 하나님인가를 주의깊게 생각하는 것은 아주 중요하기 때문이다. 아씨시의 프랜시스에 대한 영화인 "브라더 썬, 시스터 문"(Brother Sun, Sister Moon)[23]의 처음 부분의 생생한 장면은 그가 예수님께 나아오기 전에 주님의 십자가 형벌과 사제들이 덫에 걸려 있는 것을 어떻게 보고 있는지에 대해 잘 보여준다. 그는 하나님을 오직 잔인함과 오용하는 권력을 휘두르는 분으로 보고 있다. 하나님에 대한 그러한 이미지는 거기에 상응하는 응답으로 나아가게 된다. 예를 들어, 사회학적 연구는 하나님의 권위적인 엄격한 모습과 수직적인 권위만을 강조하는 보다 근본주의적 교회들에는 감추어진 많은 가정 내 가혹행위가 있다.

우리의 예배 행동은 어떤 하나님을 그리고 있는가? 하나님은 주로 심판을 통해서 보여지는가, 아니면 은혜 가운데 그려지는가? 아니면 통치하심을 통해서인가, 아니면 긍휼을 통해서인가? 예배자들이 예수님의 겸손과 종되심을 닮아 그분과 같이 되기를 바라는 마음으로, 삶의 모든 영역에서 기꺼이 자신을 드려 하나님과 이웃을 섬기게 하기 위해 그러한 예수님이 그려지고 있는가?

데이빗 웰즈는 "거룩하신 하나님에 대한 전통적인 비전"을 상실해 가고 있는 현대 교회에 대해 불평을 한다. 하나님의 거룩하심으로부터 결별하면서

> 은혜는 단지 공허한 수사가 되었고 현대적인 기교로 채색된 거룩한 창문

---

[23] 역주/ 13세기의 인물인 아씨시의 프랜시스의 청년 시절을 그린 영화로 1972년에 프랑코 제피렐리(Franco Zeffirelli) 감독이 만들었다.

이 되어가고 있는데, 죄인들이 그것을 통해 자신의 구원을 위해 필요한 것을 실행한다. … 우리의 복음은 수많은 대안적인 자기 도움 이론들로부터 구별되지 않는 것이 되었다. … 우리의 공적인 도덕성은 경쟁적이며 사적인 관심들 사이에서 거래되는 것들의 집합보다 별로 나아보이지 않는 것으로 축소되었다. … 우리의 예배는 단순한 재미를 추구하는 엔터테인먼트가 되었다.[24]

분명히 우리는 그러한 결별로 인해서 야기되는 파괴적인 결과들을 보고 있다.

다른 한편으로 경건은 은혜로우신 사랑이 함께 동반하는 변증법적 특성이 없이는 바로 그려질 수 없다. 사실 예배의 가장 큰 약점은 하나님의 품성에 담겨 있는 연속적인 변증법적 특징을 망각할 때 생겨난다. 사랑이 없는 경건은 두려움을 부추기며, 경건이 없는 사랑은 방탕으로 이어진다. 하나님의 편재성에 대한 인식이 없이 오직 하나님의 초월성에만 초점을 맞추는 예배는 금욕적이 되거나 접근할 수 없는 것이 된다. 하나님의 초월성에 대한 인식이 없이 하나님의 편재성만 강조하는 예배는 오늘의 삶의 상황과는 상관이 없는 안락함으로 이끌어가게 된다.

개디가 강조한 것처럼 "예배 안의 모든 말과 행동은 하나님께 올려드리는 드림뿐만 아니라 하나님에 대한 증언으로 구성된다. 하나님이 예배를 받으시는 방식은 하나님이 어떻게 인식되고 하나님의 거룩하심이 어떻게 높여지고 접근되느냐와 관련이 있는 메시지와 연결

---

24 Wells, *No Place for Truth*, 300.

이 된다." 그러므로 우리가 하나님께 드려야 할 것은 "우리가 드릴 수 있는 최고의 것, 하나님께서 받으실 만한 것, 하나님의 본성에 걸맞은 것"뿐만 아니라 다른 사람에게 하나님의 본성을 가장 정확하게 드러내는 것"이 되어야 한다. 만약 사람들이 진정으로 하나님을 높이지 않는 예배를 예배로 알고 있다면 그들은 하나님의 본성이 요구하는 숭상(reverence)을 이해하는 데 어려움이 있다. 한편 우리가 그러한 경배를 "열의 없이 올려드린다든지, 혹은 찬양이 그냥 일상적으로 드려진다든지," 우리의 죄의 고백과 믿음의 고백을 소홀히 하고 있다든지, 만약 그렇게 하고 있다면 "하나님은 그렇게 소중한 분이 아니다. 혹은 하나님은 예배의 온전성에는 별로 관심이 없는 분이다라는 메시지를 전하고 있는 것이다"(186).

하나님의 속성을 변증법적으로 묘사하는 예배, 하나님의 존재를 온전히 찬양하는 예배를 드릴 수 있는 가장 최고의 도움 가운데 하나는 예배력을 활용하는 방법이다.[25] 희망이 없는 상황에서 메시야가 오셔야 할 필요성에 대면하게 하는 참회의 절기인 대림절 기간으로부터 시작하여 하나님께서는 자비 가운데서, 시간을 넘어 전능하심 가운데서, 그리고 그리스도께서 다시 오실 것이라는 약속과 함께 하나님께서는 우리 가운데 강림하신다. 성탄절과 주현절 절기는 하나님의 은혜, 부드러움, 엄위를 전달한다. 사순절은 그리스도의 엄청난 희생을 통해 우리를 위한 하나님의 고통의 신실하심을 드러낸다. 부활절은 세상의 정사와

---

25 이것을 위해서는 White, "The Language of Time," *Introduction to Christian Worship*, 52~87과 James L. Brauer, "The Church Year," *Lutheran Worship: History and Practice*, ed. Fred L. Precht (St. Louis: Concordia Publishing House, 1993), 146~74 등을 참고하라.

권세를 향한 하나님의 권능과 승리를 드러낸다. 오순절은 우리 가운데서 역사하시는 하나님의 신비와 경이감을 가져다준다. 교회력의 절반에 해당하는 일반절기는 교회의 가르침과 삶의 단편들에 초점을 맞추는데 하나님의 속성과 행동의 다른 많은 부분을 경축한다.

교회력의 순서, 성경봉독과 설교, 예전적 응답과 예술, 찬양과 악기연주를 통해 하나님의 전 속성을 드러내는 일에 기여하게 된다. 교회의 음악의 유산은 큰 선물인데 수많은 뛰어난 작품들이 이러한 다른 절기에 해당하는 진리를 전달하기 위해 특별하게 작곡되었다. 교회는 하나님의 속성의 복합적인 측면을 보다 완전하게 드러낼 수 있는 새로운 작곡을 필요로 한다. 우리의 교회력의 유산은 작곡자들과 작사자들을 잘 인도해 왔다.

- 신비, 경외감, 경의

뛰어난 통찰력을 가지고 마틴 루터는 그의 십계명 해설을 늘 다음의 구절로 시작하였다. "우리는 … 하시는 하나님을 경외하고 사랑해야 합니다." 이 놀라운 구절은 인간의 하나님과의 관계가 가지는 양면성을 잘 설명해 주고 있다. 하나님으로부터의 소외, 우리가 하나님의 진노를 받을 수밖에 없는 존재라는 진솔한 인식은 하나님을 향하여 두려움을 가질 수밖에 없게 만든다. 그러나 즉각적으로 우리는 반대의 기둥을 보게 되는데, 하나님께서는 대신에 자비로우신 사랑으로 우리를 대하시고 그 사랑 가운데 응답하도록 우리를 부르신다. 우리는 그 변증법적인 양면성을 잃지 않아야 한다. 만약 우리가 하나님의 진노를 잊어버리게 되면 우리는 하나님의 은혜를 값싼 은혜로 바꾸게 된다. 하나님의 사랑하시는 자비가 없으면 은혜는 너무 값비싼 것이어서 우리로 너무 멀어지게 된다. 이 두 진영이 계속적으로 서로 당김을 통해서 우리는 하나님의 고통 가운데 우리에게 주어진 값을 헤아릴 수 없는 은혜를 이해할 수 있게 된다. 그러한 변증법적 긴장 가운데서 우리는 진정으로 하나님에 대한 진정한 "경외와 사랑"을 경험할 수 있게 된다. 그것은 경외감과 경이감 이상의 것이지만 공포심보다는 덜한 것이다. 그 때 우리는 그 자비 앞에서 부복하게 되며 하나님에 대한 우리의 관계를 경박하게 취급하지 않게 된다.

하나님의 위대하심, 충만하심, 신비에 대한 인식은 현대 예배에서 종종 실종되고 있다. 분명하게 시간의 흐름은 모든 예배의 분위기와 태도에 그 자리를 제공한다. 왜냐하면 하나님은 무한하시고 다양한 특성을 가지신 분이기 때문이다. 그러나 하나님의 놀라우심은 편안함 가운데서 반복적으로 삼키고 있는 것을 불편하게 했다. 교회뿐만 아니라 하나님 자신도 무기력하게 되고 너무 왜소하고 사소한 분으로 인식되고 있기 때문이다.

마틴 마티는 "Holy Ground, Sacred Sound"(거룩한 땅, 성스러운 소리)라는 강의에서 깊이 있게 이 주제에 대해 다루었다. 그는 우리가 '아주 친함'(chumminess)과 '수다스러움'(chattiness)을 통해 쉽사리 경이감을 상실하고 있다고 경고한다. 그는 마케팅에서 "성스러운 소리"의 감소에 대해서 비판한다. 루돌프 오토(Rudolf Ott)의 책, *The Idea of the Holy*(성스러움의 의미)[26]에 나오는 그의 경구, "두렵고 매혹적인 신

---

26 Rudolf Otto, *The Idea of the Holy*, trans. John W. Harvey (London: Oxford University Press, 1923), 12~40. (역주/ 이 책은 『성스러움의 의미』라는 제목으로 분도출판사에서 번역 출판되었다).

비"(mysterium tremendum et fascinans)를 언급하면서 마티는 성스러움에 대한 응답으로 여러 이미지를 제시하는데, 예를 들면 그것은 마치 쏟아지는 빛과 관련된다. 우리는 성스러움에 의해 눈이 멀어 있다. 간혹 천사들이 큰 소매로 빛을 가리고 있는 모습을 일반적으로 묘사한다. 그의 신발을 벗으면서 불타는 떨기나무 앞에서 모세는 거룩한 땅, 헤치고 나아가야 할 거룩함의 공간에 대한 의식의 필요성을 우리에게 보여준다. 심지어 고통스러운 순간에도 거룩한 공간을 찾았다. 마티는 거룩함의 의식을 전달할 성스러운 소리의 필요성을 강조하면서 "오르간이 일생의 생각을 담아낸 찬양을 방해하지 않게 해 주세요"라고 불평하는 사람을 꾸짖는다.

우리가 구원에 대해 저항하고 우리의 상호작용적인 인간의 노력이 없이 은혜를 전적으로 은혜가 되게 할 수 없기 때문에 하나님의 성육신과 인간적 속성보다 더한 것에 예배의 초점을 맞출 필요가 있다. 우리는 역시 하나님의 다른 모습을 인식해야 하며 그것을 위해 거룩한 자리와 성스러운 소리에 대한 감각을 요구한다. 그 타자는 우리에게 다른 목소리로 말씀한다 – 우리가 이미 알고 있는 존재로 두려움을 주는 것이 아니라 경외와 사랑의 변증법적 응답을 불러일으키는 타자로 다가온다.

이러한 이유 때문에 마티는 예배가 수요(market)에 의해서 결정되어질 수 없다고 주장한다. 물론 마케팅 접근은 많은 무리를 이끌어 올 수 있지만 "아직 중생하지 못한 사람에게 적용될 수 있을 뿐"이다. 그들에게 예배는 "미학과 왜 우리가 떨어야 하는지를 알지 못하는 사람들의 경험에 의해서 측정"된다.

2장에서 소개한 대로 우리가 누리고 있는 테크노폴리와 무제한적인 선택의 문화는 경이감을 거부한다. 왜냐하면 그것은 인간다움은 사라지고 우리의 자부심을 추방하기 때문이다. 개인을 찬양하는 사회에서 우리는 하나님께 우리를 몰아넣고, 비난을 받고 싶어 하지 않는다. 대신에 우리는 스스로의 통제 아래 살기를 원한다. 마티는 오르간 음악이 주는 선물들 가운데 하나가 우리 자신이 통제할 수 없게 하는 것이라고 제시한다. (내가 이해하기로는 오르간이 우리를 하나님의 임재 가운데로 안내하며 그것의 다양한 소리 - 장엄하고 신비하며 육중하며, 천상의 소리와 우렛소리같이 울리기도 하며, 목가적이며, 트럼펫의 연주와 묵상을 하게 하는 소리와 애조를 띤 소리와 환호에 찬 소리 - 를 통해 다양한 신의 속성을 인식할 수 있도록 이끌기 때문이다.) 교회의 오르간 레퍼토리는 하나님의 많은 속성의 측면들 - 주님의 수난에 두려움을 갖게 하며 부활의 영광과 고난 가운데서 무가치함, 기쁨의 환호 등 - 을 전달해 줄 수 있다. 분명히 경이감의 영역에 서 있게 하는 데에는 단일의 방식만 있는 것은 아니다. 마티가 강조하는 대로 "경이감을 갖는 것이 더 좋을 뿐이다."[27]

- **하나님을 위한 언어**

고등학교 1학년 영어 선생님과 생생하게 가졌던 토론을 기억한다. 왜냐하면 작문에 '두려운'(awful)이라는 단어 대신에 '경이감이 가득한'(awe-full)이라는 단어를 쓰기를 원하였기 때문이다. 그 대화는 내게 의미론을 소개해 주었고, 내가 믿는 진리를 전달하는 데 요구되는 정확한 언어를 사용하려는 평생의 추구를 시작하게 되었다. 그러나 하

27　Martin E. Marty, "Holy Ground Sacred Sound," 1993년 11월 14일에 오리건 주 포틀랜드의 시온 루터교회(Zion Lutheran Church)에서 있었던 강의 중에서 인용하였다.

나님의 이름을 명명하려는 과정은 그렇게 할 수 없다는 생각을 남겨 주었는데, 우리의 모든 단어는 하나님을 설명하기에 적당하지 않기 때문이다. "나는 나다"라고 말씀하신 위대하신 분의 뜻을 담은 경이를 어떻게 인간의 제한적인 언어로 담아낼 수 있을까?

'예배 전쟁'으로 표현되는 많은 논쟁은 하나님을 무엇으로 명명하는가와 관련하여 제기된다. 아마 그런 논쟁은 무엇보다도 종종 우리가 말하는 '하나님'이 어떤 분인지 – 그 하나님은 '경이감이 가득한'(awe-full) 분이다 – 에 대해 잊었기 때문에 불필요하게 길게 이어지고 있다.

분명히 가장 신랄한 논쟁은 하나님에 대해 사용할 적당한 대명사가 영어에 존재하지 않는다는 점과 성경에서 하나님에 대해 남성의 이미지가 지배적으로 사용되고 있기 때문에 일어나고 있다. 중립적인 표현을 쓰기 위한 노력의 일환으로 우리가 "하나님은 하나님 자신을 하나님의 말씀 가운데서 드러내신다"(God reveals God's self in God's Word)와 같이 썼다고 해 보자. 만약 "하나님께서는 자신을 그의 말씀 가운데서 드러내신다"(God reveals himself in his Word)라고 말을 한다면 우리는 가부장적이고 배타적인 사람이라고 비난을 받을 것이며 종교 단체에 속한 많은 사람들에게 심각한 비난을 받을 것이다. 그러한 비난에는 견실하게 근거를 형성하고 있는데 많은 기독교 역사 가운데서 가부장적이었으며 여성들의 신분을 떨어뜨려 차별을 가했기 때문이다. 그러나 오늘날 남성 대명사와 하나님에 대한 이미지들을 거부하는 것은 아마도 성경의 온전성과 하나님에 대해 그것이 전해 주는 진리뿐만 아니라 현대 사회에서 성경을 적용할 우리의 능력의 상실에서 기인한 것이다.

여기에서 길게 이 이슈를 논의하기로 한 것은 하나님에 대해 우리가 쓰는 이름이 예배를 위한 기본이 되며, 하나님을 예배의 주체와 대상으로 모시는 데 기초가 되기 때문이다. 여기에서 하나님에 대해 사용하는 남성 대명사나 이미지들은 성경이 사용하고 있는 것이며 하나님 자신을 드러내시기 위해 직접 사용하신 바로 그 명칭을 사용하는 것에 신실해야 한다고 주장하면서 이 이슈에 대한 논의를 끝낼 수 있을 것이다. 가부장제에 대한 정직한 불평, 많은 교회들과 그리스도인들에 의해서 자행되는 여성들에 대한 거짓 없는 억압, 현대 예배에서 성경을 어떻게 사용할 것인가에 대한 신중한 질문, 불편하게 만드는 언어의 문제 등은 그러한 논의를 종결짓기에는 너무 중요하다는 사실을 알 수 있다.

이렇게 정치적 의미를 담고 있는 의제와 관련하여 하나님에 대한 언어의 주제를 부가적인 것으로 여기던 사람들은 종종 "시대에 뒤떨어진 가부장적 권력의 구조를 옹호하는" 성경적 용어를 그대로 보존하려는 사람들을 비난한다. 그것이 보편적인 경우는 아니다. "오히려 방어하려는 것은 오늘의 예배와 어제의 계시 사이의 연결성이다. 성경적 상징은 그러한 연결성을 만들어 준다."[28]

논의를 진행해 가기 전에 나의 가정을 먼저 고백해야 할 것 같다. 나는 성경이 하나님의 영감으로 된 것임을 믿는다. 베드로후서 1장 21절의 선언이 나의 주장의 기초를 이룬다. "예언은 언제든지 사람의 뜻으로 낸 것이 아니요 오직 성령의 감동하심을 받은 사람들이 하나님께 받아 말한 것이라." 결과적으로 하나님의 영감을 받은 성경 기자들이 가부장적인 문화권에서 자랐다고 믿는다. 다른 말로 하면 인간 성경 기자

---

28 Ted Peters, "Worship Wars," *Dialog*, 33, no. 3 (Summer 1994): 171~72.

가 인간의 언어로 하나님 편에서 지금 이야기하고 있으며, 인간의 언어와 심상(imagery)으로 그들은 성령에 사로잡혀 그분이 주신 영감을 가진 상태에서 받은 통찰력을 기록했던 것과 같이 "하나님께서는 하나님께서 원하셨던 것을 가지고 계셨다"(여기에서 불변의 가부장제가 아니다).

많은 사람은 앞의 문단에 대해 동의하지 않는 사람들도 있을 것이다. 왜냐하면 성경은 아주 가부장적인 특성을 가지고 있는 것으로 보이기 때문이다. 그러나 그것이 정확한 가정인가? 성경의 순서의 정교한 배치라는 관점에서 보면 정경은 예전과 창조 내러티브, 인간의 타락 이야기와 함께 시작되는데 이 모든 것은 명료하게 인류평등주의를 드러낸다. 창세기 1장은 남성과 여성이 모두 하나님의 형상대로 창조되었다는 사실을 강조한다. 인간의 양대 성은 동일하게 복을 받았으며 생육하고 완벽한 조화 가운데 창조된 땅과 피조물을 돌보라는 명령을 받았다.

창세기 2장은 여성에게 '에제르'(돕는 배필)라는 이름을 주시는데 히브리 성경에는 그 단어가 일반적으로 하나님에게 사용되던 단어였다. 이 놀라운 명칭은 가부장적인 문화와는 전적으로 상반되는데 여성의 이미지를 최고의 돕는 분(the Helper Superior)이 되시는 하나님의 특성을 따라 높이고 있다. 여성은 인간을 도우시는 하나님의 돌보심을 생각나게 만드는 상응하는 조력자(Helper Corresponding)로 부르고 있는데 여기에서 하나님의 방식으로보다는 인간의 방식을 따라 부르고 있다. 더욱이 창세기 2장 24절은 "남자가 부모를 떠나 그의 아내와 합하여 둘이 한 몸을 이룰지로다"라는 규범적인 선언이 제시된다. 이것 역시 아내에게 떠날 것을 명령하는 가부장적인 문화와 대치되는 내용을 담고 있다.

창세기 3장은 죄성과 하나님의 창조 디자인을 망치는 범죄의 표징으로 여성보다 남성이 그 우위에 있음을 묘사한다. 성경의 나머지는 시간을 드러내며 인간의 불평등과 억압의 구조 속에서 다시 세계가 어떻게 깨어졌는지를 밝혀 준다. 특별히 신약성경도 예수님을 통해 주어진 새로운 질서는 인종, 계급, 성의 구분이 제거되었음이 강조되면서 다시 우리 가운데 하나님의 본래의 디자인대로 유대인이나 헬라인이나, 노예나 자유자나, 남자나 여자나 구분이 없음을 강조한다.

여기에서 질문이 제기되는데, 하나님께서는 자신을 왜 남성적인 용어를 통해 드러내셨으며 아주 가끔 여성적인 용어로 자신을 드러내고 계실까? *The Christian Century*라는 잡지에 실린 한 아티클에서 존 스택하우스 2세(John G. Stackhouse, Jr.)는 하나님의 이미지로서 "주"(lord)와 "사랑하는 사람"(lover)이라는 것이 구약과 신약성경의 문화에 이러한 두 가지 보충적인 주요 사항 - 하나님의 초월성과 인간에 대한 하나님의 깊은 돌보심 - 을 전달해 주는 최고의 이미지라는 그의 논지에 대해 명료하고 완벽하게 제시한다.[29]

스택하우스의 이 두 가지 논점에 하나님께서 역시 전해 주시기를 원하시는 세 번째 주요 논점 하나를 더하는 것이 중요하다고 생각한다. 우리 인간 존재는 죄를 범하였으며 하나님의 구원과 그분을 닮아감(modeling)으로만 잘 살 수 있다. 모든 기독교 스토리가 하나님의 초월적인 주권과 인간 존재를 위한 하나님의 내재적인 돌보심이 예수 그리스도를 통한 그들의 구원과 죄 가운데 타락을 좌절시키는 새 창조의 가능성을 요청한다는 사실에 집중하기 때문에 이러한 사항은 동등하

---

29 John G. Stackhouse, Jr., "God as Lord and Lover," *The Christian Century*, 109, no. 33 (11 Nov. 1992): 1020~21.

게 필수적이다. 인간의 깨어짐은 하나님의 창조 계획을 따라 어떻게 사는 존재가 될 것인가에 대한 모델을 제공하시는 하나님에 대한 이미지를 필요로 한다. 인간 존재와 관련하여 볼 때 하나님은 "주님"이실 뿐만 아니라 "사랑하시는 분"이다. 하나님께서는 역시 인간 존재를 죄성으로부터 자유롭게 하셨으며, 하나님의 피조 세계를 돌볼 존재와 신실한 배우자가 되도록 그들을 가르치시며, 능력을 주시는 분이다. 인간의 죄성 때문에 성경에서 하나님에 대한 이미지는 인간의 행동을 바로잡으시려는 의도를 가지고 모델을 제시한다.

창세기 3장과 로마서 8장이 강조하는 대로 인간의 반역으로 야기된 깨어짐 때문에 역사를 통하여 모든 피조물은 고통 가운데 놓여 있으며, 하나님께서 본래 존재하도록 계획하신 것을 따라 존재할 수 없게 되었다. 인간 존재는 특히 조화와 상호의존의 하나님의 계획을 파괴하였다. 결과적으로 하나님에 대한 모든 이미지는 바르게 함과 새로운 피조물로 어떻게 살 것인가에 대한 비전을 제공한다. 완전하신 아버지로서의 하나님의 이미지는 그러한 개선책을 담고 있다.

하나님에 대해 여성의 이미지를 성경이 담고 있는 것을 나는 기뻐한다. 그러나 몇 년 동안 왜 하나님께서 자신을 계시하시기 위해 아버지라는 이미지를 더 자주 사용하는지 이상하게 생각했다. 왜냐하면 그것은 불경건한 가부장적 억압과 같은 모습으로 인도할 수 있기 때문이다. 아마도 이사야 49장 15절은 그 신비에 대한 열쇠를 제공해 준다. 수사학적으로 하나님께서는 묻고 계신다. "여인이 어찌 그 젖 먹는 자식을 잊겠으며…." 우리 모두는 "물론 그렇지 않습니다"라고 대답하게 된다. 비극적으로 우리의 문화 가운데서는 이런 일이 종종 일어나는데 마약 문제, 기술과학문명의 압박, 가족 안에서의 극단적인 무질서, 그리고 다른 요소들은 종종 어미가 자녀를 잊어버리게 만든다. 그러나 일반적으로 세상의 다양한 문화사 가운데는 여성이 자녀를 적절하게 돌보지 않는다면 예외 규정이 있다. 한편으로 아버지는 종종 가정에 부재중이거나 감정적으로 멀리 떨어져 있거나 가정사에 관심을 갖지 않는 경우가 있다. 성경 시대에 헬라와 로마 사회에서 엘리트 남성은 교육받은 상류층의 창녀와 함께 주신제(酒神祭)[30]에 참여하고는 했다. 여성은 아이를 잘 양육하기 위해 집에서 숨어 있듯 지내야 했다. 심지어는 오늘날에도 아버지 부재나 엄마 혼자 양육하는 가정의 통계에서 볼 수 있는 것처럼 아버지는 엄마보다 자녀를 잊기가 더 쉬운 삶의 정황 속에서 살아간다. 다른 이유들 가운데서 하나님의 계획은 인간 가족들에게 가르치기 위하여 자신을 아버지로 드러내고 계신다. "자기 태에서 난 자녀를 사랑하는"(womb-love) 히브리 이미지(이것은 하나님의 긍휼을 표현하는 첫 번째 성경의 주요 언어인데)도 비슷하게 기능한다. 그러나 여인들은 하나님의 양육하는 계획을 따르는 일을 훨씬 잘 수행할 수 있게 된다. "여인이 자기가 낳은 아이를 잊을 수 있느냐?"라고 묻는다면 우리는 여전히 그렇게 대답하게 될 것이다. "아니요, 일반적으로는 그렇지 않습니다."

그러므로 아버지의 이미지는 세 가지의 중요한 목적을 성취한다. 그것은 주, 사랑하시는 분, 모델로서의 하나님을 드러낸다. 하늘 아버지는 초월하시는 분이지만 그의 자녀들을 돌보시는 분이며 인간 아버지

---

30 역주/ 고대 그리스와 로마에서 비밀히 행해지던 남성들의 축제로 진탕 마시고 노래하고 춤을 추는 파티였다.

들이 그들의 자녀를 가장 잘 돌볼 필요가 있는 모델을 제시하시는데, 권위와 친밀한 부드러움이 완벽하게 결합된 모델이 되신다.

예수님께서는 성육신하셔서 성경적 이미지화하고 새롭게 하는 것을 극대화하신다. 남자가 여자와 관계성 가운데 완벽한 남성성을 드러내고 있음에도 불구하고 예수님께서는 주로 하늘 아버지의 이미지에 주의를 환기시키시면서 친밀한 방식으로 전능하신 하나님을 알 수 있도록 그의 제자들을 초대하신다. 더욱이 그의 삶과 가르침(그리고 신약성경의 나머지의 것들)은 모든 성경적 이미지가 우리의 이해를 분명하게 하고, 인간의 행동을 바르게 하기 위해 어떻게 활용되는지를 볼 수 있도록 도와준다. 하나님은 그의 권위를 그의 백성들의 웰빙을 추구하면서 사용하시는 사랑이 풍성하신 왕이다. 하나님은 그의 자녀들을 결코 잊지 않으시는 어머니이며, 양과 같이 행동하시는 사자이며, 돌보시고 훈련하시는 목자이다. 하나님은 그의 배우자가(전적으로 그녀 자신이) 거룩하게 되기 위해 자유롭게 놓아주는 사랑을 호소하시는 남편이며, 그의 백성을 평화를 만드는 사람이 되게 하시는 전사이다.[31] 하나님께서는 많은 이미지와 우리 안에 하나님의 품성을 양육하시는 내러티브를 통해 하나님 자신을 계시하신다.

여기에서 독자들은 실로 많은 여성들이 아버지, 배우자, 사랑하는 연인으로부터 학대받은 경험이 있을 때 하나님을 '아버지'의 이미지로 설명을 한다면 마음의 상처를 입게 된다면서 반대하게 될 것이다. 따뜻한 사랑과 은혜, 부드러움으로 돌보시는 남성과 아버지됨의 최고의 모델

---

31 본인의 다음 논문을 참고하라. Marva J. Dawn, "What the Bible Really Say about War," *The Other Side*, 29, no. 2 (March-April 1993): 56~59.

이신 분을 거부한다면 그것이 여성들을 힘들게 만들며 얼마나 파괴적이고 극단적인 것이 될 것인가를 우리는 알고 있다. 우리가 남성으로부터 심각하게 상처를 입어 남성 이미지를 통해 하나님을 설명할 때 하나님의 그 이미지를 놓치게 될 여성에게 어머니와 마찬가지로 진실하시고 온화하신 사랑의 아버지에 대한 안심하는 마음을 회복시킴으로 그들을 최선으로 도와줄 수 있을 것이다. 우리 인간의 정신은 아버지와 어머니를 모두 원한다. 인간의 상황이 그 중의 하나, 혹은 모두를 앗아가 버릴 그때, 아버지됨과 어머니됨은 치유를 통해 회복되어야 한다.

부모와 같이 돌보시는 하나님의 이미지를 전하는 데 우리가 인간적으로 실패했을 때 우리 모두는 용서를 구하기 위해 하나님께로 시선을 돌릴 필요가 있다. 수사학적 질문인 "여인이 어찌 자기가 낳은 아이를 잊으리요?"는 안도감을 주시는 하나님의 선언과 함께 주어져야 한다. "그들은 혹시 잊을지라도 나는 너를 잊지 아니할 것이라 내가 너를 내 손바닥에 새겼고…." 그들이 우리의 인간적인 실패로 낙망하고 있을 때마다 하나님의 완전하신 아버지/어머니로서의 사랑과 돌보심은 정말 크시다는 사실을 우리 자녀들에게 심어줄 수 있을 것이다. 부모와 같이 돌보시는 하나님의 돌보심은 결코 실패하지 않는다는 사실을 우리는 알고 있다. 십자가 위에서 아들의 손바닥에 우리의 이름을 새기는 방식에서 우리는 그 증거를 보게 된다. 우리가 우리의 아버지됨과 어머니됨을 통해 보다 충실하게 최선을 다하여 하나님의 이미지를 전하는 일을 계속한다.

세상은 이러한 남성 중심의 용어를 성경적인 용어로 새롭게 교정할 필요를 느낀다. 스택하우스는 그의 논문을 어떤 이미지를 거부함으로 성경적 진리의 주요 요소를 상실하지 않도록 신학을 재구성함으로 크게 역할을 할 수 있어야 한다는 경고와 함께 주와 사랑하는 사람의 성경적 이미지의 가치를 언급하면서 끝맺고 있다. 그는 우리가 다음 사랑을 알아야 한다면서 이렇게 결론을 내리고 있다.

> 하나님은 남성도 아니시며 성경의 설명은 재해석을 필요로 하는데 전통적이고 특권을 가진 남성의 관점보다는 다른 관점으로부터 그리되어야 한다고 주장한다. 그러나 중요한 진리를 담고 있는 성경의 다양한 차원의 이미지에 대해서도 감사를 해야 한다. 현대적인 용어로 설명하려고 시도하면서 성경의 이미지를 넘어가려고 해야 한다면 우리의 대안은 성경적 구조의 최고의 요소들을 적절한 관련성 속에서 간직해야 한다. 우리 믿음의 선배들의 전통(하나님의 계시에 대해서는 다른 영역으로 남겨놓자)을 개선해 감에 있어서 이것은 언제나 도전이 된다. 그들은 우리가 생각하는 것보다 더 많은 것을 알고 있다는 사실이 드러나고 그의 지혜를 쉽게 분배하려고 하지 않는 것이 좋다.[32]

스택하우스의 요청은 우리 자신을 위하여 우리 선배들의 지혜는 필요할 뿐만 아니라 교회는 진정한 인간성을 회복하는 데 도움을 주는 하나님에 대한 많은 그림 가운데서 우리 주변의 사회에 그것을 전달할 큰 선물을 가지고 있다는 사실을 주장하는 내용으로 좀 넓게 이해할 필요가 있다. 우리의 예배가 그러한 성경적 그림들의 온전함을 잘 그려낼

---

32 Stackhouse, "God as Lord and Lover," 1021.

수 있기를 원한다. 또한 그리스도를 통해 이룩된 새 창조 가운데 놓여 있는 우리 자신의 삶을 바로 세워감에 있어서 그분이 보여주신 모범을 따라가기를 원한다. 기독교 공동체 안에 있는 이러한 이미지가 인간적인 성숙과 조화를 이루기 위해, 하나님의 창조 계획을 따라 지어진 여자와 남자가 되기 위해 세상의 불의와 차별을 거부하면서 대안적인 사회가 되도록 우리를 가르쳐 준다.

어떤 것은 하나님을 남성 대명사로 표현할 것인가, 아니면 여성 대명사로 표현할 것인가와 같이 우리를 에워싸지 않는 것도 있지만 우리에게는 성경에 있는 하나님에 대한 모든 이미지 - 빛나는 새벽별, 알파와 오메가, 포도나무, 포도원 주인, 백마를 탄 기사, 생명의 떡, 보혜사 - 가 필요하다. 특별히 여성적인 이미지를 회복하려는 현대적인 시도에 대해서 간과하지 않아야 한다. 그러나 많은 여성 신학자들이 여성성을 강조하는 것을 제외하고 하나님에 대한 모든 이미지를 거부하면서 너무 앞서 나간 주장들을 읽었다. 그것들은 하나님에 대한 많은 부적절하고 불합리한 언어를 만들어내는 결과를 낳았고, 오히려 하나님의 진정한 품성을 조롱거리로 만들고 있다. 흔들리는 진자가 너무 멀리 가지 않도록 하면서 우리는 긍정적인 성경의 남성적 이미지를 유지하고, 그것과 그것이 가지는 가치 - 특별히 하나님께서 자신을 계시하시기 위해 인간 행위의 죄성과 인간관계의 깨어짐에 반대하면서 그것을 극복하도록 하기 위해 그것을 선택하여 사용하셨기 때문에 - 를 바로 이해할 수 있도록 사람들을 교육하는 것을 게을리하지 않는 것으로 해결해야 한다.

마지막으로 지역 교회에서 교회의 연속성과 하나님을 아는 것과 연결하여 그것이 가지는 통찰력을 전할 필요성과 특권에 대해서 다시 한 번 강조하고 싶다. 우리 스스로 할 수 있는 것보다 보다 선명하게 보기 위하여 우리 앞에 서 있는 거인의 어깨 위에 우리는 서 있다. 기독교 공동체로서 우리는 역사적으로, 그리고 지리적으로 보편적 교회를 경축한다. 역사 가운데서, 그리고 세상 도처에서 하나님의 백성들은 아버지와 아들과 성령님의 이름으로 세례를 주어왔고 성 삼위 하나님이 한분이라고 고백하는 독특한 공동체 안으로 그들을 환영해 들여왔다. 마태복음 28장 19절의 명령에서부터 유래된 교회의 역사적 초청을 들었던 모든 시간에 그것의 모든 신비에 경이감을 갖는다. 나는 또한 세상 도처에서 성도들이 (폴란드와 마다가스카르에 있는 내 친구들을 포함하여) 같은 일을 이야기한다. 그래서 그 신비 가운데서 소환된 사람들의 세계적인 공동체에서 공간을 뛰어넘어 우리는 함께 연결되게 되었다. 우리는 함께 예배를 드린다 – 그리고 하나님은 우리의 경배의 주체와 대상이 되신다.

Chapter 06

믿는 자들의 우아한 품성
: 콘텐츠를 가졌는가, 혹은 콘텐츠가 되고 있는가?

⋮

The Character of the Believer
: Having Content or Being Content?

Chapter 06

믿는 자들의 우아한 품성
: 콘텐츠를 가졌는가, 혹은 콘텐츠가 되고 있는가?

⋮

오 하나님, 우리가 주님을 구할 수 있도록 가르쳐 주소서.
그리고 내가 주님을 찾을 때 저에게 계시하여 주옵소서.
주님께서 먼저 저를 가르쳐 주시지 않으시면 저는 주님을 찾을 수 없나이다.
저에게 먼저 계시해 주시지 않으시면 저는 주님을 찾을 수가 없나이다.
간절함으로 주님을 찾게 하옵소서.
주님을 찾을 때 주님을 더 간절히 사모하게 하소서.
사랑 가운데 계시는 주님을 찾게 하옵소서.
주님을 찾을 때 주님을 더 사랑하게 하옵소서.

– 밀란의 암브로시스, 339~397

    암브로시스의 시는 하나님을 우리의 예배의 주체로 모시도록 초청하며 그렇게 하는 것이 우리의 삶을 변화시킬 것임을 깨우쳐 준다. 하나님의 그 존재 자체의 모든 충만하심 가운데서 우리 가운데 임하실 때 우리의 품성이 변화될 수 있게 된다. 결과적으로 우리의 예배의 실행이 적당한 장소와 영역에서 하나님께 일치시킨다면 우리가 어떤 존재이고 그리스도인으로 우리가 어떤 존재가 되어야 하는지의 차원이 온전히 형성되게 될 것이다.

그러나 위의 문단에서 "우리"라는 용어를 사용한 것을 주의해 보라. 한 개인 신앙인으로 어떤 존재인가는 우리를 양육한 믿음의 공동체의 특성(character)에 달려 있다. 그 공동체가 하나님의 임재를 어떻게 신실하게 화육화할 수 있고 함께 모일 때 하나님을 계시하였던 그 내러티브를 어떻게 전할 수 있을까? 이 장의 제목인 개별 신앙인의 품성을 논의하는 것과 그 다음 장의 주제인 기독교 공동체의 특성을 고양시키기를 개별적으로 다루는 것은 불가능한 일이다. 그럼에도 불구하고 우리는 여기에서 먼저 개별 신앙인에 대해 먼저 다룰 것인데, 우리가 살고 있는 오늘의 문화는 기독교에 대해 그런 방식으로 생각하며 아주 많은 사회활동의 요소들이 그리스도인의 품성의 형성에 대항하기 때문이다. 품성이나 내적 고결함보다는 외관과 외모에 더 가치를 두는 사회에서 회중은 종종 참여자들의 품성을 양육하는 데 예배의 역할이 있다고 생각하지 못한다.

사람들은 하나님의 방법이다

박사과정 종합시험을 위해 예배와 윤리의 관계성에 대해 연구하고 있을 때 유대인 교수에게 유대교에서는 어떻게 그 상관관계를 그리고 있는지를 물었다. 어떤 믿음 전통에서는 영성과 윤리를 동전의 양면과 같은 것으로 이해한다. 어떤 전통에서는 영성/전도를 주요한 요소로, 윤리/사회적 행동을 두 번째 요소로 위치시킨다. 또 다른 전통에서는 영성에 대한 관심을 배제하면서 사회적 책임을 중요하게 여기기도 한다. 그 교수님은 웃으면서 이렇게 말했다. "예배와 삶 사이에는 어떤 차이도 없습니다. 두 가지는 같은 일이지요. 토라의 성취를 위해…."

그리스도인들은 이런 유대교의 두 가지를 조화시키는 것과 우리의 예배 실행에 있어서 특별한 응답은 예배에서와 마찬가지로 삶의 나머지 부분에서 우리가 어떤 존재인지에 대해 직접적으로, 간접적으로 영향을 미친다는 사실을 기억하고 그것을 회복할 필요가 있다. 왜냐하면 삶 가운데서 일어나는 모든 것은 하나님과 그분의 계시에 대한 예전적 응답(worshipful response)이 되기 때문이다. 예배의 다양한 요소들이 분명한 관점과 하나님에 대한 이해, 특별한 태도와 그리스도인으로서 존재의 습관, 그리고 우리가 어떻게 생각하고 말하고 행동할 것인지에 영향을 미치는 모든 것을 만들어낸다. 그렇다면 교회의 지도자들이 예배의 근원적인 신학과 특별한 예배의 실행을 주의 깊게 연구하는 것이 중요한다. 그것은 그들이 누구인지를 결정짓는 것이기 때문이다. 우리가 어떻게(그리고 누구를) 예배하느냐는 개인적 품성을 양육한다.

이 책에서 제시하는 예배 신학을 발전시킬 때 우리 삶의 모든 행위는 우리의 품성을 형성한다는 사실을 기억하라. 내가 계속해서 저주를 퍼붓는다면 나는 못된 입을 가진 사람이 된다. 내가 친절한 사람이 되기를 원한다면 친절한 행동을 하려는 매일의 결심이 필요하다. 도덕성은 어떤 규칙 가운데 거함(의무론적 윤리)이나 어떤 행동의 결과를 고려함(목적론적 윤리)으로가 아니라 경건한 품성을 함양하기 위해 도덕적 선택이 잘 이루어지는 것에서 벗어나 기독교 공동체 안에서 모든 수단을 사용함으로 형성된다. 그리스도인의 품성은 성경의 내러티브와 규율, 하나님에 대한 우리의 이미지, 특별한 예배 실행, 수단과 목적을 기도 가운데 고려하는 것, 매일의 삶 속에서의 작은 결정, 공동체의 가치, 그리고 다른 교인들과의 상호작용에 의해서 양육된다. 이러한 모든 요소는 함께 우리가 누구인지, 왜 우리가 살아야 하는지에 대한 단초를 제공한다.

어떤 교회들은 교인의 숫자, 헌신, 교육적 효과를 증대하기 위해 더 좋은 예배의 "방법들"(methods)을 발견하기 위해 급히 움직이고 있다. 하나님의 교회가 되기를 원할 때 무엇보다도 하나님께서는 보다 좋은 하나님의 사람들을 찾고 계신다는 사실을 계속적으로 기억해야만 한다. 위대한 기도의 사람이었던 E. M. 바운즈(E. M. Bounds)는 이렇게 말했다. "사람들은 하나님의 방법이다. 교회는 더 좋은 방법을 추구해야 한다. 하나님은 더 좋은 사람들을 찾으신다."[1]

그것이 내가 지속적으로 안식일 지키기(일상으로부터 떠나 하나님이 어떤 분이며 그분이 우리 안에 계발되기를 원하시는 품성이 어떤 것인지를 보다 완전하게 배우기 위해 한 날을 온전히 구별하는 것)와 기독교 학교(아이들이 공부하는 영역과 삶의 전 영역에서 하나님의 임재를 인식하도록 훈련하는)를 강하게 주장하는 이유이다. 특별히 예배하는 기독교 공동체 안에서 함께 보내는 시간의 모든 영역이 우리가 어떤 종류의 사람이 되어가고 있는지에 영향을 미친다. 어떤 부정적인 영향은 아주 민감한 것도 있다 - 어떤 것은 모든 것을 보다 위험하게 만드는 것도 있다. 우리는 그러한 파괴적인 영향력에 대해 분명하게 대항할 수 있어야 한다.

현대 사회와 예배 가운데 존재하는 나르시시즘

현대적인 예배 실행에서 그런 예민한 영향력 중에 가장 위험한 것이

---

1 E. M. Bounds, *Power Through Prayer*, ed. Penelope J. Stokes (Minneapolis: World Wide Publications, 1989), 13.

있다면 현대 세계의 자기중심적으로 기울어가는 경향 – 앞서 2, 3장에서 살펴보았던 사회의 흐름과 우상숭배로 인해 야기되는 – 을 들 수 있다. 기술과학문명사회는 공동체의 선이 아니라 개개인이 자기 자신과 필요에 온 초점을 맞추게 되면서 점점 서로 고립되게 만든다. 더욱이 기술과학문명화는 어떻게 친밀감을 이룰 수 있을지에 대한 인간의 기술을 파괴하는데, 스피드, 유동성, 현대의 삶의 파편화 등으로 인해 대부분의 사람들은 진정한 친밀감에 필사적인 허기를 느끼지만 그것을 어떻게 채우는지는 잘 알지 못한다. 우리가 우리 운명의 주인이라고 생각하는 새로운 기술과학문명의 진보를 통해 우리의 모든 문제를 해결할 수 있다는 생각은 더욱 치명적이 되어가고 있다. 이것은 이미 널리 퍼져 있는 하나님과 조직, 권위 등의 거부를 더욱 악화시키고 있으며, 그것은 모던 시대의 전반적인 특징을 이루고 있다.

크리스토퍼 래쉬는 그의 책, *The Culture of Narcissism*(나르시시즘의 문화)에서 자아에 대한 이러한 새로운 강조는 인간 존재의 보편적인 이기심이 다시 옷을 입은 것이 아니라 "우리 사회와 문화 안에서 일어나고 있는 아주 특별한 변화들" – "관료화, 이미지의 증식, 치유 중심의 이념, 내적 삶의 합리화, 소비주의 예찬, 그리고 마지막 분석에서 … 가정생활의 변화와 … 변화되고 있는 사회화 패턴" 등을 포함하여 – 로부터 파생되고 있는 새로운 자기혐오(self-hatred)라고 말한다.[2] 래쉬의 이런 분석은 현대의 자기애가 중심을 이루는 문화 – 현대적 예배의 많

---

2 Christopher Lasch, *The Culture of Narcissism* (New York: W. W. Norton, 1979), 32, 특별히 31~51을 참고하라. 역시 Paul C. Vitz, *Psychology as Religion: The Cult of Self-Worship*, 2nd ed. (Grand Rapids: William B. Eerdmans, 1994)도 참고하되, 특히 49~51을 참고하라.

은 부분을 침공해 들어오고 있는 자아에 초점을 맞추는 흐름에 저항하는 가장 중요한 인식인 - 에 대한 가장 완벽하면서도 객관적이고 원인론적인(etiological) 분석이다. 교회는 우리의 품성에 영향을 주는 이러한 문화적 사고방식의 지속적인 영향과 기독교 예배에서의 민감한 표현에 영향을 주는 것과 싸워야 한다.

예를 들어, 본인이 최근에 참석한 한 교단의 지역 총회의 예배에서 사용된 개회찬송의 다음 가사를 깊이 한번 읽어보자.

> 나는 주님께 노래하며 찬양하리라.
> 새 노래로 하나님께 찬양하리라(반복).
> 나는 하나님을 찬양하며 새 노래로 하나님께 찬양하리라(반복).
> 할렐루야 할렐루야 할렐루야.
> 할렐루야 새 노래로 하나님께 찬양하리라(반복).
> 나는 주님께 노래하며 찬양하리라.
> 나는 새 노래로 하나님께 찬양하리라(반복).
> (전체 반복)

하나님은 이 찬양에서 주체가 아니다. 계속해서 반복되는 "나"(I)가 주어이며 28번이나 반복되었다. 그러한 초점과 함께 반복되는 "할렐루야"는 찬양과 노래하는 것에 있어서 내가 어떻게 좋을 수 있을까를 노래하고 있음을 알 수 있다('우리'라는 단어는 계속해서 나타나지 않는다). 이 노래는 실제로는 하나님을 전혀 찬양하고 있지 않다는 것이 즉각적으로 분명하게 드러나지는 않기 때문에 이러한 간단한 찬양곡에서 재미있는 생각을 하게 되었다. 여기에서 사용되는 동사는 'I will'이며, 이 노래에서 내 찬양과 노래를 받으실 분으로 하나님이 언급되고 있음에도 불구하고 이 찬양은 하나님에 관하여(about), 하나님께(to)라는 단일의 내용을 말하지 않고 있다. 믿지 않는 사람이 이 찬양의 노래 가사를 듣는다면 왜 하나님이 찬양을 받으실 만한 분이며, 그분이 어떤 분인가가 왜 찬양을 받아야 하는지에 어떤 생각도 갖지 못하게 될 것이다.

더욱이 예배의 다른 부분에서 우리가 당연히 찬양해야 할 그 하나님에 대한 어떤 것도 말해 주는 찬양이 없었다는 점이다. 설교는 아무것도 기억하지 못하고 딱 잊어버리기 좋은 내용이었고, 연도(litany)는 오직 세상의 고통에만 초점을 맞추고 있었고, 그리고 성경봉독은 딱 한 구절만 읽었다. 간단히 지나가면서 언급한 것을 제외하고는 어디에도 하나님은 예배의 주체(subject)가 아니었다. 만약 예배 가운데서 세상을 돌보시고 그의 공의를 이 땅에 펼치시는 온 우주를 다스리시는 주가 되시는 하나님에 대해 아무것도 듣지 못한다면 우리는 어떻게 세상의 모든 고통에 직면할 용기를 얻을 수 있을까? 우리가 그에 대해 아무것도 듣지 못했는데 어떻게 우리는 하나님께 새 노래를 드릴 수 있을까?

"거룩 거룩 거룩 전능하신 주님"(Holy, holy, holy Lord God Almighty)이나 "예수 부활했으니 알렐루야"(Jesus Christ is risen today, Alleluia!)[3]와 같은 찬양과 앞서 개회찬송으로 사용한 위의 찬양과 비교해 보라. 그러한 찬송가는 주체가 되시는 하나님께 초점이 맞추어져 있다. 그것들

---

3 역주/ 새찬송가에는 들어가지 않은 곡으로 14세기 라틴 찬송의 가사에 로버트 윌리엄스(Robert Williams, 1781~1821)가 곡을 붙인 부활 찬송이다. 미국 루터교 찬송가를 포함하여 대부분의 교단 찬송집에 실린 곡이다.

은 그분의 거룩하심을 통해 경이감으로 우리를 부르고 있으며, 그리스도의 죽음과 부활을 통해 구원으로 이끌어가고 있으며, 삶을 새롭게 하여 찬양으로 이끈다. 하나님께서 주체가 되실 때 우리의 품성은 그분께 응답하면서 형성된다.

반대로 예배 가운데서 나 자신이나 내 느낌, 그리고 나의 찬양에 초점을 맞추게 되는 것은 내적 지향의 품성과 하나님보다는 자기 자신을 먼저 생각하는 품성을 양육할 것이다. 현대의 많은 찬양들이 실제로 하나님이 아니라 우리가 얼마나 그를 사랑하고 있는지를 찬양하고 있음에도 불구하고 이러한 경향은 오직 현대 음악에서는 발견되지 않는다. 예를 들어, 과거 캠프 집회 찬양 가운데 "우리는 야곱의 사닥다리를 오르고 있네"(We Are Climbing Jacob's Ladder)[4]도 같은 부류이다. 이 노래는 하나님께서 당신을 계시하시기 위해 우리 가운데 강림하신다는 내용 대신에 하나님과의 관계성에서 우리가 점점 높은 곳으로 올라가고 있다고 노래한다. 그러한 주제는 하나님과의 관계를 평가하는 데 있어서 하나님의 은혜의 선물보다는 우리의 감정, 혹은 노력에 달려 있다고 가르친다.

우리의 의지와 의도를 강조하는 성경적 용어인 '마음'(heart)과 감정과 관련하여 쓰고 있는 현대 영어 메타포인 '감정'(heart) 사이에 존재하는 차이에서 그 대조가 잘 예증되고 있다. 시편 기자가 "여호와여, 내가 마음을 다하여 주를 찬양합니다"(시 9:1, 현대인의 성경)라고 했을 때, 하나님은 찬양받으시기에 합당하신 분이기 때문에 그는 계속해서

---

4 역주/ 대표적인 흑인영가 가운데 한 곡이다.

신중하게 하나님을 찬양하겠다(그가 그것을 좋아하든지 그렇지 않든지 간에)는 의미였다. 우리 문화 속의 음악에 나오는 가사들이 자주 우리 자신에게 민감하게 주의를 기울이고 있어서 교회가 하나님의 속성과 우리의 삶과 세상에 관여하심에 우리의 주의를 기울일 수 있게 하는 언어를 사용한다는 것은 중요하다. 현대 음악곡에서 분명하게 드러나고 있음에도 그러한 초점은 하나님 중심의 우주론이 강하게 작용하던 시대로부터 견실하게 교리적인 내용을 전하는 찬양에서도 발견된다.

우리를 둘러싸고 있는 문화의 자기중심적인 사고 구조를 우리가 얼마나 쉽게 당연한 것으로 여기는가를 교회가 인식하고 그것을 정교하게 거부하는 작업을 하는 것은 긴급한 일이다. 1983년에 제임스 헌터(James Hunter)는 가장 잘 나가는 복음적인 출판사 8군데에서 나온 것들을 분석하였는데 그중의 97.8%의 제목이 자아에 관계된 것이었다. "자기 이해, 자기 발전, 자기 성취를 이루기 위해 정교한 노력을 드러내면서 주관성과 자아에 대한 실제적인 존경심에 중점을 두고" 있었다.[5]

자아에 초점을 맞추는 것은 흥미로운 역전이다. 왜냐하면 주체로서의 하나님을 잃어버리면서 우리는 진정한 자아 정체성(self-identity)을 발견할 필요성을 틀림없이 상실하게 된다. 데이빗 웰스는 미국에서의 문화적 일그러짐이 잠식해 가는 현상을 다음과 같이 비판했다.

> 좋은 느낌만큼 가치 있는 것이라고 생각하는 것은 좋은 품성이 아니다. …

---

5 James Hunter, *Evangelicalism: The Coming Generation* (Chicago: University of Chicago Press, 1987), 65. David F. Wells, *No Place for Truth* (Grand Rapids: William B. Eerdmanns, 1993), 176에서 재인용.

그것은 주목할 만한 발전이다. 자아를 중시하는 운동(self movement)은 우리의 집합적 불행과 불안전의 증거가 아닌가? 언제나 먹을 음식을 생각하는 사람은 바로 배고픈 사람이다. … 늘 행복에 마음이 빼앗겨 있는 사람은 바로 행복하지 않은 사람이다. 그것을 추구하면서 그들의 삶을 확장하려는 사람들은 자신의 공허한 자아 인식에 의해 무능해진 사람들이다. 문화적 실패의 이러한 상징에 왜 많은 전환이 일어났으며 복음적인 신앙을 다시 규정하려는 것과 함께 그러한 자료들을 왜 두려워하게 되었는가?[6]

많은 교회들이 특성화하기 시작한 자아에 대한 관심은 "크게 성공적이었다." 그러나 "그것의 대가는 외관상으로는 자명하지 않았다." 그것은 사람들로 하여금 "성경적 가르침에 있어서 객관적인 충실함의 관점이 아니라 주관적 경험의 효율성이라는 관점에서 믿음의 확신을 추구하게" 했다. 이와 같이 불신자들에게 다가가는 것은 잘못된 질문-"그리스도가 객관적으로 실재하신 분인지가 아니라 단지 그 경험이 어필하는지, 그것이 효율적으로 작동하는지, 그것이 내부 그룹에 한 사람을 데려다 줄 것이며 다른 사람에게 하나의 연결성을 줄 것인지"(175)-을 던지게 되었다.

하나님에 대한 진정한 지식은 "기록된 성경이 알려주었고, 성령님에 의해 중재되었으며, 십자가의 그리스도의 사역에 기초를 두고 있는 그의 은혜와 권능에 대한 경험"을 포함한다. 그러나 이러한 경험은 하

---

6 Wells, *No Place for Truth*, 172. 이 책에서 인용한 내용의 페이지는 본문 안에 괄호로 표시했음을 밝힌다.

나님을 알아가는 것에 '자원'이 되고 있지 않으며, 다른 사람에게 그 지식을 천거할 수단이 되고 있지 않다. 성경적 증언은 언제나 기독교의 믿음의 객관적 진리를 지명한다. 이제 증언은 "우리 자신의 믿음에 강조점을 두며, 그것의 정당성을 주장함에 있어서 그것이 얼마나 신실한 것인지에 대한 관심은 줄어들고 그것이 작동하는 것 같다는 사실에 더 중점을 두게 된다. 오늘날 복음적인 찬송가에도 이러한 경험 중심의 초점을 반영하는 방향으로 바뀌고 있다"(173).

교회에 남아 있기 위해 우리는 정통성을 유지해야 하며 기독교 신앙은 교리적으로 틀을 짜야 한다. 그러나 웰즈는 이것이 "우리 문화 가운데 단순히 자리 밖으로 나오게 되는 것에 숙고와 판단의 습관"을 요구한다고 경고한다 - 그리고 점점 교회로부터도 멀어지고 있다(173). 우리 사회는 빠른 욕구 충족 - 천천히 무엇을 배우는 것보다는 느낌의 즉각성 - 을 추구한다. 신용카드가 기다림이 없이 우리로 하여금 모든 것을 처리하게 해 주며, 그래서 교회도 "기다림이 없이 - 실로 생각할 필요조차 없는 - 즉각적으로 하나님이 주시는 해답을 가지고 있는" 메시지를 주어야 한다. 웰즈가 요약해 주는 대로 믿음에서 이러한 발전은 "현대 정신을 쫓아가는 자기 전념의 강력한 전류" 때문이다. "… 그러므로 자아는 중추적인 요소가 되었다"(174).

웰즈의 통찰력은 신학적 고려를 위한 강한 방향을 제시해 준다. 좋은 감정을 불러일으키고 그렇게 해서 즉각적인 욕구 충족을 추구하는 품성을 증진시키려는 예배 실행은 처음에 거대하게 성공을 거둘지 모른다. 그러나 즉각적으로 명료하게 나타나지 않을 수도 있지만 아주 높은 대가를 지불해야 할 것이다. 군중을 매료시키는 그 방법은 숙고와 배움의 습관을 발전시킴에 있어서 방해거리가 될 것이다. 자아와 느낌에 초점을 맞추는 것은 경건하고 밖으로까지 영향을 미치는 품성을 양육하는 데는 제한적이 될 것이다.

더욱이 좋은 느낌에 초점을 맞추는 것은 실제로 성경적 메시지를 왜곡하고 진정한 '기독교적' 품성의 개발을 왜곡시킬 것이다. 그것은 "자아를 중시하는 움직임"(self movement)은 인간적 본질의 완전성이라는 일반적 가정에 기초를 두고 있기 때문이다. 웰즈가 설명하는 대로 성경적 복음은

> 정반대의 것을 주장한다 – 소위 자아는 비틀어져 있고 … 하나님과 다른 사람과의 관계에서 조절이 잘 안 되고 있으며 … 책략과 합리화로 가득 차 있으며 … 무법하고 … 반역적이며, 실로 그리스도인으로 살아가기 위해서는 그런 자아가 죽어야 하는 존재이다. 성경적 복음의 핵심에 놓여 있는 것은 바로 그것이다. 자아 부인이 품성을 세우고 무엇보다도 자아도취는 그것을 약화시킨다는 것은 역설적이다(179).

예배 실행이 진정으로 하나님을 찬양하는 것 대신에 자아 숭배(self-idolatry)를 고양시킨다면 그것은 얼마나 모순된 일이며 비극인가? 예배가 우리 자아를 부인하도록 부르시는 예수님의 임재 가운데로 이끌어 갈 때 우리의 품성은 그분의 제자들로 진실되게 양육될 수 있게 된다.

기독교적 품성은 우리가 "인내하는 자질을 신나는 새로운 경험의 대량화로 바꾸어 버린다면" 또한 우리가 "믿음보다는 상황이라는 나침판(compass)에 의해 인도함을 받는다"(180)면 세워질 수 없게 된다.

웰즈는 다음과 같이 경고한다.

자아의 자궁에서 태동된 기독교 신앙은 기독교 역사적 상황에서 형성된 기독교 신앙과는 아주 다르다. 그 신앙은 세상을 이해하고 그 안에 설 수 있는 능력이 축소된 보다 작은 신앙이다. 자아는 광대한 기독교의 진리를 담아내기에는 너무 좁고 답답한 캔버스이다. 자아가 기독교 신앙의 진정한 의미를 제약할 때 선은 웰빙으로, 악은 그렇지 못한 것으로 전락하게 되며 세상에서 하나님의 위치는 사적인 의식(private consciousness) 영역으로 퇴보하게 되며, 역사 가운데 표면화된 하나님의 구속 행위는 개인 구원의 경험에 적합한 것으로 축소되며 세상 가운데서 하나님의 섭리는 편안한 하루를 보내는 데 필요한 것 정도로 축소된다. 하나님의 말씀은 직관(intuition)으로 바뀌고, 확신은 순간적인 의견(evanescent opinion)으로 흐려져 간다. 신학은 치료법(therapy)이 되고 … 의에 대한 성경적 관심은 행복에 대한 추구로 대체되고, 거룩함에 대한 관심은 자아 통합성의 추구로, 진리에 대한 추구는 느낌에 대한 추구로, 윤리에 대한 추구는 자아에 대한 좋은 감정을 추구하는 것으로 대체된다. 세상은 개인적 상황이라는 범위 안으로 축소되며 신앙 공동체는 개인적인 주변 친구로 위축되게 된다. 과거라는 전통은 퇴각하게 되고, 교회도 움츠러들게 된다. 그리고 남아 있는 것은 자아와 … 사소한 것만 남게 된다. 간단히 설명하면 신앙의 심리학화는 … 그리스도인들의 사고의 습관을 파괴한다. 왜냐하면 그것은 선과 악을 분간하는 능력과 하나님과 그분의 목적이라는 관점에서 인생의 모든 것을 생각할 능력을 파괴하기 때문이며, 하나님의 말씀을 따라 우리의 존재 방식을 구축하고 문화적 개연성의 규범을 제시할 능력을 파괴하기 때문이다. … 사람들이 더 이상 하나님의 진리를 따라 살아가지 않을 때 그들은 다른 모든 것에 의해서 움직이게 될 것이다. 그리고 그것이 새로운 것이거나 자극적인 것일 때 더 쉽게 움직이게 된다.[7]

아마도 웰즈는 그 경험을 너무 지나치게 진술한 것일 수도 있다. 그러나 그는 이렇게 경고하고 있으며 그 경고가 아주 긴급한 것 같아서 길게 그의 주장을 인용했다. 예배 가운데서 자아에 대한 강조는 그것이 그렇게 분명하지 않지만 마치 그것이 성공한 것처럼 숨겨 있는 오랜 기간의 영향력을 가지고 있다. 자아 중심의 예배는 실로 베이비부머들에게 어필될 수 있는데, 그들은 우리가 5장에서 루프의 분석을 살펴본 것처럼 권위와 의미의 근원을 객관적인 하나님에게서 찾기보다는 그 자신에게서 찾는 이들이다. 염려가 되는 것은 많은 회중이 그들의 교회의 "성장"을 위해 – 장기적인 관점에서 보면 예배 참석자들의 품성에 부정적인 결과를 가져올 수 있다는 적절한 고려가 없이 – 그들의 예배 실행을 서둘러 바꾸어간다(예를 들어, 과도하게 자아 의식적인 음악을 선호하여 그들의 찬송가책을 던져 버리는 것과 같이)는 점이다.

그러나 그러한 점을 언급하면서 양극의 구조 가운데서 다른 진영으로 즉시 옮겨가야만 할 것 같다. 참석자들의 감정에 대한 관심이 없이 오직 진리만 강조할 수는 없다. 특히 결과적으로 그 진리는 창백하고도 딱딱한 방식으로 전해지게 될 것이다. 우리의 예배 실행은 사람들과 연관되고, 직접적으로 진리를 경험할 수 있도록 그들을 초대하는 방식

---

[7] Wells, *No Place for Truth*, 182~83

으로 진리가 구현되어야 하며 자신들과는 아무런 연관성이 없는 전통으로 단지 경험되게 해서는 안 된다. 루프는 베이비부머 세대를 위한 진정한 종교적 경험의 중요성을 특히 강조한다. 많은 교회에서 일어나고 있는 것은 그들에게는 "완전히 고립된 것이 아니라면 밖에서 경험되는 것과 같이 생명에 대해서는 너무 멀리 떼어놓은 것 같고 신앙고백과 교리로 가득 찬 제도권의 언어들은 창백하고 시대에 뒤떨어진 것들로 다가오고 있다 – '직접적인 종교'에 이끄는 힘이 거의 없어 보였다." 많은 베이비부머들은 "그들이 '그들 자신의 것'으로 주장할 수 있는 종교적 경험에 깊이 목말라 있다."[8]

교회의 어려움은 예배를 왜곡시키는 자기 전념에 빠지지 않고 베이비부머들이 하나님의 진리를 경험할 수 있도록 초청하는 예배 실행을 발견하는 것이다. 교회의 교리는 내려놓고 그들 자신이 스스로 발견한 경험을 진리를 발견하는 데 최고라고 여기는 사람들에게 우리는 하나님의 계시를 어떻게 전달할 수 있을까? 심리학적으로 고찰하는 자조(self-help) 프로젝트와 크게 주관적 예배 형태에 대한 그들의 요구와 적절하게 타협하면서 우리는 우리의 자기애가 중심을 이루는 문화를 최고로 결코 여길 수 없다고 확신한다. 복음의 객관적 진리를 "사람들의 매일의 경험과 관련하여, 그리고 … 그들의 깊은 느낌과 관심과 연결된" 방식으로 전달해야 한다는 것은 절대 필요하다.[9]

---

8 Wade Clark Roof, *A Generation of Seekers*, 68.

9 위의 책, 68.

도덕적 권위에 대한 갈망

베이비부머들이 중심을 이루며, 기술과학문명화된 포스트모던 사회의 특히 현저한 하나의 관심은 도덕적 권위에 대한 탐구이다.[10] 무작위적이면서 집단적인 폭력, 마약과 알코올중독, 십대 임신과 낙태, 정치적, 경제적 위법 행위 등이 더 심해지면서 미국인들은 점점 사회적 질병의 많은 것이 도덕적 기초를 상실한 것과 관련이 있음을 깨닫게 되었다.

1993년 전국적인 설문 조사는 3명의 미국인 가운데 거의 2명이 종교는 그들의 개인적 삶에 영향력을 가질 뿐이라고 답한 반면, 그에 필적할 만한 숫자가 종교는 일반적으로 국가에 대해서는 그 영향력을 상실하고 있다고 답변을 했다. "거의 90%(그 중의 85%가 종교를 갖고 있지 않은 것으로 답변했다)가 나라가 도덕적 쇠퇴의 늪으로 점점 깊이 빠져들고 있다"고 답변을 했다면 종교가 그들의 삶에 끼칠 수 있는 영향력이 어떤 것인지를 물어야 한다. 제프리 셸러(Jeffrey Sheler) 기자는 그런 질문을 던졌다. "영적인 가치가 강하다면 국가의 도덕적 풍조가 뒤집어지고 있을까?" 셸러는 진정한 종교적 신앙이 상실될 때 도덕적 가치도 상실된다고 인정한다. 그는 빌리 그래함이 말한 것을 인용하여, 대부분의 미국인들은 "성경을 믿지만 그러나 그들은 성경을 읽지 않거나 말씀에 순종하지 않는다"고 주장한다. 설문조사가인 조지 갤럽 2세(George Gallup, Jr.)가 세운 기관이 60년이 넘게 미국의 종교적 행위를 추적 조사해 왔는데, 미국은 "성경의 나라이다. … 그러나 깜짝 놀랄 사실은 대부분의 미국인들은 그들이 무엇을 믿으며, 왜 믿는지를 모른

---

10 Neil Postman, *Technopoly* (New York: Alfred A. Knopf, 1992), 160을 참고하라.

다"고 말하면서 그 사실에 자신은 동의한다고 밝히고 있다.[11]

웨이드 클락 루프는 그의 팀들이 조사한 사람들 중에 베이비부머 70%가 "보다 엄격한 도덕적 기준으로의 회귀"를 환영하고 있다고 밝힌다. 가정이 성경적 권위의 규칙을 세워가고, 그리스도인의 삶을 살아가는 영역이기 때문에 베이비부머들은 "가정의 붕괴와 아이들에게 일어나고 있는 것" – 텔레비전을 "주요 피의자"라고 비난하면서 – 에 깊은 관심을 표현하였다. 그리스도인인 베이비부머들은 문제의 핵심이 "헌신의 위기: 사람들이 다른 사람들에게와 하나님께 그들의 서약, 의무, 책임을 심각하게 지키지 않는 것"에 있다고 주장한다. 많은 베이비부머들은 그들이 추구하는 도덕적 권위는 공립학교에서 부여해 주지 않는다고 이해하는데, 공립학교는 교실에서 점점 인간의 이성과 가치의 중립성만 강조하고 있기 때문에 홈스쿨링으로 돌아가야 하며 새로운 기독교 학교를 세워야 한다고 말한다.[12] 이러한 표현과 관심을 표명하는 행동은 교회에서 베이비부머들이 사회의 자조(自助) 환영(self-help illusion)에 이끌려 가기보다 본질적인 것, 즉 하나님의 진리를 추구하고 있음을 제시한다.

그러한 이유 때문에 교회는 문화적 자기 전념(self-absorption)에 정신을 잃어버려서는 안 된다. 세상에 하나님의 진리의 도덕적 기초를 대안으로 제시하는 유일한 방법은 교회와 교인들이 분명하게 달라진다면 – 즉, 우리가 예수님을 따르는 사람으로 그 품성이 형성된다면 – 가

---

11 Jeffrey L. Sheler, "Spiritual America," *U.S. News and World Report*, 116, no. 13 (4 April 1993): 56~57.

12 Roof, *A Generation of Seekers*, 96~97.

능해진다. 우리 문화의 도덕적 위기는 인간의 죄성을 가리키며 하나님을 필요로 한다. 예배가 하나님의 충만하심을 드러낼 수 있다면 우리가 그분을 닮아가는 모습으로 형성되게 될 것이다.

그러나 많은 그리스도인들의 품성은 그 반대되는 방향으로 움직이는 것 같다 – 하나님의 목적을 넘어서 개인적인 행복을 추구하는 것으로 바뀌고 있다. 전국적인 규모의 한 조사는

> 10명 중의 7명보다 더 적은 그리스도인들이 삶에 대해 쾌락주의적인 태도를 견지하는 경향이 있음을 발견했다. 예를 들면, 그 연구는 그리스도인들 가운데 약 60% 정도가 다른 사람에게 해를 끼치지 않는 한 그를 즐겁게 하는 것은 무엇이든 개인이 할 수 있는 자유가 있다고 강한 지지를 보내고 있음을 발견했다. 5명의 그리스도인 가운데 2명은 그러한 생각은 적당한 것이라고 주장했다. … 중생을 경험한 사람들 가운데도 비슷한 숫자가 고통이나 고난은 개인의 성숙을 위해 좋은 수단이 될 수 있음을 부인했다. 10명의 그리스도인 가운데 3명은 "삶의 어떤 것도 내가 재미있고 행복하게 되는 것보다 더 중요한 것은 없다"는 사실에 동의를 했다. 물질주의와 관련하여 통계수치는 거의 동일하다. 3명의 그리스도인 가운데 2명은 돈, 물질적 소유, 그리고 그들의 마음을 다스리게 해서는 안 된다고 기독교가 말하는 다른 물질적 요소 등을 좋아한다고 표현했다.[13]

우리의 예배와 교육적 실행은 하나님 나라를 위하여 고난을 받을

---

13   George Barna and William Paul McKay, *Vital Sign: Emerging Social Trends and the Future of American Christian* (Westchester, IL: Crossway Books, 1984), 141.

준비가 된 상태에서 예수님을 따르는 그리스도인으로 세워가는 데 실패하고 있는 것은 아닌가? 우리는 어떤 돈과 소유를 어떻게 열망할 수 있으며 머리 둘 곳이 없다고 말씀하신 그분을 어떻게 여전히 따를 수 있을까?

만약 교회가 세상에 공의를 실현하는 하나님의 목적을 위해 그들의 재정적 자원과 시간을 들여 헌신할 수 있는 경건한 품성을 가진 사람을 양육할 수 있다면 교회가 세상에 줄 수 있는 선물은 얼마나 위대한 것인가? 교회는 우리 사회의 경제적 태도와 실천에 위대한 대안을 제공할 수 있을 것이다.

그것은 정치에도 동일하게 사실이 된다. 현대 사회는 공적인 섬김의 지도자를 절대적으로 필요로 하는데, 성실성과 공공의 선에 유익이 되는 것을 위해 서 있는 시정(市政)을 위해 청지기 정신, 덕을 겸비한 정치인 등을 필요로 한다. 마틴 루터가 당신의 귀족과 제후들을 위한 규약을 썼던 것과 같이 현대교회는 교인들의 경건한 품성을 양육하여 그들이 덕을 가지고 사회의 각처에 나아갈 수 있도록 할 수 없을까?

본인의 저서인 *Sexual Character*(성적 품성)는 결혼과 우정을 위해 필요한 덕을 광범위하게 언급하였다. 그래서 여기에서는 그것들을 상세하게 언급할 필요가 없어 보인다. 인간적인 관계 외에도 우리는 오늘의 세계가 견고하고 경건한 품성을 갈망하고 있는 다른 많은 삶의 측면들 – 단지 도덕적 행동에서가 아니라 그의 삶 전체를 통해서 나타나는 신뢰감, 안정성, 의지 등을 바탕으로 한 총체적인 품성 – 을 언급할 수 있을 것이다. 나와 상담한 사람의 대부분은 그들의 삶의 피상성에 만족하지 못한 사람들이었다. 현대 시대를 사는 사람들은 보다 깊은 가치, 보다 진정한 기쁨이 넘치는 삶, 보다 만족스러운 목표를 열망한다. 하나님의 백성인 우리는 삶의 진정한 의미 – 단순히 도덕성만이 아니라 하나님과의 관계성의 충만함 – 를 어떻게 발견할 수 있는지는 '알고 있다.' 예배는 우리를 하나님의 임재 가운데로 인도하여 그 관계성 속에서 기뻐하며 결과적으로 그분의 최고의 목적을 따라 살아가도록 우리 삶을 형성해 갈 수 있게 한다.

품성 형성에 대한 양육

우리를 향한 하나님의 최고의 목적은 가장 높은 자기 정체성 – 끝없는 자기 증진을 추구함을 통해서 만족스럽게 되는 것이 아니라 은혜의 선물로 받아들임으로써 – 을 포함한다. 그러나 하나님의 은혜 안에 놓여 있는 자아라는 선물은 자아 중심성을 제거하지 않고서는 받아들일 수가 없다. 예배는 완벽한 균형을 제공하는데 "그리스도인 정체성이 세례를 통해 경험적 자아(empirical ego)의 죽음과 함께 시작하기 때문이다." 그때 세례를 받고, 용서를 받았으며, 그래서 진정으로 온전한 사람이 된 존재로서 우리는 우리 삶의 매일의 영역에서 하나님의 최고의 뜻을 자유롭게 추구할 수 있게 되었다. "그러므로 그리스도인들은 삶의 종착점이자 목적인 그들의 정체성을 깨달음과 함께 소진되어 가지 않고 자아가 악이고 환상이기 때문에 그것을 내던져 버리려고 할 필요도 없다."[14] 예배의 주체가 되시는 하나님과 예배를 계획하고 실행할 때, 그리고 성도들의 품성 함양을 예배의 주요 목표로 삼을 때 예

---

14 Patrick R. Keifert, *Welcoming the Stranger: A Public Theology of Worship and Evangelism* (Minneapolis: Fortress Press, 1922), 88

배는 우리 자신에 대한 이러한 양면적 감각(dialectical sense)을 깨우쳐 준다. 이와 같이 예배의 문화는 교회가 섬기려고 하는 문화에 대해 대안을 제시한다.

성도들이 규칙의 시스템(의무론적 윤리)을 통해서나 혹은 이러한 생명의 목표를 명명한다(목적론적 윤리)고 해서 그리스도의 생명으로 들어가지 않기 때문에 품성 형성을 강조하는 것은 중요한다.[15] 우리는 말씀과 공동체 속에 함께하시는 그리스도의 임재에 의해 형성되었다. 교회의 내러티브 가운데서 하나님의 생명을 우리는 경험하고 하나님의 계획을 따르는 삶을 추구한다. 복종에 대한 우리의 동기는 규칙이나 율법이 아니라 하나님의 능력을 따라 우리 가운데 역사하시는 그분의 은혜의 긍정적인 초대이다.

품성을 형성하기 위하여 수단은 목적과 일치되어야 한다. 우리가 깊은 믿음을 원한다면 우리는 그 실재에 대한 깊은 경험을 통해 양육되어야 한다. 그것이 왜 예배가 잘 기획되는 것이 필수적인지에 대한 이유이다. 왜냐하면 믿음의 여정 가운데서 모든 동작이 우리의 품성 개발에 어떻게 영향을 미치는지에 관심을 가져야 하기 때문이다.

특별한 행위는 우리가 어떤 존재의 사람인지로부터 나온다. 우리가 습관적으로 우리 자신에게 집중하는 사람이라면 우리는 보다 이기적인 행동을 취할 것이다. 하나님이 우리 예배의 주체이시라면 우리의 행위는 우리 가운데서 역사하시는 하나님의 행동을 반영하게 될 것이다. 바울은 우리가 주님의 영광을 볼 때 우리는 "그와 같은 형상으로 변화

---

15 품성 윤리에 대한 보다 완전한 설명을 참고하기 위해서는 Marva J. Dawn, *Sexual Character* (Grand Rapids: William B. Eerdmans, 1993), 32~38을 참고하라.

하여 영광에서 영광에 이르니"(고후 3:18)라고 기록한다.

우리의 환경 안에 있는 모델이 우리를 형성한다. 우리의 행위가 우리를 형성한다 - 그것들은 우리의 품성으로부터 나오며 그러한 행동을 반복하는 것은 반대로 우리의 품성을 강화하게 된다. 우리의 주변 환경은 우리를 형성한다 - 그것이 예배 가운데 우리가 행하는 것에 영향을 미치고 있는 교회를 둘러싸고 있는 문화의 에토스를 얼만큼 허용할 것인지에 대해 신중하게 물어야 하는 이유이다. 특히 세상, 자아, 진리에 대한 허위 개념과 함께 우리를 집중적으로 공격해 오는 환경 속에서 우리가 살고 있기 때문에 우리는 성경적 관점을 증진시키면서 아주 신중하고 과단성 있게 행동해야만 한다.

우리가 살고 있는 주변 환경이 가지고 있는 독성에 대항하여(2, 3장에서 간략히 소개한 대로) 교회는 대안적 사회를 수립해야 한다. 개개인의 성도들은 인도, 지혜, 성경의 관점, 그리고 품성의 성숙을 위해 돌보아주는 사랑을 제공하는 신실한 믿음의 사람들로 구성된 돌봄의 공동체에서 보호받을 필요가 있다. (우리는 이것에 대해 다음 장에서 보다 깊이 있게 살펴보게 될 것이다.)

품성 형성을 위한 우리의 근원적인 원천은 하나님의 말씀이다. 하나님의 백성으로서 그리스도인 공동체는 계속해서 하나님의 말씀을 우리의 인간성과 그것을 위한 하나님의 계획에 대한 진리를 추구함에 있어서 그 말씀이 우리를 어떻게 인도하는지를 계속해서 물어야 한다. 윤리적 선택에 있어서, 그리고 각자에 대한 그것의 지침에 있어서 하나님의 백성에 대한 성경적 설명은 무엇을 보여주고 있는가? 어떤 덕이 나타나고 있는가? 우리가 처한 위험에 대해 우리가 무시하고 있는 것은 성경의 명령은 무엇이라고 말씀하는가? 성경은 세상의 정사와 권세를 이기셨다고 알려주고 있기 때문에 성경은 우리가 살고 있는 사회의 잘못된 가치와 맹목적 숭배에 대해 거슬러가며 살도록 어떻게 우리에게 용기를 주고 있는가? 공동체의 예배는 특별히 우리 안에 믿음을 형성해 준 내러티브와 희망을 어떻게 전해 줄 수 있는가? 예배는 신실함 가운데서 말씀에 응답하도록 우리를 어떻게 초대하고 있는가?

"영적 멘토들" 시리즈 가운데 한 부분으로 쓴 그의 어머니에 관한 아티클에서 엘리자베스 악테마이어(Elizabeth Achtemeier)는 자신이 어릴 적 매주일 예배에 참석했던 경험을 들려주면서 다음과 같이 결론을 내리고 있다.

> 그 시절에 나는 이러한 모든 경험이 나의 뼈에 녹아들어 있다는 것 - 내가 기도와 찬송의 언어들, 교리, 성경, 예배의 언어들을 배웠다는 것 - 을 알지 못했다. 그러나 그때 나는 모든 것을 배웠다. 나는 내 생애 내내 나를 양육해 준 기독교 신앙의 언어와 세계관을 느리게, 그러나 분명하게 가르침을 받았다.[16]

물론 악테마이어의 경험은 그의 집에서 시작되었다. 왜냐하면 그의 어머니가 매주 그를 예배에 데리고 간 것보다 훨씬 더한 것을 가르쳐 주었기 때문이다. 양육을 받은 어린아이의 믿음은 잠자리 침대에서 드리는 기도, 부모님의 무릎에서 읽은 성경 이야기 책, 식사 시간에 드리

---

16 Elizabeth Achtemeier, "An Excellent Woman," *The Christian Century*, 110, no. 24 (22 August-1 September 1993): 808.

는 감사기도, 하나님에 대한 가족 간의 대화, 그리스도인의 삶으로 양육하는 돌봄과 모델이 되어 준 것과 함께 시작된다. 우리 교회는 의식적으로 부모가 간단한 대화, 행동과 모범을 보여주는 것 등을 통해 그들의 자녀의 믿음을 잘 양육할 수 있도록 부모교육을 시행해야 한다.

유사하게 교회는 예배 가운데 함께 모인 공동체를 위해 그것이 무엇을 의미하는 것인지를 아이들에게 가르쳐야 한다. 우리가 특별히 예배를 드릴 때 왜 우리가 그것을 행하고 있으며 우리가 행하고 있는 것이 무엇인지를 그들에게 가르쳐야 하며, 그렇게 하여 그들이 예배의 상징의 깊이, 의식에 대한 경이감, 침묵의 가치, 어떻게 하나님의 백성이 되는지를 알려주는 성경의 중요성, 우리가 세상과 다른 존재가 되어야 할 중요한 이유 등을 깨닫고 그것을 즐길 수 있도록 해 주어야 한다.

만약 예배가 우리가 살고 있는 사회의 자기 열망의 희생물이 된다면 우리 예배는 그러한 품성 형성을 성취할 수 없다. 켁이 설명한 대로 우리가 찬양해야 할 것과 대상은

> 우리의 품성에 중요한 단서가 된다. 찬양의 대상은 그가 찬양받으실 가치가 있는 분임을 드러내며, 우리가 무엇에 가치를 두고 사는지, 열망하는 것이 무엇인지를 드러낸다. 그러나 파바로티와 같이 노래하기를 갈망할 수는 없다 할지라도 어려운 독창곡을 찬양할 때 우리가 신실함에 있어서 탁월한 가치를 가졌다는 것을 보여줄 수는 있을 것이다. 특별히 훈련을 통해 성취된다면 우리 평생에 그것을 추구해야 하지 않겠는가. 그렇게 할 수 있다는 단정에서든, 그런 열망에서든 찬양하려는 마음은 찬

양하는 사람이 나오게 만들고 형성하게 된다.¹⁷

켁은 공동체가 탁월한 그것을 찬양하기 위해 필요한 분별력을 우리에게 가르쳐 준다는 사실을 계속해서 강조한다(다음 장에서 이것에 대해서 좀 더 살펴볼 것이다). 그러나 여기에서 우리는 하나님과 그분의 속성, 뜻과 진리를 찬양하는 예배의 중요성을 살펴볼 것이다. 그때 우리가 찬양하는 것은 하나님을 닮아가는 모습을 형성해 갈 것이다.

예배는 우리가 되어가고 있는 인간의 형태에 민감하게 영향을 미친다. 엘리자베스 악테마이어의 설명이 강조하고 있는 것처럼 예배의 모든 요소는 우리로 하여금 믿음의 유산 - 그 이야기와 확신들 - 에 열중하게 만든다. 마틴 루터가 성경을 봉독하고 그것을 해석해 주는 설교가 있고, 시편 응답송과 찬양, 그리고 기도가 포함되는 예배를 매일 두 번을 드려야 한다고 주장했다. 그는 이렇게 주장한다. "이와 같이 그리스도인들은 매일의 훈련을 통해 성경에 대해 능숙하고 숙련되어 있으며 정통한 사람이 되어야 한다. 왜냐하면 진정한 그리스도인이 이전 시대에 어떻게 만들어졌는지를 알려주기 때문이며 … 오늘날 우리를 그렇게 만들기 때문이다."[18] 우리는 우리의 예배 실행이 포스트모던 시대에 말씀과 찬양, 기도가 "진정한 기독교적인 것"이 될 수 있도록 예배 참석자들을 어떻게 잘 훈련시킬 것인지를 언제나 물어야 한다.

---

17 Leander Keck, *The Church Confident* (Nashville: Abingdon Press, 1993), 27~28.
18 Martin Luther, "Concerning the Order of Public Worship" (1523), trans. Paul Zeller Strodach, in *Liturgy and Hymns*, ed. Ulrich S. Leupolds, vol. 53 in *Luther's Works*, gen ed. Helmut T. Lehmann (Philadelphia: Fortress Press, 1965), 12.

우리 예배의 모든 측면 – 우리가 무엇을 말하고, 어떻게 노래하고, 예배 공간 장식은 어떻게 하며, 공동체 안에서 상호작용은 어떻게 일어나게 할 것인지 – 은 우리 안에 특별한 품성을 형성한다. 그러므로 우리는 계속해서 우리의 예배가 하나님을 어떻게 나타내며 우리가 어떤 사람이 되어야 할 것인지를 물어야 한다. 왜냐하면 하나님에 대한 관점과 이해, 예배의 모든 요소에 의해 만들어진 존재의 특별한 태도와 습관은 우리의 나머지 생애에서 예배할 때 우리가 어떻게 생각하고 말하고 행동할 것인지에 영향을 주기 때문이다.

우리가 함께 모인 예배 가운데서 행하고 말하는 일들이 어떤 것인가에 의해서 품성을 형성하는 것 외에도 회중이 함께하는 공동체의 삶의 모든 측면은 양육되는 과정의 부분이다. 교육 프로그램, 청소년 모임, 위원회의 임무 수행, 교인들 회의, 사회봉사 프로젝트, 청지기직 수행, 찬양대 연습, 탁아 프로그램, 만찬 등을 통해 신실한 삶 가운데서 성장하는 법을 배우게 된다. 교회 직원들과 교회의 지도자들 모두가 우리가 함께 행해야 할 것을 통해 품성 양육의 목표를 정확하게 인식하고 있어야 한다. 그러한 인식은 우리의 태도에 영향을 미치게 될 터인데, 우리가 다른 사람을 대하고 행동을 사려 깊게 할 수 있도록 해 줄 것이다. 그러한 행동은 모델로서 우리를 지켜보았고 붙잡아 주었던 사람의 경건성과 우리의 덕 가운데서 긍정적으로 성장하는 데 영향을 미치게 될 것이다.

오늘의 세계는 기독교 예배와 공동체 삶이 육성한 개인적 품성을 긴급하게 필요로 한다. 오늘 우리가 사는 사회에는 자격을 갖춘 지도자들이 극히 부족하다는 것은 분명하다. 켁이 경고한 대로, "가장 진보적으로 법률을 제정하였어도 그것을 집행하는 사람들이 품성에 있어서 적당하지 않고 도덕적 신념이 결핍되어 있으면 그것은 실패하게 된다." 그러한 지도자의 자격은 어떻게 갖출 수 있게 되는가? "요구한다고 되는가? 조직이나 경험이 그들의 품성을 형성하고, 비전을 형성해 주며, 삶과 사역의 도덕적 차원에 그들의 양심이 민감하도록 만들어 줄 것인가? 누가 신뢰할 만한 지도자가 될 수 있는 자격을 교육해 주는가?"[19] 그러므로 예배에 대한 우리의 주요 질문을 확장해야 하며, 다음의 질문을 해야 한다. 우리 예배는 어떤 종류의 사람 – 교회를 위하여 뿐만 아니라 그것을 둘러싸고 있는 문화를 위하여 – 을 형성하고 있는가?

기억된 전통

평생 가는 품성의 성장을 이루기 위한 가장 중요한 도구 가운데 하나는 기억이다. 몇 년 전 아이다호 주의 모스코(Moscow, Idaho)와 워싱턴 주의 풀만(Pullman, Washington)이라는 도시에 있는 회복기 환자 요양센터를 매주 방문한 적이 있다. 몇 명의 알츠하이머 환자들이 그곳에 거주하고 있었고 그들 중 몇 명은 완전히 기억을 잃어버린 분도 있었다. 그들 중에 어떤 환자들은 내가 "죄 짐 맡은 우리 구주"를 부르기 시작하자 따라 부르기 시작했고 한 글자도 틀리지 않고 3절을 함께 불렀다. 그들은 주님의 기도를 함께 드렸고 사도신경을 다 기억하고 있었다. 그리고 그들이 기억을 잃어버리기 전에 불렀던 다른 찬양을 나와 함께 부르기도 했다. 연구에 의하면 사람들의 기억 속에는 오래된 기억일수록

---

19 Keck, *The Church Confident*, 93.

오랫동안 남아 있다고 한다. 그렇다면 아이들의 기억 속에 찬송, 기도, 성경구절 암송, 그리고 신앙고백 등을 심어주는 것은 얼마나 중요한가?

만성적인 질병과 생명을 위협하는 위기로 고통을 당하였던 나 자신의 경험 때문에 이 사실을 반복해서 강조하고 싶다. 지난해에 좋은 시력에 망막출혈이 생겨 이중으로 돋보기를 끼고 아주 짧은 시간을 제외하고는 거의 책을 읽을 수 없는 상황이 되었다. 거의 맹인 수준으로 보내야 했던 7개월 동안 루터교 초중고등학교에서 보낸 8년에 대해 계속해서 하나님께 감사를 드렸다. 그 기간 동안 수백 곡의 찬송 가사와 성경구절을 암기할 수 있었다. 이러한 환경은 나로 하여금 글씨는 전혀 읽을 수 없었지만 온전히 예배에 참여할 수 있게 했다. 거의 죽음에 가까이 왔을 때 그러한 찬양과 성경말씀들이 내 뇌에 넘쳐났고 거대한 위로와 힘을 가져다주었다.

위기의 시간들, 고령, 시력 상실, 혹은 다른 질병들로 고통당할 때 우리의 믿음과 희망은 우리의 기억 속에 저장된 것에 의해서 계속해서 양육을 받게 된다.[20] 우리가 어린아이들의 기억 속에 저장하려고 하는 것은 본질의 문제, 고통과 시련의 시간을 이겨왔던 교회의 유산의 조각들인지를 분명히 하자.

미국 도처에서 드려지는 수백 곳의 예배를 관찰하면서 아주 많은 '현대적인' 예배들 가운데 어린이들은 전혀 참여할 수 없다는 사실에 마음이 불편했다. 이러한 예배에는 아이들이 기대하고 함께 참여할 수

---

20 예를 들어, Barbara Myerhoff, *Number Our Days* (New York: Simon and Schuster, 1978), 259~60과 7장, "Jewish Comes Up in you From the Roots," 232~68에 나오는 바아바라 미어호프(Barbara Myerhoff)의 안식일 신부(The Sabbath Bride), 실비아(Sylvia)의 이야기를 참고하라.

있는 매주 외워서 드리는 예전적 내용은 포함하지 않고 있다. 내가 세 살 때 다른 예전이 있다는 것을 알았고 매주일 예배와 저녁 기도회에서 부르는 찬양을 다 외워서 할 수 있었다. 결과적으로 예배는 나에게 의미 있는 것 이상의 것이었다. 왜냐하면 내가 진정으로 그곳의 일원이 될 수 있었기 때문이다. 예배 가운데 아이들이 전혀 참여하지 못하는 것을 보면서 - 그들이 참여할 수 있는 함께 읽는 부분도 없었고, 부모들조차 아이들이 예배에 참여하도록 전혀 도움을 주고 있지 않았다 - 깊은 슬픔을 느꼈다.

내가 기억하기로 큰 즐거움을 가지고 내가 읽기를 처음 배웠던 단어는 '셀라'였는데, 어린이 회중이 종종 시편의 말씀을 봉독했기 때문이다. 어머니께서 내가 읽는 것을 도와주시기 위해 손가락으로 한 글자 한 글자 짚어 주셨고, 내가 이해할 수 없는 단어는 한쪽에 적어 놓기도 했다. 주의 깊게 들으면서 나는 얼마 지나지 않아 시편 읽기에 참여할 수 있었으며, 끝 부분에 있는 이러한 단어들 중의 하나에 주의를 기울이면서 엄마가 손가락을 짚어 주셨을 때 나는 회중을 따라 그 부분이 오면 '셀라'를 크게 외칠 수 있었다. 다소 순진해 보였지만 나의 시편 찬양을 올려드리면서 기쁨이 넘치는 '셀라'를 올려드릴 수 있고 공동체의 일원이 되는 것을 느꼈다.

더욱이 예배 전통 가운데 암기하는 부분은 우리 믿음의 뿌리에 우리를 생생하게 연결시켜 주며, 시간과 지역을 통하여 시련의 시간을 견디어 올 수 있게 했던 하나님에 대한 지식과 연결시켜 주었다. 두려움의 시간에 우리는 그의 백성들의 역사 가운데 하나님께서 개입하신다는 확신이 필요했고 계속해서 그러한 확신을 가질 수 있게 했다. 게일 오데이(Gail O'Day)는 우리로 하여금 믿음의 언어를 기억하고 은혜를 베푸시고(grace-giving) 삶을 변화시키는 하나님의 임재를 경험할 수 있도록 해 주는 전통이 가지는 가치를 잘 보여주는 예를 제시한다. 제 2 이사야가 어떻게 설교하였는지를 다음과 같이 설명한다.

> 그 설교자는 이사야의 예배 가운데 포로기를 보내고 있는 동료들에게 그들 자신의 언어로 다시 가르치는 이스라엘의 예배 가운데 구원의 신탁의 말씀을 전하였다. 제 2 이사야의 신학적 비범함과 목회적 창의성은 성전 예배로부터 들려온 "두려워하지 말라"라는 말씀에 적절하게 나타나고 있으며, 그것들을 선포의 재료로 삼고 있다. 그 예배 가운데서 신탁의 말씀은 단지 탄원하는 사람들에게 두려워하지 말라는 권고가 아니었으며, 탄원자가 단지 엄격하게 굴고 그들이 만들고 있는 것을 보여주어야 한다는 것을 상기시키고 있다. 구원의 신탁이 선포되었던 그 순간에 "두려워하지 말라"는 하나님의 말씀의 설명과 함께 "두려움은 사라지고 있다." 진정한 변화는 하나님의 확신을 주시는 말씀에 의해서 이루어지는데 하나님의 확신시키는 임재를 환기시키고 있다. 탄원자가 새로운 가능성의 삶으로 들어가도록 허락하시는 말씀의 순간이었다.[21]

유사하게 나의 기억으로 하나님의 말씀은 하나님의 임재를 느낄 수 있게 해 준다. 예전 가운데 허락하시는 신탁의 말씀을 듣는 것은 우리

---

21 Gail R. O'Day, "Toward a Biblical Theology of Preaching," in *Listening to the Words: Studies in Honor of Fred B. Craddock*, ed. Gail R. O'Day and Thomas G. Long (Nashville: Abingdon Press, 1993), 23.

가운데 믿음의 언어를 새롭게 해 주면서 힘을 공급해 준다.

많은 사람들이 기억하는 전통은 너무 창백하고 따분하며 성인들은 거기에 참여하지 못하게 만든다고 주장하기도 한다. 만약 우리가 계속해서 예배의 각 부분이 의미하는 것을 가르치고, 절기와 다른 제시된 다양성을 활용하며, 예배 세팅과 새로운 음악을 교체하는 방식을 선택하게 된다면 우리는 이것에 대항할 수 있다. 우리의 기억을 세워가는 생생한 예배의 비밀은 옛것과 새것, 암기하는 것과 신선한 것 - 새 포도주 주머니에 믿음의 전통 - 을 계속적으로 실험하면서 양면의 균형을 이루어감에서 찾을 수 있다.

스타일이 아니라 본질

예배 전통이 전해 주는 암기된 부분의 가치를 강조하는 것은 오직 "전통적" 예배가 품성을 개발한다는 의미가 아니다. 암기된 부분은 모든 유형의 예배에서 일어날 수 있다. 그리고 일어나야 한다. 분명하게 다양한 예배 스타일은 여러 다른 유형의 사람들에게 적합하다. 개인적 품성을 형성하는 예배를 기획함에 있어서 가장 중요한 질문은 스타일이 아니라 본질이다.

신실한 예배 스타일은 믿음의 본질이 가지는 다른 요소들을 전해 준다. 침례교도인 미셸 바비어(Michelle Bobier)는 자신의 영뿐만 아니라 감각과 몸에까지 깊은 감동을 주는 아름다움(beauty)과 형식(ceremony)에 대한 열망 때문에 성공회 교인들과 자주 예배를 드린다고 설명한다. 그 안에서 그는 이것에 대한 성경적 기초를 발견한다.

성경은 의례(ritual)가 없이는 그 자체가 존재하지 않는다. 구약성경은 화려한 의식에 대한 묘사로 가득한데, 금과 향기와 예복에 대한 묘사로 가득 차 있다. 신약성경의 대부분도 아주 설명을 아끼고 있지만 요한계시록에서 비슷한 것을 찾을 수 있게 된다. … 하나님께서는 성경 전체를 통하여 이러한 반짝이는 화려함을 우리에게 주셨다. 왜냐하면 그분은 적어도 우리 중의 어떤 사람은 그것이 필요함을 아시기 때문이다. 우리 영혼을 위해 우리에게는 그것이 필요하다.[22]

그의 결론은 예배의 다양한 스타일의 이러한 가치를 강조한다.

침례교회에서 나는 교육을 받고, 도전을 받으면서 자랐고, 편안함을 느낀다. 그곳에는 동시에 간소하면서 무질서하고 소란해 보이기도 하고 웃음으로 넘쳐나는 하얀 벽으로 둘러싸여 있다. 동시에 같은 날 어떤 때에는 성공회에서 마음이 조용해지고 평화의 처소로 이끌려 나아감을 느낀다. 이러한 예배의 두 전통은 내가 되어가는 존재를 만들면서 완전히 서로 다른 부분으로 나를 이끌어 나의 정신과 마음 안에 부분 부분이 함께 존재하고 있다.[23]

오직 우리가 어떤 스타일의 예배를 드려야 할지에 대한 문제에만 집중한다면 예배에 대한 잘못된 질문을 제기하고 있는 것이 된다. 오히

---

22   Michelle Bobier, "A Baptist among the Episcopalians," *New Oxford Review*, 59, no. 6 (July-August 1992): 16.

23   위의 책, 16.

려 스타일은 "어떤 종류의 사람으로 우리는 지금 형성되어 가고 있는가?"라는 정말 필요한 질문에 신실하게 대답할 수 있는 그것에 의해 결정되어야 한다.

하나님을 찬양하는 대신에 청중을 기쁘게 하려는 예배는 이러한 본질적인 목적에 분명하게 어긋난 것이다. 즐거움을 추구하는 예배(entertaining worship)는 품성의 형성에는 아무런 역할도 하지 못한다. 왜냐하면 성경이 보여주는 대로 "매체의 형태는 특별한 형태의 내용만을 좋아하게 된다"는 원리 때문이다. 포스트만은 이스라엘이 어떤 형상을 만드는 것도 금했던 십계명의 두 번째 계명은 "인간의 커뮤니케이션의 형식(forms)과 문화의 속성(quality)이 결합되는 것"을 당연하게 여긴다고 주장한다. 유대인들의 하나님과 그리스도인들의 하나님은 다른 문화권의 신들과는 다른 분이다. "말씀 가운데서, 말씀을 통해 추상적 사고의 최고의 질서를 요구하면서 미증유의 개념 가운데" 존재하시는 분이기 때문이다. "그 문화에 적합한 커뮤니케이션 매체는 문화의 지적, 사회적 관심사(preoccupations)의 형성에 두드러진 영향을 형성하기 때문에"24 우리의 예배의 내용을 무기력하게 만들고 사소한 것으로 만들어 버리는 커뮤니케이션의 형태를 피하기 위해 깊이 유의하여야만 한다.

그 위험을 강조하는 사례를 좀 더 살펴보자. 존 알렉산더(John Alexander)가 조롱하듯 다음과 같이 말한다.

---

24 Neil Postman, *Amusing Ourselves to Death*, 9.

진리나 정의보다는 매일 치실을 사용하는 것과 바른 자기 지킴이 사탄과 그의 결정적으로 비위생적이고 세련되지 않은 적을 이기는 데 필요한 무기로 보인다. 우리는 주일학교 교실을 마치 아침 방송의 토크 쇼 세트의 아담하고 인공미를 담아낸 것처럼 꾸미게 된다. 우리는 유권자를 공격하거나 도전하는 일을 피하기 위해 정치 선전의 기술인 사운드 바이트(sound-bite)[25]를 적용하기도 하고, 이제 목회자들을 텔레비전 네트워크의 뉴스 앵커와 비교하며 편안하게 말할 수 있는 능력으로 평가하기도 한다. "'갈보리 산 위에'(The Old Rugged Cross)라는 찬송을 업데이트하기 위해 찬양대 석의 짐 형제를 그만두게 합시다." 이제 예배와 엔터테인먼트는 분리할 수 없는 것이라는 개념을 우리의 젊은이들이 갖게 되는 것은 이상한 일이 아니다.[26]

오락성을 추구하는 사고 구조는 사람들이 '거기에서 손에 넣을 것'을 위해서 예배에 참석할 때 분명해질 수밖에 없다. 그러한 접근방식에서는 하나님이 예배의 중심이 아니라 우리가 중심이 된다. 그러한 예배는 하나님께서 우리를 대면하시고, 우리가 따로 떼어놓은 방식이나 신실한 방식으로 하나님과 함께하는 특별한 시간과 공간을 만들지 않는다. 진정한 예배의 결과는 하나님께서 우리를 변화시키고 변형시키며, 하나님의 거룩하심을 따라 우리의 품성을 형성하는 것 – 오직 우리가 우리 자신이 아니라 하나님을 예배할 때, 하나님의 사랑을 위해 예배

---

25 역주/ 방송에 인용되는 화제가 되는 내용 중에서 핵심적 내용만을 적절하게 전달하기 위해 짧은 분량으로 추출하여 사용하는 정치인의 어록이나 주장 내용을 말한다.

26 John Alexander, "Jobs against the Church," *The Other Side*, 29, no. 4 (July-Aug. 1993): 53.

에 참석하게 된다면 – 이 될 것이다.

사람들이 더 원하고 필요로 하는 것

경건한 품성으로 양육을 받은 사람은 단지 즐거움을 추구하거나 무기력하게 된 예배로 만족하지 못할 것이다. 최근의 우리 회중 가운데 청소년 그룹은 5번째 주일이 있는 달에 예배를 인도하는데 종교개혁 주일에 예배를 인도하게 되어 그것을 기획하게 된 것을 아주 기뻐하였다. 그들은 루터교 예배서(Lutheran Book of Worship) 가운데 마틴 루터가 만든 많은 찬양들을 발견하면서 놀라워했다. 그 예배를 위해 찬양을 선곡하면서 그들은 청소년 예배에서 자주 사용하는 피상적인 집회 찬송곡보다는 본질적인 찬양들(substantive hymns)을 선곡했다. 몇 찬송들은 기타로, "내 주는 강한 성이요"라는 곡은 오르간, 트럼펫, 그리고 찬양대 데스캔트와 함께 찬양했다. 우리는 다양한 스타일의 찬양과 충실한 의미를 담고 있는 찬양곡을 활용했다. 그리고 청소년들은 그 깊이 있는 내용에 감사를 표현했다.

2년 전 일련의 어린이 설교를 행하면서 믿음의 유산에 대한 깊은 관심을 동일하게 발견할 수 있었다(부록 참고). 어느 주일에 어린이들과 나는 다른 세 종류의 오르간 전주 – 찬송가 코랄, 트럼펫 입례송, 그리고 사순절 서주 – 를 들었다. 그리고 그 전주가 예배의 주제를 준비하는 데 어떻게 도움을 주었는지에 대해 이야기를 나누었다. 아이들은 오르간 소리에 매혹되었고 그 전주가 예배를 준비할 수 있었던 여러 방식 – 그 것을 잘 듣고 하나님을 예배하기 전에 기도함으로, 그날의 주제와 메시지를 위해 감정과 마음을 준비하면서 음악을 묵상함으로, 혹은 나이가 들어서 예배가 시작되기 전에 찬송 가사를 읽음으로 찬양에 더 참여할 수 있게 해 주었던 것들 – 에 대해 이야기를 들려주었을 때에 주의를 기울여 경청했다. 예배를 마친 후에 여러 부모들이 예배를 준비한다는 것이 얼마나 중요한 것인가를 배울 수 있게 되었다고 이야기했다.

내가 주장하려는 것은 사람들이 예배가 보다 의미 있게 되기를 '원한다'는 것이고, 그들은 그렇게 되기 위해 면밀한 교육이 필요하다는 점이다. 어린아이들, 십대들, 청년들, 성인들 – 이들은 모두 보다 깊이 있는 것을 받기를 원한다. 왜냐하면 이 세상에는 피상적이고 사소한 것들로 가득하기 때문이며, 고통스럽고 비극적인 방식에는 깊은 것이 있기 때문이다. 많은 회중은 그들의 예배가 회중의 정신과 마음과 영혼을 힘 있게 일으켜 세우는 대신에 무기력하게 되어 사회의 수준으로 다운되는 것을 얼마나 불편해하는가! 그렇게 하찮은 예배에 참석한 사람들 안에는 어떤 품성이 형성되는가?

논점은 언제나 우리가 "그들이 있는 삶의 자리에서 사람들을 만나야만" 한다거나 "모든 사람에게 모든 것이 되어야 한다"고 일반적으로 제시된다. 그러나 이것은 사람들에게 어필하기 위해 모든 것을 무기력하게 하는 것을 의미하지 않으며 가장 낮은 공통분모를 넘어서 예배자들을 고양시키려고 하는 것이 아니다. 오즈 귄니스(Os Guinness)가 주장한 대로 그것은 "MTV를 볼 수 없는 글을 읽지 못하는 아이들을 위해 만화 그림을 통해 복음을 전하려고" 했던 것처럼 "완벽하게 합법적이다." "그러나 5년 후에 그들이 새로운 제자로 그리스도께 나아온다면 그들은 로마의 그리스도인들에게 보냈던 바울의 서신을 읽을 수 있고

이해할 수 있을 것이다."²⁷

본질적인 형태로부터 벗어나 새로운 변화가 필요하다고 주장하는 이런 합리적인 주장으로부터 나온 예배에 대한 이런 질문에 특히 관심을 가지고 있다. 불신자들의 95%가 예배의 스타일에 의해서가 아니라 친구의 인도로 그리스도께 인도함을 받았다는 사실도 계속해서 기억하자. 결과적으로 우리의 예배는 구원받지 못한 사람들에게 복음으로 다가갈 수 있는 환영하는 품성을 양육하는 것이 되어야 한다. 노스캐롤라이나 채플힐(Chapel Hill)의 노스캐롤라이나주립대학교 사회과학리서치연구소가 최근에 내놓은 설문 결과에 따르면 교회들이 이러한 품성을 형성하는 일을 잘 수행하고 있지 않은 것으로 밝혀졌다. 그 연구는 "'모든 민족으로 제자를 삼으라'는 예수님의 영적인 권고는 교회가 수행해야 할 중요한 기능 가운데 그 순위가 계속해서 떨어지고 있다"고 결론을 내렸다. 선교/전도 수행 의식의 부족은 분명해 보이는데 "오늘날 남부를 제외한 지역의 그리스도인들 32% – 남부는 52% – 가 사람들을 믿음으로 나아오게 하는 것을 교회의 '아주 중요한' 행위로 여긴다."²⁸

우리 교회 회중은 믿음과 희망에 대해 다른 사람들의 필요에 어떻게 마음을 두고 있는가? 만약 우리의 예배가 현대 사회의 두드러진 현상인 "자아" 운동의 희생물로 전락하고 우리의 느낌과 경험에만 집중을 한다면 우리는 분명하게 그러한 확신을 증진시킬 수는 없다. 우리의 예배는 하나님을 주체로 모셔 들여야 한다. 왜냐하면 그러한 예배는 그

---

27   Os Guinness, *Dining with the Devil* (Grands Rapids: Bakers Book House, 1993), 28~29.
28   "Converting Others Not a High Priority," *The Christian Century*, 111, no. 19 (15~22 June 1994): 601.

것들을 조성할 수는 없지만 그분의 자기 주심의 품성 안으로, 잃어버린 영혼을 향한 하나님의 관심으로, 우리의 삶을 통해 복음이 화육화되는 것 안으로 초대할 수는 있기 때문이다. 우리는 어떻게 하나님의 품성을 닮아가면서 성장해 갈 수 있을까? 우리가 예배 가운데 하나님이 어떤 분인지 – 우리의 몸부림과 관심 가운데서 – 에 집중하지 않고서 어떻게 그것이 가능해질 수 있을까?

월터 브루그만이 요약한 대로 기독교 신앙의 주요한 어려움은 "손에 잡히지 않는 하나님을 '신뢰해야' 하는 문제이며, 적으로 경험되는 '이웃을 돌보아야' 하는 문제이다."[29] 우리가 하나님을 만날 수 있고, 하나님은 신뢰할 만한 분이며, 삶의 모든 곳에서 우리가 생각하는 것보다 더 큰 분이라는 사실을 배울 수 있는 그런 예배가 필요하다. 하나님의 관심을 우리에게 가르쳐 주고, 모든 이웃을 환영하며, 우리를 위하여 하나님의 목적 가운데 참여하도록 초청하는 그런 예배를 우리는 필요로 한다. 우리를 변화시키기에 넉넉히 깊고 우리의 자아 열중의 경향을 제거할 만큼 강력하며, 하나님을 작은 상자에 넣을 수 있다고 생각하는 그 작은 상자를 흩어버리기에 충분한 경이감으로 가득하며, 세상의 필요를 드러내기에 충분히 완전한 그런 예배를 우리는 필요로 한다. 왜냐하면 하나님은 우리를 만나시기 위해 활동하고 계시기 때문이다.

하나님께서는 예배 가운데서 – 말씀, 공동체, 그리고 성찬 가운데서 – 당신 자신을 친히 나누어 주신다. 하나님의 임재를 경험할 때 우리의 품성은 형성되게 된다. 목회자이자 친구이며, 영적 인도자인 앨

---

29 Walter Brueggemann, *The Message of the Psalm: A Theological Commentary*, Augsburg Old Testament Studies (Minneapolis: Augsburg, 1984), 81.

런 존스(Alan Jones)가 한번은 그렇게 말하는 것을 들었다. 성찬식에서 빵을 들고 어거스틴의 말을 인용했다. "당신이 보는 것이 되십시오. 당신이 되게 했던 것을 받으십시오."[30]

---

30   John H. Westerhoff Ⅲ and John D. Eusden, *The Spiritual Life: Learning East and West* (New York: The Seabury Press, 1982), 59.

Chapter 07

그리스도인 공동체인 교회의 품성
: 무엇이 위기에 처해 있는가?

⋮

The Character of the Church as
Christian Community
: What Is at Stake?

Chapter 07
그리스도인 공동체인 교회의 품성
: 무엇이 위기에 처해 있는가?

오 주님, 우리는 최고의 진리이신 주님께 기도합니다.
모든 진리는 주님께로부터 나왔나이다.
오 주님, 최고의 지혜이신 주님께 간구합니다.
모든 지혜 있는 자들이 자신의 지혜를 위해 주님을 의지하게 하옵소서.
주님은 최고의 기쁨입니다.
기뻐하는 모든 사람은 주님께 속해 있습니다.
주님은 최고의 하나님입니다.
모든 선한 것이 주님으로부터 나왔나이다.
주님은 우리 마음의 빛입니다.
모든 사람은 주님으로부터 진정한 이해력을 얻게 될 것입니다.
우리가 주님을 사랑합니다.
실로 세상 무엇보다도 주님을 사랑합니다.
우리가 주님을 보나이다. 우리가 주님을 따라가나이다.
주님을 섬기기 위해 준비하고 섰나이다.

– 알프레드 대제, 영국의 왕, 849~899.

하나님을 우리 예배의 주체와 예배를 받으실 객체로 모셔 들여야 한다는 본인의 강조와 어떻게 개개인의 그리스도인의 품성을 예배가 형성할 수 있을 것인지는 예배를 위해 함께 모인 우리 교인들의 모임이 어떻게 교회 공동체를 형성하는가와 관련된 기본적인 질문이다. 그리스도의 몸에 대한 성경적 묘사는 우리의 신학적 형식의 이러한 측면을 인도하는 두드러진 이미지이다. 이러한 메타포는 주로 그리스도가 머리이시라는 사실과 그분이 모든 것의 초점이 되어야 하며 그분의 자기주심을 통한 임재는 우리가 행하는 모든 것을 결정짓는다는 점을 상기시킨다.

예배 공동체는 머리되시는 그리스도께 달려 있다

기독교 공동체가 세상에 아무도 할 수 없는 그것을 할 수 있는 오직 그 일은 그것이 가지고 있는 자원을 가지고 찬양하는 것이다. 예배를 위해서 교회가 함께 모이는 것은 우리의 찬양의 주체와 대상이 되시는 하나님을 잃지 않기 위해서이다. 마틴 마티는 기억할 만한 구절을 제시하는데, 예배는 "무의미하게 보일지 모르지만 그러나 중요하다."[1]

수익성이 높은 "마케팅 영역"을 발견하려는 현대의 요구는 실제로 진정한 기독교 공동체를 위협하고 있다. 왜냐하면 진정한 예배의 목적은 하나님을 기쁘시게 하는 것을 그분께 올려드리는 것이기 때문이다. 웰톤 개디(Welton Gaddy)는 이렇게 주장한다. "예배 경험은 그 목표가 회중에게로 지향해 있다면 적절하게 구성된 것이 아니다(그리고 영적으로 매우 위험하다)." 하나님을 기쁘시게 하는 예배를 "하나님의 도우심으로 사람을 즐겁게 만들려고 노력하는 엔터테인먼트와 혼동하는 것은 … 공동체에 속한 모든 사람의 영성에 큰 해를 미치게 될 위험한 일

---

1 Martin E. Marty, "Holy Ground Sacred Sound," 1993년 11월 4일, 미국의 오레곤 주 포틀랜드의 시온루터교회(Zion Lutheran Church)에서 행한 강의이다.

을 행하는 것이 된다."²

개디는 교회가 신실하게 오직 하나님과 예배해야 할 필요성과 진정한 예배가 공동체의 정체성을 어떻게 형성하는지를 아주 정교하게 제시한다.

> 교회의 진정한 정체성은 그것 자체가 문제가 되는 것은 아니다. 그러나 그것이 다른 것으로 변형될 위험 앞에 언제나 서 있다. 그 안에서와 밖으로부터 지속적인 압력이 교회에 밀고 들어오는데 그것이 좋아하는 방향으로 나아가도록 하는 압력이다. 그런데 만약 교회가 그것을 따라가게 되면 그 본질이 바뀌게 된다. 오직 하나님의 소유권 안에서 교회는 부여된 신적인 정체성을 유지하게 되며 그것을 유지할 힘을 공급받게 된다. 교회의 본질을 새롭게 하려는 설득력 있는 논의는 아주 많이 있다. 교회의 정체성에 대한 확신과 그것에 대한 헌신은 기독교 예배로부터 주어지는데, 그러한 영향력으로부터 성공적으로 저항하는 데 필수적인 요소가 된다. … 예배 가운데서 교회는 그리스도의 주되심에 헌신하는 하나님의 백성으로 정체성을 부여받게 된다. 예배 경험에 의해 형성된 교회는 예수님의 사역을 계속해서 펼쳐가며 사회와 반대되는 교제를 이루어 가는 공동체로 존재하게 된다. 교회의 예배 가운데서 교회는 공적인 삶의 풍부한 자원을 발견하게 되며, 선물을 간직한 공동체로서 교회에 주어진 약속을 인식하게 된다.³

---

2 C. Welton Gaddy, *The Gift of Worship* (Nashville: Broadman Press: 1992), 35~36.
3 위의 책, 52~53.

5장에서 우리는 교회가 하나님의 소유이며 그분이 그것의 머리가 되신다는 관점에서 교회가 가지는 진정한 정체성을 발견해야 한다는 중요한 요구사항을 논의했다. 이 장에서는 교회의 정체성, 사역, 선물됨의 주제를 살펴보게 될 것이다. 그러나 먼저 우리는 교회에 주어지고 있는 압력과 다른 곳으로 이끌어가려는 압력에 대해서 먼저 살펴보고 오늘의 문화가 가지고 있는 자기애가 중심을 이루는 자기 열중에 이끌리는 공동체에 가해지는 위험요소가 무엇인지를 먼저 인식해야 한다.

공동체에 해가 되는 문화적 나르시시즘

공동체로서의 교회의 정체성은 성경이 제시하고 있으며 지역교회가 갖는 행동양식(conversations)에서도 제시된다. 우리는 줄줄 외우듯이 교회가 "그리스도의 몸"이라는 사실을 이야기한다. 그러나 우리는 오늘의 자기애가 중심을 이루는 문화 속에서 진정한 공동체를 세운다는 것이 가지는 거대한 어려움은 거의 인식하지 못하고 있다. 여러 해 동안 경험하면서 반복해서 생각했던 것은 단어에 대한 것이었는데 현대 그리스도인들은 "나"(I) 대신에 "우리"(we)라는 관점에서는 거의 생각해 보지 않은 것 같다. 나는 *The Hilarity of Community*(공동체의 환희)라는 책을 썼는데 공동체의 삶을 더 깊게 하기 위해 특별하면서도 명백한 행동을 증진할 수 있는 방안을 연구하는 주제를 담았다. 그런데 그 책은 다른 책에 대해 받은 반응만큼 그렇게 많이 받지 못했다. 먼저, 대부분의 교회들이 진정한 공동체가 되기 위해 문화적 흐름에 대항해야 할 부분이 얼마나 많은지를 인정하는 데 실패하고 있다. 둘째로, 필요한 헌신을 개발하기 위해 가져야 할 노력을 확대해 가려고 하는 교회는 그렇게 많지 않다.

우리는 문화적 자투리가 진정한 기독교 공동체 형성에 대항하여 너무 많이 싸여 있지 않은지를 정직하게 물어야 한다. 리차드 세네트(Richard Sennett)의 *The Fall of Public Man*(공적 인간의 퇴락, 1978), 크리스토퍼 래쉬(Christopher Lasch)의 *The Culture of Narcissism*(나르시시즘의 문화, 1979), 로버트 벨라(Robert Bellah)와 그의 동료들의 *Habits of the Heart*(마음의 습관들, 1985), 윌리엄 다이니스(William Dyrness)의 *How Does America Hear the Gospel?*(미국은 복음을 어떻게 듣고 있는가?, 1984)[4] 등의 책들이 그렇게 제시하고 있다.

베이비부머 세대에 대한 웨이드 클락 루프의 연구는 문화적 나르시시즘이 교회의 문화를 어떻게 침공하고 있는지, 성경적 공동체로부터 어떻게 벗어나게 하고 있는지를 밝히고 있다. 젊은 성인들의 위기 가운데서 교회를 떠나고 있는 베이비부머들은 영적 성장에 관심을 기울이고 있다. 그러나 그들은 자아를 고립시키는 심리학적인 형태 가운데서 그것을 구하고 있다. 루프는 "'선택'과 '필요'라는 심리학적 언어는 회중이 참여하는 데 기초가 되는 종교적 의무라는 옛 스타일의 언어를 대체시키고 있다."[5] 그러한 의무들 – 다른 사람에 대한 헌신, 공통으로 가지고 있는 믿음의 교리(tenet) – 은 주로 공산사회의(communitarian)것이었다. 반대로 베이비부머들은 '느낌'의 종교를 강조하는 교회의 소비자로서 주변에서 구매한다. 물론 믿음은 느낌을 고양시킨다. 그러나

---

[4] 특별히 William Dyrness, *How Does America Hear the Gospel?* (Grand Rapids: William B. Eerdmans, 1989), 96~105를 참고하라.
[5] Wade Clark Roof, *A Generation of Seeker*, 192.

그러한 회중의 후방에 있는 것은 느낌을 양산해 주었던 공동으로 간직하고 있던 신앙의 상실이다. 우리가 앞장에서 이미 살펴본 것처럼 이러한 개인화된 종교는 객관적 바탕으로부터 "믿는 자들에게 그것이 행하는 것에 대한 보다 쓸모 있는 이해에로 움직이는 진리에 대한 접근 방식을 어떻게 변화시키며, 그것이 행하는 것을 보다 효과적으로 할 수 있는가?"(195)

종교에 대한 이러한 단순화는 자아에 대한 바로 그 논증을 바꾸어 놓으면서 사람들은 자아는 증진될 수 있고, 무엇보다도 "자아의 입맛은 만족을 모르는 특성을 가지고" 있지만 그것을 만족시켜야 한다는 사실을 앞장에서 역시 살펴보았다. 현대의 다원주의는 "이러한 '새로운 자발적 행동'(voluntarism)을 부양하고 있는데 어느 단일의 버전을 '유일한' 종교적 진리로 독점하지 않고 모두에게 열려 있는 종교적 옵션의 폭넓은 다양성을 통해 그리한다"(195).

결과적으로 베이비부머들은 다양한 공급원으로부터 그들의 신앙 양태를 선택하게 되는데 그 공급원들은 조직신학적인 기반이 아니라 개인적인 충족과 신빙성에 대한 추구로 특징지어지는 "다양한 층의 영성"을 낳게 된다(120). 기독교의 신학적 기초에 바탕을 둔 생명은 진정한 충족에 최고의 가능성을 제공하는 것과 믿음의 공동체는 그 일원들에게 가장 확실한 품성을 양육한다는 사실을 전달하는 데 그 회중은 실패한다.

자기애가 중심을 이루는 사회의 아주 해로운 측면 가운데 하나는 과거에 대한 거부에 있다. 래쉬는 "과거에 대한 문화적 평가절하는 우세하는 관념의 빈곤함뿐만 아니라 자기애적인 내적 삶의 빈곤까지 유발하게 되는데, 그 빈곤은 실재에 대한 이해력을 상실하였고 그것에 정통하려는 시도조차 하지 않게 된다"고 진술한다. 사회는 "과거를 소비에 있어서 시대에 뒤떨어진 스타일이며 폐기처분해야 할 패션과 태도와 동일하게 취급하면서" 과거를 사소한 것으로 여기게 되고, 결과적으로 "오늘날 사람들은 오늘의 상태에 대한 신중한 논의에 있어서 과거에서 끌어오는 사람이나 현재를 판단하는 기준으로 과거를 활용하려는 시도에 대해 분개한다."[6] 이러한 태도는 교회에서 정말 놀라운 것 – 그리고 위험한 것 – 이며 우리가 과거를 기억하는 것에 의해 좌우되는 존재이지만 그것이 별 소용없게 여기는 분위기가 도드라질 때 더욱 그리된다.

교회에서조차 – 그리고 특히 '예배 전쟁' 상황에서 – 우리는 래쉬가 명명한 대로 "과거의 사랑스러운 모든 회고와 자동적으로 환영하는 것에 대해 유행처럼 냉소하는 것"을 보게 되며 "가짜 진보적 사회에 편애"하는 것을 적당히 이용한다. 그러나 역사적으로 많은 급진적인 운동이 과거의 "신화와 기억으로부터 힘과 생명력"을 끌어왔음을 알고 있다. "이러한 역사적 발견은 충실한 기억이 성숙에 있어서 절대 필요한 심리학적 자원을 형성한다는 심리분석적 통찰력을 증강시켰다."[7] 이와 같이 그것의 기억과 공동체를 위하여 – 이것은 헤어 나올 수 없게 서로 연결되어 있다 – 교회는 우리 사회의 나르시시즘에 저항해야 한다.

그러한 문화적 나르시시즘에 모든 것을 내어주는 대신에 교회는 믿음의 공동체가 된다는 것이 무엇을 의미하는지를 회복함으로써(위에서 우리가 살펴본 대로) 우리 사회를 가장 잘 섬길 수 있다. 그러나 리차드

---

6   Christopher Lasch, *The Culture of Narcissism* (New York: W. W. Norton, 1979), xvii.
7   위의 책, xvii.

리셔(Richard Lischer)가 한탄한 것처럼 "그 멤버들이 전통에 의해서 양육을 받은 '기억의 공동체'(로버트 벨라의 용어)는 편리함과 소비의 일반 형태가 가장 중요한 요소로 자리매김을 한 '생존 스타일의 이종(異種) 문화권'(life-style enclave)에 길을 내주었다." 그 결과는 회중이 더 이상 대안적인 "대조사회가 되지 못하고 그들을 둘러싸고 있고 그것에 감염된 개인주의적 문화를 비추는 것"이 되었다.[8]

이러한 나르시시즘이 극복될 수 있을까? 나는 적어도 그것은 극복될 수 있다 - 그리고 하나님을 주체로 모시는 예배는 가장 중요한 열쇠가 될 수 있다 - 고 확신한다. 왜냐하면 하나님은 공동체를 만드신 분이고 교회를 보존하시는 분이기 때문이다. 개별 신자들의 "좋은 느낌"에 초점을 맞추기보다는 하나님을 중심에 모신 예배는 경건한 품성을 가진 사람으로 양육할 수 있으며, 예배 참석자들을 하나님에 대한 공통의 이해로 이끌어가는 예배는 살아 있는 공동체로 발전시켜 나갈 수 있다. 그리고 그 공동체는 역으로 그 멤버들의 품성을 깊게 하며 성숙시킬 수 있을 것이다.

교회에서 나르시시즘은 공동체의 오염의 원인과 결과가 된다. 교회들이 진정한 공동체의 특성을 잃어버렸기 때문에 많은 성도들은 거기에 어떤 충족감을 추구한다. 여기에서 아더 저스트(Arthur Just)의 확신을 나누고자 한다. "만약 성서신학의 갱신이 하나님의 백성들이 먼저 그 자신과 성도들의 공동체에 대해 볼 수 있도록 만든다면 그때 그들

---

[8] Richard Lischer, "Preaching as the Church's Language," in *Listening to the Word: Studies in Honor of Fred B. Craddock*, ed. Gail R. O'Day and Thomas G. Long (Nashville: Abingdon, 1993), 120.

은 자신들의 삶 속에 만연되어 있는 오늘날 문화의 개인주의가 보여주는 그들 삶의 메타포를 용납하지 않을 것이다."[9]

한 세기가 바뀌는 시점에서 교회는 만약 진정한 공동체가 되기 위해 스스로를 더 강하게 한다면 교회를 둘러싸고 있는 문화 가운데 존재하는 깊은 갈망에 응답하는 놀라운 기회가 될 것이다. 왜냐하면 사람들은 그들의 자기애적 자기 열망의 효과에 참으로 만족하지 못하게 될 것이기 때문이다. 로버트 벨라와 그의 동료들이 주장한 대로, "미국의 문화적 전통은 인격, 성취, 그리고 인간 삶의 목적을 영광스럽지만 두려운 고립 가운데 개인을 팽개쳐 놓는 방식으로 규정한다."[10] 영광의 번득임이 쇠하여 갈 때 개인은 자기 인격 가운데 텅 빈 외로움, 덧없는 성취의 본질, 이기적인 목적의 공허함을 발견하게 된다.

미국 문화 가운데 공동체를 향한 열망이 점점 더해 가고 있다. 클린턴 대통령은 노틀담대학교에서 행한 선거운동 연설에서 똑똑 두드리듯 이렇게 선언하였다. "무엇보다도 우리는 공동체의 위기, 영적 위기 가운데 서 있습니다. 그것은 우리 각자에게 서로를 향한 의무를 기억하고 그것을 따라 행하도록 부르고 있습니다." 그는 공동체의 목적을 "극단적인 위기의 순간에서 뿐만 아니라 바로 지금, 여기에서 오늘로부터 시작하여 우리 삶의 매일의 삶 속에서 공동의 가치와 선을 추구하도록 부름을 받았다"고 인식한다. 이러한 연설을 평가하면서 벨라

---

9. Arthur A. Just, "Liturgical Renewal in the Parish," *Lutheran Worship: History and Practice*, ed. Fred L. Precht (St. Louis: Concordia, 1993), 28.

10. Robert Bellah et al., *Habits of the Heart: Individualism and Commitment in American Life* (Berkeley: University of California Press, 1985), 6.

와 아담스는 클린턴이 "공동체는 도덕적 차원을 가지며 적어도 독립적인 인식을 요구한다는 수사학적 단계에서" 이해하고 있다고 주장한다.[11] 교회는 그것의 도덕적 차원의 기초가 되는 하나님의 진리를 제공하는 한에 있어서 결정적으로 필요한 공동체이다. 그러므로 교회의 예배는 단지 느낌이 아니라 하나님과의 관계성 속에서 공동체의 핵심적인 가치를 선포해야만 한다.

교회 마케팅을 주장하는 사람들은 황금기 - 공동체를 세우는 그들의 전략과 관련하여 중심적인 내용에 대해 나는 동의하지 않지만 - 로 인식한다. 바아나와 맥케이가 주장한 대로 "기독교 공동체는 모든 것 중에서 가장 중요한 부분이다. 수백만의 그리스도인들은 그들이 고독한 전투를 수행하고 있다고 느낀다. 슬프게도 고독은 구원받지 못한 사람들과 마찬가지로 그리스도인 가운데도 가장 일반적인 현상 가운데 하나이다." 그러한 유익들 가운데서 생명력이 넘치는 공동체를 세워갈 수 있다는 것으로부터 시작하여, 유대감, 친교, 격려, 책임, 성경적 원리의 이행 등을 들 수 있다. 다시 말해서 진정한 기독교 공동체는 "믿음, 행동, 그리고 언어" - 즉, 품성의 형성 - 등에 변화를 가져올 수 있다.[12]

민주주의, 공적 견해, 그리고 혼합주의

기독교 공동체가 무엇인지 - 그것이 어떻게 규정되고 예배 가운데

11　Robert N. Bellah and Christopher Freeman Adams, "Strong Institutions Good City," *The Christian Century*, 111, no. 19 (15~22 June 1994): 605.

12　George Barna and William Paul McKay, *Vital Sign* (Westchester, IL: Crossway Books, 1984), 147.

서 어떻게 규정되어야 하는지 - 에 대해 고찰하기 전에 우리는 공동체의 의미 곡해에 대해 경고를 해야 한다. 교회는 그리스도와의 관계성 속에서 형성되기 때문에 어떤 점에서 교회는 - 그것이 일반적으로 혼동되기는 하지만 - 민주주의가 아니다. 초창기 교회는 "성령과 우리는 이 요긴한 것들 외에는 아무 짐도 너희에게 지우지 아니하는 것이 옳은 줄 알았노니"(행 15:28)와 같이 말할 수 있을 때까지 집중적인 토론과 기도를 통해 결정을 내렸던 것을 알 수 있다.

그러한 결정과정은 교회 안에서 두 가지 주요 문제를 제거할 수 있다. 먼저, 회중은 승자와 패자가 나오게 만드는 다수결로 무엇을 결정하는 것을 피할 수 있다면 분열을 야기하는 불화는 막을 수 있다. 양극단으로 나뉘지 않고 파벌이 형성될 수 있는 문제를 함께 해결해 가기를 원한다면 그것보다 더 좋은 것은 없을 것이다. 만약 회중이 모든 선택사항을 논의할 수 있고, 가능하면 많은 것을 함께 동의할 수 있는 것이 된다면 소위 "예배 전쟁"으로 표현되는 것을 얼마나 많이 막을 수 있을까?

성령님의 이끌림을 받아 하나가 되는 것을 통해 피할 수 있는 정반대의 문제는 여론에 따라 해결책을 발견하는 것이다. 이것은 교회에서는 매우 위험하다. 왜냐하면 하나님의 백성들은 무엇보다도 교회의 머리가 되시는 분께 충실하려고 해야 하며 그들을 둘러싸고 있는 문화의 일시적 생각이나 유행에 의해 동요되지 않게 될 것이다. 만약 모든 사람들이 의사결정과정에 의견을 내놓고 정직하게 "내가 생각하는 것은 성령님께서 내게 말씀해 주신 것입니다"라고 말을 한다면 교회에서의 토론은 분명히 다른 특성을 가지게 된다. 이 절차는 우리의 민감성에 의존하게 되며 우리로 하여금 보다 민감하게 되는 법을 배우도록 할 것이며, 복종하는 훈련을 해야 할 것이다.

함께 성령님께 들으려고 노력하는 것은 비민주적인 과정이 되는데 고급문화를 옹호하는 사람과 교회 밖에서 듣는 것과 교회 음악이 잘 매치되어야 한다고 생각하는 예배 전쟁에서 특히 도움이 될 것이다. 누구나 논의에 참여할 수 있게 하면 엘리트주의를 배제할 수 있을 것이며 성령님의 인도하심은 복음을 "대중적인" 것이라고 하여 왜곡하는 것을 막을 수 있을 것이다.

성령님의 인도하심 가운데서 의견의 일치를 이루어가려는 절차는 공동체의 은사 – 은사를 가진 자들의 자기 충족을 위해서가 아니라 모두를 세우기 위해 활용되는 은사 – 를 적절하게 구체화할 수 있을 것이다. 예를 들어, 예배와 관련하여 성령의 목적을 일반적으로 탐구하면서 지혜와 믿음의 은사를 가진 사람, 교회의 유산과 역사를 잘 아는 사람, 신학적, 음악적 훈련을 받은 사람은 논의를 해 가면서 필요한 통찰력에 대해 서로 존중할 수 있게 될 것이며, 하나님께서 주신 은사로 보다 큰 신실함을 위해 그것을 적절하게 활용하여 공동체를 세워갈 수 있을 것이다.

물론 여기에서 엄격한 권위주의를 주장하려는 것이 아니다. 왜냐하면 그것 자체가 복음에 유해한 것이 되기 때문이며 다수의 의견을 듣는 것보다는 성령님께 들으려고 하는 신실함으로 교회를 긴급하게 되돌려야 할 필요성을 느끼고 있기 때문이다. 우리를 둘러싸고 있는 문화의 민주제가 교회를 진정한 교회의 문화 – 진정으로 그리스도를 따르는 공동체 – 가운데 서는 것을 방해해 왔기 때문이다.

데이빗 웰즈는 교회 지도자들에게 영향을 미친 민주제에 대해 다음과 같이 비판한다.

민주주의 사회에서 모든 사람의 투표는 동일한 무게감을 갖는데 그것을 얼마나 잘 알고서 투표하느냐, 혹은 잘못된 정보를 가지고 투표하느냐와 상관없이 그렇다. … 진리에 누구나 접근할 수 있다는 사실은 누군가 그 진리를 가지고 있다는 것을 의미한다. 만약 하나님과 인생에 대해 모든 사람이 똑같은 수준의 직관을 가지고 있다면 그것은 모두 똑같이 유효하며, 동일하게 진리이며, 유용한 것이 된다. … 교회 지도자들은 대중적으로 사람들이 가지고 있는 사고 범위 안에서 책임을 수행해야 한다. … 그것은 단 한 번도 대중이 그것을 어떻게 받아들일 것인지에 따라 그의 가르침을 조정하지 않았던 예수님과 완전히 다른 모습이다. … 교회가 되어야 할 것과 하나님 보좌 앞에서 교회가 반드시 되어야 할 것에 대한 비전이 없이는 결코 리더십은 성립될 수 없다.

… 본인은 기독교 신앙이 오직 고급문화에만 관심을 기울여야 한다는 것을 주장하려는 것이 아니다. 내가 주장하는 핵심 포인트는 기독교 신앙이 어느 누구에게 포로가 되어서는 안 된다는 점이다. 기독교 신앙은 대중의 필요성이나 … 혹은 엘리트 그룹의 편견에 따라 움직여서는 안 된다. … 기독교 신앙은 고급문화나 하급문화, 엘리트 그룹이나 대중 그룹, 부자와 가난한 사람, 남자와 여자, 인종적 소수자와 다수자의 관심사에 따라 한정되어서도 안 된다. … 하나님의 진리가 요구하는 것과 문화의 습관이 그것과 완전히 반대되는 방향으로 나아가고 있는 곳에서 그것을 잘 알지 못하는 성도들에게 그것을 이해할 수 있도록 가르치고 설명하는 것이다.[13]

---

13 David F. Wells, *No Place for Truth* (Grand Rapids: William B. Eerdmans, 1993), 214~16.

웰즈의 평가가 예배 전쟁의 많은 부분과 관련이 있기 때문에 여기에서 길게 인용하였다. 그러나 일반적으로 그는 그의 사례를 과도하게 진술하고 있다. 그가 언급한 다양한 그룹의 관심사를 돌보는 균형 있는 사랑에 대한 필요성은 인식하지 못하고 오직 진리에만 강조점을 두고 있음을 알 수 있다.

이것이 모든 것을 포용하는 리더십을 가진 무엇보다 중요한 실재로서의 기독교 공동체를 주장하는 이유이다. 공동체가 그 리더들에게 회중의 관심사에 대해서 교육함으로써 리더들은 보다 애정을 기울여 그들이 훈련받은 진리 가운데서 공동체를 교육할 수 있다. 그리스도의 몸으로 교회를 이해하는 것은 과도한 개인주의, 다수가 움직여 가는 폭정, 자기 헌신의 정신을 가진 엘리트들에 의해 움직여 가는 과두정치를 피할 수 있는데, 이것들이 교회를 둘러싸고 있는 문화를 특징짓는 요소이다.

교회를 이끌어가는 방식으로 민주제나 다수의 의견을 따라 결정하는 방식에 반하는 이러한 지침은 베이비부머 세대에게 긴급하게 필요한데, 많은 베이비부머 세대들이 교회로 돌아오면서 의견이 쇄도하고 루프가 묘사한 "다양한 층을 가진 영성" 가운데서 선택해야 하는 결정 사항을 가지고 들어오고 있다. 성령님께 이끌리는 공동체와 신학적으로 훈련된 리더십이 없다면 교회는 혼합주의의 위험 가운데 서게 되며 그들의 진리를 적절하게 분별함이 없이 다양한 영적 전통으로부터 사상과 실행을 적당하게 배합하게 될 것이다.

버나드 그린(Bernard Green)은 혼합주의를 예방하기 위해 통찰력 있는 질문을 던지고 있다.[14] 우리는 기독교의 교의(Catholicity)를 특별한 로마 가톨릭의 용어로 대체한 그의 견해를 좀 더 확대해 보자. 왜냐하면 위험 가운데 있는 것은 우리의 근본적인 기독교 정체성이기 때문이다. "우리는 그 가르침과 행동이 본래의 증언의 진실성 안에 놓여 있는 믿음에 기초를 이루고 있는 공동체인가? 혹은 그 신앙과 실행이 잡다한 생각과 개인적인 경험이 이끌어가는 공동체인가?

이 이슈는 아주 중요하다. 왜냐하면 그것은 기독교 공동체의 핵심적인 영성을 포함하고 있기 때문인데 그것은 명백한 역사적 경험에 뿌리를 둔 살아 있는 전통이다. 그리스도인이 된다는 것은 "그 자신의 믿음, 실행, 제도적 훈련을 통해 믿음의 공동체에 헌신된 일원이 된다는 것"을 의미한다. 그 공동체는 지역 문화의 특별한 색깔과 형태를 초월한다. 왜냐하면 그 공동체는 우주적인 주재가 되시는 그리스도를 중심으로 한 공동체이기 때문이다.

우리 문화 가운데 사는 사람들은 "신체적으로 사회적으로 유동적"이기 때문에 그들은 다양한 영적 스타일에서 물장구를 치던 사람들로 "종교적 유동성"을 가진다. 그들은 자유롭기를 원하며, "'어디에 구속되지' 않기를 원하며, 확실한 입장을 취하기를" 원한다. 그린은 이러한 종교적 '구도자들'의 대중적인 관념과 "역사적 전통에 고착되어 있어야 한다는 한계로부터 스스로 자유롭게 되기를 원하는 사람들"을 비판한다. "그들이 진리와의 만남을 가졌을 때 응답해야 할 특별한 진리에

---

14 Bernard D. Green, "Catholicism Confronts New Age Syncretism," *New Oxford Review*, 61, no. 3 (April 1994): 18. 다음 문단에서 인용한 부분은 이 논문의 19~21쪽의 여기저기에서 인용하였음을 밝힌다.

헌신하는 능력이 포함되지 않고 그런 구도의 자세가 어떻게 가치 있는 것이 될 수 있겠는가?" 그리스도인이 된다는 것은 교회가 예수 그리스도의 생애와 가르침을 제시할 때 인간 삶의 핵심 진리가 예수 그리스도 안에서 발견된다는 것을 믿는 것이다. "그렇게 하여 한 사람이 아주 인생에 대한 뚜렷한 관점 안으로 들어가는 것이다." 기독교적 "태도는 그가 증언하고 싶은 종교적 진리의 본체에 헌신하는 것"이 될 때에 비로소 그 구도는 전혀 다른 것이 된다 – "그때 믿음의 내용과 어떻게 그것을 삶으로 살아내야 할지를 온전히 이해하게 된다."

조화되지 않는 요소를 추가하여 믿음의 진리를 곡해하는 대신 기독교는 보다 선명한 그 정체성을 주장하면서 많은 사람들과 문화를 포용하며 종합하였다. 기독교는 "아직은 그 자체의 정체성과 조화를 이루면서 동화하려는 것을 식별하려고 하지만 모든 사람과 문화를 통합하기 위해 내적 자아를 확장하였다." 교회는 비판적으로 "대면하는 문화로부터 배우고, 역시 자신의 모습을 개혁해 가며, 그것을 개발해 간다."

포용하여 종합하는 것과 혼합주의는 확연하게 다르다. 그러나 전자에 대한 기독교의 공격은 언제나 후자가 문제의 가능성을 가진 것이 되게 했다. 그러므로 기독교가 문화로부터 흡수해 들이는 것은 무엇이나 그것의 정체성을 희미하게 하는 것보다는 증진시키는 방식으로 변화시켜야 한다. 기독교의 정체성과 자기 이해는 의문에 붙일 것이 아니다. 왜냐하면 그것은 다른 전통과 문화에서 진실되고 좋은 것은 무엇이든 흡수할 능력을 가지고 있기 때문이다.

종합하는 것과 혼합주의에 대한 이러한 구분은 우리가 공동체의 예배에 질문을 던질 때에는 아주 중요해진다. 우리의 예배는 기독교 공동의 삶의 분명한 방식에 신실하게 실행을 하고 있는가? 우리는 공동체의 문화의 독특한 정체성을 상실하지 않으면서 어떻게 우리를 둘러싸고 있는 문화의 언어, 의례, 음악의 형태를 가장 잘 흡수할 수 있을까? 이러한 질문은 하나님께서 우리 예배의 주체와 객체로 남아 있을 때에, 그리고 결과적으로 우리가 공동체의 개개인과 공동체의 품성이 위험 가운데 있다는 사실을 기억할 때에만 바로 답이 주어질 수 있다.

공동체의 삶

우리 믿음의 이야기는 하나님의 자기 주심의 현존과 개입하심의 이야기이다. 그것은 그 부르심에 응답하여 공동체가 되도록 우리를 부르셨고, 우리를 형성한다. 하나님께서는 교회의 설교와 예전이라는 "독특한 담화"(distinctive talk)를 통해 우리 가운데 다가오신다. 칼 바르트에 의하면 그 담화는 하나님의 백성으로서의 교회의 일상의 삶을 반영하며 증대시킨다.[15] 기독교 그 자체의 바로 그 본질은 이것을 요청한다. 하나님께서 한 백성, 유대인들을 택하셨고, 그들을 통해 당신의 구원의 목적을 성취하신다. 그리스도께서는 이 민족 가운데서 오셨고, 그 민족 가운데서 사셨으며, 그분의 사명을 수행하도록 그들을 선택하셨으며, 사람들을 위하여 돌아가셨다. 그분의 선택된 백성들은 함께 모였고, 성령님께서 그들 가운데 강림하셔서 모든 족속에게 그 사역을 수행할 수 있도록 권능을 덧입혀 주셨다.

리차드 리셔는 '서로서로'로 번역되는 헬라어 대명사인 '알렐

---

15 Lischer, "Preaching as the Church's Language," 113에서 바르트에 대한 내용을 인용하였다.

론'(allelon)이 성경에 자주 나타나고 있음을 지적하면서 신약 시대의 그리스도인들이 "함께함의 프락시스"(the praxis of togetherness)를 따라 살았다고 주장하는 게르하르트 로핑크(Gerhard Lohfink)를 인용한다. 그는 로마서 12:10(2회), 16, 15:17, 고린도전서 11:33, 12:25, 갈라디아서 5:13, 6:2, 에베소서 4:2, 5:21, 골로새서 3:13, 데살로니가전서 5:11(2회), 야고보서 5:16(2회), 베드로전서 4:9, 요한일서 1:17 등의 예를 들면서 인용하고 있다(114~15). 분명히 오리겐에서부터 스탠리 하우워어스(Stanley Hauerwas)까지 신학자들이 강조하고 있는 것처럼 교회가 우리를 둘러싸고 있는 세상에 줄 수 있는 가장 최고의 선물 가운데 하나는 단지 교회가 진정한 교회가 되는 것이다.

공동체는 예배를 위해 함께 모이는 모임을 통해 교회로서의 정체성을 새롭게 해 간다. 하나님의 말씀과 성례전을 위해 함께 모이지 않고서는 우리의 독특한 담화를 말할 수 없다(115). 그러나 앞에서 이미 논의한 바 있는 실행과 신학교에서 제시된 실행을 통하여 설교와 찬양은 신약성경의 '교회에서 교회로'(church to church)의 초점이 '사람에게서 사람으로'(person to person) 접근 방식으로 변화되었다. "사람의 '구성'은 개인의 '설득'에 의해 대체되었다"(119). 말씀의 경험을 바르트는 인간 실재에로의 하나님의 깨뜨리심이라고 명명하는데, 그것은 이제 개인의 회개, 개인적 칭의의 선언, 혹은 "진정한 실존을 향한 소환"으로의 부르심이 되어버렸다. "그것은 청중에게 삶의 새로운 방식이나 거주하는 새로운 '세계'가 아니라 하나님 앞에 서 있는 새로운 지위를 남겨 주게 되었다"(121). 우리는 성경적 공동체의 삶을 회복해야만 한다. 왜냐하면 "진정한 존재에로의 불트만의 부름도 아니고 자유주의자들의 경험 의존도 아니고 그리스도인 청중이 본향을 발견할 수 있는 교회의 상상력이 있는 세계를 세워가기 위해서이다"(122).

결과적으로 이 책에서 갱신을 위한 나의 요청은 공동체로서의 교회가 어떻게 예배할 것인가와 관련하여 위험 가운데 있다는 사실을 인식해야 한다는 긴급한 요청이다. 우리의 설교와 그 말씀을 듣는 것, 예전적 형식을 사용하는 방식, 성찬에로의 우리의 참여, 우리의 찬양, 예술, 그리고 건축과 같은 이 모든 것이 하나님이 우리와 함께 계시며 우리는 그분의 새로운 세계 가운데 거함으로 응답한다는 인식을 갖게 하는 데 도움을 주게 된다.

공적 초청으로서의 예배

공동체의 삶을 깊게 하고자 하는 우리의 열망 가운데서 우리 문화에 널리 퍼져 있는 자기애 중심의 태도로부터 파생되는 특별히 강한 오해를 회피해야만 한다. 예배 인도자들과 참여자들은 똑같이 "친밀한 사회"(the intimate society)[16]의 잘못된 인식 가운데서 예배에 대한 나름대로의 기대감을 바탕으로 가지고 있다. 리차드 케이퍼트(Richard Keifert)는 설명하기를 결과로서 생겨난 "친밀감의 관념"은 이러한 세 가지의 교의(教義)를 가지고 있다.

친밀함과 따뜻함의 지속적이고 심원한 인간관계는 삶이 제공해 주는 가

---

[16] 이 용어에 대한 완전한 설명을 참고하기 위해서는 Richard Sennett, *The Fall of Public Man: On the Social Psychology of Capitalism* (New York: Random House, 1978)을 보라. 역시 Lasch, *The Culture of Narcissism*, 27~30도 참고하라.

장-혹은 유일한-가치 있는 경험이라고 단정한다. 둘째, 그 관념은 우리가 그러한 친밀하고 의미 있는 관계를 오직 우리 자신의 노력과 의지를 통해 성취할 수 있다고 가정한다. 셋째, 인간 삶의 목적은 개인적 인격의 보다 온전한 발전에 있다고 주장한다. 그러한 인격은 그러한 친밀한 관계 안에서만 일어날 수 있다. 이러한 친밀함의 관념은 현대 기독교 공예배의 이해와 평가를 왜곡한다.[17]

근본적으로 이러한 관념은 우리로 하여금 예배의 참석자들이 편안하게 느끼도록 해야 하며 서로 친밀하다는 생각을 갖게 해야 한다고 생각할 수 있게 만든다. 이러한 잘못된 추론은 예배가 진정으로 '공적'인 것이 되어야 하며 공동체의 일원이 아닌 사람들에게 개방적이어야 한다는 사실을 방해한다.

기독교 공동체는 친교 시간에 양육을 받는 따뜻한 돌봄의 관계를 조성해 간다. 그러나 예배는 하나님을 위한 것이며 서로를 향한, 혹은 하나님을 향한 편안한 느낌-비록 좋은 예배의 결과로 그런 것들이 더 깊어지게 되지만-에 의존해서는 안 된다. 친교 시간에 우리는 처음 교회에 나온 사람에게 집중하면서 대화와 행동을 통해 최고의 환영을 할 수 있어야 한다. 그러나 반대로 예배에서는 공적인 방식으로 하나님을 예배함을 통해 그들을 환영할 수 있어야 한다.

"낯선 이를 환영하는" 참된 예배는 오직 객관적인 선포(objective proclamation)의 수단-왜냐하면 아무도 다른 사람의 감정 안으로 들어

---

17 Patrick R. Keifert, *Welcoming the Stranger* (Minneapolis: William B. Eerdmans, 1993), 24.

갈 수 없고 새 교우 역시 이미 구성된 그룹에 속해 있다는 느낌을 갖지 않을 것이다 – 을 통해 일어날 수 있다.

실로 낯선 이들에게 친절함을 보이는 것은 우리가 이러한 메타포를 통해 늘 상상하는 것처럼 특별한 한 사람 한 사람과의 친절한 만남을 통해서만 일어나는 것은 결코 아니다. 낯선 이에게 베푸는 친절은 공적 생활에서도 중요하다는 것은 자명하다. 왜냐하면 그것은 공적인 부분을 구성하는 그러한 일련의 행동을 통한 낯선 이들과의 상호작용이기 때문이다.[18]

이러한 이유로 우리의 신학화하는 일은 예배를 공적인 것이 될 수 있도록 하는 가장 좋은 수단이 무엇인지를 찾아야 한다. 주체로서의 하나님에 대한 강조는 같은 관점에서 이루어져야 한다. 우리 가운데 서 있는 낯선 이에게 우리의 예배는 하나님의 자기 중심의 임재를 어떻게 가장 잘 전할 수 있을까?

기독교 유산 가운데 예전적 의식과 응답은 시대를 통하여 같은 방식으로 기능을 해 왔다. 그러한 유산 역시 우리 공동체의 개념을 넓혀 주는 역할을 한다.

믿음의 유산

예배하는 사람들로 만드는 것의 중요한 부분은 시간과 공간을 초월하여 그리스도의 몸인 전체 교회와의 일치성을 인식하는 것이다. 우리

---

[18] 위의 책, 8.

는 새 부대에 새 술을 넣는 것이 사려 깊은 행동이지만 옛것이라는 의미에 대해 새로운 형태, 새로운 멜로디, 새로운 악기를 사용하면서 우리는 늘 믿음의 유산, 역사적 교회의 근본적인 핵심을 보존한다. 찢어진 부대에 포도주를 넣지 않는다. 그러나 우리는 그것이 몇 년 동안 거름을 주고 가꾼 포도나무로부터 왔다는 사실을 기억할 필요가 있다. 다시 우리는 아주 유의하여 변증법적 균형 - 믿음의 유산을 지키는 것과 그것을 그 유산에 신실한 새로운 형태로 전달하는 것 - 에 대한 중요한 필요성을 보게 된다. 시대와 나라들을 통하여 하나님의 백성들 가운데 임재하시는 그분의 임재의 이야기 가운데 형성된 우리의 유산은 그 이야기 자체에 일치하는 방식으로 전달되어야 한다.

버나드 크리스텐젠(Bernard Christensen)은 영적 고전의 보화를 탐구하면서 『예배서』(Book of Common Prayer)가 이러한 스타일로 우리의 유산을 어떻게 전해 주는지에 대한 의견을 제시한다.

> 그것은 언제나 선명하고 아름다우며 종종 고상하고 장엄하다. … 그것이 세계적으로 지속적인 영향력을 가지는 가장 기본적인 이유는 의심할 것 없이 그것이 완전하게 성경적인 특성을 가지고 있기 때문이다. 처음부터 끝까지 사고와 언어에 있어서 그것은 성경에 기초를 둔다. 사실 대략적으로 2/3는 실제로 성경으로부터 인용한 내용으로 이루어져 있다. 나머지 자료, 기도들, 예배 순서, 특별 예배들, 신조와 교리문답 - 이것들도 크게 성경의 구절들로 이루어진다. 기도서는 성경의 내용을 배열한 것이며 경건생활을 위해 바꿔 쓰기를 한 것이다.
>
> 예배서 전체를 지배하는 정신과 방침은 "교회에 어울리는"(churchly)

것이라는 사실이 예배서의 성경적 특성과 밀접하게 관련되어 있다. 단순히 새로운 형태를 고안해 낸 것이라기보다는 그것의 저자들은 교회의 1500년 이상의 예배 경험 가운데로 자유롭게 이끌어간다. 심원하고 경험이 풍부한 영적 본질(spiritual substance)의 작업의 결과물로 나온 것이다. 그것이 추천하는 헌신적인 삶은 개인적인 유형이 아니다. 그래서 그 명칭도 '공동의'(common) 기도서이다. 그것의 주요 예배서의 내용은 하나님의 백성들이 그분의 집에 함께 모였을 때 행할 것을 제시하려는 의도를 가진다.[19]

크리스텐젠은 『예배서』를 사용하는 것은 "장엄한 음악이 연주되고 마치 무르익은 해와 같이 진정한 우정이 경험되는 큰 대성당에 온 것과 같다."라고 표현한다.[20]

오래전에 퍼시 디어머(Percy Dearmer)는 교회 유산의 이러한 중요성을 놀랍게 강조한다. 그것의 기록된 언어들 가운데서 우리가 갖게 되는 것을 큰 소리로 주장한다.

> 우리는 교회의 축적된 지혜와 아름다움, 모든 성도의 축적된 탁월함을 가지고 있다. 우리는 시간과 장소의 재난으로부터 그것에 의해 풀려났다. 무엇보다도 가장 최고의 위험인 이기심에 대항하도록 보존되었다. 공동의 기도 안에서 세상이 넓은 만큼이나 거대한 친교 가운데 함께 들어가

---

[19] Bernhard Christensen, *The Inward Pilgrimage: Spiritual Classics from Augustine to Bonhoeffer* (Minneapolis: Augsburg, 1976), 67.
[20] 위의 책, 68.

게 되었다. 우리는 목회자의 제한된 생각에 의해 인도함을 받지 않고 우리의 욕망의 편협한 충동에 의해서가 아니라 기독교계의 일반적인 마음으로부터 일어나는 강력한 목소리에 의해 이끌린다.[21]

최근에 교회음악 교수인 폴 웨스터메이어(Paul Westermeyer)는 세 종류의 예배서 - 장로교회의 *Book of Common Worship*, 연합그리스도교회(United Church of Christ)의 *Book of Worship*, 연합감리교회의 *The United Methodist Book of Worship* - 를 분석하였다. 그는 다양한 학자들이 공통점이 없는 세부사항을 논의했던 것으로 보인다고 주장한다. 그러나 흥미로운 질문은 "보다 광범위한 점"이라고 주장한다. 이 세 종류의 예배서는 모두 다음의 것을 지향하고 있다고 한다.

이것은 말씀과 성례전의 깊은 구조를 취하며 시간과 장소의 큰 영역을 건너 교회의 기도로 지향한다. 그것은 그들의 영역과 특별한 의무에 예민하면서도 보다 지속적인 실재와 예배에 대한 교회의 가장 깊은 본성을 지향한다. 이러한 본성은 시간, 장소, 교회의 연합을 넘어가게 한다. 결과적으로 이 예배서 가운데 나오는 예배는 즉각적으로 누군가에게 어필되어야 한다는 관점에서 그렇게 대중적이지는 않는 것 같다. 그것이 모든 종류의 "공동의" 기도와 오랜 시간의 펼침 가운데서 신실한 그리스도인들의 상태를 드러내고 있다는 점에서 대중적이다. 이것은 미국의 개신교의 분파주의에 대한 의문을 제기하고 있음을 의미한다. 현대 미국의

---

21 Percy Dearmer, *The Story of the Prayer Book* (New York: Oxford University Press, 1933), 11.

개신교 분파주의는 서로 간의 교류보다는 교단이나 교회 안에서 타오르기를 더 선호한다. 그것들은 예배를 마케팅의 도구로 삼으려는 오늘의 시도에 대해 분명하게 의문을 제기한다.

이러한 예배서가 나타내고 있는 예전적 본능(the liturgical instinct)은 예배는 사람들에게 속해 있다는 종교개혁자들의 관심을 반영하고 있다. 세 예배서는 예배가 신부에게나 목사에게나 찬양 사역자에게나 혹은 평신도 지도자의 자산이 아니라는 사실을 분명히 하고 있다. 예배는 전체로서의 공동체에 속해 있으며 그들의 참여는 당연한 것으로 여긴다. 이러한 예배서들은 공동체의 리더 중심의 축으로부터 공동체를 보호하고 있으며 사람들의 최고의 관심사 가운데 위치시킨다. … 그들은 기독교 신앙을 그 충만함 가운데 구현하려고 한다. 그렇게 하여 사람들이 각자 자기가 좋아하는 주제를 추구하는 것이 문제가 된다고 점검하지 않은 때에 끊어짐이나 변경됨이 없는 충만함을 소개하는 것을 기뻐할 수 있게 된다.[22]

이렇게 세 명의 논자가 다른 방식으로 강조하는 것을 대하면서 교회의 유산은 진정한 "공동체"의 예배 – 공동체의 지도자의 자산도 아닌 예배, 시간과 공간의 선을 넘어가는 예배, 우리 자신의 개인적 실패, 이기심, 혹은 포근하지만 잘못된 "예수님과의 개인적 관계성" 안에서가 아니라 우리 각자가 포함되는 그런 예배 – 를 보존하기 위해 결정적으로 중요하다.

기독교 공동체로서의 교회의 정체성이 위험 가운데 있다는 사실은

---

[22] Paul Westermeyer, "Three Books of Worship: An Ecumenical Convergence," *The Christian Century*, 110, no. 30 (27 Oct. 1993): 1056.

믿음의 유산을 보존하는 갱신의 긴박성을 강렬하게 해 준다. 자기도 모르게 자기애 중심의 모더니즘에 영향을 받은 많은 사람들은 기독교의 유산을 파괴하는 위험에 대한 이해도 없이 "오래된 것이나 시대에 뒤진다고 생각되는 것"은 단순하게 내던져 버리길 원한다. 교회의 역사에 주의를 기울이지 못하는 이러한 흐름은 최고의 새로운 형태를 만들어 내려는 적당하지 않는 도구들을 우리에게 남겨 놓는다.

오즈 귄니스는 교회 안에서 변화가 가속되는 비율이 독일의 나치가 "열광적임"(feverishness)라고 불렀던 것이 되고 있음을 인지한다. 믿음의 뿌리가 꽃을 피우게 하고 열매를 맺게 하려고 하지 않고 "열광적임은 그것의 기원에 충실하기를 중단한 교회의 상황을 나타낸다. 오늘의 교회는 '새로운 것 이후 더 새로운 것을 향한 끊임없는 세계적인 추구'(hunting)에 사로잡혀 있다." 그러한 상관성의 추구는 "피상성, 염려, 소진됨의 주요 자원이 되었다"고 귄니스는 결론을 내린다.[23]

쉼을 누리며, 기억하고, 기억되어야 할 것을 숙고하라고 한 성경의 요청과는 정반대된다. "많은 부분에서 역사적 연계성이 극히 약화된 시대에" 교회가 되기 위하여 우리는 "과거의 내러티브를 영속시키고 과거를 현재로 가져오는 스토리를 들려주는 기억의 공동체가 되어야 한다."[24]

---

23 Os Guinness, *Dining with the Devil* (Grands Rapids: Bakers Book House, 1993), 63. 이것은 Frederich Nietzsche, *Untimely Meditations* (Cambridge: Cambridge University Press, 1983), 74에서 인용되었다.

24 Robert Wuthnow, "Church Realities and Christian Identity in the 21st Century," *The Christian Century*, 110, no 16 (12 May 1993): 521.

교회의 전통과 창조성

많은 이들은 새로운 창조성은 오래된 전통을 필요 없게 하는 것에서 기인한다고 생각한다. 이것은 우리가 이미 살펴보았던 요소들 – 하나님께 드리는 공동체의 찬양으로 이해한 예배에 대한 전통적 이해로부터 개인화된 새로운 표현으로 이해하려는 움직임, 교회와의 연결성으로부터 해방되려는 열망 가운데서 우리를 발견하기 위한 수단으로서의 교리의 거부, 그들이 섬기는 교회에 대한 헌신 대신에 자신들의 필요를 충족하기 위해 교회를 찾는 베이비부머들의 탐사 – 로부터 이것은 시작된다. 물론 오래된 전통을 제거하는 것은 교단적 충실성을 제거한다는 것을 의미한다. 이제 많은 회중은 "기쁨의 친교 공동체"(Community Fellowship of Joy)로 자신들의 공동체의 이름을 명명하고 있으며, 그렇게 함으로써 교단과의 분명한 연결성은 사라졌다. 그러한 회중에게 예배의 본질은 어떤 교리적인 설명과 크게 다를 수 없으며, 생각과 행동의 시종일관된 시스템에 연결되어 있다. '뉴스위크'지의 케네쓰 우드워드(Kenneth Woodward)는 로버 슐러가 "세계 선교를 위한 연합 교회들"(Churches Uniting in Global Mission)을 결성한 것을 비판하는 기사를 썼다. 그것은 "가장 역동적이고 성공적인" 교회들의 200명의 목회자의 전국적 연합체였다.

이러한 결정적으로 반교단적인 네트워크의 목표는 교회로 찾아오는 모든 사람의 신앙과 그들의 신학적인 확신이 부족해도 상관없이 베이비부머들을 달래서 교회로 돌아오게 하겠다는 데 있다. 물론 이것은 정확히 말해서 미국의 교단들이 처음에 어떻게 시작했는지 – 경쟁을 하찮은 것으로 여기면서 - 그 방법과 정확하게 같다. 차이는 과거에는 루터교, 칼뱅주의자들, 그리고 성공회는 스스로를 그들이 가치가 있다고 전달받았던 전통에 대해 시종일관된 자세를 가진 전통의 상속자들로 보았다는 데 있다. 개종자를 얻기 위해 경쟁하던 때조차도 그들은 교리와 헌신에 대한 성실성을 성공보다 더 중요한 요소로 간주하였다. "올해의 시장 동향이 불신자들이 원하는 것에 대해 말해 주는 것과 일치하기 위하여 전체 가게를 내던져 버리는 것은 그들의 표현을 가장 잘 결정하는 믿음에 대해서 최소한으로 아는 사람을 가지는 것이다." 미국의 교회 역사학자인 마틴 마티가 경고한 내용이다. 주요 교단들은 신학적으로 본래의 모습(integrity)을 상실하고 있기 때문에 죽어가고 있을지도 모른다. 더욱 악화시키는 한 가지는 그것이 어떤 것도 갖고 있지 않기 때문에 전통을 이어가는 새로운 개신교 단체를 출범시키는 것일 것이다.[25]

우리는 교회 효율성과 보존된 전통이 공통적으로 배타적으로 되어 가고 있지 않은지, 전통이 참된 창조성을 방해하지는 않는지를 물어야 한다. 성공과 새로운 것을 위해 전통을 내던져 버린다면 그 과정에서 잃는 것은 무엇인가?

현대 마케팅 분석의 중요한 신화 가운데 하나는 교회가 전통적 신앙과 실행에 묶여 있기 때문에 실패하고 있다는 생각이다. 반대로 사회학자들은 왜 교회가 쇠퇴해 가는가에 관한 확실한 자료와 함께 다른 그림을 보여준다. 벤톤 존슨(Benton Johnson), 딘 호그(Dean Hoge), 도널드

---

25 Kenneth L. Woodward, "Dead End for the Mainline?" *Newsweek* (9 Aug. 1993): 48.

루이덴스(Donald Luidens) 등은 확고하고 "정통의 기독교 신앙"은 "사람들로 하여금 그들의 시간과 다른 자원들을 분명한 기독교 증언과 복종 공동체에 다른 믿음의 동료들과 함께 헌신하게 하고 앞으로 나아가게 하는 데 필요하다"는 사실을 발견한다. "믿음의 능력을 공급해 주는 시스템" – 단지 "정직과 다른 도덕적 덕을 지지하거나" 혹은 "다원화된 사회에서 관용과 정중함을 장려하는" – 을 가지지 않은 교회는 "강한 종교적 공동체를 세우는 그런 종류의 확신을 불어넣지 않는다."[26] 다른 말로 하면 장기간의 충성을 세워가기 위해 교회는 바른 본질(orthodox substance), 힘을 불어넣어 주기에 충분한 믿음의 시스템을 제공해 줄 필요가 있다. 이러한 사회학자들이 공동체를 강조하는 것을 주목해 보라. 오직 그리스도의 몸으로서 우리에게 전해진 믿음을 함께 확대하면서 우리는 일관된 방식으로 믿음을 알 수 있다.

이것은 창조성을 방해하지 않는다. 현대 마케팅 분석에서 자주 지지를 받는 다른 신화는 전통은 새로움에 대한 가능성을 약화시킨다는 것이다. 이러한 신화는 아주 많은 창백한 전통에서 어떤 근거를 가지고 있기도 하다. 그러나 문제는 그것이 전통에 있지 않고 창백함에 있다는 사실이다.

하버드대학교의 법학교수인 메리 앤 글렌돈은 르네상스 시작 시기에서 이 신화의 근거를 추적하여 찾고 있다. 그 시기는 "인간의 능력에 대한 성급한 평가는 전통, 관습, 그룹으로부터의 어떤 해방감을 가져온" 시기였다. 그러나 "그것은 낭만주의 시기까지는 일어나지 않는데,

---

26 Benton Johnson, Dean R. Hoge, and Donald A. Luiden, "Mainline Churches: The Real Reason for Decline," *First Things*, 31 (March 1993): 16.

그때는 창조성이 개인적 독창성과 함께 많은 방면에서 동일시를 이루면서 일어났다. 그리고 후에 전통에 대한 경멸이 마치 전통처럼 일어났다." 이러한 궤도는 우리 시대에 최고조에 이르게 되는데 "반전통주의의 전통이 '호모 사피엔스 사피엔스'(homo sapiens sapiens)[27]는 과거에 대한 빚을 청산할 수 있으며 우리 역시 공허함으로부터 놀라움을 가져올 수 있다고 생각하게 되었다."

글렌돈은 전통이 인간의 창조성에 반대된다는 생각이 잘못되었다는 사실을 고찰하고, 도전하고, 그것을 증명하는데, "전통은 필수적으로 정적이며(static) 창조성의 본질은 독창성이라는 일반적으로 기초를 이루는 추정을 따라가면서" 그 작업을 진행한다. 그는 주장하기를 "과학적 성향을 가진 이들에게 그 프로젝트는 분명하게 하나의 실습이 되는 것 같았다." 왜냐하면 스티븐 툴만, 토마스 쿤, 그리고 다른 학자들이 과학의 역사 연구에서 명확하게 한 것과 같이 "거의 모든 위대한 진보는 사람들(전형적으로 사람들의 그룹)에 의해 이루어졌기 때문이다. 그들은 동시에 두 가지의 자질을 발전시켰는데 하나는 그들의 시대의 표준 과학에 완벽하게 바탕을 두었고, 또 하나는 그것을 깨뜨리는 담대함을 가졌다"는 점이다. 그리고 글렌돈은 그의 주요 관심 - "진보, 혹은 창조성으로 여겨지는 것은 보다 논쟁의 여지가 많이 있었던 곳에서 일어났고, 많은 저명한 사상가들이 그들의 다양한 훈련을 제공했던 전통을

---

[27] 역주/ 호모 사피엔스 사피엔스는 생물학이나 고인류학에서 인간의 종을 설명하기 위해 사용되는 학명으로 호모 사피엔스의 아종(亞種)이다. 이것은 뷔름 빙하기 때인 4~5만 년 전에 출현하여 후기 구석기문화를 발달시킨 종으로 두뇌의 크기는 초기 호모 사피엔스와 비슷한 것으로 보고 있으며 인류의 창조력을 빠르게 발전시킨 것으로 평가한다. 석기와 골각기를 정교하게 만들었고, 벽화 등을 통해서 볼 때 문화를 한층 발전시킨 종이었다.

공격하면서 지금 그들의 에너지를 쏟고 있는 곳에서 일어났던 과학 연구에 있어서 반전통주의가 형성되는 과정 – 에 대한 논의를 진행한다.[28]

소멸해 가는 전통 – 그것을 고수하는 사람은 창조적이 되는 데 담대함을 상실해 버렸다 – 을 거부하는 것은 옳다. 다른 한편으로는 퇴폐된 전통 대신에 전통 그 자체를 경멸하는 사람들은 전통이 전해 준 진리에 토대를 두고 있지 않고서는 진정한 창조성이 불가능하다는 것을 잊고 있다. 아베리 둘레스(Avery Dulles)는 창조성과 전통의 이러한 관계성에 대한 시인인 찰스 페기(Charles Péguy)의 논평을 탐구한다.

전통은 그것이 본래 가지고 있었던 영감으로 계속적으로 돌아가기 위해 그 자체를 새롭게 하여야 한다. 이와 같이 전통은 … 자원이다. 페기는 자신의 삶의 본래의 자원(source)으로부터 자기를 새롭게 하려는 사람들의 자기 갱신이라는 관점에서 '리소스몽'(resourcement)이라는 프랑스어를 처음으로 사용한 사람이다. … 피상적이고 불안전한 전통에 대항하여 보다 깊고 완전한 전통으로 재활성화하고, 보다 부요한 인간성을 분출시킬 수 있는 깊이를 다시 들려지게 하는 것을 제외하고는 다시 새롭게 할 방도가 없을 때 이러한 것이 일어나게 된다고 페기는 주장한다. … 과거가 다시 살아나게 하기 위해 누군가는 그 정신을 이해하고 그것의 형태를 개조한다. … 표면적인 차원에서는 이미 인정된 형태에 신빙성이 고착되어 있다고 생각할 수 있다. 그러나 보다 깊은 차원에서 신실한 지지자들은 그 의미와 원리, 의도에 깊이 사로잡힌 사람들이다. 오직 후

---

28 Mary Ann Glendon, "Tradition and Creativity in Culture and Law," *First Things*, 27 (Nov. 1992): 13.

자 형태의 신빙성은 그것을 진척시키고 발전시킬 수 있는 여지를 가진 사람들이다. …

그러므로 역설적으로 가장 혁신적인 예술가와 과학자들은 가장 깊이 전통에 천착되어 있던 사람들이다. 각 영역의 부흥(renaissance)은 그 뿌리가 '리소스몽'이었다. … 그래서 그들의 천재성을 가지고 가장 위대한 공헌을 했던 신학자들은 전통과 함께 몸부림치는 고통을 감내해야 했다. 어거스틴이 없이 어떻게 루터가 있을 수 있으며, 아타나시우스 없이 뉴우만이, 오리겐이 없이 드 루박(de Lubac)이 어떻게 있을 수 있겠는가?[29]

이러한 기초 위에서 둘레스는 특별히 교회의 예배에 대해 논의하는데 왜냐하면 교회의 예배는 교회생활에 있어서 "전통이라는 특권을 입은 자리"(privileged locus of tradition)이기 때문이다. 둘레스는 "안에 거하면서"(dwelling in) 또한 "그것을 탈피해 가는"(break out)이라는 폴라니(Polany)의 변증법을 인용하면서 전통적인 예배 의식은 예배 참석자들의 "잠잠한 능력"(tacit powers)을 어떻게 훈련시키고 활성화시키는지, 그렇게 하여 그들이 "상상할 수 있는 최고 수준의 거함일 수 있는 종교적 의례의 구조 안에서 성령 안에 거함으로(dwelling in) 생성되는 황홀함의 순간에" 새로운 발견을 경험하게 하는지를 관찰한다.[30]

진정한 전통은 우리가 그 안에 거주할 수 있도록 넉넉히 허락하지만, 그러나 그것은 새로운 표현으로 넉넉히 깨뜨리고 나갈 수 있도록

---

29 Avery Dulles, "Tradition and Creativity in Theology," *First Things*, 27 (Nov. 1992): 23~25.
30 위의 책, 25-26.

개방적이다. 교회가 마케팅 신화에 반응하여 모든 전통을 멋대로 내던져 버린다면 실로 많은 것을 상실하게 될 것이다. 또한 공동체를 위하여 전통을 보존하려고 하는 사람들은 구식이거나 취향이 엘리트주의자로 종종 비웃음을 사기도 한다. 이렇게 새로움을 위해 교회 안에서 일어나고 있는 현대의 평범화(trivialization) 경향과 싸우는 것은 아주 어려운 일이 되고 있다. 리차드 존 뉴하우스(Richard John Neuhaus)가 주장한 것처럼 "한 사람이 그 저항이 요청된다고 확신했을 때, 혁신에 대한 효과적인 저항은 용기와 상상력을 요구한다. 그것은 진리에 대한 권위 있는 주장에 의해 유지되어 온 동일함을 증명할 수 있는 역사를 가지고 있는 공동체 안에 정착되어야 할 필요가 있다."[31]

지지해 주는 공동체는 결정적으로 필요하고 저항해야 한다는 아주 자기애 중심의 혁신은 그 공동체를 파괴하기 때문에 예배가 의미하는 것이 무엇인지에 대한 바른 이해를 추구하는 사람들은 개인적 결정을 내리는 데 고통을 당하게 되며 공동체의 지지를 받지 못할 수도 있다. 헨드릭스의 *Exit Interview*(출구 인터뷰)에서 묘사되고 있는 여러 개인들은 그 이유 때문에 교회를 떠나기도 한다. 예배를 '아주 재미있는' 것으로 만들어 보려는 시도 가운데 어떤 교회는 진정한 예배가 무엇인지에 대해 가르침을 받은 바로 그 교인들을 잃기도 한다. 보다 중요한 것은 그러한 교회는 그들의 안정성(stability)의 원천 – 교회 유산과의 연속성, 영속성, 신실성 – 을 상실하였다는 것이다.

우리가 주장하고 있는 전통의 생명력(vitality)은 그것의 풍성함

---

31 Richard John Neuhaus, "The Innovationist Edge," *First Things*, 27 (Nov. 1992): 66.

(fruitfulness)을 통해 판단할 수 있다. 그것이 새로운 표현을 불러일으키고 있는가? 그것이 오늘 예배 가운데 나아온 사람들의 삶과 상황과 관련성이 있는가? 하나님의 임재와 역사하심이 선명하게 전달되어 그 전통에 참여한 사람들이 그들에게 전하고 있는 하나님의 자기 주심이 경험되고 있고 찬양을 통해서 응답되고 있는가? 그 전통은 공동체에 의해서 확대되고 있고, 공동체를 위한 품성 성숙의 자원이 되고 있는가?

하나님께서는 우리를 분별하도록 부르시고 계신다. 더글라스 웹스터가 선언한 대로 "영적 지도는 종종 기본적인 신앙으로 돌아가도록 요구하며 그리스도의 몸으로서의 교회를 형성하고 힘 있게 하는 실천으로 돌아가도록 요청한다. … 분별은 지적 작용이라기보다는 신실함의 훈련이다."[32]

믿음 전달하기

믿음 전달과 관련한 현안은 이 장과 앞장이 함께 연결되어 있는 주제이다. 믿음은 하나님께서 그것의 주체와 객체가 아니시라면 전달할 가치가 없다. 우리는 믿음이 그것을 수행할 수 있도록 우리의 품성을 양육해 왔고, 우리가 모든 시대 가운데 그 믿음을 전달하는 일을 수행해 온 공동체인 교회의 일원이 되어 있을 때에 그 믿음을 전달할 수 있다. 예배는 중요한 열쇠인데 왜냐하면 예배 가운데서 우리는 우리에게 믿음을 심어주시고 양육해 주시는 하나님, 자기 주심의 은혜를 허락하시는 그분의 임재를 경험할 수 있기 때문이다. 예배는 우리를 형성한

---

32 Douglas D. Webster, *Selling Jesus* (Downers Grove, IL: InterVarsity Press, 1992), 139.

다. 예배의 모든 요소는 우리 안에 믿는 자의 품성을 발전시킨다. 그리고 예배가 공동의 믿음과 전통, 공동의 갱신과 목표 가운데 하나로 묶어 줄 때 그 예배는 공동체를 형성한다. 예배는 그 예전 가운데서 우리가 듣고, 노래하고, 참여할 때 믿음의 언어를 통해 우리를 교육한다.

우리의 전통이 종종 신선하지 않게 되는 주요 이유는 우리가 왜 예배하고, 무엇을 예배하며, 함께 믿음의 삶을 수행하는 공동체로서 우리가 어떤 존재인지를 정확하게 교육하는 데 실패하기 때문이다. 더욱이 믿음의 유산 가운데 기초하고, 새로운 형태 가운데서 표현된 예배의 떨림을 가르치지 않았다. 우리가 누구이며 누구의 것인지와 예배 가운데서 무엇이 일어나며 왜 그것이 일어나는지에 대해서 우리는 계속해서 사람들을 가르쳐야 한다.

누가 그런 교육을 수행하는가? 우리는 그것이 교회의 목회자와 찬양 사역자, 교육 지도자가 수행할 일이라고 생각할 수 있다. 그러나 다음 세대에 우리의 신앙을 전해 주어야 할 책임이 전체 공동체에게 있다. 중학교 1학년과 2학년 학생들을 대상으로 한 견신례 준비반을 대상으로 설문 조사를 한 적이 있다. 그들의 응답은 정확하게 일치가 되었는데 예배를 사랑하는 모든 아이는 예배를 사랑하는 부모의 자녀들이었다. 아빠가 예배 시간에 말없이 어떤 곳을 응시하며 늘 서 있곤 하는 가정의 한 아이는 예배가 정말 싫다고 큰소리로 말했다. 왜 그런지를 내가 물었을 때 그는 그 이유를 특별히 말하지 못했다.

예배를 좋아하지 않는 많은 사람들의 문제는 예배에 대해서 잘 이해하지 못한다는 데 있다. 우리는 상징의 의미에 대해서 배우지 못했으며 예배 가운데 어떤 행동과 응답이 무엇을 의미하는지, 어떤 방식으로 행하는 것이 왜 중요한지에 대해서 배우지 못했다. 아이였을 때 피아노 콘세르토의 느린 연주를 좋아하지 않았다. 섬광같이 빠르게 연주되거나 피아노 건반을 손가락으로 빨리 움직이며 피가 끓는 것같이 연주되는 것을 좋아했다. 보다 성숙하기 전까지 그러했지만 천천히 연주될 때만이 가능한 표현은 빠르게 칠 경우에는 나타내기가 어렵다는 사실을 깨달으면서 음미하는 법을 배웠다. 진정한 예배를 음미하기 위해서는 어떤 예배 스타일이나 형태가 문제가 아니라 우리의 이해를 넘어 존재하는 하나님의 신비를 깨닫기 위한 훈련, 민감성, 인내가 요구된다. 너무 편안한 예배는 우리를 속일 수 있다. 무한하신 하나님의 엄위를 우리에게서 빼앗아 간다.

자기애 중심의 우리 문화는 많은 사람들이 자기 밖으로 나아가는 데 어려움을 가지고 있으며 그들의 존재보다 더 크고 위대한 관념과 이상(ideals)을 음미하는 데 어려움을 가진다. 그러므로 예배는 초대(invitation) – 하나님의 임재에서 맛보게 되는 심원한 기쁨에로의 초대, 찬양의 공동체 가운데 참여하도록 하는 초대, 품성에 있어서 개인적이면서 또한 공동의 성숙을 이룰 수 있도록 양육하는 훈련에로의 초대 – 가 되어야 한다.

예배의 초대는 다른 사람들의 모범을 통해 가장 잘 수용된다. 미국 시민 가운데 60%가 지금의 종교적 신앙이 그들의 부모가 보여준 모범 때문에 주어진 것으로 돌리고 있다.[33] 우리 문화 가운데 자라는 실로 많은 아이들이 영적 헌신의 모범을 보여주지 못하는 가정에서 자라고 있기

---

33 Jeffrey L. Sheler, "Spiritual America," *U.S. News and World Report*, 116, no. 13 (4 April 1993): 50.

때문에 교회는 성숙한 교인들이 그들의 가족에게 신앙의 멘토링을 제공할 수 있도록 격려해야만 하며, 싱글 가정에는 아이들을 위해 아빠가 되어주고 엄마가 되어주는 사역도 감당해야 하며, 교회학교나 교리교육과정을 넘어서 교육이 이루어질 수 있게 시간을 할애해야 한다. 전체 공동체는 전해 주어야 하고 그들이 선포한 말씀대로 행하려고 하는 믿음 가운데 더 깊은 뿌리를 두기 위해 성장의 과정 가운데 있어야 한다.

안타깝게도 많은 교회들이 교인이 증가하면서 신앙적 공동체에 잠시 머물거나 자주 참여하지 않기 때문에 그들이 추구해야 하는 것과는 반대되는 방향으로 움직이고 있다. 공동체의 일원에게 함께하는 그들의 삶의 의미를 일깨워 주기 위해, 그리고 그 의미를 배우기 시작하도록 새로운 교인을 초청하기 위하여 믿음의 이야기를 다시 들려주는 대신에 "지금의 교회들은 새로운 교인이 그것을 잘 이해하지 못한 것이라고 알고 있기 때문에 조심하여 그러한 이야기를 들려주는 것을 하지 않는다."[34] 결과적으로 공동체는 모든 사람이 – 성숙한 그리스도인이나 처음 믿음을 배우는 사람이나 똑같이 – 헌신할 수 있는 그 이야기를 희미하게 간직하게 된다.

사람들에게 우리가 복음에 대해 적게 말해 준다면 그리스도인이 될 이유를 알지 못하게 된다. 케네쓰 우드워드의 *Newsweek*지 기사는 주요 교단 교회들의 문제점을 다음과 같이 요약해 준다.

이러한 교회들은 그들의 자녀들을 잃어버렸다. 예를 들어, 장로교 가정

---

34 Wuthnow, "Church Realities and Christian Identity," 521.

에서 자라난 베이비부머들의 아주 소수만이 장로교 교인이 된다. 설문 조사의 결과를 보면 그외의 베이비부머들은 다른 교단 교회에 나가기보다는 48% 이상이 아예 교회를 나가지 않는다고 한다. "이러한 사람들은 그들의 부모, 교회학교, 청소년 수련회, 여름 캠프, 기독교 계통 학교에서 신앙으로 양육을 받은 사람이라는 환경이 조성되고 있다"라는 사실에 존 멀더(John M. Mulder, 루이빌장로교신학대학원 총장)는 주목한다. 그러나 지난 25년 동안에 장로교단과 다른 주요 교단들은 이러한 프로그램마저 점점 약화되고 있다. "우리는 우리 자녀들에게 세속주의를 받아들이는 데 있어서 신학적 근본 원리(theological rationale)만을 제시했다"고 듀크대학교 신학부의 채플 감리교 교목인 윌리엄 윌리몬(William Willimon)은 말했다.[35]

우리가 사람들에게 온전하지 못한 복음을 주었을 때 우리도 역시 진리를 판단하고 그것을 잘 표현할 수 있는 가장 나은 방식을 추구할 수 있는 능력을 키워 주는 데 실패하게 된다. 우리가 예배하는 것과 우리가 사용하는 예배의 형태는 아주 중요하다. 왜냐하면 그것은 "탁월함을 식별하고 인식할 공동체의 능력"을 형성하기 때문이다. 이러한 기술은 "공동체의 담화를 통해 배울 수 있고 보증된다." 예배가 주의가 결핍되고 사소한 것으로 만들어지지 않는 한 "요구되는 능력은 가치를 부여하는 데 훈련된 습관을 나타낸다. 그러한 습관은 지식이 있는 공동

---

35 Woodward, "Dead End for the Mainline?", 47.

체의 에토스를 반영한다."36

예배를 위해 함께 모이는 모든 공동체는 베뢰아 사람들과 같이 될 수 있다. 그들은 바울을 통해 주신 말씀을 간절한 마음으로 받고 그것이 진리인지를 확실하게 하기 위하여 날마다 성경을 상고하는 사람들이었다(행 17:10~12). 각 공동체는 시간과 공간을 통해 믿음을 보존하는 지속적인 과정의 일부분이다. 폴 만코우스키(Paul Mankowski)가 다음과 같이 우리를 깨우쳐 준다.

> 우리가 가지고 있는 신앙에 관한 모든 조항은 그것이 어떻게 분명한지, 혹은 그것이 어떻게 비밀스럽게 나타나는지와 상관없이 온 시대를 통해 치명적인 온갖 위협으로 작용한다. 그리고 그것은 많은 것을 통해 나타나게 되는데 '그 중에서도 많은 것들'(multa interalia), 특히 감독, 감찰관, 교회법 학자, 판사들에 의해서 그리되었다. … 교회의 가르침은 모든 세대에 적절해야 하며 – 그것이 얼마나 매력적인 일인가! – 오염, 나태함, 뉴캐슬의 윌리엄[공의회의 신조를 왜곡한 수사]과 같은 사람의 약탈 등에서 보호되어야 한다. 그것은 다시 떠오르는 악몽과 같이 모든 시대에서 교리의 역사의 페이지마다에 만연해 있다.37

이러한 사명과 함께 우리 교회에 도전을 준다면, 그리고 우리가 예배 참석자들에게 그들은 다음 세대에 그것을 전하기 위해 완전한 믿

---

36 Leander Keck, *The Church Confident* (Nashville: Abingdon Press, 1993), 28.
37 Paul V. Mankowski, "The Skimpole Syndrome: Childhood Unlimited," *First Things*, 33 (May 1993): 28.

음을 지켜야 할 책임이 있음을 깨우친다면 무슨 일이 일어날 것인가? 우리의 예배와 공동체의 삶이 그들로 하여금 어떻게 그것을 신실하게 지켜낼 수 있을 것인가에 보다 깊은 주의를 기울일 수 있도록 만들 수 있을 것인가?

그럼에도 교회의 교육적 채널에는 그와는 정반대의 것들이 일어나고 있다. 선도하는 복음주의적인 저널인 *Christianity Today*의 1959년에서 1989년 사이의 기사 내용을 보면 이러한 변화가 일어나고 있음을 알 수 있다. 이러한 30여 년 동안에 3~7%에서 30~48%로 광고가 증가하였다. 뉴스는 20%에서 40%로 증가하였지만 성경 강해나 성경적 교리를 설명하는 내용은 36%에서 8%로 줄어들고 있음을 알 수 있다.[38]

오늘날의 여러 통계들은 그렇게 고무적이지 않다. 바아나 리서치 그룹에서 시행한 최근의 설문 조사에 따르면 미국의 아주 적은 성인들만이 "널리 사용되는 종교적 용어, 즉 대위임(Great Commission, 9%), 요한복음 3장 16절(35%), 복음적(18%), 복음(37%) 등의 의미를 설명"할 수 있었다. 아마도 이러한 수치는 후기 기독교 시대의 문화 속에서 나타난 것이라고 생각할 수도 있다. 그러나 그러한 수치는 "중생을 체험한"(born again) 사람으로 자신을 밝힌 사람들 가운데서 나오고 있다는 것이 깜짝 놀랄 정도로 우울하게 만든다. 오직 1/4만이 대위임이라는 말의 의미를 규정할 수 있었고, 오직 1/2만이 요한복음 3장 16절을 알고 있었다.[39] 신앙에 대한 근본적인 진리에 깊이 뿌리내리고 있는 사

---

38 Wells, *No Place for Truth*, 209.

39 Barna Research Group, *National and International Religion Report* (March 21, 1994). *Discipleship Journal*, 14, no. 4 (July/Aug. 1994): 14에서 재인용.

람들이 그렇게 많지 않은 시대에 교회를 둘러싸고 있는 문화에 다가갈 수 있기를 강구하면서 우리의 교육 프로그램들과 예배를 무기력하게 만들지 않을 수 있을지를 강구해야 한다.

우리의 종교적 상징은 신앙을 전달해 줄 수 있는 중심 도구이다. 그러나 다음 10장에서 좀더 상세하게 살펴보겠지만 기술이 인간을 지배하는 테크노폴리(technopoly)의 문화에서는 그것도 사소한 것으로 여겨지는 위험 가운데 놓여 있다. 이것이 교회가 왜 예배 의식, 예전과 예술, 그들의 믿음의 전통, 그들의 공동체의 이야기, 관습과 언어를 내던져 버리기 전에 주의 깊게 생각해야 하는지를 긴급하게 간청하는 이유이다. 여러 세기 동안 발전된 상징이 없다면 다음 세대에 복의 진리를 전해 줄 수 있는 수단을 몇 가지 갖지 못하게 될 것이다. 또한 우리가 주의를 기울이지 않으면 우리는 전해 주어야 할 우리의 신앙에 있어서 본질을 잃어버리게 될 것이다.

예배 가운데서 신앙을 전해 줌을 통해 교회는 특히 그리스도인들의 품성을 양육한다. 기독교 공동체는 많은 다양한 방식을 좇아 그 변형을 촉진시켜야 한다. 우리는 성경공부 클래스에서 예수님이 누구이며 그의 백성은 어떠한 사람이 되어야 하는지에 대해 알려주는 내러티브를 듣고 공부한다. 공동체의 친교 가운데서 우리는 그러한 덕의 화육화를 경험하게 된다. 공동체의 훈련 가운데 우리는 하나님의 나라보다 다른 것을 더 가치 있게 여기게 될 때 야단을 맞기도 하고, 경고를 받기도 하며, 어떻게 하여야 할지 가르침을 받게 되며, 무엇을 사랑해야 할지를 배우게 된다.

공동체의 힘 가운데서 우리는 기술과학문명 환경의 혼동을 불러오는 관점에 직면하여 하나님 안에서 우리의 삶에 관한 진리를 계속해서 꼭 잡고 나아갈 용기를 갖도록 기운을 북돋우게 된다. 기독교 공동체는 대안적 영역이기 때문에 많은 요소들이 함께 어울려 경건한 품성을 증진시키는 데 역할을 하게 된다. 그러나 이것이 자동적으로 일어나지 않는다. 우리 사회의 영역에 어필하는 대안을 제시하기 위해 깊은 의도를 가지고 있어야 하며, 견실해야 하고, 널리 스며 있어야 하며, 강력하면서도 아름다워야 한다.

진정한 공동체를 위해 필요한 변증법

품성을 증진하며 예배하는 회중 안에 진정한 공동체의 삶을 만들어내고 보존하기 위해 요구되는 변증법적 균형에 대해 의도를 가지고 살펴보자. 아마도 이미 강조한 바 있는 가장 중요한 변증법적 균형은 그것을 표현한 신성한 형태를 이용하면서 신앙의 유산을 존속시키는 것이다. 다양성은 여러 방법을 통해 – 예전의 형태를 다양하게 사용함으로(1969년 "모라비안 교회 찬송"[Hymnal of the Moravian Church]은 1501년의 프라하의 찬양으로 돌아가고 있으며 다양한 절기와 분위기에 맞는 예전을 위해 200쪽을 할애하고 있다) 그리할 수 있고, 같은 예전 음악의 스타일을 다양하게 하면서도 그리할 수 있고('루터교 예배서'[Lutheran Book of Worship]는 많은 경우에 사용할 수 있는 다양성을 제시하면서 성찬예전을 위해 세 가지의 다른 음악 세팅을 제시한다), 다양한 악기를 사용하면서도 할 수 있고(올해 드렸던 한 예배에서 한 찬송의 몇 절을 부르면서 한 절은 트럼펫과 오르간이 함께, 다른 절은 플루트와 기타와 함께, 어떤 절은 트럼펫 데스캔트와 함께, 어떤 절은 남성들만, 혹은 여성들만 부르는 것 – 이것은 모두 가사의 내용을 따라 배열하였다), 혹은 익숙한 곡을 여기저기 새롭게 편곡한 예전 음악을 통해서도 할 수 있다.

무엇보다도 우리가 사용하는 예배의 형태는 "사람의 활동(work)"을 증진하는 것이 되어야 하며, 지도자의 일시적인 생각에 따라 행해져서는 안 된다. 예배가 산 재물로 자신을 드리기 위해 함께 모인 공동체의 기도와 찬양, 사람들의 활동을 활발하게 하는 것이 되어야 한다는 요청은 아무리 강조해도 지나침이 없다. 오늘 우리는 이 시대 문화의 오락을 추구하는 정신(entertainment mentality)에 너무 쉽게 동화되고 있다. 최근에 나는 참여자들이 한 구절도 말하지 않거나 노래하지 않는 "예배"를 목격한 적이 있다.

회중은 하나님을 예배하는 배우들(actors)이며, 우리 예배 가운데 당신의 백성들에게 당신 자신을 계시하시는 진정한 배우가 되시는 분이 하나님이시라는 이 변증법적 특징을 공동체 안에서 회중이 이해하도록 양육함을 통해 "엔터테인먼트 예배"에 반대로 거슬러 올라갈 수 있다. 이것은 정말 중요한 일(serious business)이다 – 왜냐하면 하나님은 우리가 만드는 최고의 찬양과 예배를 받으실 가치가 있는 분이기 때문이며, 또한 우리는 하나님의 계시를 부인하는 세상에서 잘 생각할 수 있는 하나님의 백성으로 서가기 위해 아주 필사적으로 하나님의 계시를 필요로 하기 때문이다. 예배에 대해 의도적으로 심각해지는 것은 지루하고 경직된 예배로 인도하지 않기 위해서 필요한 일이다. 우리의 예배의 내용에 대한 아주 심각해짐과 함께 우리는 예배가 가지는 거대한 기쁨과 자유를 발견할 수 있다.

다른 많은 변증법적 균형은 공적 예배에서 공동체의 품성을 진정으로 세울 수 있도록 만들어 준다. 로버트 멀홀랜드(Robert Mulholland)는 다음과 같이 목록으로 제시한다.

> 다른 사람과의 상호작용의 요소들이 개인적 숙고를 위한 공간과 균형을 이루어야 한다. 우리의 신체와 감각을 동원하여 하나님을 예배하는 것은 성령님의 속삭임을 듣고 응답할 수 있는 기회와 균형을 이루어야 한다. 세상 가운데서 그리스도의 몸으로서 우리의 제자도의 이슈를 주의를 기울이며 생각하는 마음으로 하나님을 사랑하는 것과 하나님과 다른 사람들에게 감정적인 응답을 통해 온 마음으로 하나님을 사랑하는 것 사이의 균형, 순서가 잘 짜여 있고 잘 준비된 예배는 성령님의 움직임에 개방적이 되는 것과의 균형을 이루어야 한다.[40]

멀홀랜드가 제시하는 듣는 것과 응답하는 것, 지성과 마음, 의지와 몸, 훈련과 자발성의 변증법 외에도 다른 요소들에 대해서 본서의 여기저기에서 언급한 바 있고, 안식일 지킴[41]과 기독교 공동체[42]에 대한 나의 다른 책에서도 그러한 언급을 한 바 있다. 그리스도인 각자가 개인적으로, 독자적으로, 전체 공동체의 웰빙을 위해 특히 중요한 이런

---

40 Robert M. Mulholland, Jr., *Invitation to a Journey: A Road Map for Spiritual Formation* (Downers Grove, IL: InterVarsity Press, 1993), 72.

41 이 주제에 대해서는 다음의 책을 참고하라. Marva J. Dawn, *Keeping the Sabbath Wholly* (Grand Rapids: William B. Eerdmans, 1989). 특히 은혜와 응답의 변증법, 우리 삶을 위한 하나님의 리듬의 변증법에 대한 논의를 참고하라.

42 이 주제에 대해서는 Marva J. Dawn, *The Hilarity of Community* (Grand Rapids: William B. Eerdmans, 1992)를 참고하라. 지역 회중 가운데 진정한 공동체를 세워야 할 필요성과 우리의 상황에서 그것을 세우는 데 도움이 되는 실질적인 연구 질문들에 대해 제시한 부분을 참고하라.

변증법적 특성을 살아낼 수 있도록 하기 위해 이런 모든 요소를 강조하였다. 특이 이것은 개인주의적인 용어로 자신을 이해하지 않고 공동체의 전체성의 통전적인 일원으로 이해하면서 제시하려고 하였다.

공동체에 영향을 미치는 장신구

예배 참석자들의 공동체 의식을 함양할 수 있는 모든 것을 행하기 위해 우리는 우리의 예배 공간의 건축과 디자인의 측면에 대해서도 깊이 인지할 필요가 있다. 또한 진정한 공동체에 유해한 예배 시간에 갖는 우리의 행동에 대해서 깊이 생각할 필요가 있다. 가끔 우리는 이러한 요소들을 배제할 수 있다. 만약 그렇지 않다면 우리는 실질적인 전략과 분명한 가르침과 함께 그것들을 제거해야 할 것이다.

안타깝게도 대부분의 대예배실 회중석이 옛 대성당 스타일로 건축된 건물은 하나님께서 현존해 계시는 예배 '공동체'라는 인식에 영향을 미친다. 목회자를 위한 올려진 성단소와 함께 길고 좁은 회중석은 목회자가 그 예배를 수행한다는 이해나 혹은 공동체에서 오직 한 사람에 의해 하나님이 표현되고 있다는 사실을 증진시킨다. 목회자가 무대에 올려진 배우이고 모든 교인이 청중이라면 이것은 주간 중에 교인들은 그들의 일상의 삶으로 나아가고 목회자는 목회를 행한다는 태도를 증진시킨다. 그런 건물을 가지고 있다면 예배 공동체 안에서 우리 모두가 행하고 있고, 각 사람들의 참여는 그 공동체가 완성되기 위해 필수적이라는 생생한 관점을 발전시키기 위해 우리가 할 수 있는 것은 무엇인가? 우리는 예배의 디렉터인 목회자와 찬양 사역자들이 어떻게 섬기도록 가장 잘 가르칠 수 있을까? 하나님이 역설적으로 행동하는 주체이면서 우리 찬양의 대상이자 청중이라는 사실을 어떻게 보존할 수 있을까?

공동체에 대한 우리의 이해는 건축 디자인에 의해서 고양될 수 있는데 강단을 중심으로 3면에서 예배자들이 바라볼 수 있는 원형으로 지어진 예배실이거나 예배실의 중앙에 세례반이 놓여 있다든지 한다면 그 의미를 강화해 줄 것이다. 교회의 건물이 오래되어서 예배의 무대 감각을 악화시킨다면 위원회는 예배실 환경을 개선하기 위한 아이디어를 제시할 수도 있을 것이다. 회중석은 다른 각도로 배치하여 회중이 다른 사람의 목을 바라보지 않고 강단을 볼 수 있도록 할 수 있을 것이며, 성경봉독이 사람들의 중간에서 봉독할 수도 있을 것이고, 보다 많은 교인들이 예배의 다양한 순서를 맡아 진행할 수 있게 할 수도 있을 것이다.

예배 공간의 전체 환경은 우리의 전체 공동체의 이해에 영향을 줄 수 있으며 우리에게 일어난 적이 없는 방식으로 영향을 줄 수도 있다. 데이빗 헨드릭슨(David Hendricksen)은 미간행 페이퍼에서 교회의 중요한 업무는 '공동의' 예배인 점을 고려하면 교회 빌딩의 모든 것은 공동체를 향상시키기 위한 것이 되어야 한다고 주장한다. 결과적으로 예배실의 음향이 예배생활에 직접적으로 영향을 준다면 음향은 단지 음악적 이슈가 아니라 영적인 이슈이다. 헨드릭슨은 카펫은 음향의 문제가 있는 방을 효과적으로 살릴 수 있는 수단이라는 사실을 설명하면서 부정적인 영적 결과에 대해서도 기술한다. 예를 들어, 찬송 중에는 교인들이 오직 자기 자신의 목소리와 오르간 소리만 듣는다. 왜냐하면 다른 사람이 찬양하는 소리는 흡수되어 버리기 때문이다. 대부분의 사람들은 혼자서 노래하는 것에 당황해한다. 그래서 어떤 사람들은 찬양이 끝날 때까지 활기 없이 낮은 음으로 찬양을 이어간다. 활기가 없는 예배실도 공동으로 드리는 기도와 예전적 응답 부분도 중얼거리듯 드리게 된다. 결과적으로 사람들은 고립감을 느끼게 되며 어떤 부분은 앉아서 드리고 싶어 한다. 그러므로 우리는 예배실 안의 음향 소리를 죽이고, 예배 참석자들이 서로에게서 떨어지게 만드는 요인이 될 수도 있는 두꺼운 카펫이나 두꺼운 의자의 방석을 제거해야만 할 것인지에 대해서도 고려해 보아야 한다.[43]

교회 안의 성경적 이미지는 전체 공동체의 기능을 위해 각 개인의 은사를 개발할 것을 권고한다. 로마서 12장, 고린도전서 12장, 에베소서 4장, 베드로전서 4장은 모두 하나님의 은혜가 다양한 은사를 통해 오며, 교회의 모든 지체는 서로 돕는 존재임을 가르쳐 준다. 삶의 모든 것이 예배라는 믿음과 우리는 예배하는 공동체라는 확신은 특히 예배하는 장소가 많은 사람들의 다양한 은사가 가시적이 될 수 있게 할 때 – 예를 들면, 정교하게 다듬어진 나무 조각물이나 조각상, 특별하게 제작된 강단의 성구들, 배너들, 성찬을 위한 도자기 용기, 집에서 구운 빵이나 준비된 포도주, 집에서 기른 화초 등등 – 더욱 고양될 수 있다. 우리는 함께 모인 하나님의 백성이며 하나님께 응답하기 위해 우리의 은사를 사용하는 공동체라는 사실을 상징하는, 우리가 사용할 수 있는 다른 시각적 요소는 무엇이 있을까?

공동체의 공간이 가지는 이러한 물리적 측면이 우리 예배에 어떻게 영향을 미치는지에 대해 회중을 가르치는 것은 필수적인 일이다. 예배 폴더에 가시적으로 맛볼 수 있는 교인들의 다양한 은사에 대해 예배 참

---

[43] David Hedricksen, "Observations Regarding Worship, Carpet, and Music," 미간행 페이퍼.

석자들에게 깨우치기 위해 작은 메모를 사용할 수도 있을 것이다. 어린이 설교는 그러한 은사에 대해 초점을 맞추어 집에서 만든 배너나 집에서 기른 화초를 사용하여 하나님의 아름다움을 가시적으로 보여주는 상징물로 활용할 수도 있을 것이다. 그러한 메시지를 통해 우리는 어린아이들을 하나님의 교회의 총체성(wholeness)에 참여하고 기여할 수 있는 많은 방법이 있다는 관점에서 양육할 수 있다. 우리는 삶의 모든 것이 우리의 은사를 함께 사용할 수 있도록 자유를 주신 은혜로우신 하나님께 응답으로 사용될 수 있다는 인식을 강조하는 예배의 모든 측면 – 우리가 말하는 것과 노래하는 것뿐만 아니라 우리가 어떻게 서로 상호작용할 수 있는지와 예배 환경이 우리의 감각에 영향을 미치는 다양한 방식까지 고려하면서 – 을 원한다.

참된 공동체를 민감하게 파괴하는 오늘의 경향 가운데 하나는 찬양대나 개인이 찬양을 하고 난 다음에 박수를 보내는 것이 점점 많아지고 있다는 것이다. 예배자들의 은사 사용에 대해 인정하고 격려하는 것이 필요하다면 공적인 예배가 끝난 다음에 행해져야 할 요소이다. 예배 중에 개인에게 박수를 보내는 것은 두 가지 방식으로 예배 공동체를 정말 방해하는 요소로 작용한다. 첫째, 박수를 받은 사람은 자신의 은사를 통해 찬양을 올려드린 하나님 대신에 그가 관심의 중심에 서게 된다. 둘째, 박수는 다른 교인들에게 그리스도의 몸인 교회에서 특별한 음악적 은사를 가진 존재보다 그들은 중요하지 않다는 태도를 강화한다. 대신에 우리가 행하는 '모든 것'이 예배라는 인식을 우리가 행하는 것들을 통해 만들어낼 수 있기를 우리는 원한다. 어떤 사람들은 찬양을 통해 예배하고 어떤 사람들은 그것을 들으면서 예배한다. 우리는 모든 일상의 직업을 통해서, 가정에서의 삶을 통해, 하나님의 위대한 섬김 앞에 우리의 은사를 드림으로 예배한다.

예배 중에 박수를 보내는 것을 나는 강하게 반대한다. 왜냐하면 많은 교회에서 위에서 언급된 두 가지 방해를 보았기 때문이다. 종종 자발적으로 박수가 터져 나오는 것은 건강한 것일 수 있음에 동의한다. 그러나 그러한 박수가 터져 나오는 것이 종종 드려진 많은 돌봄과 노력에 대해서는 고려하지 않으면서 다른 사람은 배제하고 오직 찬양하는 사람이나 악기 연주자를 의식하면서 임의적으로 박수가 터져 나오는 것일 수 있다. 예를 들어, 어떤 교회에서 봉헌시간에 찬양 연습을 거의 하지 않은 젊은 여자 청년이 음정도 잘 맞지 않게 찬양을 마친 후에 박수가 나왔다. 반면 성인 찬양대는 시간을 연장해 가면서 연습을 했고 아름답게 찬양을 마쳤을 때 박수가 나오지 않았다. 특별 예배에서 여러 찬양의 멜로디를 연주하기도 하고 데스캔트를 넣기도 했던 젊은 트럼펫 주자에게도 역시 박수가 없었다. 형편없이 노래를 부른 사람을 위해 보낸 박수는 노력도 별로 하지 않은 평범한 사람에게 보낸 격려일 수 있지만 열심히 연습해서 탁월한 연주를 한 음악가는 전적으로 감사와 격려의 느낌을 갖지 못할 수 있다.

모든 회중이 그들의 최선의 것을 드리는 것 – 강단에 화초나 꽃꽂이로 봉사한 사람, 바닥 청소를 한 사람, 배너를 만든 사람, 활기에 넘쳐 예배 찬양을 부른 사람, 설교를 신중하게 듣는 사람, 성경봉독을 잘한 사람, 찬송가 속에 옛날 주보를 간직해서 가지고 다니는 사람 등 – 에 박수를 보내면서 다 인정할 수 없다면 예배 가운데 박수를 하지 않는 것이 좋다. 한 친구는 제안하기를 박수 대신에 목회자가 하나님을 위해 특별한 은사를 사용한 것에 대해서 감사를 표할 수 있고, 회중은 "아멘"으로 화답할 수 있을 것이라고 했다. 그러나 이 제안에 하나님을 섬기기 위해 사용된 모든 종류의 은사들에 대해 언급하며 감사를 하여 회중은 주님의 몸된 교회의 총체성에 대한 더 깊은 이해를 갖게 될 것이라는 희망을 더하고 싶다.

다가가는 공동체: 찬양하고 믿음을 설교할 용기

진정한 공동체가 된다는 것은 회중이 베이비부머 세대에 다가가려고 하는 것만큼이나 특히 중요하다. 웨이드 클락 루프가 강조한 것처럼, "왜 어떤 교회는 베이비부머에게 매력적이 되고, 어떤 교회는 그들을 나가게 하는지에 대한 단순한 공식이 있는 것도 아니고 기준이 있는 것도 아니다. 교회와 사람들 사이에 존재하는 공감대 형성은 아주 복합적이고 단정하기가 어렵다."[44] 결과적으로 찬양의 스타일과 같이 어떤 단일의 요소에 초점을 맞추면서 오늘의 세대들에게 나아갈 계획을 세우는 것은 그 효과를 떨어뜨리는 것이 될 수 있다. 루프는 고려할 수 있는 어떤 요소들에 대해 정교하게 설명을 하고 참된 공동체를 위해 중요한 필요에 대해 설명한다. 그의 조사팀은 베이비부머들이 이런 교회에 나가고 있다는 사실을 발견했다.

> 그 교회는 그들에 관해 차별되는 무엇 – 좋은 예배, 좋은 프로그램, 특별한 사회적 동기(social cause), 따뜻하고 환영하는 분위기와 같이 – 을 가

44　Roof, *A Generation of Seekers*, 204.

지고 있었다. 교단적 배경이 무엇이든지 간에 고결함(integrity)이 중요하다. 이러한 모든 곳에는 한 번도 교회를 떠난 본 적이 없는 충성스러운 사람들과 나갔다가 다시 들어온 복귀자들 사이에, 그리고 베이비부머들과 나이 많은 교인들 사이에 갈등 - 만약 그것이 분명하게 드러나지 않았다면 잠재적으로 - 이 존재하고 있었다. 이러한 긴장과 팽팽함이 함께 작용하면서 교회의 에토스에 얼마나 놀랍게 영향을 미치고 있는가.[45]

더욱이 우리는 공동체의 에토스는 회중이 얼마나 놀랍게 이런 긴장을 다루고 있는지에 크게 영향을 미치고 있다는 사실을 추가해야 한다. 그 회중이 예배의 주체로 하나님을 모시는 것과 성도들의 품성을 양육하는 일, 함께 모인 사람들의 공동체 삶을 개발하는 일을 어떻게 잘 할 수 있을 것인지의 물음에 대해 긴장과 팽팽함 속에서 잘 헤쳐갈 수 있는 그들의 능력이 큰 결과를 만들어가고 있었다.

행동, 공간, 스타일의 모든 측면은 매우 중요하다. 왜냐하면 교회의 전체적인 속성이 예배 가운데서 위태로워지고 있기 때문이다. 교회는 예수 그리스도 안에서 나타내신 하나님의 구원의 역사와 예배 가운데 역사하시는 하나님의 임재에 대해 생생한 증언자인가? 교회의 속성은 무엇에 의해 - 시장의 힘과 전략에 의해서, 혹은 하나님의 계시의 말씀인 신약과 구약성경에 의해서 - 형성되는가?

폴 웨스터메이어는 "시대 정신이 마케팅 정신에 의해 이끌림을 받는 예배를 서커스 행렬 선두에 서 있는 악대 차와 같이 사람의 눈길을

---

45 위의 책, 211~12.

끄는 것(bandwagon) 정도로 인식하도록 우리를 유혹하고 있다"고 한탄한다. 그리고 그는 "교회가 일어나도록 허용하는 데까지 교회는 곤궁에 처하게 될 것이다"라고 추가적으로 말한다.[46] 교회가 단지 시장의 분위기에 이끌리는(market-driven) 것을 방지하기를 원한다면 우리는 하나님의 '독특한' 백성인 대안적 사회가 되도록 부르신 우리의 소명을 인식해야 한다. 하나님께 응답하는 믿음의 공동체로서 우리가 어떤 존재인지를 정확하게 인식함으로써 우리를 둘러싸고 있는 세상에 가장 잘 다가갈 수 있을 것이다. 리차드 리셔가 강조하고 있는 대로, "예배 가운데서 교회가 '자신에게 말하고 있는' 방식은 궁극적으로 세상을 향한 교회의 증언을 구성한다."[47] 후기 기독교 사회에서 우리에게는 찬양하고 우리의 믿음을 설교하는 큰 담대함이 필요하다. 우리의 예배와 교육은 소망과 사랑이 부족한 세상 가운데서 그것들을 찬양할 용기를 우리 가운데 고양시켜 주어야 한다.

성차별 문제로 특징지어지는 세상 가운데서 언어의 정치학이 많은 지역 교회와 전국에 교회를 가지고 있는 교단들에서 불화를 일으키고 있다는 것은 부끄러운 일이다. 언어 불화(여성의 이미지를 추가하거나 왜곡된 가부장제를 치료하기 위해 하나님에 대해 새롭게 여성의 이름이나 중성명사를 사용하는 것과 같이)에 대한 치유를 위한 다양한 방법을 묘사하는 한 논문에서 캐서린 모우리 라쿠그나(Catherine Mowry LaCugna)는 문제의 뿌리에는 단지 언어 문제보다 훨씬 깊은 것이 있다고 인식한다.

---

46 Westermeyer, "Three Books of Worship," 1057.
47 Lischer, "Preaching as the Church's Language," 117.

그는 최고의 기독교 공동체가 "사람들 사이에 서로의 사랑 가운데 순전한 기쁨이 있고, 가장 풍부한 주고받기(exchange)와 상호의존이 존재하는 삼위일체의 아이콘이 되어야 한다고 제안한다. 하나님 안에 분리, 불평등, 계급제도가 존재할 여지가 없는 것과 같이 동일하게 그리스도를 따르는 사람들 가운데에도 그것은 동일하다." 라쿠그나는 만약 "하나님에 대한 용어가 포괄적인 것으로 만들어지고 전혀 포괄적이지 않은 공동체에서 그 용어가 사용된다면" 남은 것은 아무것도 없다고 주장한다.[48] 우리는 우리 예배의 언어를 논의할 수 있는 용기를 우리에게 주시는 하나님의 임재를 필요로 한다. 그렇게 할 때 여성도 포함되는 포괄적인 언어가 될 수 있으며 성경적으로 충실하며 공동체의 연합을 위해 건설적인 것이 될 수 있다.

인종으로 나누어지고 민족을 따라 쪼개진 세상에서 그리스도 안에서 모든 사람의 일치를 노래한다는 것은 용감한 일이다. 교회는 언어가 다른 나라 찬송가도 찬송가에 추가하고 그 포괄성을 연습해야 한다. 공동체의 삶을 위하여 진정한 일치를 가져오기 위해서는 새로운 인식과 보다 깊은 의도, 신중한 실행, 예배에 걸맞은 표현을 필요로 한다.

마음이 없는 낙태를 통해 태아를 죽이는 세상에서, 그리고 안락사를 찬성하는 쪽으로 점점 나아가고 있는 문화적 환경에서 교회는 장애우, 연약한 사람, 노약자, 지적 장애인을 그들의 예배의 삶 가운데 환영해 들이는 고통을 감수해야 한다. 우리의 예배당에서 청각, 시각 장애인들이 공동체에서 배제되지 않도록 하기 위해 준비해야 할 것은 무엇인

---

48 Catherine Mowry LaCugna, "Freeing the Christian Imagination," *Dialog*, 33, no. 3 (Summer 1994): 194.

가? 아이들이 우는 것을 금하고, 특별 프로그램에 그들의 노래를 끼워 주지 않고, 예배의 실행 가운데 참여시키지 않으면서 아이들이 예배의 언어 가운데서 자라가는 것을 막고 있지 않는가? 공동체가 함께 모이는 곳에 이르지 못하는 사람이 한 사람도 없도록 하기 위해 우리는 교통수단을 제공하며, 친절을 베풀며, 입구에 램프를 만들고, 그들이 앉을 수 있는 지정 좌석을 제공하는 것과 같은 일을 하고 있는가? 예배에 대해 전혀 모르는 사람들(worship-illiterates)이 함께할 수 있도록 하기 위해 우리는 그들을 잘 교육하고 있는가?

공동체의 포괄성을 위하여 우리 예배와 함께 무엇을 행하고 있는가? 마케팅 엔지니어들이 우리를 권면하는 것처럼 동질그룹에 맞추어 조정하고 있지 않는가? 우리는 오직 하나님과의 개인적 관계성만 강조하고 있고 사람들이 느끼는 필요를 충족하기 위해 사람들이 편안하게 느끼도록 만드는 것에만 온 마음을 두고 있지는 않는가? 혹시 우리는 개인보다 더 큰 전체 공동체 가운데 들어오도록 교인들과 새로 방문한 사람들을 초청하고 있으며 모든 시간과 공간을 통하여 존재하는 교회 공동체 가운데 일원이 되도록 초청하고 있는가?

어떻게 우리는 예배가 언어에서 뿐만 아니라 깨어진 삶을 살고 있는 모든 사람과 모든 인종을 환영해 들이는 것에서 포괄적인 것이 되도록 기획할 수 있을까? 우리는 현재의 온 세계적인 공동체뿐만 아니라 과거의 전통과 함께하는 공동체를 필요로 한다. 월터 브루그만이 설명한 것처럼 우리는 시편의 공적인 상상력을 필요로 한다.

우리의 개인적 성향에 사로잡혀 우리는 종종 공적인 재난에 대해 생각하지 않으며, 우리 기도생활에서 관심도 갖지 않는다. … 공적인 이슈와 문제들에 대해 신학적으로 사고할 수 있는 능력을 거의 상실했다. … [공적 탄식의] 시편은 공적 사건의 상실에 대한 종교적 차원에 대한 진술이다. 그것들은 우리가 공적 사회의 시민이며 피조물이고 공적 사건에 대해 즉각적이고 직접적이며 개인적인 이해관계를 가지고 있는 존재라는 것을 기억하도록 해 준다. 공적 이슈에 대한 우리의 일반적인 종교적 포기와 그 포기와 함께 오는 무관심의 악과 냉담함을 극복하려고 한다면 시편 기도의 이러한 모드를 회복하는 것은 중요할 것이다.[49]

무엇보다도 예배에서 교회는 교회 밖 세상에 대한 책임감을 인지한다. 우리가 세상 가운데 그분의 목적인 평화와 정의와 연합되지 않고서 진실로 우주적인 하나님의 임재를 경험할 수 있을까? 공동체 속의 각 사람에게 하나님의 뜻이 이 땅에서도 이루어지도록 하는 것이 필수적이다.

이러한 도전은 이 책의 의도된 독자에게 던져졌다. 나는 예배 인도자들, 목회자들, 찬양 사역자들을 위해서 뿐만 아니라 회중석에 앉아 있는 모든 교인을 위해 이 책을 썼다. 예배는 공동체 안에 있는 모든 사람의 적극적인 참여와 창조성을 요구한다. 그것은 예배가 실로 사람들의 일이라는 사실을 우리 모두가 인식할 때 이루어질 수 있다. 회중 한 사람 한 사람의 참여는 현저하게 중요하다. 그러나 보다 중요한 것은 공동체 전체가 함께 모이는 것이다. 우리가 믿음의 노래를 부를 용

---

49 Walter Brueggemann, *The Message of the Psalm: A Theological Commentary*, Augsburg Old Testament Studies (Minneapolis: Augsburg, 1984), 67.

기를 가지고 있는지 뿐만 아니라 공동체가 되기 위해 이기적이지 않는가를 물어야 한다. 하나님이 주체가 되실 때 그분은 우리를 종으로 초대하시며 주님의 몸된 교회의 웰빙을 위해, 결과적으로는 세상을 위해 우리 자신을 헌신하기를 원하신다. 하나님이 주체가 되실 때 공동체는 믿음을 노래할 용기를 갖게 되며 그때 그것을 삶으로 살 수 있게 된다.

2부에서는 우리의 신실한 노래를 가지고 다가가기를 원하는 문화의 본질에 대해 살펴보았고, 3부에서는 우리의 믿음의 공동체의 특별한 문화에 대해서 살펴보았다. 이러한 숙고를 바탕으로 우리는 4부에서 믿음을 노래하는 방식에 대한 특별한 현안으로 눈을 돌려보자.

우리의 예배 '안에' 존재하는 문화

The Culture *in* Our Worship

Chapter 08

아이를 목욕물과 함께 버릴 것인가, 아니면 깨끗한 옷을 입힐 것인가
: 예배 음악

⋮

Throwing the Baby Out with the Bath Water or Putting the Baby in Fresh Clothes : Music

Chapter 08
아이를 목욕물과 함께 버릴 것인가, 아니면 깨끗한 옷을 입힐 것인가
: 예배 음악

⋮

친애하는 친구여, 내가 어떤 언어를 빌려
당신께 다 감사를 드릴 수 있을까요?
당신의 이 꺼져가는 슬픔에 대해
끝이 없는 당신의 연민에 대해
어떻게 다 감사할 수 있을까요?
내가 너무 오래 살아 혼미해짐으로
당신을 향한 내 사랑이 식어질까 두렵사오니
나를 영원히 당신 것으로 삼으소서

– 클레르보의 버나드, 1091~1153

나는 그것 – 가혹하게 질문을 던져야 한다는 사실 무근의 추정 – 에 대해 너무 많이 들어왔다. 지난주 교단본부의 한 전국 단위 모임에서 한 워크숍 인도자가 강경한 어조로 선언했다. "베이비부머 세대는 찬송가를 좋아하지 않습니다. 그들은 교회 밖에서 듣는 것처럼 찬양 듣기를 좋아합니다."

무엇보다도 그는 어떻게 그것을 확신할 수 있었을까? 나는 베이비부머들 중에 찬송가를 '사랑하는' '많은' 사람을 알고 있다. 나 역시도 그런 사람들 중의 하나이다. 더욱이 찬송가를 좋아하지 않는 사람들 중에 많은 사람들이 찬송가를 경시하는 교회에 출석하고 있다면 그들은 지금 잘못 가르치고 있으며 빈약하게 찬양을 올려드리고 있는 것이 된다. 좋은 찬양을 부를 수 있는 환경 가운데 있었고 교회의 찬양 유산에 대해 더 좋은 교육을 받을 수 있었다면 무슨 일이 일어났을까? 활기와 기쁨으로 부르는 다양한 찬양 스타일을 포함해서 생생한 찬양의 삶을 살고 있는 교회에 성인 교인으로 들어오게 되었다면 무슨 일이 일어났을까? 더욱이 이 책에서 이미 질문을 던졌지만 예배는 단지 우리가 원하는 것을 하는 것이며 교회는 우리를 둘러싸고 있는 문화가 좋아하는 것을 행하는 곳인가?

나는 시대에 뒤떨어진 음악의 엘리트주의자가 아니다. 나는 새로운 음악과 창조적인 예배 형태와 다양한 접근 방식을 좋아한다. 내가 반대하는 것은 교회를 무기력하게 만드는 것 – 목욕을 시킨 아이를 목욕물과 함께 버리는 것 – 이다.

나쁜 질문들: 희생양, 견해, 찬양 사역자들

예배의 특별한 요소 가운데서 먼저 찬양에 대해서 살펴보고자 한다. 왜냐하면 예배에 대한 아주 자주 갖는 논의가 우리가 만약 바른 대중적인 음악을 사용하게 되면 우리 예배에 많은 사람들로 넘쳐나게 될 것이라는 함축적인 가정을 담고 있기 때문이다. 이스트만음악대학(Eastman

School of Music)¹의 작곡 교수인 새뮤얼 애들러(Samuel Adler)는 다음과 같이 불평을 늘어놓으면서 이러한 추정의 속임수를 폭로하고 있다. "예배 음악은 예배에 참석률이 떨어진다든지, 참여나 이해가 부족하다든지 하는 모든 만성적 질병에 대한 편리한 희생양의 역할을 하면서 내던짐을 당하고 있다."²

음악은 종종 목회자들이 몇 년 동안 교인들을 그들의 삶 속에서 복음을 전하도록 훈련하는 데 실패한 후에 교회 성장이 이루지지 않았을 때 희생양으로 사용한다. 앞서 살펴본 것처럼 돌이켜 신앙을 갖기 위해 교회에 나온 사람들의 대부분은 예배 스타일을 통해서가 아니라 친구들의 관계를 통해서였다. 그러나 그러한 다가감이 몇 년 동안 일어나지 않는다면 종종 교회는 사람들을 '끌어당기기'(attract) 위해 갑자기 찬양과 예배의 스타일을 바꾼다. 신실한 교회의 찬양은 믿지 않는 사람들을 우정을 통해 초대하고 능동적인 그리스도인의 삶으로 초대함으로 그들을 교회 가운데 세우는 데 오랜 기간 효과를 보지 못하고 실패하였을 때 그것에 대한 보상으로 마치 긴급 시 중량을 줄이기 위해 짐을 버리듯 그렇게 버리는 것이 되었다.

---

1 역주/ 뉴욕 주의 로체스터대학교의 음악대학 이름이다.
2 Paul Westermeyer, "Professional Concerns Forum: Chant, Bach, and Popular Culture," *The American Organist 27*, no. 11 (Nov. 1993): 35에서 재인용하였다. 이후에 이 논문에서 인용한 내용의 페이지는 본문 안에 괄호로 표시했음을 밝힌다. 데이빗 웰즈는 그의 책, *God in the Wasteland* (Grand Rapids: William B. Eerdmans, 1994)에서 다음과 같이 주장한다. "복음주의 세계에서 근본적인 문제는 적절하지 않은 테크닉, 불충분한 조직, 오래된 음악을 사용한다는 데 있지 않다. 엉뚱한 곳에 붕대를 감고 교회의 자원을 헛되이 사용하려는 사람들은 진짜 상처로부터 흘러나오는 피를 멈추게 하기 위해 아무것도 하지 않고 있다. 오늘날 복음주의 진영에서 근본적인 문제는 하나님께서는 교회 위에 너무 중요하지 않은 분으로 계신다는 점이다. 그분의 진리는 너무 멀리 있고 그분의 은혜는 너무 평범하며, 그분의 심판은 너무 자애로우며, 그분의 복음은 너무 쉽고, 그분의 그리스도는 너무 평범하다"(30).

음악은 역시 인류통계학의 결과가 무엇이냐에 따라 비난을 받기도 한다. 네브래스카 농촌의 인구가 감소하는 작은 마을에 교회가 위치해 있다면 회중이 성장한다는 것은 어려운 일이다. 다른 수많은 요소들이 예배 참석에 영향을 미친다. 그래서 우리는 찬송가 - 혹은 다른 어떤 종류의 찬양이든지 - 를 내던지기 전에 그 예배에 적합한 것이 무엇인지에 대해 더 좋은 질문을 할 수 있어야 한다.

예배를 위한 "현대적인" 찬양 사용을 주창하는 사람은 다른 목회자에게 전국 규모로 출판되는 통신에서 이렇게 적고 있다. "당신 교회의 현대적 예배는 '가장 대중적인 예배'가 되었다고 언급했습니다. 그것은 분명히 무엇인가를 말하고 있는 것입니다." 그것이 과연 신실한 것이 되어야 한다는 것을 묻기 위해 여기에서 '대중적'이라고 부르는 것에 좀 더 깊이 살펴보아야 하지 않겠는가? 예수님께서 진리를 말씀하실 때 그의 제자들 가운데 몇 명은 예수님을 떠났다(예를 들어, 요한복음 6장을 보라). 예배의 관점이 참석자들을 편안하게 하기 위함인가, 혹은 그들에게 하나님에 대해 가르치기 위함인가? 하나님을 예배의 주체로 모시는 것은 편함으로 인도한다 - 혹은 그 반대일 수도 있다. 예배의 어떤 스타일을 통해 우리는 어떤 종류의 품성을 형성하려고 하는가? 사탕은 아이들이 아주 좋아하는 것이지만 그들이 강하고 건강하게 자라기를 원한다면 그들에게 그것을 주지 않는다.

이 관점에 대해서 우리는 예배 전쟁에서 전형적으로 사용되는 많은 용어들이 그렇게 정확하지 않다는 것을 인식하는 것으로 슬쩍 돌려야 한다. "현대적인" 예배 찬양이라고 부르는 것은 보다 초기 베이비부머들에게는 부드러운 락 음악 스타일의 것이었다. 진정한 현대적 찬양은 신랄한 락과 헤비메탈, 크시슈토프 펜데레츠키(Krzysztof Penderecki)[3]의 비의적 교회 음악, 혹은 올해 성령강림절 예배를 위해 준비한 나의 새로운 찬송들도 포함된다. 1986년, 일루노이주 리버 포레스(River Forest)의 컨콜디아대학교에서 열린 "교회 음악 강좌"에서 토마스 기쉔(Thomas Gieschen)은 새로운 합창 성가 스타일을 다음의 이름으로 제시했다. 그래서 참석자들은 보다 학문적으로 토론할 수 있었다. '현대 비의적 음악, 교회 모던 음악, 네오 로맨틱, 팝 현악 로맨틱, 브로드웨이 토치, 대중적인 승리주의, 홀리 팝, 유사 포크, 클리버 캐주얼, 그리고 사소한 곡(Trivial)' 등이 그것이다.[4] 이러한 스타일에 대한 그의 예증을 다 인용하는 것은 우리의 목적이 아니다. 합창곡에서 언급된 이름들은 몇 사람만 우리가 기억할 수 있을 뿐이지만 '현대적'이라는 용어가 실로 다양하고 넓은 스타일을 둘러싸고 있으며 다소 예배에 적합하기도 한 것들을 포함한다는 사실을 알려준다.

유사하게, '전통적'(traditional)이라는 용어도 찬양에 연결하여 그것을 사용할 때 그 의미가 다소 모호해진다. 왜냐하면 지역 교회의 전통은 가정들 수만큼이나 다양하기 때문이다. 이 책에서는 한쪽으로만 오

---

[3] 역주/ 크시슈토프 펜데레츠키는 폴란드의 고전음악 작곡가이자 지휘자이다. 1933년생인 그는 생존해 있는 폴란드의 최고 작곡가로 평가를 받고 있다. 대표작으로는 52개의 현악기를 이용한 "히로시마의 희생자들을 위한 애가"(Threnody to the Victims of Hiroshima), 서로 다른 여러 스타일로 작곡된 "성 누가의 수난곡"(St. Luke Passion), 폴란드 레퀴엠(Polish Requiem), "박자 바꾸기"(Anaklasis) 등이 있다.

[4] Thomas Gieschen, "Contemporary Christian Music – Problems and Possibilities," '교회음악 강좌'(Lectures in Church Music) 시리즈로 제시된 미간행 페이퍼, Concordia University, River Forest, IL, Nov. 6, 1986, 4~5. 이 논문에서 인용한 내용의 페이지는 본문 안에 괄호로 표시했음을 밝힌다. 문서에 다 담을 수 없지만 예전에 관한 그의 강의에서 많은 것을 얻었고, 그의 합창 훈련과 오르간 교육, 여러 해 동안 그와 나눈 많은 대화를 나누면서 받았던 많은 통찰력을 준 기쉔 박사에게 큰 감사를 드린다.

랫동안 치우친 설명을 피하기 위해서 이 민감한 용어를 사용하는 것은 '전통적'이라는 용어를 음악에 사용했을 때 기본적인 교단의 찬송가의 곡들 - 즉, 특별한 믿음의 확신을 기념하여 찬양 - 을 의미하기 위한 의도에서이다. '현대적'(contemporary)이라는 용어는 교회에 능동적으로 종종 잘 참여하지 않는 젊은 사람들에게 잘 맞는 음악을 활용하기 위한 시도를 담고 있다. '찬송가'(hymns)라는 명사는 주로 전자를 의미하는 용어로 사용될 것이지만 교회의 찬양의 연대(era) 사이에 이 형태는 상당한 교차가 이루어지고 있음에도 불구하고 후자의 개념으로는 '성악곡'(songs)의 개념으로 사용하였다. 어떤 용어이든 이러한 명칭에 의해 표현되는 음악 스타일의 광범위한 영역을 묘사하기에는 적절하지 않을 수 있다. 그러나 이것들은 그 정도의 설명으로 구분이 충분할 것이다.

음악이 예배 가운데서 사람들을 끌어당기는 주요 요소라고 생각한다면 그것은 대단히 순진한 생각이다. 가장 널리 알려진 마케팅 전문가들은 개인적 초청이 열쇠라고 인정한다. 왜냐하면 신뢰하는 친구가 함께 참석하도록 권유와 격려는 "좋은 관계를 확립해 주는데, 그것은 추천이나 초청은 믿을 만한 원천으로부터 나온다는 것을 의미한다."[5]

물론 우리 예배 가운데서 사용하는 찬양은 어떤 종류가 좋을지에 대한 질문은 유익한 것이기에 계속해서 물어야 한다. 그러나 적절한 분석을 방해하는 희생양 만들기부터 먼저 끝내야 한다. 비슷하게 대중적인 의견도 주의해서 평가해야 한다. 특별히 예배에 대한 설문에서 균일치 않은 샘플 가운데서 내려진 결론은 특히 그렇다. 우리 아이들이

---

5   George Barna, *Marketing the Church* (Colorado Springs: NavPress, 1988), 109~10.

그들이 좋아하는 찬양만 부르지 않도록 해야 한다. 대신에 윤리적 원리와 도덕적 기준에 의해 형성된 좋은 판단에 의존하여 선곡할 필요가 있다. 변덕스러운 대중적인 의견에 은사가 있고 잘 훈련된 예배 인도자의 지혜보다 더 무게를 두어서는 안 된다. 그들의 의무와 기쁨은 하나님의 영광을 위해 그들의 은사를 사용하는 데 있기 때문이다. 성도들의 예배와 하나님 찬양을 방문자들의 필요에 맞추어 구성해서는 안 된다.

안타깝게도 클래식 음악으로 훈련을 받은 교회 찬양 사역자들은 음악적 소양에 있어서는 엘리트여서 공동체의 수준과는 별로 관련이 없이 - 예배 찬양을 드리는 회중을 인도하기보다는 자신의 연주 실력을 드러내기 위해 연주하는 오르간 반주자와 같이 - 행할 수도 있다. 그러나 희생양으로 음악을 사용하는 것이나 회중에게 예배를 "팔기 위해" 대중적인 음악을 선곡하는 것은 예배를 파괴하는 결과를 가져온다. 그것은 하나님의 변화시키는 능력을 인간의 도구들에 종속시킨다면 복음에서도 동일한 결과를 가져올 수 있다.

폴 웨스터메이어는 교회를 둘러싸고 있는 문화에 예배를 팔기 위해 음악을 사용하는 것이 어떻게 "찬양 사역자들을 무서운 묶음 가운데 놓아두는지"를 설명해 준다. 찬양 사역자들은 자신의 임무를 다음과 같이 인식하게 된다.

진리는 그렇게 중요한 이슈가 되지 않고 단지 생산한 물건을 판매하는 것이 그의 임무가 된다. 어떻게 광고를 잘해서 많은 고객들에게 그 물건을 잘 팔 수 있을 것인가만이 중요한 이슈가 될 뿐이다. 그것은 교회와 회당 찬양 사역자들의 역할이었던 적이 없었다. 카펫과 비누, 혹은 자동차를 팔기 위해 일하는 것과 같다. 그러나 그것은 교회와 회당의 찬양 사역자들과 어울릴 수 없이 반대되는 일이다. 그들은 찬양 인도자로서 그들과 함께, 그들을 위해 서 있는 존재로가 아니라 찬양을 통해 교묘하게 사람을 다루는 사람들과 대항하는 존재들이다(35).

찬양 사역자로서의 그들의 역할을 이해하고 그들의 최고의 은사를 그들이 섬기고 있는 회중을 위해 사용하려는 찬양 사역자들도 적절한 논의나 질문, 고려함이 없이 그저 변화만을 추구하는 담임목사나 예배 위원회와 함께 소위 예배 전쟁이라는 것에 사로잡혀 있다. 각주에서 웨스터메이어는 그렇게 했을 때 주어질 손실에 대해 언급한다.

찬양 사역자들은 그들 위에 권위를 행사하고 폭정과 남용을 행사하게 되면서 그들은 언제나 약자의 위치에 놓이게 된다. 학대를 받고 있는 배우자나 어린아이가 갖는 격노와 같이 어떤 찬양 사역자들 가운데는 그런 원초적인 혼동과 격노를 갖게 된다는 사실을 그것이 잘 설명해 준다. 일단 그런 마음에 사로잡히게 되면 어떤 관점이나 힘을 남용하는 사람과 그로 인해 학대를 당하는 사람이 함께하는 모든 것이 아무 소용이 없게 된다. 아마도 이러한 상황에서 찬양 사역자들은 긍정적으로 어떤 영향을 거의 끼칠 수 없으며, 단지 학대로 인해 고통을 당한 희생자가 그 힘을 남용한 사람에게 긍정적인 영향을 끼칠 수 있을 뿐이다. 진짜 당혹감은 탐욕, 권력, 남용에 의해 이끌림을 받지 않고 교회와 세계를 위해 다른 찬양 사역자들과 함께 그 일을 수행하는 일에 전념하고 있는 동료들을 만났을 때 생겨난다(39, n. 7).

전국 규모의 프리랜서로 일하면서 이러한 방식 – 그들은 진정한 예배를 위한 그들의 바람과 그들의 음악적 관점의 이유를 표현해 볼 기회를 갖지 못했고 대신에 잃어버린 영혼에 대해 관심이 없는(위에서 언급한 편지에 나오는 음악가가 그랬던 것처럼) 음악 엘리트로 비판을 받았다는 것이다 – 을 힘들게 느끼고 있는 정말 많은 찬양 사역자들을 만났다. 많은 목회자들과 교회들은 불신자에게 어필하려는 좋은 의도에도 불구하고 그 교회의 찬양 사역을 억압하는 방식으로 이것을 다루고 있다.

이 장에서 나의 목표는 교회 회중과 목회자들, 찬양 사역자들이 음악을 분석하고 예배를 위해 그것이 적합한지에 대한 의견일치에 이를 수 있는 기준을 제시하는 데 있다. 우리는 함께 보다 좋은 질문을 던지는 법을 배울 수 있을까? 우리의 주요 질문들은 하나님의 위치와 성도들의 품성, 그리고 교회 공동체를 세우는 것 – 앞의 3장의 주제가 이것이었다 – 에 관심을 기울여야 한다. (이러한 질문의 많은 것은 하나님의 말씀의 선포와 다음의 두 장에서 살펴보게 될, 그래서 그것들을 여기에서는 더 길게 언급할 필요가 없는 예배의 다른 측면에도 적용할 수 있다). 이러한 주제를 살펴본 후에 스타일에 대한 이해와 음악적 가치를 살펴볼 수 있다.

예배 음악의 주체와 대상이신 하나님

토마스 기쉔(Thomas Gieschen)은 그의 보고서, "교회 음악 강좌"에서 "선택 격자"(selection grid)를 제안한다. 그것에 따라 찬양대 지휘자는 선곡 목록을 검토할 수 있고, 어떤 스타일이 선택과정에서 적합한지를 논의할 수 있을 것이다. 그의 가이드라인은 예배에서 사용될 모든 음악을 결정하는 데 있어서 탁월한 뼈대를 제공해 준다. 그것은 가사, 스타일, 적당성, 그리고 다른 음악 가치를 분석하여 갖게 되는 선택 단계의 시리즈를 이용하는 것이다. 그는 먼저 가사를 확인하는 작업으로부터 시작할 수 있다고 하는데, 그것이 점검할 가장 객관적인 사항이기 때문이다. 이러한 확인을 통과하지 못한 음악은 다음 단계로 넘어갈 필요가 없다. 더 어려운 것은 격자의 다른 측면들을 가늠하는 일이다(6~7). 성도들과 공동체의 품성 형성에 관심을 기울이면서 이 단계가 첫째가 '되어야' 할 필요가 있다고 제안한다. 얼마나 그것이 음악적으로 놀라운 것이냐가 중요하지 않고, 가사가 신학적으로 적당하지 않다면 그 악보는 내려놓아야 한다.

자주 "최고의 종교 음악 작곡가"로 불리는 요한 세바스찬 바흐(Johann Sebastian Bach)의 곡들은 어느 작곡가의 음악보다도 가장 많이 연주되고 연구가 이루어지고 있는데[6] 그는 아주 뛰어난 본보기를 제시하였다. 바흐의 모든 작품에는 - 그의 세속 작품까지도 - 음악, 신학, 그리고 예배가 함께 얽히면서 짜여 있다. 그의 작품의 많은 것에 그는 INJ, 혹은 SDG라는 글자를 새겨 놓았는데 그것은 "예수님의 이름으로"(In the Name of Jesus)와 "오직 하나님께 영광"(Soli Deo Gloria)이라는 말의 약어였다. 바흐에 의하면 모든 음악은 오직 "홀로 하나님의 영광만을 위하여" 존재하며 "내 이웃에게 교훈을 주기 위하여" 존재한다. 개디가 주장한 대로, "진정한 예배의 한 부분으로 만들어진 음악은 그것을 통하여 수행되어야 하고, 그 안에 담겨 있어야 할 정신을 바흐는 분

---

[6] Jane Stuart Smith and Betty Carlson, *A Gift of Music: Great Composers and Their Influence* (Westchester, IL: Cornerstone Books, 1979), 41~52.

명하게 설명한 것이다."[7] 엘리자베스 악테마이어는 어떻게 하나님에 대해서 배우게 되었는지를 다음과 같이 설명한다.

> 나는 늘 탁월한 성가곡에 둘러싸여 살았다. 어머니가 자녀들을 데리고 나갔던 교회는 뛰어난 찬양대가 있었다. … 어린아이 때부터 나는 최고의 교회 음악을 들었으며 가슴이 두근거리는 방식으로 노래를 불렀다. 나는 설교자를 통해서와 마찬가지로 바흐로부터 신학을 배웠다. 내가 성경으로부터 이사야를 배우기 훨씬 이전에 헨델을 통해서 이사야를 알았다.[8]

신학적 소리 냄(theological soundness)은 물론 노련한 전문가의 음악에만 제한되어 있는 것은 아니다. 우리는 많은 음악 스타일이 예배를 위해서 사용되어야 한다는 사실을 아래에서 살펴보게 될 것이다. 그러나 우리가 사용하는 것은 무엇이나 먼저 이 중요한 테스트를 통과해야만 한다.

토마스 기쉔은 노래 가사가 기독교의 신학적 질을 위한 테스트를 통과하지 못하게 될 세 가지 방식을 제시한다. 첫째는 그 찬양이 "하나님께서는 그분께 돌아오도록 당신을 부르신다"와 같은 사실을 선포할 때, 혹은 예배 참석자들을 "믿고 구원을 받으라"고 초청할 때 일어난다. 기쉔은 그러한 단어들이 찬양에서 사용될 때 그가 "연기할 수 있다"라고 느끼게 하기 때문에 반대한다. 왜냐하면 그리스도인으로서 "회중은 예

---

7 C. Welton Gaddy, *The Gift of Worship* (Nashville: Broadman Press, 1992), 159~60.
8 Elizabeth Achtemeier, "An Excellent Woman," *The Christian Century*, 11, no. 24 (22 Aug.~1 Sept. 1993): 809.

배하기 위해 거기에 있고 예배를 통해 교화된다. 그들에게 거기에서 복음을 전하려고 할 필요가 없다"(7).

많은 목회자들과 찬양 사역자들은 동의하지 않을 수도 있다. 그들은 예배는 모든 사람에게 어필되어야 한다고 주장한다. 특히 교회를 거부하거나 한 번도 교회 일원이 되어 본 적이 없는 베이비부머들에게는 그것이 절대적으로 필요하다고 주장한다. 그러나 주어진 예배에 참석한 사람들의 대다수는 이미 그리스도인들이다. 복음으로 어필하려는 것은 그 목적을 위해서 전적으로 기획된 경우에만 특별히 고려되어야 할 사항이다. 왜냐하면 '예배'와 관련지어 볼 때 요점은 우리는 하나님을 예배하는 것이라는 점이다.

찬양 가사의 두 번째 일반적인 잘못은 앞장에서 논의된 바 있는 신인협력설(synergism)을 들 수 있다. 하나님의 구원의 역사에 우리의 노력을 더해야 한다는 내용이 담겨 있는 찬양은 특히 거부되어야 한다. 우리가 하나님을 찾는다는 점을 강조하는 노래들, 혹은 우리가 그분을 찾아다니는 점이 강조되는 노래들은 하나님을 원하고 발견하는 데 있어서 우리의 죄성은 전적으로 무능하다는 사실을 무시하고 있고 하나님의 은혜로우신 사랑의 거대한 찾으심을 놓치고 있다.

기쉔은 단순하게 세 번째 결점을 언급하는데, 그는 이것을 부차적인 기독교 사상(sub-Christian thought)이라고 부른다. 그는 "그리스도의 탄생의 목적은 전혀 언급함이 없이 베들레헴에 내리는 눈이 얼마나 아름다운지를"(8) 노래하는 찬양이 이런 결점을 가진 본보기라고 제시한다. 부차적 기독교 사상을 담은 노래들의 부분집합으로 기쉔이 제시한 것은 그것들이 하나님과 신앙에 대한 어떤 메시지도 선포하고 있지 않기 때문이다. 이러한 범주에 네 가지의 부분집합을 더 추가하고 싶은데 아주 일반적이면서도 잘 인식되지 않는 것들이다.

이러한 부가적인 것으로 첫 번째에 해당하는 것은 신학적으로는 옳지만 그 깊이가 아주 얕은 부차적 기독교 가사들로 구성되어 있다. 레이몬드 가우론스키(Raymond Gawronski)는 현대 찬양 가운데 그러한 예를 다음과 같이 기술한다.

> 현대 찬양 가운데 이런 것들은 끝도 없이 들을 수 있다. 과거 20년 안에 쓰인 것 가운데 의심할 여지없이 "쉽게 들을 수 있는 음악"의 특성을 가진 것으로 감상주의에 몸을 맡기는 가사들이다. 아주 흥겨운 노래일 수 있지만 그것은 영적인 원더 브레드(Wonder Bread)이다. 그것은 뿌리, 깊이, 자양분이 완전히 결핍되어 있다. 그것은 마음을 열어 기도로 나아갈 수 있도록 하는 시작하는 보호식으로는 괜찮을지 모른다. 그러나 다른 딱딱한 음식이 공급되지 않는다면 … 신중한 구도자들은 다시 돌아갈 것이다.[9]

예배 기획자는 참석자들의 품성을 형성하는 데 초점을 맞춘 예배를 드려야 할 경우 그런 부차적 기독교 표면성(sub-Christian superficiality)을 담은 찬양을 너무 많이 포함하지 않도록 하는 것이 좋다. 아직 그리스도인으로 공언하지 않은 한 방문자는 예배가 끝난 다음에 너무 많은 "원더 브레드" 종류의 찬양을 사용하고 있는 그 교회에 다음과 같이 소견을 밝혔다. "그 교회가 정말로 교육 수준이 높은 젊은 사람들에게

---

9 Raymond T. Gawronski, "Why Orthodox Catholics Look to Zen," *New Oxford Review*, 60, no. 6 (July~Aug. 1993): 14.

어필하려고 하면 그들은 자기 자신을 내보낼 수 있는 모든 것을 한다. 이 예배는 나의 지식에 모욕이었다. 설교와 찬양은 모두 경박했다!"

부가적인 기독교 범주 안에 두 번째 부가적인 부분집합은 그릇된 정보(disinformation)에 특징지어지는 찬양곡을 포함한다. 그릇된 정보라는 용어는 포스트만이 텔레비전에서 정보를 통해 사람들을 잘못 인도하는 것을 설명하기 위해 사용한 것이다. 그러한 정보는 거짓된 정보는 아니지만 그것은

> 제 위치를 벗어나 있거나, 연관성이 없고, 파편적이거나 피상적인 정보 – 뭔가 알고 있는 것처럼 착각하게 만들지만 실제로는 엉뚱한 방향으로 이끌어가는 정보 – 이다. 하지만 텔레비전 뉴스가 미국인들의 세계를 일관성 있고 합리적으로 이해하지 못하도록 막고 있다는 뜻이 아니다. 뉴스가 엔터테인먼트로 그럴싸하게 포장이 될 때 그러한 결과가 불가피하게 일어나게 된다는 것을 말하려는 것이다. 텔레비전 뉴스가 어떤 정보를 전달해 주지 못하고 오락성에 사로잡히게 될 때 우리가 참된 정보를 얻지 못하는 것 이상으로 훨씬 심각한 무엇이 일어나게 된다는 것을 말하려는 것이다. 결국 우리는 고도의 정보화가 무엇을 의미하는지에 대한 정확한 인식을 상실하고 있다는 점을 말하고 있다. 무지는 언제든 깨우칠 수 있다. 그러나 마땅히 알아야 할 것에 대해서 무지하다면 우리가 도대체 무엇을 할 수 있을 것인가?[10]

---

10 Neil Postman, *Amusing Ourselves to Death* (New York : Viking Penguin, 1985), 107~8.

그릇된 정보의 동일한 경우는 예배 음악과도 관련하여 일어나는데 주로 외우기 쉽고 우리 자신에 대해 심리학적으로 고찰해 볼 때 우리가 무엇을 배우고 있다고 생각하도록 만들어 주는 음악이 그런 경우이다. 앞장에서 언급한 총회 개회 예배에서 사용된 찬양이 하나의 본보기이다. "내가 하나님을 찬양하리라"고 반복해서 정말 많이 말하지만 실제로는 그분을 찬양하고 있는 것이 아니다. 이러한 그릇된 정보는 하나님을 어떻게 예배할 것인지를 우리가 진정으로 알지 못하도록 방해한다. 왜냐하면 우리는 우리 자신에게 집중하는 데 너무 많은 시간을 보내 버리기 때문이다.

부가적인 기독교적 노래 가사의 세 번째 종류는 기독교 교리를 흐리게 하는 경우이다. 하나의 예를 들면 우리가 교회에서 배워서 즐겨 부르는 노래를 들 수 있다.[11]

전능, 전능하신 구주, 전능, 전능하신 주님
전능, 전능하신 구주, 전능, 주님은 나의 하나님 (반복)
Mighty, mighty Savior; mighty, mighty Lord
Mighty, mighty Savior; You are my God...

그리고 가사는 다음과 같이 이어진다.

---

11 역주/ 이 찬양은 브렌트 헬밍(Brent Helming)이 작곡하였고 2002년도에 발매된 "빈야드 예배 찬양 탑 25: 오 하나님 나의 마음을 바꾸소서"(25 Top Vineyard Worship Songs: Change My Heart Oh God)에 수록된 곡이다.

〈1절〉

아버지, 아버지, 아버지, 나의 하나님

아버지, 아버지, 아버지, 나의 하나님

나의 찬양이 울려 퍼지게 하소서

주의 백성들이 찬양하게 하소서

주님은…

Father, Father, Father, my God

Father, Father, Father, my God

Let your praises ring, let your people sing

That you are a... (합창)

〈2절〉

예수, 예수, 예수, 나의 주님 (1절과 같이 계속해서 반복)

Jesus, Jesus, Jesus, my Lord...

〈3절〉

성령님, 성령님, 주의 성령님 (1절과 같이 계속해서 반복)

Spirit, Spirit, Spirit of God...

이 찬양의 문제는(많은 것을 말하고 있지 않음에도 불구하고) 한 절이 끝나고 난 다음에 추가되는 합창 부분은 성부와 성령을 전능하신 구주로 바꾸어 놓는다. 우리가 아이들에게 삼위일체에 대해 가르치려고 한다면 이 찬양은 그들을 당황하게 만들 것이다. 교리적으로 혼동되게 만드는 부가적 기독교 찬양은 피해야 한다.

부차적 기독교 찬양의 마지막 형태는 흔히 캠프집회 찬양(camp song)에서는 최고로 여겨지는 것들이다. 이것은 노래를 부르기가 흥겹고 그 교리에 있어서도 완벽하다. 그러나 그 메시지는 예배 찬양이라고 칭할 수 있는 방식으로 신중하게 표현되지 않았다. 성경 캠프나 가족 수양회의 캠프파이어 자리에서 사용하기에는 아주 좋은 찬양이다. 그러나 그것들은 찬양이 하나님께 드려지지 않고, 교회의 주요 예배 세팅에서 하나님과의 관계성에 관해 찬양하지 않는다.

마음속에 바로 떠오르는 예로는 "주와 함께 길 가는 것"(walking with the Lord)이라는 찬양을 들 수 있다. 전체 가사를 다 기억할 수는 없다. 예배실에 있던 모든 아이의 터져 나오는 외침, "하나, 둘, 셋, 넷, 너의 발은 무엇에 붙들려 있나?"와 같은 외침을 한 절이 끝나고 다음 절이 시작되기 전 그 중간에 큰 소리로 외칠 때 느꼈던 두려움 같은 것을 기억하고 있다. 청소년 몇 명이 나중에 마치 지르박을 추는 것처럼 재미있었다고 말하는 것을 들었다. 그들은 그 찬양에 온전히 빠져든 것 – 하나님 안으로 빠져드는 것 대신에 – 같았다. 그래서 우리는 그것을 '예배'라고 부르기가 어렵다. 그들은 예수님이 다시 오셨을 때 그것을 그분께 외친 것이었을까?

토마스 기쉔이 주장한 것처럼, "찬양 가사는 그것을 표현하는 형식이 고상해야 할 필요가 있고, 그 질적 수준을 높이기 위해 시적인 특성에 기댈 필요가 있다. 우스꽝스럽고, 세련되지 않았으며, 부적절한 가사는 모두 적절하지 않는 것"으로 평가 그리드에 남아 있어야 한다.

성도들의 품성의 형성

찬양 가사가 성경적인 하나님의 계시에 충실해야 한다는 요구 외에도 예배에서 사용되는 모든 가사는 예배 참여자들 가운데 경건한 품성을 육성하며, 하나님의 자녀가 되게 하고 예수님을 따라가는 삶을 형성하는지를 역시 물어야 한다. 사도 바울은 다음과 같이 기록한다. "모든 것이 가하나 모든 것이 유익한 것은 아니요 모든 것이 가하나 모든 것이 덕을 세우는 것은 아니니"(고전 10:23, 개역개정판).

성도들의 품성을 위하여 우리는 계속해서 예배에 복음을 전하는 찬양만을 계속 사용해서는 안 된다. 왜냐하면 믿음을 갖고 복음을 받아들일 것을 계속해서 요청하는 것은 그가 가지고 있는 하나님과의 관계성의 유효성에 대해서 계속 의문을 제기하는 것이 되기 때문이다. 하나님을 예배하는 사람들은 이미 그분을 알고 있으며, 그분은 그들의 찬양을 받으시기에 합당하신 분임을 이미 알고 있다.

앞장에서 우리가 이미 살펴본 대로, 주관적 느낌에 지나친 강조는 품성의 형성에 파괴적이다. 우리는 루이스 사스의 광기와 모더니티 사이의 연결성에 대한 설명으로부터 분리된 주관적 경험에 대한 현대의 강조의 위험성에 대해 배웠다.

우리 문화가 포스트모더니즘으로 이동하면서 교회는 성경적 계시를 통한 하나님의 객관적 지식에 대한 그것의 인식에 큰 선물을 공급받았다. 만약에 오직 감정에 어필하는 찬양만을 지나치게 강조하면서 우리가 포스트모더니스트의 태도 – "우리는 아무것도 알 수 없어요. 내가 그렇게 만들지 않으면 진리는 존재하지 않아요" – 를 증진시킨다면 우리는 예배자들에게 해를 끼치고 있는 것이 된다. 하나님의 객관적인 진리를 선포하지 않는다면 우리는 그들 자신의 믿음을 만들어갈 수 있도록 각 사람을 격려하게 된다.

선택을 중요하게 생각하는 베이비부머들을 잘 목양하기 위해서는 기독교의 진리가 최고의 선택이라는 우리의 확신이 빈약해지지 않도록 해야 한다. 앞장에서 우리는 많은 베이비부머들이 안정성, 도덕적 가치, 보다 깊은 관계성, 그들의 방향을 찾을 수 있는 신뢰할 만한 의미(reference point)를 추구한다는 사실을 살펴보았다. 우리 찬양이 소망과 믿음의 확실성, 기독교 도덕성의 가치, 기독교 관계성의 애정, 그리고 – 무엇보다도 – 예수 그리스도 안에서 알려진 하나님이 오직 확실히 신뢰할 만한 의미(reference point)라는 사실을 전달하는 것이어야 한다.

동시에 우리의 찬양 가운데서 감정을 무시하려고 해서는 안 된다. 그러나 우리가 리차드 케이퍼트(Richard Keifert)의 공적 예배에 대한 강조로부터 배운 것과 같이 감정(emotions)은 모든 예배 참석자가 들어갈 수 없는 차원으로의 포근한 느낌에 초점을 맞추면서 제시되어서는 안 된다. 대신에 우리 자신의 진실한 감정을 가지고 우리 모두가 응답해야 하는 영광스럽고 놀라운 진리를 전달하려고 해야 한다. 주관성은 나눠질 수 없다. 나의 느낌에 대해 너에게 말하는 것은 네 안에 같은 느낌을 가져오지 못할 것이다. 오직 내 감정을 일깨웠던 것을 너에게 말한다면 너는 같은 자극에 너 자신의 것에 대해 주관적인 반응으로 응답할 수 있을 것이다.

우리는 전인 – 의지, 감정, 지성 – 에 어필하는 예배 음악을 원한다. 우리의 목표는 예배 실행이 품성을 형성하게 하여 성도들이 헌신, 사랑, 생각, 고결한 행동으로 하나님께 응답하게 하는 데 있다. 깊이가 얕은 음악은 그렇게 얕은 사람을 형성한다. 내가 가르친 적이 있는 한 교인은 매주일 '전통적' 예배와 '현대적' 예배에 참석한다. 그러한 분리는 교인들에게 파괴적이다. 그래서 다음 섹션에서는 그것에 대해 좀 더 설명할 것이다. 이 교회에서 예배자들에게 있어서 이 두 예배 형식의 차이는 시작할 때 목사가 제시하는 멘트 외에는 차이가 나지 않는다. 특별한 날의 예배에는 예수님의 수난 스토리를 모두 읽는 매우 긴 성경봉독이 포함되는데 그것은 여러 사람이 나누어서 읽게 된다. 찬송가가 주로 사용되고 지속된 주의와 지적인 작용이 요구되는 전통적 예배에서 목사는 단지 성경봉독자들에게 적당한 시간에 앞으로 나오도록 언급했다. 모두 헌신적인 교인들이었던 성경봉독자들이 믿음직스럽게 자리를 잡았다. 그날 신학적 깊이가 깊지 않은 가벼운 찬양들을 많이 담고 있었던 현대적 예배에서는 목회자는 성경봉독자들이 거기에 있는지를 확인했고 긴 성경봉독을 시작하기 전에 회중에게 그것이 아주 길기 때문에 그의 전체를 이해하기 위해 주의를 집중해야 한다고 권고했다. 전통적 예배 참석자들은 적당한 집중 시간에 의해 이미 익숙해진 사람들이었다. 전통적인 예배에서는 묵상 찬송인 "예수님, 주님의 거룩한 고난을 깊이 생각합니다"(Jesus, I Will Ponder on Thy Holy Passion)가 성경봉독 후에 깊이 숙고하면서 불려졌다. 현대적 예배에서는 성경봉독 이후에 어떤 묵상의 시간이 주어지지 않았고 찬양도 포함되지 않았다.

　예배 음악의 선택은 신학적으로 듣는 능력, 혹은 생각하는 능력을 증대하는가, 아니면 감소시키는가? 피상적인 찬양은 믿음을 무기력하게 만드는가? 우리의 찬양은 하나님에 대한 민감성을 고양시켜 주는가? 개디가 고찰한 대로 "예배는 사람들의 영적 근육을 강화시킨다. … 그리고 예배자들이 점점 강해질수록 예배도 점점 더 좋아진다."[12]

반드시 제기되어야 할 다른 중요한 질문은 우리의 예배 음악이 인간 경험에 진실한가에 대한 것이다. 작년에 방사선 치료를 받으면서 많이 아팠을 때 오직 "해피" 찬송만을 부르는 교회에 다니면서 정말 힘들다는 생각을 가졌다. 우리가 하나님에 대한 찬양을 할 때 - 그러한 진리가 여러 해 동안 직면해야 했던 육체적인 고통의 더미들과 몸부림치고 있을 때 나를 격려해 주었다 - 기쁨으로 응답할 수 있었다. 그러나 놀라운 감정에 대해서만 말하는 그러한 노래 가운데 들어가기가 어려웠다. 월터 브루그만이 주장한 대로, "평행상태(equilibrium), 시종일관성, 균형 … 등에만 중점을 둔 찬양이 가지는 문제는 그것이 속일 수도 있고, 덮어 가리는 것이 될 수도 있다는 사실이다. 인생은 결코 그러한 찬양대로 되지 않는다. 인생은 잔인하게 불안정(disequilibrium), 모순됨, 경감되지 않는 불균형에 의해 특징지어진다."[13]

일반적으로 - 어떤 스타일의 찬양이 사용되는가와 상관없이 - 대부분의 교회의 예배에는 탄식(lament)이 결핍되어 있다. 성경의 탄식 시편의 많은 분량이 *The Lutheran Book of Worship*(루터교 예배서)에는 아예 포함되지 않았으며, 성공회와 로마 가톨릭교회의 주일 성서정과에도 거의 포함되지 않았다.[14]

---

12 Gaddy, *The Gift of Worship*, 159.
13 Walter Brueggemann, *The Message of the Psalm: A Theological Commentary*, Augsburg Old Testament Studies (Minneapolis: Augsburg, 1984), 51.
14 Lest Meyer, "A Lack of Laments in the Church's Use of the Psalter," Lutheran Quarterly, (Spring 1993), 67~71. 다음에 이어지는 문단들 중 이 논문에서 인용한 내용의 페이지는 본문 안에 괄호로 표시했음을 밝힌다.

탄식의 사용은 예배자들이 "하나님의 숨어 계심(hiddenness)에 대한 그들의 느낌을 반영하고 설명하는" 수단을 제공하면서 성도들의 품성을 형성한다. 그것들은 고통당하는 사람들에게 개인적 상황에 대한 불합리를 알아달라는 요청 없이 하나님에 대한 긴박한 간청을 위한 말씀을 제공한다(73).

그러나 그들의 상황이 운이 좋게 잘 풀려 복을 받기를 원하는 오늘의 성도들은 하나님의 가까이 계심과 사랑스러운 관심에 의문이 제시되었던 - 심지어는 하나님의 존재에 대한 의심이 들었던 - 상황에서 염려와 실망, 고통에 사로잡혀 살아야 했던 우리의 믿음의 선진들과는 완전히 다른가? 우리는 우리의 동료 그리스도인들과 많은 인간 존재들을 포위하고 있는 비극으로부터 그렇게 격리되어 있는가? 우리의 믿음은 그들보다 덜 흔들리고 있는가? 고대 이스라엘 백성과 마찬가지로 분명히 현대 그리스도인들에게 있어서 신의 숨어 계심의 경험은 "낙관적이고 흔들리지 않는 믿음에 단순히 각주 처리 정도로 취급되어서는 안 된다"(74~75).

찬양 선택과 관련하여 마지막 의견은 예배가 성도의 품성을 형성한다는 우리의 목표와 관련하여 살펴볼 필요가 있다. 교회는 회중에게 개인적 즐거움을 주는 적당한 음악과 공적 예배에 적합한 찬양 사이에 존재하는 분명한 차이를 가르쳐야 한다. 개인적 즐거움, 혹은 즐거움을 취하는 것과 하나님을 예배하려는 공동의 노력 사이에 존재하는 차이를 배워야 한다. 공동체를 위하여 우리는 예배 음악을 개인적 취향에 제한해서는 안 된다. 소위 현대적 찬양에 전통적인 찬양을 경쟁시키는 예배 전쟁이라는 측면에서 논의의 기초가 단지 개인적 취향의 문제라고 한다면 그것은 결코 옳지 않다. 이제 우리는 예배 음악에 있어서 공동체의 삶을 위한 관심으로 돌리자.

기독교 공동체 형성

두 가지 다른 주일예배를 두는 것은 거의 언제나 회중을 둘로 나누는 결과를 야기하기 때문에 내가 보기에는 그렇게 현명한 처사로 보이지 않는다. 온 나라에 걸쳐 이것이 얼마나 불화를 일으키는지를 보아왔다. 더욱이 '전통적' 예배와 '현대적' 예배 사이의 분열은 일반적으로 교회를 나이에 따라 나누게 만들며, 결과적으로 젊은 사람과 새로 나온 교인은 나이든 교인의 믿음 경험과 성숙으로부터 배울 수 있는 기회를 상실하게 된다.

전혀 다른 두 스타일의 예배를 사용하는 것은 종종 회중 가운데 더 큰 문제를 야기한다. 그것은 회중석에 있는 사람들보다 "거기 밖에 있는 사람들"에게 더 큰 관심을 둔다 – 예배가 무엇을 위한 것인지에 대한 적절하지 않은 이해를 드러내는 태도 – 는 의미이다. 그러한 분열은 역시 회중에게 예배와 찬양의 유형에 관해 말하는 것으로부터 도망할 수 있도록 허락하며, 다양한 스타일의 약점과 강점에 대해 진정한 공공의 대화를 배제한다.

예배 음악에 대해 우리가 언제나 제기해야 할 질문은 그것이 회중을 하나로 통합하느냐이다. 관련하여 우리는 역시 예배 참석자들에게 다양한 스타일의 가치에 대해 교육하는 일을 더 잘 수행해야 한다. 우리는 다음에서 예배 음악의 스타일에 대한 이슈를 살펴볼 때 다양성의 필요에 대해 살펴보게 될 것이다. 그러나 여기에서 공동체의 삶은 단순하게 생겨나는 것이 아니라는 점을 기억해야 한다. 왜 우리가 그것을 하며 우리가 함께 행하는 것은 무엇인지를 가르치는 지속적인 노력을 필요로 한다.

폴 웨스터메이어는 사회의 어떤 영역 - 일반적으로 베이비부머들 - 을 겨냥하여 예배 음악을 결정하는 위험을 지적한다. 그는 "이것이 즉각적으로 교회의 본질에 정면으로 대드는 것으로 그 본질은 자명하게 세대, 인종, 성별, 경제적 수준, 선호하는 것과 싫어하는 것, 취향 등의 라인을 넘어선다"고 주장한다.[15] 대신에 우리는 앞의 장 마지막 부분에서 요약한 바 있는 - 우주적 교회의 관심을 나누면서 모든 인종과 계급을 환영하여 받아들이며, 전 세계의 고통에 주의를 기울이며, 그 한가운데 존재하는 하나님의 은혜와 권능을 기억하면서 - 폭넓은 포괄성을 반영하는 우리의 예배 음악을 원하게 될 것이다.

공동체를 형성하는 음악은 보다 넓은 포괄성을 담지해 내는 많은 스타일을 받아들일 것이다. 그러나 복음이 거기에서 들려지고 복종할 때 그것은 광범위한 문화에 전복적인 힘으로 궁극적으로 나타나게 될 것이다. 이것이 우리가 선택한 모든 음악에 대한 좋은 테스트이다. 그 가사는 교회의 진리에 전복적인 영향력을 가지고 있는가? 그것은 교회를 둘러싸고 있는 문화에 대해 의문을 제시하며 기독교 공동체의 문화를 힘있게 하는가? 동시에 그 찬양이 모국어로, 예배자들이 이해할 수 있는 언어로 되어 있는가? 우리는 기독교 공동체의 "독특한 담화"(distinctive

---

[15] Westermeyer, "Professional Concerns Forum," 37.

talk)에 대해 보다 깊게 생각해야만 하며, 그 대화에 사람들로 하여금 참여하도록 어떻게 교육할 것인가에 대해서도 깊이 생각해야 한다.

교회 음악을 통한 독특한 담화라는 수단을 통해 기독교 공동체가 어떻게 연합될 수 있는지에 대한 훌륭한 예로는 무신론 국가였던 구소련의 카자흐스탄공화국의 루터교 대회(synod)의 설립 가운데 일어났다. 교회 유산의 깊이를 아름답게 예증하고 있어서 길지만 그 이야기를 인용하고자 한다. 이 루터교도들의 첫 모임에서 하인리히 라스케(Heinrich Rathke)는

> 독일 복음주의 교회의 전 감독이자 그 대회의 창립위원이었는데, 그는 일부러 큰 연주홀을 빌렸고 카자흐스탄 필하모니 오케스트라가 자리했다. 그곳은 카자흐스탄에서 유일한 파이프 오르간이 설치되어 있는 곳이었다. 그는 독일에서 유명한 교회 음악가인 나이트하트 베쓰케(Neithard Bethke)를 데리고 왔고 바흐와 레거(Reger)[16]의 오르간 음악을 연주하는 공개 연주를 열었다. 많은 총대들은 그들을 오랫동안 핍박해 온 공산주의 정부가 소유하고 있는 세속적인 빌딩인 연주홀에 들어가는 것에 염려를 가졌다. 왜 우리는 "악마의 자리"에 들어가는가?
> 그럼에도 불구하고 연주홀에는 500명으로 가득 찼다. 그 대회의 총대 80여 명은 러시아와 카자흐스탄 음악 친구들과 함께 자리를 했다. 총대들에게 알려지지 않았는데 베쓰케가 그의 연주 프로그램 가운데 루터교

---

[16] 역주/ 막스 레거(Johann Baptist Joseph Maximilian Reger, 1873-1916)는 독일의 고전음악 작곡가이자 오르가니스트이다. 라이프치히음악원의 교수와 학장으로 재직하였으며, 베토벤과 브람스의 전통을 계승한 작곡가로 평가를 받고 있다.

찬송 4곡을 여기저기에 끼워넣기로 되어 있었다. 그 찬송 제목은 "주님을 찬양하라"(Praise to the Lord), "우리 모두 주님께 감사하세"(Now Thank We All Our God), "예수님은 여전히 우릴 인도하신다네"(Jesus Still Lead on), 그리고 "주여 내 손 잡아 인도하소서"(Lord, Take My Hand and Lead Me)였다. 물론 그 군중 가운데서 "감시자들"(conspirators) 몇 명 – 찬송가가 연주되고 정확한 시간에 찬양이 시작될 준비가 되어 있다는 사실을 알고 있었던 사람들 – 이 심어져 있었다. 베쓰케가 첫 찬송을 시작했을 때 그것은 놀라움과 쉽사리 믿을 수 없는 순간이었다. 그때 총대들은 큰 소리로 분명하게 찬양하기 시작했고 모두가 한 목소리가 되었다. 그들은 그들의 지나간 삶의 굴욕과 고통을 그들의 찬양 안으로 밀어 넣었다. 그들은 새로운 자유를 견고하게 붙잡았고 그 자리에 더 이상 감출 필요가 없이 공개적으로 서 있다는 것에 자부심을 갖게 되었다. 그들의 눈에서는 눈물이 흘러내렸다. 그러나 그것은 단지 그들만의 것이 아니었다. 관중석에 있던 많은 러시아인들과 다른 사람들도 그 순간의 감동에 사로잡혔고 그들과 함께 눈물을 흘렸다.[17]

최근 연례적으로 갖는 코랄 페스티벌 예배에서 내가 지휘하였던 찬양대는 베쓰케가 연주했던 첫 두 찬양을 중심으로 엮은 쿼들리벳 [18](quidlibet, 밀접하게 연관된 둘, 혹은 그 이상의 멜로디의 섹션을 결합한 형

---

17 Sabine Downey, "Out in the Open," *The Christian Century*, 111, no. 13 (20 Apr. 1994): 407.
18 역주/ 이것은 잘 알고 있는 선율이나 가사를 짜맞춘 유머러스한 곡을 지칭하는 용어인데 16~17세기에 유행했던 익살스러운 음악 형식이다. 라틴어, '좋을 대로'라는 뜻에서 비롯된 이름으로 잘 알려진 둘 이상의 멜로디를 결합하여 만든 작품으로 대표적인 것 가운데 하나로 J. S. 바흐의 "골드베르크 변주곡" 제 30 변주곡을 들 수 있다.

태의 음악 작품)을 연주했다. 그것을 부르기 전에 워십 내레이터는 카자흐스탄의 연주회의 설명에 대한 이 글을 읽었다. 세상 다른 쪽에서 동료 루터 교인들이 불렀던 그 놀라운 찬양 가운데 우리 모두가 함께 합류된 것처럼 생각하며 눈물을 흘렸다.

남편과 나는 마다가스카르에서 가르치기 위해 머무는 동안 그곳에서 예배에 참석했을 때 그와 동일한 세계가 함께 연결되는 느낌을 가진 적이 있다. 마다가스카르어로 된 찬송가에 실린 찬송을 불렀을 때 우리는 그 중의 여러 곡의 내용을 알 수 있었는데 루터교 찬송가에 번역되어 그것들이 실려 있었기 때문이다. 상호적으로 우리 찬양대는 마다가스카르어로 된 찬송 곡조 중에 생기 넘치는 리듬을 가진 남성 파트 부분을 즐겁게 배우고 있었다. 코랄 페스티벌 예배에서 역시 그들이 그 곡을 불렀다. 그 찬송 가사로부터 거대한 그들의 빈곤에도 불구하고 마다가스카르에 있는 루터 교인들을 육성해 준 심오한 소망을 배울 수 있었다.

스타일의 다양성

예배에 나온 사람들은 나이, 감정, 관심, 그리고 영적 성숙도에 있어서 헤아릴 수 없는 다양성을 나타내고 있기 때문에 진정한 예배는 분위기(mood)와 확신의 각종 구색을 전달할 수 있는 음악 스타일에 있어서 다양성을 요구한다. 특히 루터 교인들은 전통적으로 "한 분위기에서 다른 것으로 예전적으로 예배를 움직여 가기 위해 다양한 찬송"을 활용하였다.[19] 스타일의 다양성 – 캐논(canons), 애팔래치안 민속 멜로

---

19 Gracia Grindal, "To Translate Is to Betray: Trying to Hand the Lutheran Tradition On," *Dialog,* 33, no. 3 (Summer 1994): 187.

디, 전통적인 성가곡, 무용 리듬, 영가, 부흥성가, 현대적 찬양까지 – 을 포함한 교단의 새 찬송가를 정말로 사랑한다. 1990년에 발간된 장로교 찬송가도 스페인어, 일본어, 히브리어, 라틴어, 필리핀어, 만다린 중국어, 인디어 노래 등을 포함하고 있다. 거기에는 푸에르토리코, 휴런(Huron), 남아프리카 곡조도 담겨 있다. "죄 짐 맡은 우리 구주"나 "주 하나님 지으신 모든 세계" 등과 같은 옛날에 많이 부르던 찬송이 한국어로 번역되기도 했다.

우리 교회는 예배를 위해 모든 것을 사용할 수 있는데 그 중에서 최고의 것들을 사용할 수 있다. 다양한 스타일의 찬양을 추가하는 데 있어서 열쇠는 교육을 잘하는 것이다. 최근 우리의 코랄 페스티벌은 초등학생부터 대학생까지 12명 이상의 학생들과 여러 성인들이 참석했다. 그들은 핸드벨 세트, 2대의 클라리넷, 3대의 트럼펫, 2대의 플루트, 1대의 오보에, 첼로, 켈틱 하프, 그리고 2대의 기타, 각기 다른 조합을 이루는 오르간 주자들이 연주를 했다. 예배자들은 전통적인 찬송가를 불렀고, 이 페스티벌을 위해 내가 작곡한 새 찬송곡, 포크/현대적 찬송, 독일 코랄 등을 사용하였다. 가장 어린 학생 몇 명이 자기들은 바흐를 연주하는 것을 정말 좋아한다고 내게 말했다. 어떤 학생은 위에서 언급한 바 있는 퀴들리벳을 좋아한다고 했다. 나이가 든 교인 몇 분은 마다가스카르어로 된 찬송이 가지는 활력에 대해 감사의 말을 전해 왔다. 무엇보다도 이런 계획을 세우면서 우리는 하나님께서 우리 예배의 주체가 되시기를 원했으며 그 예배를 통해 성도들과 공동체를 세우기를 원하였다.

오직 현대적인 찬양이 우리 문화 속에서 사는 사람들에게 어필될 수 있다는 사실을 논증하기 위해 종종 잘못된 통계 수치가 사용되기도 한다. 새로운 예배 찬양 스타일로 바꾸기를 주장하는 위에 언급된 근황보고(letter)는 질문을 제기한다. "교회는 인구의 98%의 사람들에게 외국어인 듯 들려지는 그런 찬양 스타일을 계속해서 사용해야 하는가?" 미국 사람의 2%만이 클래식 음악을 듣고 있다 – 그러나 이것이 찬송가는 98%의 사람들에게 "외국어"와 같다는 것을 의미하지 않는다 – 는 통계 수치로부터 이러한 질문을 제시하는 작가도 있다. 클래식 음악과 찬송가는 두 개의 전혀 다른 실재이다. 미국의 많은 사람들이 의미 있는 찬송가를 깊이 사랑하고 그것들을 장례식과 같이 중요한 때에 선택한다. 인구의 98%가 찬송가 – 적어도 성탄 찬송, "나 같은 죄인 살리신", "주여, 미국을 축복하소서"(God Bless America) 등과 같은 – 와 익숙하다고 생각한다. 더욱이 사람들이 라디오에서 주간 중에 듣는 것은 그들이 교회 음악에서 듣고 싶은 것을 반드시 포함하는 것은 아니다. 사실 어떤 사람들은 예배 음악이 하나님의 타자성(Otherness)의 어떤 부분을 상기하기 위하여 그들이 늘 듣는 것과 다른 것이기를 원한다.

같이 출간된 다른 문서 역시 "예수님은 예배 스타일을 추천하신 것이 없었다"라는 주장을 하면서 그들의 주장의 버팀벽을 추구하기도 한다. 이것을 증명하기 위해 어떤 작가들은 예수님과 제자들은 감람산으로 가기 전에 찬양을 불렀다는 설명을 언급하기도 한다. "작곡가의 이름이나 스타일은 기록될 만큼 중요하지 않았다거나 성령님께서 분명히 그것을 알려주실 것이라고 생각한다"와 같이 냉소적으로 말하는 작가도 있다. 사실 우리는 예수님께서 노래하신 것을 안다. 거의 일방적으로 학자들은 그것이 할렐, 시편 113~118편의 마지막 찬양이었을 것이라는 점에 동의한다. 그 찬양은 유월절 식사 전에, 후에 사용되었던 찬양이었다. 이에 대한 거의 모든 복음서의 설명은 비록 예수님께서는 그것의 율법주의에 대해서 분명하게 비판하셨음에도 불구하고 유대교 예배 형식에 충실하셨다는 사실을 보여준다. 예수님과 함께한 제자들의 경험을 세우면서 초대교회는 시편송(그들의 유대교적 유산이었던), 찬송(빌 2:6~11, 골 1:15~20, 딤후 2:11~13 등과 같이 기록된 찬송), 그리고 영가(spiritual songs, 아마도 성령의 감동으로 그 순간에 만들어진 새로운 찬양들) 등을 사용하였다. 우리 교회들이 동일하게 여러 스타일을 통합적으로 사용할 것을 왜 주장하지 않는가?

예배 안의 찬양의 스타일은 단순히 우리가 무엇을 좋아하고, 무엇을 싫어하는지와 관련된 기호의 문제는 아니다. 오히려 표현된 메시지를 위해 특별히 거기에 적합한지를 포함해야 한다. 찬양 스타일의 적합성과 특별한 음악 악기의 적합성만을 생각한다면 오히려 우리는 이러한 찬양이 복음의 깊이를 사소한 것으로 만들지 않고 잘 전하고 있는지를 물어야 한다. 예를 들면, 나는 그렇게 색소폰에 홀딱 빠져 있지는 않다. 그러나 그것의 사운드가 탄식하며 울부짖는 소리를 표현하거나 흑인 영가를 쉽게 표현하는 데 완벽한 악기일 수 있다고 제시한다. 파이프 오르간의 유익은 그것이 가지고 있는 다양한 가락을 바꾸는 기교(stop)로 다른 분위기와 메시지를 전할 수 있다는 데 있다. 플루트는 장엄한 찬송곡에 보다 적합한 트럼펫의 가락을 바꾸는 기교와는 달리 묵상하게 하는 음을 만들어낸다. 많은 '현대적인' 재즈밴드에서 발견되는 문제점은 그 소리가 언제나 동일하다는 것이다. 또한 하나님께 나아가도록 우리를 일깨우기보다는 우리를 유인하기 위해 작곡된 상업적인 몰에서 나오는 영업용 배경음악(Muzak)과 같은 소리가 나기도 한다. 나는 현대 음악을 환영한다. 그러나 예배 음악의 소리와 스타일은 정직한 방식으로, 성실성과 내적 일관성을 가지고 그 메시지를 전달하여야 한다고 주장한다.

음악과 관련한 논의는 다양한 음악의 스타일을 사용하는 데 있어 나의 목표와 관련이 있는데, 그 논의는 현대 음악과 대비하여 시간의 경과(time)를 살펴보아야 한다는 점이다. 시간을 검토하는 것의 유익은 역사에 대해 분석 검토하는 과정을 통해 오래된 것의 대부분은 던져 버릴 수 있다는 점이다. 그것을 통해 우리는 보통 그 시대의 최고의 것과 가치가 있는 것을 신뢰할 수 있게 해 준다. 그러나 그것은 우리가 두려움을 가지고 새로운 음악을 시도해야 한다는 것을 의미하지 않으며, 그것을 받아들일 수 없어 폐기처분해야 하는 것으로 여겨야 한다는 뜻이 아니다. 그것은 단순히 토마스 기쉔의 평가 그리드에서 제시된 주제를 따라 새로운 곡들의 유익을 가늠하는 작업을 보다 완전하게 수행해야 한다는 의미이다.

웨슬리나 루터는 이미 그들이 가지고 있었던 음악적 유산과 한 세대에서 그 다음 세대로 전해져 온 믿음의 전통에 부가하여 새로운 곡을 만들었다. 대부분의 찬송가집에는 대부분 20세기에 작곡된 찬송과 아주 초창기 교회로 거슬러 올라가는 예전적인 곡들도 포함되어 있다(심지어는 유대인의 찬송과 천사들이 불렀던 찬송까지도 포함한다). 안타깝게도 대부분의 "현대적인" 예배는 아주 최근 몇 년 동안의 것들로만 조각을 내서 사용하고 있으며 그렇게 하면서 보다 크게 말하면 그들의 적법한 장소에 참석한 사람들을 무시하고 있다. 폴 웨스터메이어가 주장한 대로,

사람들은 우리로부터 오랜 역사를 통해 전해진 긴 수송물(haul) 가운데서 보다 많은 레퍼토리를 기대한다. 왜냐하면 그것들은 그 역사가 제시하는 거대한 이야기에 대한 책임을 우리에게 지우기 때문이다. 그들의 음악적 취향과 언어는 우리가 그것들을 인정하는 것보다 훨씬 더 큰 것이다. 소리와 시간과 장소라는 상황 안에 그것을 가두는 것은 그들에게서 그들이 내일에 필요로 하는 것을 박탈해 간다.[20]

교회의 더 큰 레퍼토리를 주장하는 것은 훨씬 넓은 관점과 광범위한 경험을 우리에게 준다. 우리는 그것들을 통해 현대 음악을 판단하고 큰 힘을 간직하고 있는 새로운 노래와 찬송을 보다 쉽게 발견할 수 있게 한다. 로버트 베네(Robert Benne)는 영국 캠브리지에서 영적 부흥의 음악에 대해 다음과 같이 묘사한다.

가장 분명한 것은 항상 존재하는 찬양 앙상블인데 일반적으로 키보드, 플루트, 색소폰, 드럼, 그리고 함께하는 찬양팀으로 구성되어 있다. 연주되는 음악은 분명히 '기독교 락'이 아니다. 그 찬양들은 기독교 방송국에서 일반적으로 듣게 되는 감상적인 발라드보다 훨씬 더 수준 높은 것들이었다. 그 찬양은 미국과 영국 출신의 작곡가들 여러 명이 작곡한 "새 찬송들"이었다. … 그것들 중의 어떤 것은 영속적인 질을 가지고 있는 것으로 보였다. 젊은이들도 이 새 찬양을 알고 있었고 외워서 노래를 불렀다. 젊은 세대들 가운데 많은 이들이 클래식 전통을 알고 있었다. 실로 이러한

---

20 Westermeyer, "Professional Concerns Forum," 38.

교회는 현명하게 그들의 예배를 그 유산으로부터 나온 찬송들로 - 특히 웨슬리의 찬송들 - 점점이 장식하고 있었다. 그렇게 해서 젊은 사람들이나 나이가 든 사람들이 그것을 함께 공유하게 되었다.[21]

웨스터메이어와 베네의 논평은 그 스펙트럼의 반대쪽으로부터 오는 것이지만 중앙으로 - 본질과 음악적 가치라는 관점에서 영속적인 질을 가진 음악을 추구하는 것 - 다시 모여드는 것이다. 먼저 그 찬양의 가사가 어떤지를 물어야 한다고 한 선택 그리드를 통하여 찬양을 생각해 보면 적당한 찬양 가사의 다양한 스타일을 찾을 수 있을 것이다. 어떤 스타일이라고 바로 제거되어서는 안 된다. 옛것과 새것, 찬송가 안에서와 찬양 반주집의 변증법을 추구할 수 있다.

그러나 스타일을 판단하는 특별한 수단으로 눈을 돌리기 전에 우리는 문화적 영향력이 찬양에 어떻게 영향을 미치는지를 신중하게 묻는 쪽으로 눈을 돌려야 한다. 이러한 관심은 어떤 스타일을 제거하지 않는다. 그러나 가사와 형태를 함께 엮어가는 보다 예민한 부분을 매우 신중하게 보아야 한다는 점에 주의해야 한다. 독점적으로 하나의 스타일만 사용하는 것에 대해서도 그것은 우리를 경고한다.

매체와 메시지

소위 예배 전쟁의 많은 것들 가운데 "현대적인" 찬양 주창자들은 분명한 음악 스타일을 선호하는 것은 단지 취향의 문제라고 주장한다.

---

21 Robert Benne, "Cambridge Evangelicals," *The Christian Century*, 110, no. 20 (27 Oct. 1993): 1037.

한편 "전통적인" 찬양을 선호하는 사람들은 현대 팝뮤직은 광고에 일반적으로 사용되고 있으며 그래서 예배 안에 잘못된 함축을 가져올 수 있다라고 말한다. 아래에서 설명하게 될 음악적 가치를 산정하는 데 있어서 기준은 음악은 단지 취향의 문제가 아니라는 사실을 보여준다. 그러나 여기에서 매체의 이슈와 그것이 가져오는 함축적 의미에 대해 좀 더 깊이 살펴보아야 한다.

"모든 하나님의 자녀와 푸른 스웨드 구두"(All God's Children and Blue Suede Shoes)에서 케네쓰 마이어즈(Kenneth Myers)는 "대중문화의 가장 큰 영향은 우리가 '어떻게' 생각하고 느끼는지(우리가 생각하는 것과 느끼는 것[what]보다는)와 우리가 생각과 느낌에 대해 어떻게 생각하고 느끼는지를 형성하는 방식에서 나타나는" 완벽한 예를 제시한다. "모든 것이 가능하지만 모든 것이 건설적인 것은 아니다"라는 성경적 논지에 기초하여[22] 메이어는 대중문화의 많은 부분들이 가지는 매우 하찮음은 "그것을 무해한 것처럼 만드는 동안 역시 그것을 널리 스며들게 만들며, 그것이 가지는 가장 해로운 자질"이라고 주장한다. 대중문화가 "즉각적인 욕구충족(gratification)이라는 측면에서 특별한 것이라면 더 좋은 어떤 것에 대한 입맛은 망쳐 놓을 수 있다"(xiv). 마이어즈가 요약한 대로, 대중문화는 "즉석에서 손에 넣을 수 있는 모든 것을 기대하게 만드는 분위기와 기독교에 대한 이해와 순종하는 믿음의 경험을 포함하여 우리의 삶의 다른 영역에서 보다 큰 깊이와 넓이를 단념시키는 분위기를 고양시킨다"(xv).

---

22 Kenneth A. Myer, *All God's Children and Blue Suede Shoes* (Westchester, IL: Crossway Books, 1989), xiii.

마이어즈는 다른 문명과 비교할 수 있는 탁월한 기준이 있는지를 묻고 있다. 문화적 상대주의의 우세한 가설은 현대 사회에 널리 퍼져 있는데 그것은 문화에 대해 생각하는 데 큰 장애물이다. 예를 들어, 문화적 상대주의는 토마스 제퍼슨이 보르네오로부터 사람을 사냥하는 야만인이라기보다는 중요한 사상가였다고 말하는 것을 불가능하게 만든다(29).

종교적 신앙은 높은 수준의, 민속의, 혹은 대중적인 문화를 통해서 전달된다고 관찰한다. 높은 문화는 "그 뿌리를 오래됨(antiquity)에, 절대적인 것에 대한 확신과 진리와 덕에 대한 확신의 시대에 그 뿌리를 두고" 있기 때문에 그것은 "그것의 대안보다는 창조 사역 가운데 인간의 경험, 역사 가운데 하나님의 구속적인 개입하심을 보존하는 것과 전달하는 것을 가능하게 한다." 비교해 보면 민속문화는 "그 방식에 있어서 보다 단순하고 한 민족에게서 다른 민족에게로 그것의 전달력은 약하지만 그것은 반대에 직면하여도 정직성, 성실성, 전통의 헌신성, 보전성을 유지한다." 흑인 영가가 "긴 역사 가운데 기본적인 종교적 진리를 보존한" 민속문화의 좋은 그런 예이다. 이러한 분석은 우리로 하여금 "당연한 것을 받아들이도록 격려하는 대중문화, 방식, 감정적 습관에 대한 '의식'(consciousness)"에 의문을 갖게 한다(59). 마이어즈는 대중문화에 있어 "고상함에 대한 지속적인 의문을 제기하는 것"에 주로 반대한다. 그것은 "극히 중독성이 있을 수 있으며" 그래서 "아주 쉽게 영원한 실재와 요구에 대한 숙고(reflection)를 모호하게 할 수 있다"(67). 더욱이 그는 다음과 같이 한탄한다.

대중문화가 가지는 문제 중의 하나는 그것을 지혜롭게 즐기기 위해 필요한 습관의 종류를 스스로 가르치지 않는다는 것이다. 더 좋은 무엇을 맛보지 않고서는 패스트푸드나 냉동음식을 저녁으로 언제나 먹는 것에 별로 싫증을 내지 않게 될 것이다. 그러한 음식물에 만족하지 않는다면 그것과 비교할 무엇이 없이는 그 불만족을 규정할 수 없게 될 것이다(72).

마이어즈가 언급한 심미적 능력은 "단지 계급이나 입맛의 문제가 아니라 피조물과 그 안에 있는 자신의 위치에 대해 다른 방식의 이해를 가지고 있음을 반영한다"(73). 그는 "내가 그것을 좋아하기 때문에 무엇이 '아름다운'가, 혹은 그것이 아름답다고 인식할 수 있도록 만들어 준 창조 가운데 주어진 객관적 자질을 가지고 있기 때문인가?"(77)라고 묻는다. 마이어즈는 주장하기를 빌립보서 4장 8절에서 사도 "바울은 우리가 '생각'하는 것이 사랑스러우며 '느끼는' 것마다 사랑받을 만해야 한다고 말하지 않았다. '객관적으로' 참되고 고상하고 옳은 것에 우리의 관심을 지속적으로 보여야 한다." 칭찬할 만한 것은 우세한 시장 판세에 의해서가 아니라 객관적 기준에 의해서 세워질 수 있다(98).

현대 사회로 하여금 심미적 판단을 거부하게 만드는 어떤 요소들은 현대 사회가 가지는 인류평등주의 정신(그리고 결국 "다수에 의해서 결정되는 도덕적 권위")과 질적인 추론 위에 양적인 것을 두는 우리의 문화적 선호 - 통계 수치 앞에서 다른 주장을 펼칠 수 있는 사람은 없다 - 등이다(78). 심미적 판단은 지혜와 같이 "인내, 훈련, 우리의 연장자들을 따르려는 의지 … 등을 아주 많이 요구한다. 그것의 가치는 '실용적'(practical) 정신이 강한 미국적 경향과는 비교할 수 없다."

Journal of Aesthetics and Art Criticism(미학과 예술비평 저널)에 실린 "The Aesthetics of Popular Arts"(대중예술의 미학)라는 아티클에서 에이브러햄 캐플란(Abraham Kaplan)은 주장하기를 "예술 경험으로부터 우리가 얼마나 벗어나 있는지를, 또한 그것에 얼마나 집중하느냐에 달려 있다는 것을 인식하는 것은 교훈적이 아니라 엄격하게 미학적이다." 그러나 대중예술은 그 경험에 너무 많이 집중할 수 있게 허락하지 않을 것이다. 현대 대중가요 가수의 음악을 듣는 데 그렇게 노력할 필요가 없다. 그것이 바로 클래식 작곡가보다 그들을 더 좋아하는지에 대한 이유이다. 마이어즈가 기록한 대로, "캐플란은 대중예술은 고급예술이 그러한 것만큼 지속적인 주목을 받지 못한다고 주장한다. 그래서 우리는 그것을 아주 잘 안다고 생각하는 것이다. 그러나 그 관계성은 언제나 피상적이며 친밀감에 있어서 성숙된 것은 아니다"(83). 물론 우리가 거기에만 온전히 빠져 있지 않다면, 그리고 그것이 우리가 알고 있는 전부가 아니라면 그 들뜬 행동이 잘못될 것이 없다. "비극적 요소와 탁월한 것에 대해 하나의 지식을 가지고 있는 사람이 피상적인 즐거움을 느낀다고 해서 해가 되는 것은 아니다." 그러나 마이어즈는 "많은 현대의 그리스도인들이 그들 자신 곁에 있는 대중문화의 제한되었고 제한을 하는 민감성을 가지고 있다는 우리를 혼란시키는 많은 표징들이 있다"고 주장한다(87).

마이어즈는 문화를 음식의 준비와 공급의 세 단계 – 고급문화(미식가), 민속문화(전통적인 홈 쿠킹), 대중문화(패스트푸드) – 와 비교한다. 그는 다음과 같이 주장한다.

대부분의 사람들은 패스트푸드가 다른 두 범주가 가지고 있지 않는 결핍을 가지고 있다는 것을 알고 있다. 단지 영향의 가치, 혹은 맛에서 뿐만 아니라 그 '에토스', 그 음식이 서브되고 소비되고 경험되는 방식에서 결핍을 가지고 있다. 젊은 여성에 대해 긍정적인 인상을 심어주려고 하는 적당한 재력을 가진 대부분의 젊은이들은 그녀를 가장 가까운 버거킹에서 식사대접을 하려고 데려가지는 않는다. 그들은 음식의 사회적 경험에서 분명히 잃어버린 무엇이 있다고 깨닫기 때문이다. 이전에 먹었던 모든 음식이 패스트푸드와 관련된 곳에서 나왔다면 그것은 음식의 의미에 있어서 당신의 전반적인 조망에 영향을 미칠 것이다. 거기에 어떤 우아함이나 품위, 음식과 함께하는 어떤 의식이나 예법이 전혀 없다면, 이전에 먹었던 모든 음식이 재미있는 모양의 모자를 쓴 사람이 그것을 가져다주었다면, 그리고 그것이 판지나 스치로폼으로 싸여 있는 것이라면 성경에 나오는 어린양의 결혼식 만찬의 은유에 대해 가지는 느낌에 영향을 주지 않겠는가!(89)

이와 같이 대중문화와 관련한 문제는 "어떤 가공물의 부적절성에 대한 것이 아니라 완전한 모습(the whole)의 부적절성"을 말하는 것이다. 마이어즈는 그것을 "문화적 '형태'(cultural gestalt)라고 칭하는데 전통적, 혹은 고급문화로부터 나오는 가치에 의해, 그리고 신중한 주의에 의해 대중문화가 완화되지 않았을 때 그 문화에 의해 만들어지는 의식(consciousness)"이라는 것이다.

C. S. 루이스는 *An Experiment in Criticism*(비평 가운데 놓인 시도)라는 책에서 좋은 책과 그렇지 못한 책을 어떻게 판단하고 구별하게 되는

지를 시도했다. 그리고 그는 그들이 다른 방식으로 책을 읽는다는 사실을 발견했다. 그 책에 통달한(literary) 사람과 통달하지 못한(unliterary) 사람 사이에 4가지 차이가 있었는데 그것은 역시 음악에도 적용해 볼 수 있는 내용이다. 나의 음악적 비교는 루이스가 인용하였던 그 구분을 통해 비슷하게 주어졌다.

비통달(Unliterary)	통달(Literary)
1. "나는 그것을 이미 읽었어요."	지금까지 같은 책을 10~30번을 읽었다.

["창조의 왕, 전능하신 주님을 찬양하라"와 같은 찬송가와 비교해서 위에서 인용된 "전능하신 하나님"이라는 찬양을 우리는 몇 번이나 부를 수 있을까?]

2. 책을 읽을 때 지식을 많이 쌓으려고 하지 마라.	책을 읽기 위해 휴식과 침묵을 언제나 추구한다 - 깊은 주의력으로 책을 읽는다.

[한번은 누군가 그가 찬양대를 그만두었다고 내게 말했다. 왜냐하면 호흡법을 배워야 하고, 표현하는 법을 배워야 하며, 노래를 잘하기 위해 많은 노력을 기울여야 하기 때문이며, 찬양팀에서 현대적 찬양을 인도하기를 더 좋아하는데 거기에서는 어려운 곡을 연습하기 위해서 그렇게 많은 노력을 기울이지 않아도 되기 때문이라는 것이다.]

3. 오직 즐거움을 얻기 위해	책은 깊고 심원한 경험이 될 수 있다. 그것은 너무 순간적이어서 사랑의 경험, 종교, 혹 사별의 경험은 비교의 기준을 제공한다. 그들의 전체적인 의식은 변화된다.

[이 기준은 음악에 적용하기에는 적당치 않은데 모든 스타일의 찬양들은 삶을 변화시키고 순간적인 경험이 될 수 있다. 그러한 이유 때문에 본질적으로 어떤 음악의 스타일을 반대하지는 않는다. 나는 오직 하나의 스타일만을 사용하는 것을 반대한다.]

4. 일자리를 위해, 혹은 지위를 위해 예술작품을 적당히 활용하라.	책을 읽는 사람들은 계속해서 생각하고 인생을 위해 현저하게 좋아하는 구절들을 가진다. 예술을 받으라.

루이스는 마지막 요점을 다음과 같이 설명한다. 예술 작품을 "받아들이기" 위해 "우리는 우리 감각과 상상력, 그리고 예술가들에 의해 발명된 패턴을 따라 다양한 다른 능력을 발휘한다." 우리가 그것을 "사용할" 때, 우리는 "그것을 우리 자신의 행동을 위한 도움으로 취급한다." 이와 같이 '사용하는 것'은 '받아들임'(reception)보다 못한 것이다. 왜냐하면 받아들이는 것보다도 사용할 때 예술은 단순히 우리 삶을 촉진하거나 밝게 하며, 경감, 혹은 완화한다. 그리고 그것에 더하지는 않는다(마이어즈, 92쪽에서 인용). 마이어즈는 다음과 같이 구별의 파급효과를 다음과 같이 탐구한다.

> 고급예술에 관심을 가지고 추구할 때 우리가 해야 할 것이 누구를 사랑할 때 우리가 해야 하는 것과 비슷하다면 정의와 자비를 보여주고 진리를 추구하는 것에 있어서 예술을 즐기는 것(사용자로서가 아니라 수용자로서)은 우리의 삶 안에 분명한 기술을 연마해 줄 수 있을까? 심미적 경험에 의해 격려받을 수 있는 연민과 사랑, 정의와 자비, 지혜의 자연적인 덕이 있는가? 루이스에 의하면 예술 작품을 "수용하는 것"을 배우는 것은 삶의 다른 영역에도 영향을 미치는 마음의 습관(habits of the heart)을 격려한다.

그리고 이제 대중문화를 없애기 위해 그것은 동일한 능력을 가지고 있는가? 그렇지 않다. 그것의 아무리 열렬한 팬들조차도 그렇게 할 수 있다고 주장할 수 있는 사람은 거의 없다. 어떤 중요한 방식으로 거절을 당한 고급문화의 에토스를 통해서보다는 대중문화의 에토스에 의해 삶은 더 깊은 영향을 받는다. 아마도(97).

대중문화의 에토스에 의해 현저하게 영향을 받고 있는 예배에 대해서도 우리는 동일한 질문을 던져야 한다. 비슷하게 그것은 중요한 방식으로 예배자들에게서 예배를 박탈하고 있는 것은 아닌가?

마이어즈가 묘사하는 내용의 나머지는 나에게 너무 완벽하여 여기에 요약한다는 것이 쉽지 않다. 그러나 그는 주요 요점들을 요약하는 차트를 제시한다(120). 다음의 리스트에 있는 모든 항목이 예배 음악에 대한 우리의 의문에 적용되지는 않는다. 그러나 그들 중의 많은 부분들이 놀랍게도 그렇게 적용될 수 있는 부분들이다. 대중적인 스타일의 음악은 왼쪽 편 항에 열거된 많은 특징들을 수반한다는 사실은 예배에 대한 '오직' 수단으로 그것의 적당성에 대해 심각한 질문을 제기한다.

대중문화	전통적/민속문화, 고급문화
• 새로운 것에 초점	• 모든 시간에 초점
• 숙고(reflection)를 허용하지 않는다.	• 숙고를 적극 장려한다.
• 일반적으로 "시간 죽이기"를 추구한다.	• 세심하게 추구한다.
• 우리가 원하는 것은 우리에게 주고 우리가 이미 아는 것을 말해 준다.	• 우리가 상상할 수 없는 것을 제공한다.
• 즉각적인 접근성에 의존한다: 참지 않을 것을 장려한다.	• 훈련을 요구한다: 인내를 장려한다.
• 정보를 제공하며 하찮은 것을 강조한다.	• 지식과 지혜를 강조한다.
• 양적인 관심을 장려한다.	• 질적인 관심을 장려한다.
• 명성을 중요하게 여긴다.	• 능력을 중요하게 생각한다.

• 감상적인 생각에 어필하려고 한다.	• 적절하고 균형 잡힌 감정에 어필하려고 한다.
• 시장의 필요성에 의해 지배받는 내용과 형식	• 만들어진 질서의 필요성에 의해 지배받는 내용과 형식
• 방식은 본질이다.	• 방식은 도구이다.
• 호화로운 장관에 의존, (언어를 포함하여) 폭력적이고 음란한 내용으로 채워질 수 있다.	• 질서정연한 역동성과 상징의 힘에 의존한다.
• 무엇인가를 상기시키기 위해 목적으로 사용되는 미학적 힘	• 본질적 특성에서의 미학적 힘
• 개인주의적	• 상호적
• 그것이 우리를 발견한 곳에 우리를 남겨두라.	• 감각을 변화시켜라.
• 깊고, 혹은 지속적인 주의가 불가능하다.	• 반복적이고 사려 깊은 주의를 기울일 수 있어야 한다.
• 모호함을 사용하지 않는다.	• 초월을 암시적으로 제시한다.
• 삶과 예술의 불연속성을 인정하지 않는다.	• "두 번째 세계" 협정을 의존한다.
• 자아의 욕구를 반영하라.	• 다른 사람의 이해를 장려한다.
• 상대주의를 지향하는 경향성	• 기준에 복종을 지향
• 사용하는 특성	• 받아들이는 특성

대중문화의 내용과 형식 사이를 구분함에 있어서 마이어즈는 그리스도인들이 이전의 어떤 문화에 대해서는 비판적이었음에도 불구하

고 후자를 향해 "실질적으로는 무비판적인 태도"를 가지고 있다고 한탄한다. 회중은 "그것의 메시지를 증진하는 데 충성스러운 관심을 보이면서 별다른 저항 없이 그 형식을 받아들이고 있다. 그러나 그 메시지는 그것에 의해서 고통을 받으며 그렇게 하여 그것의 동료들을 갖는다." 마이어즈는 교회가 그들의 메시지의 성실성을 상실했다고 생각한다. 왜냐하면 교회가 대중문화와 "예배자들의 직관에 흥을 돋우기 위해 그것을 능력이라는 바탕에 서서 양들의 목자를 '여흥으로 감정적 자극을 돋우는 사람'으로 바꾸면서 '그 자신의 용어로'" 대중문화와 경주를 하고 있기 때문이다.

대신에 교회는 "즉각적인 충족을 추구하면서 얻게 된 열매에 대항하여 나가는 문화적 습관을 격려함에 있어서 리더십을 제공"해야만 하며(182), 또한 "초월의 문화에 대한 생생한 증언과 … 영원한 일들에 뿌리를 둔 생명을 가르침에 있어서와 마찬가지로 교회의 문화적 표현에 있어서" 견고하게 서 있어야 한다(183).

포스트만의 텔레비전에 대한 관심(2장에서 요약하였음)을 보인 내용과 마이어즈의 입장의 유사성을 우리는 볼 수 있다. 포스트만 역시 "어떤 관념이 표현되는 형식은 그 관념이 어떤 것이 될 것인지에 영향을 끼친다"라고 주장한다.[23] 그러한 이유 때문에 찬양의 형태와 스타일의 다양성을 계속해서 주장한다. 그리하여 우리의 예배는 감정과 진리의 보다 다양한 영역을 전달할 수 있을 것이기 때문이다.

---

23 Postman, *Amusing Ourselves to Death*, 31.

스타일을 묻는 질문들

아마 마틴 루터가 말한 것으로 알려지고 있는데, "왜 사탄이 모든 좋은 곡조들을 다 가지게 하는가?" 그의 의견은 보다 많은 "세속적" 스타일로 된 것들이 교회 안으로 들어오도록 우리를 초대한다. 그리하여 "그것을 더 좋은 사용으로 성스럽게 만들어야 한다"고 주장한다(9). 그러나 우리는 특별한 찬양이나 형식이 예배에 적절한가를 분명하게 할 수 있는 스타일에 대해 몇 가지의 질문을 제기할 수 있다.

뉴욕 위쪽 지방에 위치한 교회의 뛰어난 교회 음악가인 재넷 힐(Janet Hill)은 그 사용과 마찬가지로 찬양 스타일에 대한 질문에 정직성의 아이디를 사용한다. 찬양은 그 가사를 표현하는 방식에 있어서 정직한가? 우리는 가볍고 경쾌한 스타일은 십자가의 그리스도의 고난을 찬양할 때는 사용하지 않는다. 우리는 부활의 환희에 사로잡히기 위해 무겁고 단조로운 찬송 곡조를 사용하지 않는다.

정직성은 예배 가운데서 찬양을 부르거나 연주할 때 염두에 두어야 할 내용이다. 한 찬양 사역자가 행복하게 행동하면서 예배자들에게 흥분을 위하여 좀더 "흥분하기를" 요청하는 것을 보았다. 주관적 느낌보다는 객관적 진리에 초점을 맞춘 가사의 유익은 우리 자신의 정직한 감정을 그들에게 가져오게 해야 한다.

예배에서 사용되는 어떤 찬양 스타일도 공허함과 허식(찬양대에 관한 의견은 아래를 참고하라)을 촉진하지는 않는다는 필요조건은 정직성의 기준과 관련이 있다. 우리는 "공연하는 극장 주변에 세워지지 않은 교회의 모델이 필요하다. 우리는 말하는 설교자와 공연하는 찬양 인도자를 주시하는 대신에 매일의 삶의 길목에서 그들의 삶을 나누는 사람

들 주변에 세워진 교회들이 필요하다."²⁴

  찬양을 인도하는 사람은 회중이 더 찬양을 잘할 수 있도록 역할을 다하는 사람이다. 오르간 반주자는 콘서트를 하고 있는 것이 아니라 다양한 세팅과 스톱으로 가락을 바꾸는 것을 통해 찬양에 활력과 신선함을 더해 줌으로써 사람들이 찬양을 더 잘 할 수 있도록 연주를 해야 한다. 다른 사람들 위에 자신을 드러내고 다른 사람들을 조종하려는 사람이 아니라 진정으로 다른 사람을 위해 그들의 악기를 연주하는 사람들이 찬양을 인도해야 한다. 찬양 인도자가 예배실의 전면에서 찬양을 인도한다면 교인들이 찬양하는 데 있어서 수동적이 되지 않도록 인도할 수 있게 배려하는 훈련이 되어 있어야 한다. 현대적 예배에서 기타를 연주하는 한 사람이 중앙 회중석에서 예배를 통해 앉아 있다가 찬양팀 외에는 아무도 찬양을 부르고 있지 않을 때 어떻게 그의 접근을 바꾸는지를 나에게 말해 주었다. 즐겁게 하거나 교묘하게 다루는 그런 종류의 예배와 현란한 의식적인 예배, 혹은 형식적인 예배 스타일은 예배가 모든 사람의 작품이 되는 데 있어서 유해하다. 이것은 수행자를 숭배하게 만드는 것이 될 수 있고, 하나님으로부터 초점이 다른 것으로 옮겨가게 함으로써 진정한 예배를 방해한다.

  스타일은 그것이 예배를 방해하는지 그렇지 않은지를 물음으로써 가장 잘 평가될 수 있다. 종종 페미니스트들은 남성 중심의 용어를 바꾸려는 노력으로 예배를 분열시킨다. 물론 이것은 예배보다는 가사를 포함하는 이야기이다. 그러나 그것은 그 요점을 드러낸다. 찬송을 따

---

24 John Alexander, "Bleeding Hearts: How Church Communities Can Flourish," *The Other Side*, 29, no. 3 (May-June 1993): 61.

라 부르면서 내가 찬양하는 하나님께 주의를 집중하는 것으로부터 가사가 바뀌면서 혼란을 일으켰다.

> 큰 영광 가운데 계신 우리 하나님을 예배하라.
> 그의 권능(Her power)과 그의 사랑(Her love)에 감사를 드리라.
> 위엄으로 두르시고 찬양으로 에워싸시는
> 옛적부터 우리의 방패와 보호자되시는 주님께
>
> 그의 능력(Her might)을 말하며 그의 은혜(Her grace)를 노래하라.
> 그분의 옷은 광채가 나며 우주를 덮으셨도다.
> 천둥 번개를 그분의(Her) 불의 전차로 삼으셨으며
> 폭풍의 날개로 그의 길을 어둠으로 덮으셨도다.
>
> — 로버트 그랜트, 1833(가사가 수정되었음)[25]

왜 이런 수정이 필요한지에 대해서 물어야 한다. 어린아이 때부터 이 찬양을 불러왔고 가사를 다 외우고 있는 사람들에게 그렇게 가사를 바꾼 버전은 오히려 예배를 방해한다(또한 선택 그리드에서 그것은 거부될 것이다). 브라이언 렌(Brian Wren)이 시도한 것처럼, 이렇게 하여 많은 그리스도인들에게 아주 많은 의미를 담고 있는 익숙한 찬양을 방해

---

25 마치네 브룬 리스트라(Marchiene Vroon Riestra)에 의해 찬양 가사를 His를 Her로 수정한 것을 *Swallow's Nest: A Feminine Reading of the Psalms* (Grand Rapids: William B. Eerdmans, 1992)에서 인용하였다..

하기보다는 하나님에 대해서 여성성의 이미지를 사용한 새로운 찬송을 왜 새롭게 만들지 않는가?

　찬양 스타일에 있어서 잘 알려진 찬양곡이 "그것을 살리기 위하여" 편곡될 때에도 동일한 방해가 일어날 수 있다. 약간의 변경과 변주는 입맛에 따라서 행해지기도 한다. 그러나 어떤 것들은 - 락 박자로 "고요한 밤"을 바꾼 것과 같이 - 유용하기보다는 화가 나는 경우도 있다. 어떤 찬송곡의 편곡은 본래 원곡의 멜로디를 잘 알고 있고 사랑하는 사람들의 예배를 방해하지 않도록 언제나 신중하게 행해져야 한다.

　그 조합이 예배에 오히려 방해가 되기 때문에 어떤 찬양 스타일이 예배에서 사용되어서는 안 되는지에 대해서 물어야 한다. 헤비메탈이나 신랄한 락 음악은 아마도 회중석에 앉아 있는 대부분의 사람들에게 예배에 사용하기에는 너무 많은 부정적인 요소들을 가지고 있을 것이다.

　폴 웨스터메이어와 같은 많은 비평가들은 현대적인 음악이 너무 많은 광고와 연결되어 있어서 예배에 적절하지 않다고 주장한다. 그는 "문구(texts)가 사람의 눈길을 끌게 하기 위해 고급광택지에 그럴싸하게 쓰여진 봉투가 되는" 찬양을 반대한다. 그러나 나는 그가 "현대적인" 음악 그 자체를 상품 판매와 동일시하면서 사용한 그의 사례를 과장하고 있다고 생각한다. "교회와 회당은 그들이 가지고 있는 메시지와 그들이 노래하는 가사가 진실이라는 사실을 당연한 것으로 여겨왔다"고 말한 그의 주장은 분명히 옳다. 그러나 팝 스타일의 예배 음악은 다른 태도를 취한다고 믿지는 않는다. 가사는 "노래되어야 할 내적 필요성 밖으로 나오는" 것으로 노래를 해야 하는 것은 사실이다. 그들의 "참 진리는 음악을 필요로 한다"는 것도 사실이다. 그러나 웨스터메이어는 "광고라는 억측은 이러한 전체 과정을 뒤집어 놓는다"고 계속 주장하고, "광고로부터 음악이 예배에 적용될 때" 난처하게 만드는 질문이 제기된다.[26]

우리는 이 이슈에 대해 좀더 주의하여 미묘한 차이를 덧붙일 필요가 있다. 음악 그 자체가 광고라는 에이전트라는 것은 아니다. CCM은 사실이 아닌 내용(가사)을 (광고가 그러한 것처럼) 팔아야만 한다는 가정에 기초를 두는 것은 아니다. 대부분의 CCM 스타들은 현대의 형태로 그들의 믿음을 표현하고 있는 신실한 그리스도인들이다. 그릇된 것은 우리가 바른 '종류'의 음악을 선택한다면 사람들을 그리스도께로 인도할 수 있을 것이라는 교회의 억측이다. 우리의 일이 다르게 만들 수 있다고 생각하는 것이 우상숭배이다. 그리스도 자신이 사람들이 그분을 믿을 수 있도록 성령님을 통해 그들을 이끌고 계신다. 예배 음악은 그리스도를 광고하기 위해서가 아니라 그분을 선포하는 데 사용된다. 하나님은 예배의 주체가 되셔야 하며 음악은 예배의 생성물/결과물 – 선행 요소가 아니라 – 이며 하나님의 임재에 대한 응답이다.

스타일에 대한 마지막 질문은 음악이 예배자들을 교화시키는지, 그렇지 않은지에 대한 것이다. 적당한 교육과 함께 대부분의 스타일들은 평가 그리드의 이 단계에서 자격을 갖추게 된다. 그러나 극도로 비의적인 찬양(esoteric music)을 요구하는 높은 수준의 미학적 인식을 가지고 있는 것은 아니다. 이러한 악보는 찬양대 콘서트에서 놀랍게 연주될 수도 있다. 그러나 그것들이 예배 가운데서 회중에게 반드시 도움

---

26 Westermeyer, "Professional Concerns Forum," 35~36.

이 되는 것은 아니다.

기쉔이 강조한 대로, 스타일의 범주는 가능하면 폭넓은 상태로 남겨 놓아야 한다. 우리의 선택 그리드에서 적격 심사(screen)는 "제한적이기보다는 관대한" 것이 되어야 한다(10). 따라오는 확인하는 과정의 다른 측면은 스타일 때문에 특별한 찬양을 배제하게 될 것인데, 우리의 가사를 고려하는 것은 부가적 기독교 악보들을 무용지물로 치워 버리는 결과를 낳을 수 있다.

타당성

기쉔은 찬양대를 위해 악보의 적합성을 가늠할 수 있는 세 가지 측면을 제시한다. 그것들은 예배를 위해 필요한 일반적인 찬양 계획에 또한 적용할 수 있다. 그는 질문을 다음과 같이 제기한다. "(이 찬양이) 전체 예배의 균형을 위해 얼마나 적절한 것인가? … 이 찬양을 부르는 찬양대에는 적절하며, 예배에서 그것의 기능에는 적절한 것인가?"(11)

첫 번째 질문은 예배 음악에 있어서 스타일의 폭넓은 다양성을 사용하려는 목표와 관련이 있는 질문이다. 기쉔은 찬양대가 시간의 코스를 넘어서 다양한 영역의 스타일을 제시하는 것에 관심을 둔다. 회중 찬송을 기획할 때도 우리는 동일하게 해야 한다. 선택 그리드의 측면에서 보면 현대적 예배의 기획자는 오직 한 가지 스타일에 자신을 제한시키는 전통주의자들과 똑같이 잘못하고 있다.

그 다음은 예배에서 사용되는 음악을 어떻게 적당한 것으로 간주할 수 있는지에 대한 질문이었는데, 우리는 어떤 스타일이 결국에 사용되기를 바란다면 그것은 좀 더 멀리 봐야 한다는 사실을 인식하게 된다.

그럭저럭 하는 동안에 우리는 중재하는 스타일을 소개할 수 있게 된다. 이제 초보 찬양대에게 절기의 첫 주에 난해한 바흐 악보를 주지 않는 것처럼 우리는 즉각적으로 회중에게 그들이 전혀 준비되지 않은 음악의 스타일을 튀어 오르게 하지는 않는다. 그리고 이것은 어려운 음악에만 적용될 뿐만 아니라 단순한 현대적인 음악에도 적용된다. 어떤 교회들은 갑자기 현대적인 음악으로 구성된 "대안적"(alternative) 예배를 시작하기도 한다. 교인들은 익숙한 모든 것을 다 빼앗긴 것처럼 느끼게 된다. 교회의 찬송가에서 작은 조각 하나 꺼내듯이 사용하던 예배를 반대하면서 나는 특히 그런 불쾌하고 급격한 동요는 적절한 준비도 없이 바로 사용되는 것에 특히 불편함을 느낀다.

만약 우리가 보다 어려운 새찬송을 회중이 배우기를 원한다면 관련된 이슈는 준비의 필요성과 관계가 있다. 그것이 적합한 예배가 있기 몇 주 전, 오르간 반주자는 몇 주 후에 예배에서 사용될 찬송이라고 주보에 미리 공지가 된 그 곡을 봉헌시간에 연주를 하여 회중으로 하여금 특별한 관심을 갖게 할 수 있을 것이다. 그 다음 주에는 친교시간에 그것을 찬양대가 부르게 하여 사람들로 하여금 그것을 함께 찬양하도록 실제로 초청하기 전에 다시 한 번 그 멜로디를 듣게 할 수 있겠다. 그것을 사용하는 주일에 한 번은 기악 앙상블(초등학생들의 플루트와 클라리넷으로 구성된 팀을 활용할 수도 있겠다)이 멜로디를 연주할 수 있고, 그리고 찬양대가 회중이 그 찬양을 부르기 전에 첫 절을 먼저 찬양할 수 있겠다. 다른 준비 수단으로 독일 교회의 "칸토르"(선창자, cantor)를 세워 선창하게 함으로 그 멜로디를 소개할 수 있게 하는 방법도 있고, 찬양을 인도하게 하거나 어떻게 찬양하고 왜 찬양해야 하는지를 가르치는 찬송가 부르기 클래스에서 가르치게 할 수도 있겠다.

늘 그러듯이 뛰어난 찬양의 열쇠는 교육이다. 교회가 그런 능력을 가지고 있는지의 정직한 평가는 찬양하는 것을 훈련하는 것과 깊이 관련되어 있다. 어떤 교회는 전통적인 찬송가를 지루하게 생각하면서 싫증이 나 있는 교회에는 동일하게 지루한 현대적인 찬송을 소개할 수 있다. 혹은 전통적인 찬양을 훌륭하게 연주할 수 있는 악기 연주자가 교회에 없는 경우에 다른 스타일로 조금 미숙한 연주자로 대체하는 방법도 있다. 연주자가 없다면 회중이 그런 악기 반주 없이 노래할 수도 있다. 그때 찬송가나 찬양은 쉽게 잘 연주할 수 있는 곡을 선곡할 수 있다.

우리는 아이들에게 우리가 할 수 있는 것보다 훨씬 더 잘 부를 수 있게 가르칠 수 있고 난이도에 따라 다양한 작곡가들과 찬양곡에 대해 감사할 수 있게 할 수 있다고 나는 확신한다. 재넷 힐은 그가 지휘하는 어린이 찬양대에게 주어진 재능으로 매주일 핸드벨로 인도되는 시편 챈트를 포함하여 다양한 스타일의 찬양을 회중에게 소개하였다. 몇 년 전 투어를 갖는 중에 그 아이들에게 가장 좋아하는 찬양이 무엇인지 물었을 때 그들은 어려운 세 파트로 구성된 악보인 바흐의 성가곡(Bach anthem)을 들었다. 왜냐하면 그들은 그것을 배우기 위해 많은 노력을 기울였고, 그것을 잘 노래할 수 있게 된 그러한 성취감을 마음 깊이 느끼고 있었기 때문이었다. 우리 아버지는 어린이들을 위한 성탄절 프로그램을 위해 8개 파트로 구성된 천사들의 찬양을 작곡한 적이 있다. 그리고 8개 학년으로 구성된 루터교 학교 학생들에게 학년별로 한 파트씩을 담당하게 했다. 그 찬양을 불렀을 때의 전율을 나는 지금도 기억하고 있다. 교회의 성인들 역시 그들이 여러 스타일의 찬양을 잘할 수 있기를 배웠을 때 같은 성취감을 느낄 수 있다. 우리가 행하는 것이 무엇이든 우리는 단지 누구의 선호하는 곡이기 때문이 아니라 우리의 선택은 어떤 철학적 영역 안에서 선택된 것이라는 확신을 갖기를 원한다.

Lutheran Book of Worship(루터교 예배서)에 나오는 여러 전통적인 찬양들은 널리 사용 가능한데 특히 잘 훈련된 성악가들이 사용할 수 있을 것이다(아마 다른 교단의 예배서들도 마찬가지일 것이다). 너무 어렵고 선율이 아름답지 않거나 배우기가 어려운 예배 음악은 그냥 남겨 두는 것이 더 좋다. 그 가사가 특별히 그 예배에 맞는다면 다른 멜로디에 붙여서 사용할 수도 있고 큰 소리로 함께 읽어도 괜찮다. 종종 현대적인 찬양도 부르기가 어려운 경우가 있다. 한 번 방문했던 교회의 목사는 내가 '찬양'의 두 절을 부르지 않는다고 했지만 두 절은 가사가 제공되지 않았고 찬양 인도자가 멜로디가 거의 들리지 않게 작게 찬양 인도를 했기 때문이었고, 3절은 프린트가 되어 있었기 때문에 그것은 따라 부를 수 있었다. 우리가 예배자들에게 행할 수 있는 최악의 일은 그들이 찬양하는 일이 어렵도록 만들어 찬양하는 일을 방해하는 것이다 – 악보를 제공할 수도 있고 선창자나 찬양팀이 몇 차례 멜로디를 인도할 수 있을 것이다. 그렇게 하여 모든 사람이 그것을 배울 수 있게 할 수 있다. 한 교회의 현대적인 찬양 인도자가 (그것도 부활주일에) 말했다. "만약 그 찬양을 부르는 것이 편치가 않다면 코러스로 거기에 참여하세요." 악보가 제공되었고 코러스보다는 노래하는 것이 더 쉬웠음에도 그러했다. 그러나 회중에게 그 멜로디를 가르치려는 어떤 시도도 없었다. 노래를 가르치는 일을 하지 않고 사람들을 참여할 수 있게 하지 않는다면(그것도 부활주일에) 공동체에 그것은 얼마나 파괴적인가?

많은 교회 마케팅 이론가들은 고급예술이 사람들을 교회로부터 쫓아내고 있다고 주장한다. 그러나 평범한 음악, 혹은 예술을 참아내야 하는 교회의 관용에 의해 밀려나가는 사람들과 좋은 음악에 감사하는 다른 사람들과 모든 예술가에게 대해서는 무엇이라고 할 것인가? 윌리엄 헨드릭스(William Hendricks)의 연주에 대한 "출구 인터뷰"에는 "지적으로, 예술적으로, 그리고 영적으로" 이어놓을 수 있는 것을 추구하는 사람들과 함께했다. 그의 상황에 대해 묘사하는 말미에서 헨드릭스는 덧붙였다. "바흐, 바톡, 모차르트, 혹은 말러를 해석할 수 있는 능력을 가진 사람이 하나님의 백성들 사이에서 자기 자리를 발견하기 위해 몸부림을 쳐야 한다는 사실이 나에게는 정말 비극으로 느껴진다."[27]

다른 인터뷰에서 헨드릭스는 물었다. "아주 많은 교회들 – 한때는 예술과 문화의 원천이었던 곳 – 이 많은 예술가들에게 이제는 문화적 불모지와 같이 되어 버린 것은 왜인가?"(194) 나중에 그는 궁금해한다. "교회는 재능 있는 사람을 양성하는데 왜 그렇게 무능한가? 월터 위트만(Walter Whitman)은 위대한 시인을 가지려면 우리가 위대한 청중을 가지고 있어야 한다고 했다. 그러한 맥락에서 보면 오늘날 교회들은 어떤 종류의 청중을 만들고 있는가?"(195) 그는 다음과 같이 결론을 내린다.

고대 그리스에서 예술이 종교를 죽였다고 말을 해 왔다. 나중 기독교화된 유럽에서 종교가 예술을 죽였다. 이것은 일면 가치가 있다. 그러나 현대 미국에서는 엔터테인먼트가 예술과 종교 – 기독교 예술가들에게는 아

---

[27] William D. Hendricks, *Exit Interviews* (Chicago: Moody Press, 1993), 84, 85. 이 책에서 인용한 내용의 페이지는 본문 안에 괄호로 표시했음을 밝힌다.

주 작은 여지만을 남기고 있는 상황 – 를 모두 죽이라고 하고 있다고 추가할 수 있다(196).

만약 우리가 우리의 교육과정을 신중하게 계획하기만 한다면 모든 종류의 음악을 사용할 수 있는 가능성은 활짝 열려 있다. 오르간 연주자인 친구가 그가 섬기는 교회의 교인들이 어떻게 "Dear Christian One and All Rejoice"(성도여 우리 모두 함께 기뻐하자, 루터교 예배서, 299장 찬양)라는 찬양을 목회자의 설명과 함께 주일 아침 설교에서 스탠자 가운데 어떻게 활용하였는지를 묘사하였다. 그는 다음과 같이 쓰고 있다.

이 경우 찬송은 회중에게 잘 알려지지 않은 곡이었다. 찬양대가 처음 두 절은 노래했고, 그리고 회중이 거기에 합류할 수 있었다. 그 후에 모든 사람은 그들이 발견한 것이 어떤 의미가 있었는지에 대해서 의견을 말했다. 나는 우리의 찬양, 특히 그날 불렀던 그렇게 풍성한 찬양은 우리가 크게 빠뜨렸던 자원이라는 사실을 확신하게 되었다. 사람들은 … 예배 가운데서 그들이 말하고 노래하는 것이 가지는 의미를 탐구하는 것에 굶주려 있다. 그것은 많은 사람들에게 성경과 신학적 명제 안으로 들어가는 출구가 될 수도 있다. 사람들이 찬송 가운데서 그 의미를 점점 발견하면 할수록 그들은 그 찬양을 제대로 부를 수 있게 될 것이다.

이 찬양이 여름성경학교 커리큘럼의 전반적인 주제를 제공할 수 있다고 제시하면서 다음과 같이 묻는다. "찬송을 암기하는 것보다 아이들에게 줄 수 있는 더 큰 보화가 무엇이 있을까? 복음의 모든 것은 간결하게 바로 거기에 있다."[28]

적절성의 마지막 측면은 교회력에서 특정한 날을 위해 전체 예배 순서 가운데 특별한 찬양곡의 자리를 배치하는 것이다. 찬양곡 선택은 전체 영역에서 그것이 사용되는 위치와 잘 맞아야 하고 예배 가운데 흘러넘치게 해야 한다. 그렇게 해서 적당한 찬양이 죄의 고백, 신앙고백, 설교의 주제, 혹은 성경의 교훈, 예배의 시작과 끝이 서로 연결되어 드려져야 한다. 수 세기를 거쳐 전해져 온 것처럼 예배 순서(the Order of the Mass)가 가지고 있는 놀라운 보물은 예배의 자연적인 흐름을 보여 준다. 예배의 기원 가운데서 회중이 함께 모이는 것으로부터 시작하여 개회 찬송, 죄의 고백, 용서의 확인, 복음서 낭독 후에 첫 번째 하이라이트와 성찬에서 두 번째 하이라이트로 드려지는 짧은 기도(collect, 그 날의 예배의 주제에 우리의 생각을 모으면서 드리는 기도) 등으로 움직여 나가는 것과 같다. 모든 음악은 이러한 흐름과 함께 보조를 맞추어 선택되어야 한다. 그리하여 그 어떤 것도 진정한 예배를 분열시키는 것이 되어서는 안 된다.

5장에서 시간을 통해 예배를 진행해 가면서 하나님의 광휘(resplendence)를 보다 완벽하게 드러내기 위한 수단으로 예배력(liturgical year)의 가치에 대해 언급한 바 있다. 이것은 특히 교회의 절기의 음악에도 영향을 준다. 기대감으로 가득한 대림절 찬송을 진정으로 우리가 불렀다면 성탄절은 보다 의미 있는 절기가 될 것이다. 우리가 사순절의 애가에서 비탄 가운데 있었다면 부활절에는 보다 큰 기

---

28 오르간 반주자이자 찬양대 지휘자인 데이빗 헨드릭슨(David Hendricksen) 박사와의 개인적인 서신 교환 가운데서 인용하였다

쁨이 담겨 있게 될 것이다. 예전적 주제들은 찬송들과 교회력의 특별한 날을 위해 특별히 만들어진 찬양들 가운데 놀랍게 표현되어 있다.

현대적 예배는 교인들이 예배의 다양성에 대한 간청 때문에 그런 구성을 가짐에도 불구하고 실제로는 그런 예배가 오히려 다양성이 부족하다는 것을 종종 발견한다. 새로운 예배는 내내 같은 음악 스타일을 사용하기 때문에 지난 몇 년 동안의 교회 역사 가운데서 만들어진 악보들을 선택하며, 음악과 가사는 절기의 다양성을 별로 포함하지 않는다. 전통적인 것과 현대적인 예배를 모두 제공하는 어느 교회에서 사역할 때 어느 대림절에 나는 특별히 이것을 인지하였다. 전통적인 예배에서 세례 요한과 관련된 내용과 메시야의 오심, 그리고 그리스도의 재림과 관련한 대림절 찬양을 불렀다. 물론 그 찬양들은 평상시에는 자주 부르지 않는 찬양이었지만 오르간 반주자는 아주 다양성 있게 그 찬양을 연주했다. 현대적 예배에서의 찬양은 '빛'의 주제만을 언급하는 내용을 담고 있었고, 자주 불렀던 곡이었다. 제임스 화이트가 강조한 것처럼 "교회력을 신중하게 따라가는 것보다 기독교 예배에서 다양성과 감흥을 더해 주는 원천은 없다."[29]

선택 그리드에서 적당성의 기준과 관련하여 발생하는 하나의 문제는 "대중문화의 미학은 어떤 객관적 기준에 의해서가 아니라 자아의 욕구와 시장 - 무엇보다도 바라는 많은 자아들의 모음인 - 이라는 관점에서 단지 어울림(fittingness)"으로 규정한다.[30] 하나의 예를 든다면 언젠

---

[29] James F. White, *Introduction to Christian Worship*, rev. ed. (Nashville: Abingdon, 1990), 77.
[30] Myers, *All God's Children and Blue Suede Shoes*, 99.

가 성금요일 – 우리는 깊이 주님의 고난을 묵상하며 예배하려고 했던, 그래서 회중이 우리가 기념하는 그 심원한 사건에 대해 깊이 생각할 수 있게 되기를 바라던 모든 날 중의 그날 – 에 찬양대는 바흐의 마태 수난곡에 나오는 "오 거룩하신 주님, 그 상하신 머리"(O Sacred Head, Now Wounded)라는 찬양을 불렀다. 대조적으로 예배의 끝부분에서 독창자가 한 노래를 불렀는데, "어느 주일 저녁 나무 아래 앉아 생각했네/ 하나님이 나를 얼마나 사랑하시는지를…"과 같은 가사였다. 멜로디는 그 가사와 잘 맞는 것이었다. 그러나 그 상황과는 그렇게 적당하지 않았다. 그런데 그 찬양은 많은 사람들이 요청하였기 때문에 선택된 것이었다. 다른 예배에서는 잘 맞았을지 모르지만 성금요일 예배에는 전적으로 너무 진부해 보였다. 단순한 대중성이 아니라 타당성은 예배 음악을 계획하는 사람들을 이끌어가야 한다.

음악적 가치

예배 음악이 선택의 그리드를 통과해야만 하는 마지막 적격 심사는 음악적 가치에 대한 기준이다. 음악학자인 베넷 라이머(Bennett Reimer)와 레너드 메이어(Leonard Meyer)의 주장을 기초로 하여 기쉔은 이러한 가치를 음악 그 자체에 있어서 두 가지 특성(quality) – 탁월성(excellence)과 대단함(greatness) – 으로 나눈다.[31] 찬양대 레퍼토리

---

31 이 두 가지의 특성을 좀더 상세하게 살펴보기 위해서는 Bennett Reimer, *A Philosophy of Music Education* (Englewood Cliffs, NJ: Prentice-Hall, 1977); Reimer, "Leonard Meyer's Theory of Value and Greatness," *Journal of Religious Music Educators*, 10, no. 2 (Fall 1962); Leonard Meyer, *Emotions and Meaning in Music* (Chicago: University of Chicago Press, 1966), 13~14 등을 참고하라. 이 모든 내용은 Gieschen, "Contemporary Christian Music," 13~14에서 인용하였다.

를 위해 "이런 탁월성은 어디에 존재하는가?"라는 물음에 대한 답으로 기쉔은 일반적으로 찬양의 구성에 적용할 수 있는 기준을 제시한다.

그것은 능숙함, 전문성, 능력, 적합성, 스타일의 견실함, 기본적 의도의 명료함, 기민함, 창의력, 그리고 숙련됨 등이다. 충분하게 이런 탁월성의 자질을 가지고 있는 작품은 사용할 수 있다. 이러한 요소를 갖추고 있지 못하다면 사용하지 않아야 한다. 부자연스럽고 이상한 하모니를 가지고 있는 음악은 이러한 기초에 의거해 배제해야 한다. 너무 반복적이거나 지루한 것도 배제되어야 한다. 어디로도 나아가게 하지 못하는 가사를 가진 곡도 배제되어야 한다. 너무 범용(凡庸)한 음악이나 진부한 표현을 담고 있는 음악도 배제되어야 한다. 세련되지 않은 부분을 가진 음악, 신선함과 새로움이 결핍되어 있는 음악, 그 담론이 너무 성급하여 그것이 전혀 마음에 와 닿지 않고 텅 비게 하는 음악, 관심을 끌지 못하고 한두 쪽을 연주하고 난 다음, 나머지 부분에 대해 아무런 호기심도 갖지 않게 하는 그렇고 그런 음악도 배제되어야 한다.

탁월성을 가진 음악이 모든 스타일에서 쓰여졌을 수 있지만 그 스타일이 이러한 기준에 배치되거나 적합성에 미치지 못할 수 있다. 팝 음악은 역사에 의해 검증된 것은 아니지만 자주 실패할 수 있음을 알아야 한다(14).

새로운 음악을 탐구하면서 드린 최근의 한 예배는 각 절이 "쿰바야 쿰바야"로 시작되는 노래를 사용하였는데 동일하게 내린 음계로 네 번을 반복했다. 그리고 다른 구절은 같은 내린 음계로 세 번을 불렀다. 그리고 네 구절은 동일했는데 마지막 구절이 이어졌다. 그것은 결정적으로 따분한 분위기였다. 창의적인 하모니로 첫 절을 노래하려고 했고 계속적으로 관심을 가지고 남아 있으려 했지만 소용이 없었다. 그 찬양은 오직 세 개의 코드만 사용하였다.

탁월성을 가진 음악은 흥미로운 멜로디를 만들고 그 주제와 멜로디에 적절한 리듬과 반주를 만든다. 그것은 지루하지 않으며, 단조롭지 않고, 둔하지 않으며, 진부하지 않다. 그 음악이 탁월성을 가졌는지에 대한 좋은 실험은 우리가 서서 여러 차례(가사 없이) 그 반주를 들었을 때 전혀 지루해지지 않느냐에 달려 있다.

탁월성의 탐구에 대한 논의에서 폴 웨스터메이어는 대중음악은 차안에서 들을 수 있도록 디자인되어 있다는 아주 날카로운 의견을 제시한다.

도로 소음과 교통 위험 요소 등의 모든 것을 갖춘 도로에서 시속 65마일(105km)로 달리는 차는 팔레스트리나(Palestrina)[32]의 모테트, 바흐의 푸가, 브람스의 심포니, 바레즈(Varèse)[33]의 묵직한 음악들, 매시앙[34]의 새소리 음악 등에 집중할 수 있는 자리는 아니다. 정확히 말해 그 자리는

---

[32] 역주/ 이탈리아 출신의 작곡가인 조반니 팔레스트리나(Giovanni Pierluigi da Palestrina, 1525~1594)는 미사곡 100여 곡을 작곡했으며, 많은 모테트와 성가곡을 남겼는데, 무반주 교회음악인 아카펠라를 대표하는 작품들은 4~5성의 작품이 많았다. 오늘날에도 그의 작품은 가톨릭 예배음악의 규범으로 인정을 받고 있다.

[33] 역주/ 에드가르 바레즈(Edgard Victor Achille Charles Varèse, 1883~1965)는 프랑스에서 태어나 공부를 마친 다음, 미국에서 주로 활동한 '전위음악의 아버지'라고 불리는 실험적 작곡가이다.

[34] 역주/ 올리비에 메시앙(Olivier Messiaen, 1908~1992)은 프랑스의 작곡가이자 오르가니스트이며, 조류학자였다. 추상미를 추구하는 신고전주의의 경향에 반대하여 인간과의 깊은 관계 속에서 살아 있는 음악을 추구하였다. 가톨릭 신앙에 근거하여 "그리스도의 강탄(降誕)", "시간의 종말을 위한 4중주곡" 등을 작곡하였고, 새소리를 악보에 채택한 작품인 "새들의 눈뜸"과 "이국의 새들", "새의 카탈로그" 등을 작곡하였다.

몇 코드로 된 짧은 곡, 너무 복잡하지 않는 반복, 선명하지 않고 단순한 소리, 타악기의 규칙적인 비트, 너무 박진감이 넘치지 않는 변주 - 크게 집중하지 않아도 들을 수 있고 소음 너머로 들을 수 있는 - 가 있어 편하게 들을 수 있는 곳이다.

그게 그렇다면 높은 데시벨로부터, 그리고 테크놀로지 문화의 혼란스러움으로부터 하나님 앞에서 침묵하며 기다리는 자리로 어떻게 나아갈 수 있을까? 누군가는 시도를 해야만 하는가? 작품을 구성하는 침묵은 여기에서 무슨 연관성을 갖는가? 뉘앙스와 섬세함과 함께하는 인간의 인지의 최고의 예술은 적합한가? … 우리는 정의와 평화에 관심이 있으며, 우리는 그것을 위장하는 것을 당연한 것으로 여기지 않는가? 우리를 둘러싸고 있는 광고의 문화 가운데서 그것이 우리의 규범인가? 테크놀로지의 역량에 우리가 이끌려서 그것을 영업용 배경음악처럼, 끊임없이 젖게 하는 이슬비처럼 예배에 그것을 적용하면 그것은 선한 일인가? 그것이 우리의 감각을 둔해지게 하고, 진부한 음악으로 사람들로 하여금 자신의 목소리를 잃게 만들고 있지는 않는가? 왜 우리는 진정으로 우리 시대의 이슈를 분명하게 표현하고 있는 현대적 음악을 사용하는 것을 그렇게 두려워하는가?[35]

대중음악은 차 안에서도 그것을 들을 수 있게 디자인되어 있다는 웨스터메이어와 동의하지 않는다 할지라도 많은 음악은 운전할 때 가능한 집중력보다 훨씬 더한 집중력을 요구한다고 한 그의 주장은 분명히

---

35 Westermeyer, "Professional Concerns Forum," 34~39.

옳다. 그리고 그는 탁월성에 대한 우리의 논의와 관련이 있는 여러 요점들을 제기하고 있다. 예를 들어, 참석한 사람들에게 예배 선물이 될 수 없는 단조로운 음악을 사용하는 것보다는 가능한 악기가 무엇이든지 간에 교인들이 그것을 연주할 수 있는 단순한 음악을 사용하는 것을 훨씬 더 좋아한다. 역시 예배에 있어서 우리가 사용할 수 있는 가장 탁월한 음악은 침묵이다. 실로 우리는 테크놀로지의 혼란에 관해서도 물어야 한다.

음악적 가치의 두 번째 측면은 대단함(greatness)이다. 시대를 넘어서 보존할 만큼 음악이 탁월하지 않다면 그것은 언제든지 처분할 수 있다. 기쉔은 이러한 특성을 규정해 주는 라이머로부터 몇 구절을 인용하는 데, 인간 존재가 경험하는 실재의 본질 안에 "깊고 영속적인 통찰력"을 심어주는 작품이 어떻게 그것을 가능하게 할 것인가의 관점에서 제시한 것들이다. 대단함은 "충만하다고 느끼는 느낌이 아주 두드러지고, 진실하고, 주관적인 인간의 상태를 드러낼 때 일어나며, 그 작품의 영향력을 경험한 사람이 변화되었다고 느낄 때" 일어난다. 레너드 번스타인(Leonard Bernstein)은 위대한 예술 작품은 "그것이 그 자신의 특별한 세계를 만들어내기 때문에" 위대하다고 제시한다. "그것은 시간과 공간을 회복시키며 다시 개조한다. 그것의 성공 수단은 당신을 그 안에 초대하여 기묘하고 특별한 공기를 숨길 수 있도록 만드는 크기(extent)이다"(Gieschen, 14~15). 우리는 지성과 감정을 함께 묶어 주는 이러한 정의에 주의를 기울여야 한다.

찬양대가 찬양하는 음악은 물론 훌륭해야 하지만 회중의 찬양은 고양될 필요가 없다고 생각하는 것에 많은 사람들이 반대할 것이다. 이러한 심히 방해가 되는 태도는 미국 전역에 널리 퍼져 있는 것 같다. 하나님께 찬양을 올려드리는 우리의 봉헌이 최선이 아닌 것으로 굳어져야 하는가? 특별 찬양을 하는 사람과 마찬가지로 회중도 그들의 최고의 목소리와 정신, 마음이 하나님을 예배하는 목적과 수행(execution)에 있어서 탁월성을 가지고 하나님께 드리기 위해 노력해야 한다고 생각한다. 회중 찬양을 위해 뛰어난 음악을 선택하기 위해, 그리고 그 찬양이 고귀한 것이 되도록 하기 위해 열심히 노력하지 않는다면 우리 예배의 주체가 되시고 대상이 되시는 하나님의 위대하심에 대한 시각을 상실하게 된다.

시골의 작은 공동체의 사람들에게서 예술 작품을 가져오기 위해 노력했던 캐롤 블라이(Carol Bly)는 그 일을 설명하면서 가장 도움이 되는 일들 중의 하나가 "클래식 자료를 활용할 때"였다고 강조한다. "연주가 중간 정도의 산출과 실행이 되게 한다면 당신은 지금 뭔가 가치 있는 일을 행하고 있는 것이다. 적어도 당신이 진정한 예술을 하고 있다면 말이다." 그는 계속해서 다음과 같이 말한다.

> 구스타브 홀스트의 인용("무엇인가 가치 있는 일을 행하고 있다면 서투르게 해야 가치가 있다." if something is worth doing, it's worth doing badly)은 날개 짓을 하려고 하는 데 있어서 마음을 편안하게 한다. 그러나 진지함(earnestness)을 전제로 한다. 즉, 그가 언급한 "일"은 "가치 있게 행해야" 하는 것이 된다. 우리는 알려진 "청중과 관련된" 예술이 아닌 것(non-art)으로 지방의 예술을 죽일 수 있다. 프로듀서는 "사람들이 있는 곳에서" 시작한다고 약속할 수 있다. 사람들은 언제나 그랬던 것처럼

탁월성에 늘 굶주려 있다. 그들은 스스로 예술을 행하기를 원하고 광대한 과거의 일을 나누기를 원한다.[36]

음악에도 우리는 동일한 것을 이야기할 수 있다. 뛰어난 음악을 만들어낼 능력이 없다면 우리는 적어도 최고의 곡을 연주해야 한다. 전문적인 찬양 사역자처럼 찬양할 수는 없을 것이다. 그러나 우리의 최고의 능력을 다해 지금까지 작곡된 음악 중에 최고의 것으로 하나님을 찬양할 수 있다.

많은 찬송의 대단함은 그레그 애시마쿠푸로스(Greg Asimakoupoulos)가 잘 요약하고 있는데 그는 개인 경건의 시간을 위해 찬송가를 사용할 것을 제안한다. 그는 다음과 같이 설명한다.

나의 감상적인 옛 친구는 하나님을 위한 나의 사랑을 어떻게 말로 나타낼 수 있을 것인지를 가르쳐 주었다. … 내밀히 나의 창조주 하나님의 위엄과 권능에 의해 압도되었다. 그러나 생각과 말로 그 경배를 전달할 능력이 부족했다. 그때 찬송은 나의 찬양의 언어를 확장시켜 주었다. 그 찬양의 가사를 읽는 것은 새로운 언어를 배우는 것 같았다.

그는 "Immortal, Invisible God Only Wise"(영원하신 지혜의 하나님)와 버나드 클레르보의 "나 무슨 말로 주께 다 감사드리랴?"("오 거룩하신 주님"에 나오는 가사)와 "Holy Holy Holy"(거룩 거룩 거룩)를 예로 들고 있

---

36 Carol Bly, *Letters from the Country* (New York: Penguin Books, 1981), 29, 30~31.

다. 그는 "모든 복의 근원이신 주여, 오시옵소서"에서 죄의 고백이 어떤 가치를 지니는지를 예증한다.[37]

그 다음으로 애시마쿠푸로스는 찬송가를 "경험의 백과사전"이라고 부르는데, 그것의 작곡가와 작사가들이 은혜, 실패, 의심, 놀라움, 실망, 낙담 등의 믿음과 삶의 측면을 말하고 있기 때문이다. 그것을 "교리 일기"(A Doctrinal Diary)라고 묘사하면서 그는 루터의 "내 주는 강한 성이요"라는 찬양을 인용한다(26). 개인 경건자료로 찬송가를 어떻게 활용했는지에 대해 수많은 예를 제시하면서 그는 그렇게 결론을 맺는다. "현대 합창곡들의 참신한 비형식적 특성(informality)을 사랑하는 만큼 우리의 믿음의 위대한 찬송과 같은 것은 없다는 사실을 알아야 한다. 주일에 어떤 찬양을 부르느냐가 문제가 아니라 우리가 찬양 악보 속에 숨어 있는 가사들이 성도들의 삶에 자양분을 준다"(27).

이 저자의 대단함에 대한 개념은 그가 인용하는 찬송 가사를 포함한다. 그러나 그것은 꼼짝할 수 없이 음악적 대단함과 연결된다. 왜냐하면 찬송은 만약 그 음악이 그 가사와 통일성이 없으면 아주 대단한 (great) 곡일 수가 없기 때문이다. 음악적 위대함은 화려한 겉치레에 있는 것이 아니다. 플루트나 기타에 적당한 단순한 멜로디를 가진 묵상 찬양은 트럼펫 데스캔트가 들어가고 모든 스톱을 열고 연주하는 오르간과 함께하는 장엄한 찬양과 같이 대단한 것이 될 수 있다. 찬양의 대단함의 비밀은 완벽하게 그것이 불러일으키는 감정과 통찰력과 신학적 내용이 일으키는 것과 일치될 때, 그리고 찬양과 가사가 제시하려

---

37 Greg Asimakoupoulos, "Please Take Out Your Hymnal," *Discipleship Journal*, 82 (July/Aug. 1994): 25.

고 하는 것을 온전히, 정직하게 말할 때 가능해진다.

이와 같이 선택 그리드의 마지막 측면은 처음 것으로 돌아가도록 만든다. 음악의 대단함을 평가할 때 그것은 짝을 이루는 가사가 대단한지에 눈길을 돌리도록 우리를 초대한다. 가사는 우리가 그것으로부터 배울 수 있는 부분에서 큰 위치를 차지한다. 앨런 제이콥스(Alan Jacobs)는 현대의 문학비평을 거부하는데 그것은 과거의 것을 억압적인 것으로 보며, 과거로부터 우리가 배울 수 있는 것이 아주 부정적이라고 불평한다는 것이다. 대조적으로 제이콥스는 웬델 베리(Wendell Berry)의 모델을 제시하는데, 그는 "오늘날 문학 교육의 비극이 '교사와 학생들이 그것으로부터가 아니라 그것에 관해 배우기 위해 유명한 곡과 스토리만을 읽는 것'"이라고 생각한다. 과거 교회가 사용한 위대한 음악을 거부한다면, 그리고 우리가 너무 억압하고 부정적인 것으로 그것을 내던져 버린다면 우리는 그것의 가사뿐만 아니라 음악적 형태로부터 배울 수 있는 기회를 잃어버리게 된다. 이와 같이 위대한 예술이 우리를 가르칠 수 있는 민감성을 얻을 수 있는 기회를 놓치게 된다.

제이콥스는 제시하기를 이러한 "위대한 찬양과 스토리"는 "그것이 가져다주는 진리의 무게 때문에" 우리는 그것을 위대하다고 부른다는 것이다. "[다른 비평이] 우리로 하여금 우리 자신의 개인적 기준에 대항하여 우리가 문학을 테스트하기를 원하는 반면, 베리는 위대한 문학의 기준에 대항하여 우리 자신을 테스트하도록 도전한다."[38] 위대한 음악에 이것은 동일하게 진실이다. 우리의 기준에 따라 그것을 테스트하

---

38 Alan Jacobs, "To Read and to Live," *First Things*, 34 (June/July 1993): 28.

기보다는 우리가 가지고 있는 하나님에 대한 비전과 우리의 품성, 그리고 우리 기독교 공동체의 특성이 진리를 대항하고 있지는 않은지를 테스트해야 한다.

이 장에서 우리는 선택 그리드에서 여러 단계의 주제를 진술하는 여러 질문과 함께 수행해 왔던 전체 과정을 요약할 수 있다. 한 곡의 찬양이 첫 번째 테스트를 통과하지 못한다면 우리는 그것을 다른 것에 제출할 필요는 없다. 그 단계를 통해 가장 성공적으로 통과한 것들은 우리가 계획하는 예배를 위한 음악으로 첫 번째 선택이 될 것이다. 이러한 과정의 모든 국면은 상호간에 작용하게 되는데, 음악적으로는 조금 가치가 떨어지지만 가사가 아주 훌륭한 것일 경우 우리는 그것을 설교 전에 사용할 찬양으로 선택할 수 있다. 예배의 시작 부분에는 다양한 찬양 스타일을 사용한다는 우리의 목표 때문에 다른 측면을 더 높이 둘 수 있다. 그러나 기본적으로 이러한 그리드는 우리로 하여금 더 좋은 선택을 할 수 있도록 만들어 줄 것이다.

1. 그 가사가 신학적으로 건전한가? 그것은 하나님의 본성과 부합하며 품성의 형성에 도움을 주며 온 공동체를 포괄하는가? 기쉔은 "그것이 기독교의 사상과 부합한가?" "그것이 신중하게 그것을 표현하고 있는가?" 등을 묻고 있다(7).
2. 그 스타일이 어떤 방식으로든 예배를 방해하는가? 그것은 진실한가? 그것이 공동체로 하여금 찬양하게 하는가, 아니면 그것을 방해하는가? 그것은 예배에서 그것을 사용하는 데 미리 배제하는 부정적인 관련사항이 있는가?

3. 그 곡이 교인들의 다양성을 위해 그 예배를 사용하는 우리의 목적을 존중하며, 거기에 어떻게 적절한가? 그것은 회중과 찬양 인도자의 음악적 능력에 적당한가? 그것은 예배 가운데 그것이 가지는 기능과 교회력에 따른 예배의 위치에 적합한가?
4. 이 찬양곡은 만족할 정도로 탁월성과 대단성이라는 특징을 가지고 있는가? 선택 그리드에서 다른 문제가 탁월성과 대단성의 요구를 어떤 면에서 벗어나고 있지는 않는가? (전체가 다 그렇지 않다 하더라도 우리의 최선이 아닌 것으로 하나님을 섬기는 것을 원하지 않기 때문이다).

찬양대를 위한 목표들

회중 찬송의 제한된 가능성을 넘어서 우리는 찬양대라는 선물을 통해서 우리의 예배를 풍성하게 할 수 있다. 작은 성인 찬양대를 지휘할 때 본인이 가지고 있던 목적을 제시하면서 어떤 가능성을 모색해 보려고 한다. 이 찬양대는 평균적인 교회 사이즈의 전형적인 찬양대 – 테너는 몇 명 되지 않고 악보를 읽을 수 있는 사람도 그렇게 많이 않은 – 였다. 그러나 그들은 하나님과 교회를 섬기는 마음으로 찬양대원이 된 사람들이며 탁월하게 그 일을 감당하려고 열심히 노력하는 사람들이다. 찬양을 사랑하는 그들의 마음을 통해 예배에 대한 많은 것을 내게 가르쳐 주었기 때문에 이 책에서 나는 그들에게 기쁨으로 경의를 표하고 싶다.

1. 하나님을 찬양하는 일의 전반적인 목표 아래 찬양대의 주요 목적은 회중이 찬양을 더 잘할 수 있도록 돕는 것이다. 우리는 예배 전

에 부르는 찬양(warm-up music)을 위해, 다음 주일을 위해 찬송을 부른다. 나의 본래의 의도는 찬송가에 있는 찬송들의 신학적 깊이와 광범위한 음악 스타일의 다양성과 그것 안에 존재하는 그 시대의 사람들을 찬양대에게 가르치는 것이었다. 댄스 곡조의 멜로디와 함께 찬송할 수도 있고, 애팔래치안 민속 찬송을 위해 백파이프의 저음 코드를 사용할 수도 있고, 박수를 치면서 여느 때와는 조금 다른 리듬으로 찬양할 수도 있으며, 4부 캐논으로 찬송을 부를 수도 있다. 회중이 다양한 찬양의 스타일을 즐기면서 찬양할 수 있도록 찬송을 인도할 수 있다면 더없이 좋은 일이다.

2. 관련된 목표는 찬양대가 대부분의 사람들에게 익숙하지 않은 찬양을 회중에게 알려주는 데 있다. 우리의 찬송가에 있는 것 외에도 교단에서 부록으로 나온 것도 있고, 다른 교단의 찬송가에 실린 곡도 있고, 나도 쓴 적이 있는 새로운 찬송도 있다.

3. 찬양곡을 선택하는 나의 주요 목표는 교회의 합창집의 레퍼토리를 폭넓게 가르치는 데 있었다. 그렇게 하여 그들이 페르골레시(Pergolesi)[39]로부터 바흐까지, 낭만주의 시대부터 현대 작곡가까지 그들의 작품과 친숙하게 되도록 하는 데 있었다. 각 찬양곡은 먼저 그것이 신학적 신실성을 가지고 있는지를 확인했고, 교회력 캘린더에 적합한지를 확인했다.

4. 찬양대에 음악 스타일의 광범위한 다양성 - 캐논, 대위법의, 합창

---

39 역주/ 조반니 바티스타 페르골레시(Giovanni Battista Pergolesi, 1710~1736)는 이탈리아 출신으로 작곡가, 바이올린 및 오르간 연주자였다. 26살에 폐병으로 세상을 떠난 단명한 천재 작곡가였으며, 여러 오페라와 교회 음악 작품을 남겼다.

집, 쿼들리벳, 교창 챈트, 다양한 종류의 하모니 구조, 악기와 함께하는 찬양, 혹은 악기 없이 하는 찬양, 원곡 그대로의 음악, 아리아 형식, 독창곡 형식이나 데스캔트 형식을 담은 찬양곡 등 – 을 소개하는 목적은 위의 3번과 관련이 있다. 이것은 역시 교육적 목적이 있었는데, 왜 그 작곡가가 그런 음악 형식을 사용하여 특별한 가사의 그 측면을 전달하였는지, 왜 특별한 음악이 믿음의 다른 요소, 혹은 교회력의 다양한 절기의 의미를 전달하는 데 더 적당한지 등을 알려주는 것을 포함하였다.

5. 시간을 통하여 교회의 유산을 재인식하는 것 외에 나는 역시 전 세계의 교회에도 관심이 있었다. 그렇게 해서 남아프리카, 러시아, 마다가스카르 등으로부터의 찬양을 사용하였다.

6. 이러한 모든 것에서 찬양하는 사람들이 더 좋은 보컬 테크닉 – 적당한 목소리 형성, 가장 좋은 보컬 톤을 만들어내는 법, 발음 비결, 호흡법, 구절법(phrasing) 등 – 을 배우도록 하는 것이 중요하였다. 그것은 찬양대가 찬양할 때 최선을 다해 찬양할 수 있게 하기 위해서 뿐만 아니라 회중 한중간에서 모델이 될 수 있기 위해서, 그리고 모든 사람이 찬양을 더 잘할 수 있도록 하기 위해서가 중요한 목표였다.

7. 나는 역시 가능하면 많이 회중 가운데 아이들을 참여시키는 곡을 선곡하려고 했다. 주중 학교 찬양대와 성인 찬양대를 함께 연합하기도 했고, 핸드벨 팀과 함께 하나나 그 이상의 기악팀과 연합하기도 했다.

이러한 목적은 모두 주로 찬양하는 사람들과 악기 연주자들을 교육하는 데 주로 주안점이 있었다. 그렇게 그들이 회중과 함께 보다 좋은 찬양을 올려드릴 수 있도록 하기 위함이었다. 나는 찬양대가 뒤의 발코니, 회중 뒤에 서서 찬양하는 것을 좋아한다. 비록 찬양대의 얼굴 표정(facial expression)을 회중이 볼 수 있게 권위에 대한 가시적인 배움을 더할 수 있다는 이점을 알고 있음에도 불구하고 그렇게 하여 초점이 찬양대가 아니라 하나님께 맞춰질 수 있게 하기 위함이다. 어느 것이 좋은지는 이 책에서 해결해야 할 필요를 느끼지 않는 논쟁이기는 하다. 그러나 찬양대가 찬양을 드리기보다는 연기(performance)하듯이 노래하는 경우가 더 많은 것을 보기 때문에 그것을 언급한 것이다. 우리는 찬양을 드리면서 우리의 최고의 것을 어떻게 드릴 수 있을지에 대한 질문을 계속해야 하지만 언제나 어떻게 하면 하나님께 초점을 가장 잘 맞출 수 있는지를 물어야 한다.

폴 웨스터메이어가 물음을 제기한 것처럼 "이 어떤 것이 차이를 만드는가?"를 물어야 한다. 대부분의 사람들이 락 음악과 물건을 팔기 위해 광고에 사용하는 짧은 음악만을 알고 있다면

> 그것이 다른 수준의 단계로 그들이 들어올 수 있게 할 수 있을까? 그렇게 하는 것에 누가 책임을 가지는가? 전적으로 스크린을 떠나서 인류의 가장 깊고 심원한 음악적 표현들로 믿음의 풍요로운 연대(engagement)를 드러내고 있는가? 사람들은 이러한 유산을 부인하거나 얕보듯이 그렇게 취급하고 있지는 않는가?

나의 경험으로부터 말씀드리면, 사람들은 그들의 시간과 노력에 가치 있는 것을 간절히 사모한다. 그들은 우리가 할 수 있는 최선의 것으로 그들에게 제공하는 것과 몸부림치기를, 그리고 그들이 존경심을 가지고 그것을 다룰 수 있기를 기대한다.[40]

교회의 전 역사로부터 멀리 떨어진 과거로부터 현재로, 우리가 줄 수 있는 최고의 찬양으로 교회 안에서와 세상을 향해 나아가도록 하자. 우리가 문화에 어필하려고 하기 때문이 아니라 우리의 예배 가운데 하나님의 현존하심을 새롭게 경험하기 때문에 회중은 "새노래로 찬양"할 수 있게 되는 것이다. 우리가 예배의 주체가 되시는 하나님께 응답하면서 교회의 최고의 은사 - 믿음을 무기력하게 만들지 않음으로 - 를 가지고 교회를 둘러싸고 있는 문화 가운데 우리 찬양이 이를 수 있도록 할 수 있게 된다.

---

40 Westermeyer, "Professional Concerns Forum," 38.

Chapter 09

예배가 우리 자신을 죽이도록 해야만 한다
: 설교

⋮

Worship Ought to Kill Us
: The Word

Chapter 09
예배가 우리 자신을 죽이도록 해야만 한다
: 설교

⋮

온 땅을 다스리시고 우리의 예배를 주관하시는 하나님,

자비를 베푸시어 우리의 부르짖음을 들으소서.

이 땅의 관리들은 비틀거리고 우리 백성들은 표류하며 죽게 되었나이다.

황금의 벽이 우리를 매몰시켰으며 책망의 말들은 우리를 갈라놓았나이다.

당신의 우레 같은 소리는 우리 가운데서 더 이상 들려오지 않고

우리의 자부심도 빼앗아 갔나이다.

선하신 하나님, 그 두려움이 가르치는 모든 것으로부터,

글과 말의 거짓으로부터,

군중을 즐겁게 하려는 쉬운 설교로부터,

명예와 말씀을 팔고 남용하는 것으로부터,

깊은 잠과 파멸로부터 우리를 구원하소서.

– G. K. 체스터톤(G. K. Chesterton), 1906

이 장의 제목을 이렇게 잡은 것은 일부러 깜짝 놀라게 하기 위해서이다. 월터 브루그만이 말한 대로 "마치 복음 안에는 마음을 산란하게 하는 소식이 담겨 있고, 환영할 수 없는 위협이 담겨 있음에도 불구하고 복음이 너무 쉽게 들려지고 당연한 것으로 받아들여지고 있다. 복음의 소식과 함께 시작되는 내용을 너무 쉽고 당연한 것으로 여기게

만들고, 너무 쉽게 집어넣으며, 너무 편하게 깨끗이 잊어버리기도 한다."[1] 사람들을 편안하게 할 수 있기 위해서 할 수 있는 모든 것을 하는 사회에서 어떻게든 바로 읽고 바로 듣게 하면서 하나님의 말씀이 우리를 흔들어 놓을 수 있는 진리를 전해야만 한다. 그것은 우리를 죽이게 된다. 왜냐하면 하나님께서는 우리의 죄를 용납하시지 못하시며 우리의 자아 중심성(self-centeredness)에 죽음의 형벌을 내리시길 원하시기 때문이다. 사도 바울이 "그리스도와 함께 십자가에 못 박혔나니" 그러므로 이제 더 이상 자기가 사는 것이 아니라 자기 안에 그리스도께서 사신다고 선언한다(갈 2:20). 일단 예배가 우리를 죽이면 우리는 하나님을 바로 예배하면서 새롭게 태어난다.

예배 가운데서 우리가 할 수 있는 모든 것은 우리를 죽이는 것이다. 특히 우리가 하나님의 말씀을 듣는 - 성경봉독과 설교 - 예배의 부분은 특히 그렇다. 내가 특별히 교회의 역사적으로 유명한 예배를 소중하게 여기는 이유는 그것의 아주 많은 부분이 성경에서 직접적인 인용으로 구성되었기 때문인데 그것은 내가 찬양하는 모든 시간에 나를 죽인다. 인간의 언어로 구성된 예전 안에서 나는 더 편안함을 느끼는데 그것은 나를 죽이는 것으로부터 쉽게 도망할 수 있게 만들고, 나 자신에 만족해하며 남아 있게 만든다.

이 장은 특별히 설교와 설교자 - 체스터톤이 기도한 것처럼 하나님께서 "군중을 쉽게 만족시키려는 설교로부터"와 "명예와 … 남용하는 것으로부터" 우리를 구해 주시기를 바란다 - 에 초점을 맞추려고 한다.

---

1 Walter Brueggemann, *Finally Comes the Poet: Daring Speech for Proclamation* (Minneapolis: Fortress Pres, 1989), 1.

앞장에서 이미 예배 음악과 하나님에 대한 주요 주제 세 가지, 그리고 공동체에 대해 논의된 거의 모든 것은 설교에도 그대로 적용할 수 있다.

설교의 주체이자 대상이신 하나님

이 책에서는 설교에서 그 중심이신 하나님이 상실되었다는 궤도를 추적하는 것이 필요한 것이 아니라 하나님이 상실되었다는 경고를 들은 이들, 그리고 그것을 별로 상관하지 않는 사람들이 그 상실을 만들어가는 데 분주하다는 사실을 추적할 필요가 있다. 후자의 예를 우리는 크리스틴 스미스의 책, *Preaching as Weeping, Confession, and Resistance*(울음, 고백, 저항으로서의 설교)에서 찾아볼 수 있다.[2] 그 책의 표지는 독자들이 장애인 차별(Handicappism), 노인 차별(Ageism), 이성애자의 동성애자에 대한 차별(Heterosexism), 여성에 대한 성차별주의, 백인우월주의, 계급주의 등에 직면하면서 "급진적인 악에 대한 급진적인 응답"을 배우게 될 것이라고 고지한다. 이러한 "주의"가 기독교 공동체에 파괴적이며 그것에 대해 대면하고 그것을 좌절시켜야 한다는 스미스의 주장은 절대적으로 옳다. 물론 그가 제시한 해법에 대해서 언제나 동의하는 것은 아니다. 그러나 그의 문제에 대한 분석은 아주 기민하다. 나는 그의 책 제목의 첫 단어로 '설교'를 사용한 것에 반대한다. 그 책은 하나님이 설교의 중심이라는 어떤 관점도 제시하지 않는다.

그 책이 제시한 샘플 설교가 그것을 확증해 준다. 사사기 11장 29~40절의 말씀을 본문으로 한 "말로 다 할 수 없는 상실"(Unspeakable

---

2　Christine Smith, *Preaching as Weeping, Confession, and Resistance: Radical Responses to Radical Evil* (Louisville: Westminster/John Knox Press, 1992).

Loss)이라는 제목의 설교문은 여인이 고통을 당하고 있는 그 아픔에 대해 완벽하게 울고 있다. 여성들이 스텝으로 있는 나이지리아 헬스 클리닉(Nigerian health clinic)은 이 고통에 대해 저항한다(164~69). 그러나 희망하는 그 사람들 안에 하나님은 없다 - 오직 나 자신 안에, 그리고 다른 여성들 안에 그러한 것들이 이루어지기를 희망한다면 나는 그 시간에 다시금 환멸을 느끼게 될 것이다. 마가복음 1장 1~8절을 본문으로 한 설교문, "울고 있는 사자들을 보라"(Behold Crying Messengers)는 설교문 역시 보다 미묘하게 하나님을 잃어버리고 있다. 그것이 주로 사자들에 집중하면서 하나님은 장애를 가진 사람들과 동일시되고 있는데, 그들은 하나님의 현존이 화육화된 사람들로 표현된다(173-77). 그것은 다른 사람들 가운데 - 특히 고통 가운데 있는 사람들[3] - 화육화되시는 분으로 하나님이 발견되는 경우인데, 그렇다고 인간 존재와 하나님을 동일시할 수는 없는 일이다. 우리의 고통에 대해 치유의 원천이 되시는 전적인 타자이신 하나님에 대한 희망이 필요하다.

설교의 중심이신 하나님에 대한 상실은 전에 설교자였다가 이제는 회중석에 앉아 있다고 말하는 벤톤 루츠(H. Benton Lutz)에 의해 신랄하게 묘사된다.

나는 이제 복음을 갈망하며 회중석에 앉아서 예배를 드린다. 그런데 이상하게도 복음이 실종되어 보이지를 않는다. … 교회 안에서 낡아빠진

---

3 약자의 신학과 하나님으로부터 온 특별한 은사 - 고통 가운데 있는 사람들이 교회 공동체에 제공할 수 있는 - 를 다룬 신학에 대해 보다 완전한 논의를 위해서는 본인의 다음 책을 참고하라. Marva Dawn, *Joy in Our Weakness: A Gift of Hope from the Book of Revelation* (St. Louis: Concordia, 1994).

전통으로부터 낡아빠진 말씀을 낡아빠진 설교자가 더 이상 도전받기를 기대하지 않는 사람들에게 너무 자주 설교한다. 무엇이 잘못된 것인가? 많은 사람들에게 보이지 않는 것을 보이게 만들려고 하는 대신에 교회는 규격화된 실재(fabricated reality), 즉 자신의 디자인을 따라 그려낸 실재를 만들어내려고 한다. 하나님의 힘을 무시하는 것이 이미 사회에서는 나타나고 있고 작동하고 있는데 사회에 하나의 힘이 되게 하려고 시도하고 있다. 이러한 목회자들은 우리의 삶을 비추어 주는 방식으로 성경의 이야기들을 말하는 것보다는 우리 머리 속에 진부하고 메마른 말씀을 넣어 주려고 강요한다. 그들은 '케리그마'를 열어 그 비밀을 밝히지 않으며, 그 이야기들이 우리의 매일의 삶의 생생한 사건이 되도록 넘치게 하지 못하고 있다.[4]

설교의 중심으로 하나님을 온전히 모시기 위하여 믿음의 이야기를 말하는 것을 포함한다. 그렇게 하여 하나님의 보이지 않는 현존이 보이게 해야 하고, 우리의 과거와 오늘에 하나님의 개입하심을 눈으로 볼 수 있게 해 주어야 한다.

교회의 역사 가운데서 전에도 하나님을 상실한 적이 있다. 교회는 잃은 것을 발견하면서 종교개혁을 단행한다. 루터가 1523년에 그 문제와 싸우면서 그는 이렇게 기록하고 있다. "이러한 남용을 바르게 하기 위해 무엇보다도 기독교 회중은 하나님의 말씀의 설교와 기도 없이 예배로 모여서는 안 된다는 것을 알아야 한다." 하나님의 임재의 중심성을

---

[4] H. Benton Lutz, "The Self-Absorbed Masquerade," *The Other Side*, 29, no. 4 (July-Aug. 1993): 46.

유지하면서 그는 시편 102편으로부터 이 구절을 인용하여 설교가 행해져야 하는 것을 묘사한다. "왕들과 백성들이 하나님을 섬기기 위해 모였을 때 하나님의 이름과 찬양을 선포해야 한다."5

많은 뛰어난 책에서 그것을 잘하고 있기 때문에 이 장에서 설교학의 어떤 코스를 제공하려고 하지 않는다. 대신 우리의 목표는 설교 예술을 위해 앞장의 지류를 살펴보려고 하는데, 개인적인 성취를 위한 단계가 아니라 "오늘도 온 세상을 다스리시는 하나님의 계속되는 통치의 약속"6을 서술하는 설교에 대한 요구로 그리하려고 한다. 하나님께서 주체가 되시는 설교는 하나님의 전능하신 주권(Lordship) 안에서 우리를 잠그게 한다. 그리고 그 통치하심을 깨달을 때 우리 사회가 그렇게 간절히 바라는 진정한 희망을 제시하게 된다. 이사야에서 일어나는 것을 우리는 볼 수 있다.

그의 설교를 통하여 그는 그의 공동체에 진정한 세계를 볼 수 있게 하고, 들을 수 있게 했다. 그것은 그들 자신의 두려움 대신에 하나님의 "두려워하지 말라"는 말씀을 통해 확정된 세계이다. 절망감 밖으로 그의 백성들을 나오게 하고 하나님께서 이미 시작하신 희망이 가득한 미래로 나아가게 하는 유일한 길은 하나님의 약속을 반복해서 거듭 언명하는 것이

---

5   Martin Luther, "Concerning the Order of Public Worship"(1523), trans. Paul Zeller Strodach, *Luther's Works*, ed. Helmut T. Lehmann, vol. 53: *Liturgy and Hymns* (Philadelphia: Fortress Press, 1965), 11.

6   Richard Lischer, "Preaching as the Church's Language," in *Listening to the Word: Studies in Honor of Fred B. Craddock*, ed. Gail R. O'Day and Thomas G. Long (Nashville: Abingdon, 1993), 128.

다. 그렇게 하여 결국에는 공동체의 삶을 형성하는 언어가 "나는 두려워요"가 아니라 "두려워하지 말라"가 되게 된다.[7]

하나님께서는 하나님의 미래를 일으키시기 위해 오늘도 일하고 계신다. 우리가 그것을 선포하는 것이 어떻겠는가? 그분의 말씀을 통해 우리 가운데 거하시는 하나님의 임재를 보다 완벽하게 경축하는 것이 어떻겠는가?

언젠가 윌리엄 윌리몬이 그의 목회 가운데서 가장 두려웠던 순간은 하나님께서 정말 나타나셨을 때 일어났다고 인정한 목회자들에게 말하는 것을 들은 적이 있다. 회중석에 앉아 있는 사람들이 만약 설교한 것과 그들의 삶을 바꾼 것에 주의를 집중하기 시작한다면 무슨 일이 일어날까? 예를 들어, 사람들이 예배 후에 우리의 설교를 통하여 확인한 하나님의 말씀 때문에 가진 소유를 팔아 가난한 사람들에게 나눠 주고 가톨릭 봉사자 공동체에 들어가 섬길 것이라고 이야기를 한다면 우리는 무엇이라고 말할 것인가? 만약 성령님께서 회중석에 앉아 있는 누군가를 즉석에서 죽이신다면, 그리고 그분이 주시는 새로운 생명이 누군가를 완전히 변화시켜 진정으로 예수님을 따르는 깊은 제자도의 삶으로 나아가게 하신다면 우리는 거기에 어떻게 응답할 것인가?

리차드 리셔가 우리를 일깨워 주는 것처럼 하나님의 말씀과 성령님은 사람들의 삶 속에서 어떻게 일하실지를 예상할 수 없다는 것은 참으로 좋은 일이다. 만약 우리가 그리할 수 있다면 우리는 말씀의 종으

---

7   Gail O'Day, "Toward a Biblical Theology of Preaching," in O'Day and Long, eds., *Listening to the Word*, 26~27.

로 서려고 하기보다는 우리 자신의 목적을 성취하기 위하여 하나님의 말씀을 조종하려고 들 것이다. 하나님의 신비의 신실한 청지기가 되려고 하기보다는 우리 자신의 성공을 과시하게 될 것이다.[8]

성도들의 품성 양육하기

설교자가 설교할 때 말씀이 그 열매를 맺지 않는다면, 그리고 성령님께서 사로잡아 다스리시지 않는다면 우리의 삶을 변화시키는 하나님을 소개하는 대신에 자조(自助) 사회의 도구들을 사용할 것이기 때문에 그렇게 될 수 있다. 앞장에서 하나님께서 예배의 주체와 대상으로 바로 모시게 될 때 예배 참석자들의 품성은 하나님의 그러한 품성에 응답하면서 형성되게 된다는 사실을 강조하였다.

그러나 "치유의 복음"(Gospel of Therapy)의 시대를 살고 있다. 설교는 성도들 중 삶의 혼란과 보살핌을 필요로 하는 사람과 그것을 베푸는 사람 사이의 지나친 정서적 상호 의존성(codependencies)을 바로잡기 위한 단계들을 시행한다. 자크 엘룰이 목록화한 기술과학문명화가 되어가는 사회는 자기 개선의 목적을 위해 내적 삶의 기술자가 되는 방향으로 형태를 지으면서 설교를 침공하고 있다.

윌리엄 윌리몬이 그것을 요약한 대로 사스(Sass)의 책, *Madness and Modernism*(광기와 모더니즘)의 논지는 "모더니즘이 세상 밖으로 나와 신속하게 처리하는 주관적인 경험 안으로 나아가는 움직임을 시작했는데 … 그것이 광기의 본질이다. 그러한 상황은 그렇게 하여 다른 사

---

8 Richard Lischer, *A Theology of Preaching: The Dynamics of the Gospel* (Nashville: Abingdon, 1981), 84.

람들과 세상으로부터 우리가 떨어져 나가게 되었고 우리 자신들에 몰두하게 되었다." 이러한 인식에 대해 윌리몬은 다음과 같이 응답한다.

> 우리 밖에 있는 것들에 대해 판단할 기준이 없는 것처럼 보이는 사람들에게 매주 설교를 해야 하는 설교자이자, 그 자신의 깊은 경험 속으로의 여행보다는 다른 삶의 여정을 전혀 갖지 못하고 있는 사람들을 상담하는 목회상담자인 나에게 이 책은 나를 불편하게 만든다. 사스는 모더니즘이 간단히 말해서 미친 세계관에 대해 어떻게 완곡어법으로 표현하는지를 보여준다. 경험의 신학자들인 귀납적인 설교자들은 주목할 필요가 있다.[9]

죄가 단순히 중독 정도로 취급되고 구속이 오직 치유로 취급된다면 설교는 성도들의 품성을 형성할 수 없다. 그리스도 안에서 성도들의 새로운 삶은 그것에 대한 우리의 경험이나 자기 증진의 과정, 혹은 자기실현 위에가 아니라 그리스도의 객관적인 구속 역사에 기초를 두어야 한다. 성경본문에 지속적으로 주의를 기울이는 대신에 설교에서 사용하는 모든 새로운 고안물들(gimmicks)은 신실한 삶의 개발을 방해한다. 전국적인 뉴스 잡지가 진정한 품성을 양육하는 데 교회가 실패하고 있음을 지적한 것을 우리는 부끄러워해야 한다. 그러나 제프리 셀러(Jeffrey Sheler)는 *U.S. News and World Report*에 실은 기사에서 이렇게 전하고 있다.

---

9 William H. Willimon, "Impressions and Imprints," *The Christian Century*, 110, no. 33 (1~24 Nov. 1993): 53~54.

많은 교회들은 신학에 빛을 제시하고, 설교의 확고한 다이어트, 개인적 성취를 강조하는 그룹에 대한 지원 등을 통해 교인수를 증가시켜 왔다. … 조안 캠벨 목사와 다른 이들이 교회가 교인들의 개인적이고 감정적인 필요를 겨냥해 설교하는 것이 좋다고 생각되는 동안 그들은 믿음의 중요한 차원을 간과할 수 있음을 걱정한다. 마틴 마티는 … 교인수 늘리기 경쟁에서 교회들은 "종교를 즉각적으로 마음을 끄는 방식으로 만들면서 하나님도 그렇게 하려는" 유혹에 직면하게 되고 믿음의 요구는 경시하게 된다고 경고한다. 안토니 캠폴로는 … 다른 사람을 섬기도록 하는 기독교의 명령에 순식간에 변화를 주고 있는 교회 안에 증가하는 "나르시시즘의 문화"를 묘사한다.[10]

본서는 하나님을 예배의 주체와 대상으로 모셔야 할 필요성을 강조해 왔다. 설교는 그러한 하나님의 임재의 의미 – 성도들을 새로운 삶으로 호위해 나아갈 수 있게 하는 의미 – 를 분명하게 할 수 있는 독특한 기회를 제공한다. 설교의 가장 근본적인 목표는 청중이 변화되는 것이다. 그러므로 설교의 참여자들, 혹은 형성하는 사람들로서의 청중[11]에 대한 설교학적 교육에 대한 새로운 강조점은 하나님의 말씀을 말해야 하는 성경적 명령과 함께 변증법적 긴장에 사로잡혀야 한다. 그리하여

---

10 Jeffrey L. Sheler, "Spiritual America," *U.S. News and World Report*, 116, no. 13 (4 April 1993): 53~54.

11 예를 들어, 이러한 내용에 대해서는 O'Day and Thomas G. Long, *Listening to the Word*에 나온 몇 챕터들, 즉 David Buttrick, "Who is Listening?" 189~206; Thomas G. Long, "And How Shall They Hear? The Listener in Contemporary Preaching," 167~88; Henry Mitchell, "The Hearer's Experience of the Word," 223~41; Barbara Brown Taylor, "Preaching the Body," 207~21 등을 참고하라. 또한 Richard R. Caemmrer, *Preaching for the Church* (St. Louis: Concordia, 1959), 87~88, 125~30, 275~94도 참고하라.

설교는 그것이 가지는 변형시키는 일을 할 수 있어야 한다. 리차드 리셔가 말한 대로 "청중이 왕이 아니라 하나님이 왕이시다."[12]

리차드 캠머러(Richard Caemmerer)는 다음과 같이 말했다. "설교의 목표는 언제나 어떤 사실을 알리고 중계하는 데 있지 않다. 설교가 분명한 인식과 확실한 사실을 전달해야 한다는 것은 중요한데, 궁극적 목적(further end)에 대한 수단으로 전하고 있다는 사실을 기억해야 한다. 그 궁극적 목적은 의미다." 그는 뜻(sense)과 의미(meaning) 사이의 차이를 단순하게 이렇게 설명한다. "뜻은 사실의 모양(shape)이다. 의미는 청중을 형성하는 것(shaping)이다." 뜻은 "당신은 이 사실을 이해하는가?"라고 묻는다면, 의미는 "이 사실은 당신이 행해야 할 것을 행하게 하는가?"를 묻는다. 뜻은 "청중에게 고지하고(inform), 의미는 그를 두들겨서 주조해 간다(strike)."[13]

설교는 그리스도의 패턴 가운데 그들의 품성의 개발을 증진시키기 위해 변형시키는 말씀을 전달함으로 청중을 형성해 가야 한다. 설교는 그리스도인의 삶과 공동체의 그림을 그려 주어 그 안으로 예배자들이 들어갈 수 있도록 하기 위해 특별한 신학적, 윤리적 가르침을 제공하는 시간이다. 그러나 이러한 예수님을 따르는 삶으로의 명백한 부르심은 예배의 환경의 전반적인 분위기에 의해서 방해를 받을 수 있다. 그러므로 예배 가운데 모든 것은 그날의 메시지와 밀착되어 있어야 한다. 성경봉독과 설교가 하나님이 은혜로우시다고 얼마나 많이 강조하

---

12 Lischer, *A Theology of Preaching*, 93.
13 Caemmerer, *Preaching for the Church*, 49.

느냐와 상관없이 그 예배가 은혜로 충만하지 않다면 회중은 그 진리를 배우지 못하게 될 것이며 은혜를 받지도 못할 것이다.

린더 켁은 지도자들의 품성을 개발하기 위해, 교회와 그것을 둘러싸고 있는 사회를 위해 특히 설교의 중요성을 강조한다. 매주 그들이 실행하는 "믿음의 공동체의 습성"에 의해 지도자들은 형성된다. 특별히 지도자들은 다음과 같은 설교를 들을 필요가 있다.

> 공적인 일들의 모호성과 씨름하는 설교, 공동의 선과 특히 고결함(integrity), 자기 통제, 모든 사람에 대한 존경 등에 주의를 기울이는 품성을 만들어가는 설교 … 멀리함으로가 아니라 보다 고통스러워함으로부터 태동되어 나오기 때문에 진정으로 예언적인 특성을 가진 설교 … 일상적인 것의 한시적인 의미를 드러냄을 통해서든, 아니면 주장하는 우리 삶의 일시적인 일들을 억누르기 위하여 영원의 관점을 가져오는 설교 … 설교가 그리스도 안에 있는 하나님의 사랑의 영역과 깊이를 알려주기 때문에 믿음과 섬김의 지평을 넓혀 주는 설교 … 제자도와 하나님의 은혜를 찬양하는 일에 대한 깊은 숙고를 불러일으키는 설교를 지도자는 들어야 한다. 그러한 청취 습관을 가지고, 그리고 그 습관으로부터 흘러나오는 행동의 습관과 함께 교회부터 보다 공정하고 긍휼이 넘치는 사회를 위해 효과적으로 일할 수 있는 사람들의 기초(cadre)가 형성되게 된다.[14]

켁이 묘사한 것처럼 그러한 설교는 공적 영역에서 일하는 지도자들

---

14 Leander E. Keck, *The Church Confident* (Nashville: Abingdon, 1993), 94.

과 시민들 모두가 그 소양을 갖추게 함으로 우리 사회를 놀랍고 활기 있게 할 수 있을 것이다. 설교는 모든 그리스도인을 "그들이 차지하고 서 있는 공간이 어디이든지 간에 고상하게 만드는" 그리스도인들이 될 수 있도록 힘을 불어넣어 주어야 한다.[15]

그리스도인 공동체의 형성

아마도 나의 경험이 일반적인 것이 아닐 수도 있지만 최근까지 나의 생애를 통해 특별한 성도들의 개인적 삶에 반대되는 개념으로서 그리스도인 공동체를 강조하는 설교를 그렇게 많이 들어보지 못했다. 아마도 영어의 '너'(you)라는 대명사가 복수를 나타내는 것이 아니기 때문에 어쩌면 내가 그것을 놓쳤을지도 모르겠다. 그러나 많은 교회들에서 나르시시즘이 널리 퍼져가고 있는 우리의 문화는 개인적 믿음에 강조를 두도록 인도하고 있다. 설교가 지역적으로든, 여러 시간과 공간을 통해서든 우리를 지지하고 육성하는 믿음의 공동체 안에 우리를 끌어안지 않는다면 큰 선물을 우리는 놓치고 있다고 생각한다.

설교가 성경적으로 형성된 믿음의 공동체 안으로 우리를 끌어들인다는 사실은 실로 중요하다. 공동체 그 자체는 만약 설교가 사람들 앞에 그들을 둘러싸고 있는 사회로부터 각기 다르게 예수님을 따르는 사람들이 되도록 만드시는 하나님으로부터 온 결정적인 말씀을 간직하지 않는다면 '그리스도인' 공동체의 특성을 파괴하게 된다.

강력한 성경적 설교가 되어야 할 필요성은 아주 긴급하다. 알렉산

15　위의 책, 95.

더 폽(Alexander Pope)의 시는 우리가 도덕적 진리 가운데 서야 한다는 것을 알고 있는 것으로부터 얼마나 우리가 쉽게 미끄러지는지를 보여준다.

> 악은 두려운 풍채를 가진 괴물이다.
> 증오할 때 보여질 필요가 있고
> 그러나 자주 보이면 그 얼굴과 익숙해진다.
> 우리는 먼저 참아야 하고 그때 불쌍히 여기게 되고 얼싸안게 된다.

이 과정은 예배 음악, 혹은 설교를 무기력하게 만드는 일에도 종종 나타난다. 그리스도인들은 대단치 않은 설교를 견딤으로부터 시작하여 자신은 목회자를 판단할 자리에 있지 않다고 느끼게 된다. 그리고 그들은 설교자의 게으름, 혹은 비겁함에 대한 설명을 안타깝게 여기면서 그를 불쌍히 여기게 된다. 그들은 "어디로 왔는지"를 이해한다. 결국 그들은 그 하찮음을 받아들이게 된다. 그들은 그들의 삶을 변화시키지 않고 그들에게 잘못된 것이 없는 설교에 익숙하게 된다.

우리가 진리를 상대화할 때마다, 그리고 그것의 의문시하는 것을 끄집어낼 때마다 우리는 폽이 묘사하고 있는 과정에 압도되게 된다. 우리가 "정치적으로 옳은" 뜨거운 토픽을 예배 가운데서 우리가 행할 것에 대한 지침이 되게 할 때마다 우리는 중요한 의제인 "궁극성의 상징에 어필함으로써" 우리가 예배 가운데서 행할 것의 주체로서 하나님을 수용하는 대신에 '축복'(blessing)의 악을 수용하게 된다. 테드 피터스(Ted Peters)는 한 신학교에서 있었던 채플의 예를 제시하면서 한 논의에서는 그 계획이 한 달은 흑인 역사에 중점을 두는 것으로, 한 주는 히스패닉 역사에 중점을 두는 것으로 기획되었음을 전한다. 한 교수가 "'그래요, 그때는 사순절이었어요. 그 예배에서 우리는 사순절을 강조할 수 없는 것인가요?'라는 질문에 답이 없었다고 중얼거렸다." 더 이상 소위 예배 전쟁은 성경적 믿음의 주제를 기억함에 있어서 우리를 격노하게 하지 않는다. 피터스가 한탄한 것처럼 "사순절을 위하여 이 단순한 중얼거림은 나타나지 않은 모든 것에 대한 저항을 나타내고 있으며, 그렇게 하여 전쟁 대신에 '교회 타격'(coup d'église)을 갖게 되었다."[16]

우리 설교 가운데서 계속적으로 제기해야 할 질문은 공동체를 존재 안으로 부르시는 규범적인 진리(normative truth)가 있는가이다. 그리스도인의 삶을 규제할 수 있는 하나님으로부터 말씀이 있는가? 물론 그 말씀이 무엇이냐에 대한 해석에는 모두가 동의하는 것은 아니다 – 그러한 갈등의 해결은 시간과 장소를 넘어서 공동체의 사역이다. 그것은 어느 정도 청중과 설교자의 변증법이 작동하게 만든다. 그러나 목회자가 지역 교회 회중에게 설교할 때 그들은 함께하는 공동체의 삶에 있어서 분명한 교리에 대해 훈련을 받았고, 보다 광범위한 공동의 권위를 전하는 이들이다. 그것은 그들 자신의 권위는 아니고, 하나님의 말씀을 신실하게 보존하고 전달했던 말씀과 교회의 권위이다.

로저 밴 한(Roger Van Harn)의 책, *Pew Rights*(회중석의 권리)에서 연속성과 권위를 강조한다. 회중석에 앉아 있는 사람들은 교회의 믿음이 교회에 의해서, 교회에게, 그리고 세상을 위해 선포되었던 것처럼 그

---

16 Ted Peters, "Worship Wars," *Dialog*, 33, no. 3 (Summer 1994): 167.

것에 대해서 들을 권리를 가지고 있다. 기독교 공동체가 수행해 온 하나님의 이야기의 빛 아래서 우리의 문화와 우리가 고백하는 "하나의, 거룩한, 보편적, 사도적 교회" 양쪽을 이해할 수 있다.[17]

우리는 선지자 에스라로부터 배울 수 있다. 느헤미야 8장에서 율법의 말씀을 그가 읽고 있는 이야기는 "모든 사람"이라는 표현을 13번이나 사용한다. 우리는 이 점을 놓쳐서는 안 된다. 우리는 명시적으로, 암묵적으로든 말씀을 전하도록 요청을 받았고, 소명을 받았다면 우리는 설교해야 하고 가르쳐야 한다. 본문은 에스라를 영웅으로 그리고 있지 않다. 오히려 그의 겸손과 "믿음의 공동체의 일원으로서 그 공동체에 응하면서 율법을 읽는 사람과 해석하는 사람으로서의 상호의존성의" 교훈을 가르친다. 이것은 말씀의 해석자 – 이것은 그들이 홀로도 아니며 홀로 할 수도 없는 존재이며, 그들은 영웅을 필요로 하는 것도 아니고 그들이 행하는 것은 믿음의 공동체 안에서 그 공동체와 함께 행한다 – 를 위한 좋은 소식이다. 진 터커(Gene Tucker)가 우리에게 들려주는 대로 이 이야기는 다음의 사실을 선포해 준다.

> 읽는 것과 해석, 그리고 이해하는 것은 심오하게 공동의 일이다. 그것들은 언제나 어떤 해석 공동체 안에서 일어난다. 설교자와 가르치는 사람으로서 말하는 것은 회중, 혹은 공동체와 함께 배우는 과정 속에 있는 사람으로 존재하는 것을 담지한다. 이 경우에 그 공동체는 율법을, 그리고 하나님의 뜻을 이해하기를 원하고 그것들에 충실하기를 원하는 사람들

17　Roger E. Van Harn, *Pew Rights* (Grand Rapids; William B. Eerdman, 1992).

의 보다 넓은 의미의 공동체이다.[18]

설교자들이 이 넓은 의미의 공동체를 마음속에 담고 있는 것이 중요하다. 설교자들이 보다 넓은 의미의 교회, 즉 하나님의 뜻을 구하는 사람들의 공동의 몸인 교회에 대한 그들의 책임을 기억한다면 그들은 지금 지역 정무(local politics)에 말씀을 건네는 것이 아니다.

그때 설교자의 말들은 교회의 삶으로부터 나오게 되며 그 삶을 고양시키기 위해 앞으로 나아가게 된다. 만약 설교가 신학적이 아니라면 – 즉, 그것이 하나님에 대한 말씀과 예수 그리스도 안에서 발견되는 생명을 전하지 않는다면 – "그것은 돌짝밭에 뿌려진 씨와 동일한 운명에 처하게 될 것이다. 그러나 이런 경우에 그것의 뿌리 없음은 청중의 깊이의 결핍보다는 설교자의 깊이 결핍에서 기인한다."[19]

설교학에서 주요 모티프로서 교회론에 대한 최근의 강조가 나를 고무시킨다.[20] 리셔는 성경의 기록과 현대 청중 사이에 존재하는 간극에 교량을 놓는 것은 바로 믿음의 공동체라는 성경적 이해를 회복시킨다. 그는 주장하기를 "인간의 본성이나 경험이 아니라 교회가 본문과 현재의 공동체를 연결하는 중간 경계점(middle term)이다. 교회는 해석학적 퍼즐의 한 조각이 아니라 그것을 해결하는 수단이다."[21]

리셔는 완전하게 교회론적 설교학자이다. 그래서 그는 이 책의 주제

---

18 Gene M. Tucker, "Reading and Preaching the Old Testament," in O'Day and Long, eds., *Listening to the Word*, 49.

19 Lischer, *A Theology of Preaching*, 14.

20 Long, "And How Shall They Hear?" 188.

21 Lischer, "Preaching as the Church's Language," 125.

들의 많은 부분과 연결된다. 그는 예배를 위한 필요성은 하나님께 밀착되어 있어야 하고, 그분께 초점이 맞추어져야 하며, 품성을 양육하는 것이어야 한다고 주장하면서 특별히 설교는 시대를 넘어서 믿음의 공동체를 형성하는 것이 되어야 한다고 규정한다. "설교는 의식적으로 자신을 그것의 주요 현장인 예배와 일직선으로 맞추면서 이것을 수행한다. 주일 아침이라는 의미의 기본적 단위는 설교가 아니라 예배이다." 설교는 의례화된 행동, 예전, 그리고 예배 음악 안에 표현된 것 – "회중의 모임, 찬양의 찬송과 영광송, 하나님의 능력의 행동을 자세히 이야기함, 예수님에 대한 회상, 성례전의 경축, 그리고 강복과 세상 가운데로 사람들의 파송" – 을 설명하는 것이다. 만약 목회자가 "이러한 공동의 관찰 안에 개인적 필요, 혹은 보편적 진리에 초점을 맞추는 설교를 끼워넣고, 공동체의 정체성을 강화하고 공동의 사랑을 위해 훈련하는 것, 목회를 위해 준비시키는 것을 위해 어떤 것도 행하지 않는다면" 그것은 분명히 부조리한 일이다. 설교는 단지 하나님 앞에 새롭게 서는 것만을 선포하지 않으며, 종교와 의미 있는 사건들 사이의 분명치 않은 비교(parallel)를 붙잡지 않는다. 오히려 성도들로 하여금 그리스도 안에서 허락하신 구속의 결과 가운데로 나아가도록 인도한다. "관습적인 가치에 대한 기독교 가르침과 비슷한 것"을 논증하는 전형적인 설교 예화 대신에 … "품성 형성 설교(preaching-as-formation)는 다름을 탐구한다. 그렇게 함으로써 그것은 대조 사회(contrast-society)로서의 교회의 목소리가 된다."[22]

---

22 위의 책, 126.

"그리스도인 공동체는 대안 사회이다"가 몇 해 동안 나의 가장 좋아하는 문장이다. 그 명제는 모든 설교가 다음의 질문을 던져야 한다고 요구한다. 이 본문이 하나님의 백성이 될 수 있도록 어떻게 우리를 형성해 주는가? 믿음의 공동체를 떠나서 알 수 없는 것을 이 본문으로부터 우리는 무엇을 배우는가? 우리는 세상에 이 대안적인 이해를 어떻게 제공할 수 있을 것인가? 설교자들은 그들의 설교가 교회를 둘러싸고 있는 문화에 이르기를 원한다면 믿음의 차원을 무기력하게 만들지 않고, 예배 참석자들이 진정한 고향을 발견할 수 있게 하시는 그리스도 안에 있으면 "새로운 피조물"(고후 5:17)이라는 사실을 담대하게 선포하면서 공적인 영역을 최선을 다해 섬겨야 한다.

목회자의 동기와 목표

예배 방문자들이 목회자에게서 진정으로 찾는 것은 하나님을 진심으로 찾는 경건함(godliness)이다. 윌리엄 헨드릭스의 책, *Exit Interview*(출구 인터뷰)에서 한 젊은 사람이 그렇게 의견을 말했다. "요컨대 사람들이 왜 교회에 가는지를 분석한다면 그들은 그 목회자가 영적인 사람이라고 믿어야만 한다고 생각한다. 많은 교인들은 영적으로 전혀 존경이 가지 않는 사람 앞에 앉아 있기 위해 가는 것은 아닐 것이다."[23] 목회자들이 교인이 아닌 사람들에게 도달할 수 있는 예배로 인도하기를 원한다면 그들이 할 수 있는 가장 중요한 일은 그들 자신의 영적인 삶을 깊이 육성하는 것이다.

---

23 William D. Hendricks, *Exit Interviews* (Chicago: Moody Press, 1993), 55.

종종 복음이 문화에 이르게 하려는 목표는 목회자의 정체성에 혼동을 가져온다. 진지하고 잘 갖추어진 목회자는 회중이 침체되어 가는 것을 두려워하는 마음에 사로잡혀 있고, 그들을 돕기 위해 "마케팅 전략, 커뮤니케이션 기교, 생산품 패키지" 등에 마음을 두고 사는데, 그들은 하나님의 뜻에 더 충실한 것을 추구하는 대신에 보다 효과적이 되려고 노력한다. 더글라스 웹스터가 꾸짖는 것처럼, "믿음의 집을 세우는 수단과 목표는 사회학적 분석이나 심리학적 윤곽들(profiles)을 통해 발견된 것에 의해서가 아니라 분명하게 하나님께서 인정하는 것이 되어야 한다. 최근 경향이나 대중적인 기대는 교회의 의제를 바꿀 수 없고, 교회가 나아가야 하는 노선을 변경할 수도 없다."[24]

오늘날 교회를 특징짓는 성경에 대한 무지, 성경에 대한 문맹에 대해 쉽게 인지한다. 그러나 아직도 많은 사람들은 "신중한 성경적 숙고를 평가절하하면서 문화적 압력에 더 반응하게 된다. 그들은 너무 심각하고, 방심하고, 그리고 지루해하는 것에 비판을 하는 위험 부담 대신에 청중을 어떻게 하면 보다 빨리 즐겁게 할 수 있을 것인지에 관심을 기울인다." 이것은 사람을 웃고 울게 만드는 설교로 이끌어가지만 반드시 하나님을 더 잘 알아가고, 경건한 방식을 보다 분명하게 생각하고 행동하도록 만드는 일에는 크게 중점을 두지 않는다.[25]

성도의 품성 형성에 대해 요청할 때 먼저 물어야 할 것은 목회자의 품성이다. 하나님의 말씀으로 깊이 잠입해 들어감을 통해 말씀으로 형

24　Douglas D. Webster, *Selling Jesus* (Downers Grove, IL: InterVarsity Press, 1992), 17.
25　위의 책, 85.

성되었는가, 아니면 마케팅 분석이 주는 압박에 의해서 형성되었는가? 설교는 하나님의 말씀의 명령으로 오는가, 아니면 텔레비전 시대가 어떻게 무대를 꾸며야 효과적인지에 대해 알려주는 것에 의해서 지배를 받는가?

닐 포스트만의 책, *Amusing Ourselves to Death*(죽도록 즐기기)는 문화적 요소를 통하여 어떻게 텔레비전 프로그램을 강력하게 울리게 할 것인지 – 최근의 살인 사건에 대한 뉴스, 정부 정책, 과학적 진보, 야구 점수, 날씨, 새로운 비누 제품들, 대통령 연설 등과 같은 뉴스 자원들 – 에 대한 우리의 인식을 강조한다. 결과적으로 그것의 방법과 메타포는 삶의 모든 영역에서 우세하다. 그것은 우리가 어떻게 법률, 정치, 종교, 비즈니스, 교육, 그리고 다른 중요한 사회적인 일을 수행할 것인지에 영향을 미친다. 사람들은 개념 대신에 이미지를 교환한다. 그들은 명제(propositions)를 통해서가 아니라 "좋은 외모, 명성(celebrities), 찬사(commercials)"를 가지고 논의한다.[26] 결과적으로 예배자들은 종종 설교의 본질이나 예배의 의미보다는 목회자의 매력 있는 성격(personality)에 더 관심을 갖게 된다. 포스트만이 항의한 대로, 우리의 성직자들, 변호사들, 사장들, 의사들, 교육자들, 그리고 뉴스 진행자들은 "좋은 흥행 수완의 요구보다는 그들의 훈련의 요구를 만족시키는 것에 그렇게 크게 염려할 필요가" 없게 되었다.[27]

데이빗 웰즈는 목회자들이 "내적 소명의 문제나 개인적 영성의 차원

---

26 Neil Postman, *Amusing Ourselves to Death* (New York: Viking/Penguin, 1985), 92~93.
27 위의 책, 98.

을 넘어 다른 것에 우선순위를 두면서 목회를 수행하는" 방식과 시장에서 우세한 방식이 동일하다고 비판한다.[28] 그는 목회자들의 전문적인 사회에 대해 연구한 잭슨 캐롤의 박사학위 논문을 인용한다. 캐롤은 "권위와 전문적인 지위"는 "품성, 하나님의 말씀을 잘 설명하는 능력, 현대 세계를 향한 말씀과 관련한 신학적 능숙함"보다는 "개인 상호 간의 기교, 행정적인 재능, 공동체를 조직하는 능력"에 더 깊이 의존한다.[29]

목회자의 역할에 대한 많은 관심은 19세기의 작가이자 강사이고 설교자였던 조지 맥도날드(George MacDonald)의 이야기에 의해 강조되었다. 그의 많은 소설들이 교회를 열의 없이 섬긴 한 목회자를 묘사한다. 그는 돈과 명성을 얻기 위해 목회적 사명을 수행한다. 생생하게 대조를 만들면서 맥도날드는 다른 인물을 제시하는데 그는 "목회자의 마음"을 가진 사람이며 다른 사람의 평안을 위해 짐을 지는 사랑스러운 품성을 지닌 존재이다. 또한 그는 하나님의 말씀을 다른 사람들의 인격적 삶의 상황에 잘 적용해 주는 탁월한 신학적 능력을 가진 사람이었다. *The Curate's Awakening*(목회자의 각성)이라는 책에서 후자의 역할은 난쟁이 폴와르쓰(Polwarth)에 의해서 충족되게 수행되는데, 그는 목회자가 아니라 문지기였다. 그의 사역에 의해 그 목회자 자신은 그의 소명을 이해하게 된다. 이어지는 두 소설에서 목회자는 그의 설교와 삶을 통해 다른 사람의 삶 속에 대각성을 일으키는 동인이 된다.[30]

---

28   David F. Wells, *No Place for Truth* (Grand Rapids: William B. Eerdmans, 1993), 232.

29   Jackson Carroll, "Seminaries and Seminarians: A Study of the Professional Socialization of Protestant Clergymen," (Ph.D. Diss., Princeton Theological Seminary, 1970), 306. Wells, *No Place for Truth*, 234에서 재인용하였다.

30   George MacDonald, *The Curate's Awakening*, ed. Michael R. Phillips (Minneapolis: Bethan

The Prodigal Apprentice(탕자 초심자)라는 책에서 맥도날드는 설교자의 그림을 다음과 같이 제시한다.

> 어떤 사람들은 풀러 씨가 신앙생활에 있어서 어리석다고 생각한다. 그가 알고 있는 것을 말하고 보았던 것을 증언하면서 그는 교회에 좋다면 이렇게 행동하고, 회중에게 좋다고 하면 또 저렇게 행동한다. 그러나 그는 실제로 그것을 믿는다. 그는 하늘 아버지를 바라보는 습관을 늘 갖고 있기 때문에 기도가 모든 시간 그를 붙들고 있으며, 그는 그것들을 읽고 그가 보았던 진리로 인해 기뻐하기 때문에 그것들을 다른 사람에게 설명하기를 즐거워한다. 실제로 그는 들으려고 하는 누구에게나 그것에 관해 '말하기'를 즐거워한다.[31]

이 이야기에서 풀러 씨는 겸손한 스피치를 통해 전달되고 그의 경건에 의해 논의되는 성경적 진리에 대한 정직한 설명을 통해 큰 치유를 가져오고 있다.

목회자가 어떻게 기능을 하느냐는 그들의 목회적 존재에 의해서 규정된다. 그들이 행하는 것은 그들이 누구인가와 소명감을 자라나게 한다. 신약성경이 그것을 그림으로 보여주는 것처럼 목회자는 "가치 있는 품성, 진리를 위한 열정, 남을 섬김에 있어서 이러한 품성과 열정을 가지고 함께 멍에를 매는 지혜로운 사랑의 친절함" 등으로 구성되어 있

House Publishers, 1985). 본래 원본은 1867년에 *Guild Court*라는 제목으로 출판되었다.
31 George MacDonald, *The Prodigal Apprentice*, ed. Dan Hamilton (Wheaton, IL: Victor Books, 1984), 115.

어야 한다.[32] 해돈 로빈슨이 "후회스럽게도 많은 설교자들이 성경적으로 생각하지 않기 때문에 설교자로서 실패하고 있는데 그 실패 이전에 그들은 먼저 그리스도인으로 실패하고 있다"[33]라고 말했을 때, 상황은 주로 그들의 실제 설교 준비에 있어서 성경적 내용의 부족과 관련이 있는 것으로 되어 있다. 그러나 설교자의 그리스도인으로서의 품성을 포함하기 위해 우리는 그의 불만족을 확장시킬 수 있다. 많은 설교의 가장 큰 약점은 하나님의 말씀이 먼저 목회자를 죽이고 있지 않다는 점이다.

헨리 나우웬은 목회자들이 "열매가 풍성하게 되기 위해 포도나무는 가지치기도 해야 하고 자르기도 해 주어야 한다"는 점을 기억해야 한다고 초대하고 있다. 그는 점점 인식해 가는 것을 허용하면서 다음과 같이 주장한다.

> 내가 가고 싶은 여러 방향으로 얼마나 많이 갔으며, 얼마나 많은 일들을 행했으며, 얼마나 많은 사람을 만났으며, 얼마나 많은 상황에 관여했는지를 점점 인식하게 된다. 그러나 신실하게 되기 위해 삶의 원천 가까이에 남아 있어야 하며 가지치기를 해야 할 것을 스스로 허락해야 한다. 이것은 나 자신을 위해 내가 할 수 없는 것들이며, 하나님의 말씀에 의해 행해져야 할 것이다. 한 알의 밀이 열매를 맺기 위해 떨어져 죽어야 한다고 알려주신 것은 하나님의 말씀이다. 아마도 무엇보다도 언제, 어디를 잘라내야 할 것이며, 열매는 맺는 시간과 자리를 인식하는 것에 깊은 주

---

32 Wells, *No Place for Truth*, 237.
33 Haddon W. Robinson, *Biblical Preaching: The Development, and Delivery of Expository Messages* (Grand Rapids: Baker Book House, 1980), 25.

의를 기울이는 것이 중요한 문제이다.[34]

물론 아예 베임을 당하는 것보다도 우리 스스로 가지치기를 해야 한다고 말하는 것이 훨씬 더 쉽다. 사실 모든 설교 준비에는 약간의 가지치기가 필요하다. 왜냐하면 설교자가 삶을 변화시키는 충만함으로 가득한 말씀을 들고 나아가기 전에 하나님의 말씀은 설교자의 삶을 먼저 변화시켜야만 하기 때문이다.

예일대학교 버클리 신학부의 학장이었던 필립 터너(Philip Turner)는 신학교 학생이 된다는 것이 무엇을 의미하는지를 묻고 있다.[35] 그는 주장하기를 그것은 주로 '신' – 종교가 아니라 하나님(25) – 을 연구한다는 의미이다. 비록 "지식과 하나님을 사랑하는 것을 증진하는 것"이라는 신학교의 목적이 "그 시대정신과 … 현재의 신학적 경향에 반대되는 것"이 될 수 있다. 신학교가 하나님의 사랑을 더 이상 증진하는 것이 아니라면 신학적 경향은 무엇을 할 수 있을 것인가?

터너는 신학을 연구하는 가장 첫 번째 수단은 예배라고 주장한다(26). 안식을 지키는 것에 관한 나의 책을 출판하면서 나는 주일이 일하는 날인 목회자가 예배하는 것이 어떻게 가능한지를 묻는 목회자들에게 답변을 제시하기 위해 후속편을 쓰기를 원하고 있다. 이상적인 것은 목회자들이 예배를 인도할 때 예배를 즐길 수 있기 위해 성령님의

---

34 Henri J. M. Nouwen, "Finding a New Way to Get a Glimpse of God," *New Oxford Review*, 60, no. 6 (July-Aug. 1993): 11.

35 Philip Turner, "To Students of Divinity: A Convocation Address," *First Things*, 26 (Oct. 1992): 25~27.

임재와 사전 공부를 통해 자유를 맛볼 수 있을 것이다. 그러나 많은 목회자들에게 그것은 아주 어려운 것이 사실이다. 물론 안식(히브리어 샤바트는 주일의 어떤 특정일에 관계되기보다는 "멈추는 것"을 의미한다)을 누리기 위해 다른 날을 선택하는 이도 있다. 그러나 그렇게 되면 공예배와 같은 종류를 어떻게 가질 수 있겠는가? 아마도 목회자들은 예배를 위해 각자 서로를 바꾸어가면서 초대하는 방법이 있을 것이다. 예를 들어, 루터교 진영에서는 목회자들이 연구, 친교, 예배를 위해 매월 만남을 갖는 것을 보았다. 어떤 동네에서는 다양한 교단의 목회자들이 예배를 위해 함께 모이고, 팟럭(potluck)[36], 즉 다른 가족들과의 식사자리나 배우자들과 함께 모여 저녁 식사를 하며 어떤 일을 축하하는 것도 보았다. 교단 총회, 목회자 컨퍼런스, 지역 단위의 연구 모임은 주일에 다른 사람들이 예배할 수 있도록 수고한 자신들을 충전할 수 있기 위해 가질 수 있는 최고의 예배를 만들 수 있을 것이다.

설교자의 개인적 영성생활은 최고의 우선사항이 되어야 한다. 교인들은 목회자들이 그런 시간을 가질 수 있도록 배려해야 하며, 방해하지 않아야 한다. 전에 내가 교회를 위해 사역할 때, 비서에게 전화를 걸어온 사람에게 내가 매일 첫 시간에 가졌던 지금 경건의 시간 중에는 전화를 받을 수 없다고 말하도록 한 적이 있다. 개인적 경건의 시간을 위해 내가 좋아하는 자료들 중의 하나는 1731년에 첫 출판된 *Moravian Daily Texts*(모라비안 매일 성경 읽기)이다. 한해의 매일 매일을 위해 이 책은 신구약으로부터 성경본문을 제시하고(독일의 헤른후트에서 선택된 것이

---

36 역주/ 참가자가 한두 가지씩 음식을 준비해 와서 함께 나누는 식사.

다), 그 성경말씀과 관련된 찬송이 제시되며, 미국과 캐나다의 목회자나 평신도가 작성한 기도문이 제시된다. 진젠도르프의 카운트 니콜라스 (Count Nicholas von Zizendorf)가 1728년부터 시작하여 헤른후트 단지의 공동체 회원들에게 매일 제시한 성경구절인 '워치워드'(Watchword)의 실행은 모라비안 유산에 대해 관심을 갖게 만들어 주었고 찬송가를 구입하였는데 놀랍도록 신실한 찬송 가사들[37] - 그것은 나의 예배 레퍼토리에 큰 부가물이 되었다 - 을 매일 노래하는 즐거움을 가지고 있다. 설교하는 사람들은 특별히 성경을 늘 분석적으로 읽고 연구하는 작업으로부터 벗어나 경건의 시간을 가질 수 있는 자료와 하나님의 임재 가운데로 들어가는 시간이 필요하다. 나의 경우에는 찬양, 이야기들, 예술과 같은 "우뇌"의 도구들이 필요했다.

예배와 개인 경건의 시간 외에도, 하나님에 대한 설교자의 연구에는 웰즈가 "숙고"(reflection)라고 불렀던 것을 포함한다. 그것은 "성경 안에서 하나님의 드러나심 전체를 살펴보는 것"이 되어야만 한다. 목표는 "하나님의 속성, 행동, 뜻을 드러내시면서 나타난 그분의 의도"를 마음속에 그리기 위해 성경의 다양한 부분을 연결하는 것이다.[38] 이것은 사도 바울이 빌립보 교인들에게 "그리스도의 마음을 가지라"라고 권면한 것과 연결된다. 설교자들이 하나님을 연구할 때 하나님의 속성이 그들 안에 형성되게 된다.

---

37 *Moravian Daily Texts*와 the 1969 *Hymnal of the Moravian Church*(대부분의 찬송 가사는 여기에서 가져온다)는 모라비안 교단 본부에서 구입 가능하며 주소는 다음과 같다. Department of Publications and Communications, Moravian Church, P.O. Box 1245, Bethlehem, PA 18016-1245. Tel. (215) 867-0954, Fax (215) 866-9223.

38 Wells, *No Place for Truth*, 100.

터너는 신학교에서의 연구의 두 번째 임무는 교회의 전통, 즉 그것의 앎의 역사를 마스터하는 것이라고 주장한다. 그는 다음과 같이 불평을 한다.

> 미국 그리스도인들은 선택적 건망증으로 고통을 받고 있는 몸으로 특징지어진다. 대체로 그들은 사도들로부터 전해져 온 전통이 시대를 통해 해석되고 어떤 목적을 위해 충당되었던 방식에 대해서 점점 더 적게 알고 있다. 그 전통에 대한 지식이 줄어들면서 하나님은 어떤 분이며 하나님이 요구하시는 것에 대해 그들이 말해야 하는 것의 적당함도 줄어들게 되었다(27).

이 장의 다음 섹션에서 우리는 신학적 전통의 상실에 대해 보다 깊이 살펴보게 될 것이다. 여기에서 목회자의 품성을 형성하는 데 있어서 전통의 가치를 보아야 한다. 웰즈가 설명한 대로 과거에 대한 숙고가 설교자로 하여금 "교회 안에서 일하시는 하나님의 역사로부터 현재의 폭풍 가운데서 안정을 유지할 수 있게 하는 안정감을 갖게 하는 밸러스트(ballast)를 모을 수 있도록" 도와준다.[39] 과거로부터의 영적 보물을 저장하는 것은 적당한 관점 가운데 현재를 세울 수 있도록 도와준다.

터너가 주장하는 신학교 공부의 세 번째 요소는 예전적, 신학적 전통에 의해서 수반되는 삶의 방식과 그것이 하나님에 대해 우리에게 가르쳐 주는 것을 배우는 것이다. 그는 질문한다. "우리는 하나님의 생명

---

39 위의 책.

을 나누려는 몸부림을 떠나서 그것을 알 수 있으며, 그것을 닮으려고 하지 않는다면 그것을 나눌 수 있을까?"(27)

이러한 방식으로 살고 섬기는 것 - 그리고 권능과 진리, 겸손과 열정을 가지고 설교할 수 있는 것 - 은 목회자 편에서 어떤 확신을 요구한다. 우리는 이 책 전반에서 계속해서 이러한 확신에 대해서 논의를 해 왔다: 하나님께서 예배의 중심이라는 확신, 성경이 하나님이 어떤 분인지 우리에게 드러낸다는 확신, 교회는 대안적 사회라는 확신, 그리스도인 공동체와 그것이 드리는 예배는 성도들의 품성 형성을 위한 자리라는 확신, 목회자는 하나님의 신비를 드러내는 일을 위해 쓰임 받는 청지기라는 확신, 그리고 이 시대와 장소에서 하나님의 말씀을 전하도록 거룩한 책임성을 위임받은 존재라는 확신이 그것이다.[40]

신학적 중심의 상실

많은 목회자들이 그들은 성경적, 신학적 설교를 하는 것이 어렵다는 사실을 발견했다고 나에게 말을 했다. 왜냐하면 그들은 신학교에서 성경을 축소하고, 그들의 신학에 의문을 제기하고, 교리적 원천보다는 실천적이고 교회의 기관에 관한 일들에 관계된 너무 많은 것을 배웠기 때문이라는 것이다. 많은 설교자는 평신도들이 이해할 수 있는 용어로 신학의 기초를 설명한 경험이 없다. 다른 이들은 설교가 그들의 진정한 필요를 채워 주는 하나님의 말씀을 그들에게 주는 것보다는 반드시

---

[40] 존 스토트의 고전적인 설교학 책은 설교를 위해 필요한 이러한 확신 - 하나님, 성경, 교회, 목사직, 설교 그 자체에 대한 확신 - 을 강조한다. 또한 성경의 세계와 현대 사회 사이에 놓인 다리로서의 설교를 위해 필요한 깊은 연구에 대한 확신도 강조한다. John R. W. Stott, *Between Two Worlds: The Art of Preaching in the Twentieth Century* (Grand Rapids: William B. Eerdmans, 1992), 92~210.

그들이 "느끼는 필요"(felt needs)를 채워 줄 수 있도록 사람들에게 어필하는 설교를 해야 한다는 논증을 믿고 있다.

성경이 시대에 뒤떨어졌고, 사람들은 옛일에서 가치를 발견하기에는 너무 발전했으며, 다 고대의 세계관으로 미끄러져 들어갈 수 없다는 우세한 주장을 피하는 것은 쉽지 않다. 많은 사람들은 성경의 증언이 종교적 다원주의의 현재의 시장에서는 설 수 없는 지적 단순성으로 특징지어지고 있다고 생각한다. 세계관과 진리의 다양성이 우리의 환경을 특징짓고 있다고 주장하는 것이 초기 그리스도인들이 살던 세계와 아주 유사하다는 것은 얼마나 아이러니인가?[41]

"*Notes innocentes sur la 'question hermeneuticue'*"('해석학적 문제'에 대한 순수한 노트)라는 제목의 자크 엘룰이 쓴 논문은 현대 세계에서 성경의 적용 가능성에 대한 질문에 심오한 응답을 제시한다. 불행하게도 이 논문은 불어로부터 번역된 적이 없다는 점이다. 여기에서 공교하게 설명할 필요가 없어 보이는 언어학적 도구를 사용하면서 엘룰은 언어와 개념적 도구는 하나님의 계시가 기록되던 당시와 더 이상 동일하지 않다는 "세속적 '증거'"들을 철저하게 거부한다.[42] 엘룰의 개념의 다음에 제시되는 명료함은 여전히 복잡하다. 그래서 나와 함께 그것을 이해하기 위한 노력이 필요해 보인다. 그의 설명은 노력할 가치가 있다.

해석학적 문제 – 즉, 고대의 성경을 현대에 적용하는 일의 어려

---

41 Wells, *No Place for Truth*, 260~64, 267~68 등을 보라.

42 Jacques Ellul, "Notes innocentes sur la 'question herméneutique,'" *L'Evangile, hier et aujourd'hui: Melanges offerts au professeur Franz J. Leehardt* (Genève: Editions Labor et fides, 1968), 181. 이 논문에서 인용한 내용의 페이지는 본문 안에 괄호로 표시했음을 밝힌다. 모든 인용의 해석은 본인의 것이다.

움 – 는 어떤 진리를 받아들이지만 여전히 증명되지 않았거나 비평이 이루어지고 있는 필요한 가정(presupposition) 위에 놓여 있다. 이러한 가정의 첫 번째는 성경의 기자들이 기록한 언어들이 그 당시 사용하던 언어였으며, 그들의 생각은 그들의 문화의 지적 환경 가운데서 전형적인 것이었음을 주장한다. 엘룰은 성경의 기자들이 그들 자신의 개념적 장치를 통해 하나님의 계시를 받았음에도 불구하고 기록된 말들은 그 장치를 전복시키는 '하나님의 계시'였다고 우리를 상기시킨다. 결과적으로 통례적인 언어들은 종종 아주 깊이 수정되었다. 그 언어는 여전히 역사적-문화적 구조 가운데서 나타남에도 불구하고 하나님의 이용과는 연결되어 있지 않았다. 그러므로 계시의 말씀을 전하는 사람과 그들 주변에 있던 사람들 사이의 이해하지 못함과 오해의 원천이 되었다. 이와 같이 이사야나 예수님 당시대를 그들은 쉽게 이해하지 못했다. 그것은 혼동의 원천이었다. 그들의 언어는 단순히 당시 커뮤니케이션의 보통의 수준이 아니었다.

두 번째 가정은 첫 번째 것과 정반대의 것인데, 이 두 가지는 긴장을 이루면서 함께 공존하여야 한다. 이 양자에 대한 엘룰의 논박은 변증법적으로 사실이다. 두 번째 가정은 현대의 인간 존재는 성경이 지니고 있는 신화들(myths)에 대해 너무 이성적이어서 성경적 언어가 더 이상 어떤 것도 전달하지 못한다고 주장한다. 엘룰은 기독교의 언어는 언제나 현재적이며 이성적이라고 주장하며, '은혜, 사랑, 희망, 믿음'과 같은 단어의 내용은 이전보다 지금 더 이해가 잘 되고 있다.

더욱이 성경적 사상이 신화적이고 현대 사상은 합리적이라는 기본적인 주장의 명확성 자체를 의심할 필요가 있다. 무엇보다도 엘룰은 고대 사상은 아주 이성적이었음을 보여준다. 그 증거로 알렉산드리아 학파를 들 수 있는데 거기로부터 아르키메데스, 혹은 로마의 법사상이 나왔다. 그들의 엄격한 형식에는 예외가 없었다. 두 번째로 엘룰은 수십만의 사람들이 운세를 알려주는 사람들을 찾고, 별자리를 통해 점을 치고, 도박 중독이 걸릴 정도로 필사적이고, 사회가 그들을 향해 폭탄을 투하하듯이 던지는 광고와 선전문구의 모든 것을 믿으며, 진짜 그들의 신화를 만들어 사람을 유혹하는 수천의 신흥 종교를 받아들이고, 그리고 기술과학문명화된 우주 안에서 살면서 마치 마술에 사로잡혀 사는 것 같이 살아가는 현대인들이 이성적인 존재가 되었다고 주장하는 것은 넉살 좋은 것이라고 주장한다. 그는 이성과 비이성적인 것이, 다양한 전제와 형태와 함께하는 논리와 신화가 언제나 혼합되어 있지만 커뮤니케이션과 의미 전달이 불가능한 것 같지 않다고 결론을 내린다(182~84).

성경적 언어가 믿음의 의미를 드러내는 것으로 우리가 인식을 한다면 그때 우리는 더 멀리 나아갈 수 있어야 하고, 하나님이 하나님이시라면 그는 어제나 오늘이나 내일에 동일하신 분이기에 그분이 계시는 시대를 넘어서 기본적으로 다양하지 않다는 것을 인정해야 한다. 이 영속성은 분명한 힘, 혹은 그 계시 안에서 믿음을 가진 사람들에게 언어를 통해 인식할 수 있게 주어지는 계시의 의미에 적응력을 준다는 사실을 아는가의 문제이다. 언어의 불완전성은 주변장치를 더해 줄 뿐이지만 결정적인 어려움은 아니다.

일반적으로 우리에게 전달되는 언어는 그것이 의미하는 것을 이해할 수 있도록 해 준다고 생각한다. 그러나 계시의 차원은 그 과정을 변화시키는데, 왜냐하면 그 과정을 계시하시는 분(the Revealed One)이

지배하시기 때문이다. 그것은 먼저 '그 계시'(le Révélé)를 받지 않고 믿지 않는다면 그는 어떤 것도 이해할 수 없다는 사실을 함축한다. 더군다나 언어와 그것이 의미하는 것 사이의 일치(union)가 함축되어 있다. 마치 그것이 순전히 문화적인 것처럼 생각하고 그것을 제거하려는 움직임을 방지해 준다.

엘룰은 성서해석학(성경 해석을 위한 과학과 예술)이 그 텍스트를 보다 선명하게 만들 수도 있고 믿지 않는 사람들에게 그것을 논리적으로 이해할 수 있도록 만들어 주기도 한다고 주장한다. 그렇다고 그것이 누군가에게 그것을 사실로 만들어 주는 것도 아니며 사람들에게 그 메시지를 알도록 해 주지도 않는다. 엘룰은 주장하기를 결정적인 요점은 "믿음으로 이 성경이 의미가 있고 진리라는 사실을 나는 '안다'는 것이다. 예수 그리스도에 대한 믿음은 나에게 이 텍스트에 믿음을 더하도록 만들어 준다." 해석의 문제가 있을 수도 있다. 그러나 그것들은 근본적으로 이차적인 요소로 남게 되는데, 결정적인 질문은 진리를 인식하는 믿음의 문제이기 때문이다. 이와 같이 엘룰의 논박은 이러한 진보를 세운다. 사람들은 의미로부터 언어로 나아간다. 그러나 먼저 그는 예수 그리스도의 진리로부터 의미로 나아가야 한다(186).

믿음을 통해 얻게 된 의미는 언어에 대한 포스트모더니즘의 위기에 도전한다. 궁극적으로 성경의 텍스트는 계시를 가져오기도 하지만 그렇지 않을 때도 있다. 그것은 믿음을 갖기로 하는 선결정이기도 하고 불신앙의 것이기도 하다. 오직 믿음으로 우리는 중심적인 대상, 목표, 진정한 내용, 숨겨 있는 의미, 텍스트의 빠른 섬광을 이해할 수 있다. 성경의 텍스트 그 자체는 그 내용을 발견하는 방법을 우리에게 제시해 준다. 말씀 그 자체가 그것은 시대에 뒤떨어진 것이 아님을 보여준다(190).

이러한 요약은 너무 간략하여 엘룰의 포괄적이고 기술과학-언어학적(technical-linguistic) 논증을 정당하게 평가하지 못하고 있는데, 그것에 대한 보다 충분한 논증을 필요로 한다. 하나님의 계시로서의 성경에 대한 그의 강조는 우리에게 그것의 희망을 설교하고 그것의 진리를 이해할 용기를 부여한다. 그 진리는 관련성이 없는 것이 아니다. 그는 믿음의 차원 밖에서 문화적 인식으로부터가 아니라 믿음의 공동체 안에서 나아가도록 격려한다. 그러나 그 공동체의 믿음은 주체가 되시는 하나님으로부터 우리를 멀어지게 만드는 기술과학 문명의 변화에 의해서 도전을 받고 있다.

간략하게 우리가 탐구하게 될 어떤 현대의 흐름의 결과로 많은 교회들은 더 이상 기독교 신앙의 신학적 기초를 심각하게 가르치지 않는다. 예배는 에큐메니칼 사명에서 실패했고, 목회자들은 그들의 설교가 우리의 믿음의 선배들의 전통을 전달할 책임을 온전히 수행하지 못하고 있다. 설교가 하나님의 말씀을 신선하게 전해야 할 계속적인 노력이 있어야 하지만 설교는 교회의 역사를 통해 하나님의 말씀에 교회가 응답함으로 얻게 되었던 그 말씀과 신학적 통찰력에 기초를 두어야 한다. 그러나 현대 문화에서 거대한 압력이 설교자들을 이러한 근원으로부터 벗어나게 만들고 있다.

이러한 논증이 어떤 시기에는 아주 우세했던 것 같다. 1969년에 도로씨 세이어즈(Dorothy L. Sayers)는 다음과 같이 쓰고 있다.

지난 세월 속에서 공식적인 기독교는 잘못된 논평(bad press)으로 알려진 것을 가지고 있었다. 우리는 설교자들이 너무 교리 - 사람들이 그것을 지루한 교리로 부르는 것 - 에만 집착해 있기 때문에 교회들이 텅 비게 되었다고 계속적인 확신을 가지고 있다. 사실은 그 정반대이다. 지루하게 만드는 그 교리에 대해 태만했기 때문에 일어났다. 기독교 신앙은 사람들의 상상력을 한 번도 동요시키지 않은 가장 활기찬 드라마(the most exciting drama) - 교리는 드라마이다 - 이다. … 플랏은 단일의 인물을 추축(樞軸) 위에 올려놓으며 모든 행동은 단일 중심적인 문제에 답이 된다. "당신은 그리스도에 대해 어떻게 생각하십니까?"[43]

세이어즈의 질문은 이 책의 근본적인 논지에 대해 다시 요점을 정리해 준다. 우리가 하나님을 주체로 모시게 된다면 예배가 그리스도인들과 그들을 둘러싸고 있는 문화에 보다 효과적으로 접근할 수 있게 될 것이다.

현대 신학은 그 초점을 상실했다. 켁은 이것에 대한 4가지 이유를 요약해 주는데, 그 첫 번째는 "신학이 인간학이 되었다"는 점이다. 언어의 부적절성은 우리가 "하나님에 관한 불가지론자"가 되어야 한다는 사실 - 하나님에 관한 우리의 언어가 "아무도 그 정확성을 테스트할 수 없기 때문에 그것을 말씀하신 그 실재(the Reality)를 묘사하는지의 여부를 알 수 있는 방법이 없다"는 사실 - 을 많은 신학자들에게 확신시

---

[43] Dorothy L. Sayers, *The Whimsical Christian* (Grand Rapids: William B. Eerdmans, 1969), 다음의 제목으로 실린 글에서 인용하였다. "There's Nothing Dull about Dogma," *Discipleship Journal*, 80 (March/April 1994): 66.

켜 주었고 결과적으로 설교자들은 확신하게 되었다.[44]

우리는 켁이 요약한 전체 과정 – 경험주의의 승리로부터 시작하여 칸트, 사회경제적 사상에 의거하여 지배의 패턴과 연결되는 것들의 거부, 그리고 현대의 해체주의까지(48~51) – 을 추적할 필요는 없다. 그러나 그의 결론은 매우 중요하다. 그는 경험적으로 입증할 수 있는 방식을 따라 하나님에 관한 어떤 것도 증명할 수 없는 무능력을 슬퍼할 이유는 없다고 주장한다. 왜냐하면 우리가 입증할 수 있었던 신은

> 창조자 하나님이 아니라 호기심이었기 때문이다. 더욱이 우리가 말하는 하나님이라는 실재(the God-Reality)는 정확하게 말하면 우리의 언어와 상관되는 것임을 보여줄 수 있다면 그것에 대한 우리의 관계는 더 이상 믿음의 관계가 아니라 지식의 관계가 될 것이며 우리는 영지주의자가 될 것이다. 분명하게 믿음은 우리가 아는 것을 믿는 것이 아니다. 그러나 논증할 수 있는 것을 넘어서 신뢰하는 것이 믿음이다. 그것은 비록 서술적 정확성이 없음에도 불구하고 하나님의 속성이 아닌 것을 말하기 위해 '영원한'(immortal), '보이지 않는'(invisible)과 같은 '부정적 표현을 통해'(via negativa) 의존하게 된다면 우리의 언어가 하나님에 관해 정확하게 설명할 수 있다는 믿음을 필요로 한다(49).

여성주의에 응답하면서 어떤 신학자들은 "하나님에 대해 말로 표현할 수 없음(ineffability)과 이름을 붙일 수 없음에서 피난처를 발견한

---

[44] Keck, *The Church Confident*, 47~48.

다." 하나님의 본질을 우리는 알 수 없다는 원리에 기초하여 그들은 그런 이유로 성나게 하는 하나님에 대한 이름을 사용하기를 피할 수 있다.[45] 그러한 책략에 반대하면서 켁은 "그것도 (내가 해 온 것처럼) 특별히 교회 안에서 여성과 남성의 진정한 특성의 목표를 확인하는 하나의 일이다. 다른 측면에서 보면 우리가 '하나님'(God)이라고 부르는 실재(Reality)라는 단어에 너무 고착되어 있게 되면 오히려 그 스스로 존재하시는 그 실재의 자유와 고결함을 훼손할 수도 있다"(51). 켁은 "결함이 없는 용어를 사용하려는 요구 배후에 언어의 기술과학적 관점이 숨어 있을 수 있다"는 점을 인식한다. 반대로 설교에서 우리는 전혀 다른 실재, 즉 하나님의 실재를 다루고 있는데 그분은 "우리가 절대화하면서 그 안에 안주하려는 것을 동시에 깨뜨리면서 우리의 언어를 통해" 자신을 드러내시는 분이다(54).

그것의 진정한 의미를 우리가 기억하는 한 하나님에 대한 우리의 언어가 적절하지 못하다는 것에 대해서 두려움을 가질 필요는 없다. 그 진리를 축소시켜 인간이 이해할 수 있도록 제시한, 하나님의 말씀 가운데 드러난 하나님의 진리로부터 우리의 언어가 돌아서는 것은 우리가 피해야만 하는 요소이다. 신학적 언어들 중에 그렇게 약화시킨 예는 아주 많이 있다. 종종 우리는 그 진리에 직면하기를 원치 않기 때문에 말씀을 변경시키는 경우도 있다. 예를 들어, 우리의 절망적으로 지독한 죄성에 대한 언어를 보다 마음에 들게 만들기 위해 그것을 변경시킬 때가 있다. 그리스도가 없이는 분명히 죄를 지은 우리의 본성은

---

45 Catherine Mowry LaCugna, "Freeing the Christian Imagination," *Dialog*, 33, no. 3 (Summer 1994): 192을 참고하라.

하나님께서 싫어하신다는 신학적 고백이 우리의 죄를 조금 덜 역겹고 불편하게 바꾼다는 것을 알고 있다.

윌 호이트(Will Hoyt)는 "내가 죽음의 위험에 처해 있다"(그는 이것을 "영웅적" 진술이라고 부른다)와 "나는 날마다 죽는다"(이것은 신앙고백적이다)라는 문장 사이의 차이를 지적한다. 후자는 사도 바울의 논리이며, 전적으로 다른 종말론을 담고 있다. 이 주장은 죽음에 대한 진정한 위험은 없지만 죽는 것에 대한 그의 무능력을 명확하게 하고 있다. 첫 번째 문장은 우리로 그것을 조정할 수 있게 만들어 준다. 두 번째는 내가 조정하는 것을 포기하도록 초청하며 "하나님께 우리 자신을 위탁하도록 만든다."46 아마도 "무기력해짐"에 대한 비난은 여기에서 너무 강하다. 그러나 우리는 왜 종종 특별한 세트의 말씀이 전해 주는 신학적 진리를 바로 이해할 수 있도록 사람들을 교육하는 대신에 하나님과 하나님의 말씀을 우리 수준에 묶어 놓으려고 하는지에 대해서 물어야만 한다.

우리가 신학적 논의(theological discussion)보다는 '나눔'(sharing)이라고 부르는 것에 착수할 때 신학을 인간학으로 축소시키게 된다. 나눔의 시간을 갖는 성경공부반에서 누구나의 의견은 동일하게 정당하다. 그리고 모든 그룹의 참여자들은 동일하게 지지를 받아야 한다. 무엇이 진리인지를 아주 겸손하게 물어야 하며, 그렇게 하면서 결과적으로 우리는 진정한 신학적 성장을 위한 가능성을 제거해 버리게 된다. 그것이 기본적인 가정에 받아들일 수 없는 것이라면 우리는 신학적 기초(foundations)를 가르칠 수가 없게 된다. 이와 같이 설교도 종종 약화

---

46 Will Hoyt, "On the Difference between a Hero and an Apostle," *New Oxford Review*, 61, no. 3 (April 1994): 23~24.

될 수 있는데 인간의 진보에 대한 논의와 같이 우리의 애완용 동물에 대한 주제에 대해서도 그것이 오용되지 않을 정도로 하나님의 말씀을 사용하면서 말씀을 약화시킨다.

데이빗 웰즈는 200편의 설교를 연구한 자료를 바탕으로 성경적, 신학적 내용에서 인간학적 내용으로 설교가 옮겨가고 있다는 결과를 상세하게 기록한다. 1981년부터 1991년까지 그 절반은 *Pulpit Digest*에, 나머지 절반은 *Preaching* 잡지에 실려 있다. 그는 설교 내용과 그 구조가 성경구절에 의해서 결정되는 것은 오직 24.5%밖에 되지 않았다고 결론을 맺는다. 그가 분석한 그 모델 설교들 중에서 명시적으로 성경적 설교인 것은 반도 되지 않았다. 많은 것은 기독교 설교라고 분명하게 말하기도 어려운 것도 많이 있었다. 오직 19.5%만이 "어떤 형태로든지 간에 하나님의 본질, 속성, 뜻 … 등에 바탕을 두거나 관련을 가지고 있었다. 설교의 압도적인 비율은 –80% 이상이 – 인간 중심의 설교였다."[47]

켁이 제시한 현대 신학에서 일어나고 있는 전환의 두 번째는 "복음이 율법이 되고 있다"는 점이다(55). 설교자들이 문화적 나르시시즘이 지배력을 가지고 그들의 설교를 자기자신의 도움을 구하는 형식(self-help formulas)으로 전환하도록 허용한다면 우리를 위하여 허락하시는 그리스도의 자유롭게 역사하시는 권능은 단지 예화가 될 뿐이다. 켁은 다음과 같이 주장한다.

자명한 일로서 예화는 계시가 아니다. 그것은 우리가 이미 알고 있는 것에

---

47 Wells, *No Place for Truth*, 251~52.

대한 생생한 예일 뿐이다. 그것은 하나님, 세계, 죄, 선, 혹은 권세에 대해 새롭고 결정적인 것은 아무것도 드러내지 못한다. 예수님의 죽음은 잊을 수 없도록 인간의 죄성의 깊이를 드러낸다. 그러나 그 죽음이 우리를 위한 하나님의 행위가 아니라면 단지 죄를 잘 이해하는 것은 우리에게 보다 명확한 진단을 제공할 수 있겠지만 죄의 치유는 줄 수 없다(55~56).

예수님 안에서 용서와 새 생명에 대한 복음이 율법, 혹은 우리 자신이 스스로 준비해야만 얻을 수 있는 구원으로 바뀔 때 설교는 도덕주의로 바뀌게 된다. 그리스도께서 우리 안에 거하시고 성령님께서 우리를 변화시키시기 때문에 다르게 삶을 살아야 할 자유를 제공하는 대신에 그러한 설교는 자기 증진을 위해 노력으로 이루어가는 삶을 살 것을 강권하게 된다.

그러한 설교는 그들의 청중에게 번거로운 짐을 올려 놓게 될 뿐만 아니라 시장에서 자기 도움 매뉴얼의 과잉과 별로 다르지 않기 때문에 그것은 역시 지루한 것이 된다. 리차드 리셔가 주장한 대로 "신학으로 인정되고 있는 실로 많은 것이 복음으로부터 그것의 생명력을 뽑아내지 않는다. 그러므로 생명을 변화시키고 교회를 가르치고 인도하는 데 힘을 상실했다."[48]

켁은 신학은 이해를 추구하는 믿음이라는 캔터베리의 격언에 대해 안셀름이 거꾸로 뒤집기(reversal)한 내용을 통해 세 번째 신학적 변화를 묘사한다. 이 '믿음과 이해에 대한 반전'은 "오늘날의 신학이 사회

---

[48] Lischer, *A Theology of Preaching*, 16.

적 변화라는 의제에 먼저 몰두해 있으면서 그것에 의해 추진되고 조정을 받고 있기"때문에 제기된 것이다. 믿음을 이해하기 위해 신학적으로 생각하는 대신에 이미 "기독교 신앙이 이론과 사회에서 인간의 삶을 분석하고 설명하는 그 방법론에 기초하여 그러한 몰두함에 어떤 범위에서 적합하며 협력적인지를 먼저 묻는다."

스티브 뮐레트(Steve Mullet)의 경구는 이러한 생각의 방식을 보다 분명하게 무너뜨리고 있다. "교회의 신학이 상류로 수영해 가려는 비전을 붙잡을 때 - 그 교회의 일원 대부분은 하류에 요트를 띄우고 표류하고 있다 - 줄 수 있는 무엇인가를 갖게 된다. [일반적으로] 그때 팔아넘기는 것은 그들이 타고 있는 요트가 아니라 신학이다."[49]

믿음을 빛나게 할 자원을 발견하려고 하는 대신에,

> 이제 임무는 믿음 그 자체보다는 논리적으로 먼저이고 정치적으로 보다 긴급히 타협할 수 없는 의제에 믿음이 어떻게 공헌을 하는지를 규명하는 것이다. 복음과 그것을 지지하는 신학적 구조에 충실하면서 나의 몰입은 어디에 주어져야 하는가를 묻는 대신에 현대의 신학은 내가 거기에 먼저 몰입하면서 나는 여전히 복음을 믿을 수 있으며 그것과 함께 가는 신학에 공헌할 수 있는가를 묻고 있다. 세상을 읽는 방식으로 기독교의 전통을 발견하는 대신에 안셀름의 이 반전으로 하여금 세상 안에서 어떤 종류의 신앙은 아직도 가능하다는 희망 안에서 기독교 전통을 읽는 방식을 발견하려는 현대 신학을 이끌어간다. 성경이 한때는 실재가 인지

---

49 Steve Mullet, "Quick Quote," *Current Thoughts and Trends*, 10, no. 3 (March 1994): 20.

될 수 있게 렌즈를 제공한 반면에 지금은 실재에 대한 관점은 성경을 읽음을 통해서 가능한 렌즈라는 한스 프라이의 관찰 결과를 우리는 기억한다.[50] 여기에 나는 한 가지를 더 추가하고 싶은데 평가하기를 원함을 발견할 수 있게도 해 준다(Keck, 57).

켁은 우리는 이제 더 이상 "기독교 신앙과 반대되는 것으로 간주되는 가정과 주장과 싸울 필요가 없으며 기독교 유산 자체와 싸워야 한다"고 결론을 내린다(58). 마음속에 즉각적으로 떠오르는 이것에 대한 예로 1993년에 미국 복음적 루터교(ELCA)의 동성애자의 연합에 대한 새로운 주장을 담은 인간의 성적 관심(sexuality)에 대한 초고 문서의 발행과 함께 일어난 열정적인 유행을 들 수 있을 것 같다. 이성간의 결혼 구조 안에서 성적 행위에 대한 교회의 수용(최근까지)을 기초로 한 이 문서에 대해 항의하는 사람들은 즉각적으로 동성애 혐오라고 딱지를 붙였다. 매서운 논쟁이 있고 난 후 거의 일 년 후에 그 문서를 준비했던 태스크포스 팀 가운데 한 명이 공적인 세팅에서 성적 행위에 대한 연구를 추진하는 데 있어 정말 필요한 것(real impetus)은 독신이 아닌 동성애자의 "안수 문제이다"라는 점을 부각시켰다. 이러한 발표가 보고된 다음에 한 신학교 교수인 마크 콜덴(Marc Kolden)이 "연구과정이 시작되기도 전에 결론은 이미 나 있다면 그 과정 자체는 가짜다"라고 비난했다.[51]

---

50 Hans Frei, *The Eclipse of Biblical Narrative: A Study in Enlightenment and Nineteenth-Century Hermeneutics* (New York: Yale University Press, 1974).

51 Marc Kolden, "Homosexual Ordination: The Real Issue?" *Dialog*, 33, no. 3 (Summer 1994):

그것은 설교에서도 마찬가지이다. 정치적, 혹은 다른 이념적 의제가 연구 프로세스의 결과를 이미 결정해 버린다면 그 과정은 그것을 발견하는 대신에 생명을 억압하는 것이 된다 - 그리고 설교는 복음을 말하지 못하게 될 것이다.

교회는 그 역사를 통해 다른 관념과 영성에 사로잡히도록 계속해서 유혹을 받아왔다. 골로새서 2장 8절은 그리스도인들에게 다음과 같이 경고한다. "누가 철학과 헛된 속임수로 너희를 사로잡을까 주의하라 이것은 사람의 전통과 세상의 초등학문을 따름이요 그리스도를 따름이 아니니라." 설교에서 이슈가 되고 있는 신학적 사고는 우리에게 전달된 믿음을 신선하게 이해하려는 노력이다. 설교 준비는 새로운 것에 대한 과정이 아니라 깊은 - 그리고 새롭게 통찰력이 있는 - 신실함을 위한 과정이다. 그것은 초대교회가 가졌던 태도를 공유하는 것이다.

> 초대교회 안에서는 그의 독특한 경험이 전통을 수립하도록 권한이 주어진 그 증인들을 충실하게 지지하는 것(adherence)이 최고로 중요했다. 그들은 전체 구원의 드라마에 권위 있는 증인들이었기 때문에 그들이 말한 것이 바로 진리였다. 그것은 토론을 위한 새로운 철학이 아니라 우리가 받아들여야만 할 가르침이었다.[52]

우리가 받은 이 가르침은 생명을 준다. 그것은 말씀이 우리 가운데

163~64.

52 Bernard D. Green, "Catholicism Confronts New Age Syncretism," *New Oxford Review*, 61, no. 3 (April 1994): 21.

거하시는 그리스도 자신이기 때문이다. 설교자들은 청중에게 하나님과의 만남을 제공하는 특권을 가지고 있다.

켁이 공교하게 묘사하고 있는 네 번째 신학적 변혁은 "의심의 해석학을 넘어서 소외의 해석학으로의 움직임"이다. 전자는 "원리의 문제로 간주하면서 정보의 확실성이 평가되기까지는 신빙성은 일단 보류하고" 무엇을 조사하는 기자와 같다. 그것의 목표는 진리를 발견하는 것이다(59). 그것은 편견이 없는 관찰자에게 신빙성의 정도를 세우기 위해 전통을 시험한다. 다른 한편으로 소외의 해석학에서 "헌신된 그리스도인들이 스스로 전통으로부터 멀리할 수 있기 위하여 전통은 비난을 받는다." 주로 이러한 비난은 정치적 의제로부터 온다. "그것이 사실인가?" 신학이 제기하는 탁월한 질문을 묻는 대신에 소외의 해석학은 "누구에게 도움이 되는가?"라는 질문으로 이끌어간다(60).

켁이 확인한 바로는 이 해석학으로부터 주어지는 결과 두 가지는 여기에서 우리가 제시하려고 하는 목적에 중요하다. 첫 번째는 "거의 모든 아이디어는 그것을 주장하는 사람들이 가난한 사람들, 힘없는 사람들, 억압당하는 사람들과 동일시하면서 움직인다면 오늘날 신빙성을 얻고 있다"는 것이다(61). 이 장을 시작하면서 언급했던 설교학 책과 내가 동의하지 않는 것은 바로 여기에서 유래한다. 그 설교문들은 죄책감을 다양한 '주의'(isms) 안에서 우리가 연루되어 있는 것으로 이끌어간다. 그리고 잘못된 동정심을 지지하면서 성경적 뉘앙스를 거부하는 자세를 주장하였다.

설교에 대한 우리의 관심과 관련하여 다른 결과는 "소외에 이끌려가는 신학(alienation-driven theology)의 목표가 전통에 대한 분명한 이해

안에 기초하는 독립적인 사고를 위한 능력을 개발하지 않는 데 두지 않고 능력 부여에 둔다는 점이다. 권력을 유지하려고 하든, 그것을 새로 얻으려고 하는 것이든 권력이 목표가 될 때 진리에 대한 탐구는 조기에 어려움을 입게 된다"(62). 정치화는 "이슈에 대한 편견 없는 고찰"을 방해한다. 이 책에서 앞서 검토했던 예는 성경이 가부장적 시대의 산물이라는 가정이 많은 부분에서 사용되고 있음을 살펴보았다. 가부장제가 압제적이라고 이미 밝혀졌지만 그렇게 확신하는 사람들은 성경이 당시의 가부장제를 반대하고 극복하고 있는 모든 방식은 볼 수가 없게 된다.

믿음의 언어

이러한 소외의 해석학 대신에 현대교회는 켁이 "긍정의 해석학"(hermeneutic of affirmation)이라고 부르는 그것이 필요하다. 켁은 그러한 해석학이 "예배 가운데 하나님 찬양을 회복하는 것만큼이나 갱신을 위해 중요한" 것이라고 주장한다. 켁이 그것을 구상한 대로, 이 해석학은 의심의 해석학과 파트너십 – 종종 연속성을 가지고, 어느 때는 변증법적으로 – 을 이루며 작용한다. 그것은 과거에 대해 질문을 던지며 그것의 잘못을 지적한다. 그러나 동일하게 고전적인 기독교 전통으로부터 배우려고 하고 전통에 의거하여 그것의 임무를 이해하려고 한다. 이러한 자세와 경향을 통하여 (이론, 혹은 절차보다는) "긍정의 해석학은 약점에도 불구하고 우리가 가지고 있는 믿음이 어떤 것인지를 공급해 주는 전통에 고집스럽게, 그러나 아파하면서 충실하려고 한다"(64).

이러한 자세를 채택하는 것은 기독교 공동체의 본질을 선명하게 이해하는 것이다. 우리는 이 공동체가 그 자체의 신실성과 함께 몸부림쳐 왔다는 것을 알고 있다. 그러나 그 공동체는 성령님의 능력으로 예수 그리스도 안에 성육신하신 이스라엘의 하나님의 계시를 전달한다는 사실을 인식하고 있다. 우리가 설교할 때 우리는 하나님의 백성들의 실패도 인식한다. 그들의 실패에도 불구하고 역사하시는 하나님의 사랑과 은혜를 더욱 찬양하게 된다는 사실을 깨닫게 된다. 사실 계속되는 우리의 실패는 우리가 전달하는 믿음이 진리라는 사실 - 왜냐하면 그 사실은 우리 자신 밖으로부터 구주가 필요하며, 우리는 우리 자신의 자조(自助)과정을 통해 우리 자신을 고칠 수 있는 능력이 없다는 사실을 입증해 준다 - 이 분명해진다. 긍정의 해석학은 우리에게 믿음의 언어 - 우리 자신의 죄를 알고, 보다 더 중요한 사실은 우리 하나님을 알게 해 주는 - 를 가져다 준다.

설교는 믿음의 언어를 사용하기 위하여, 그러나 정치적 의제의 이데올로기적 언어 안으로 들어가지 않고서는 사람들에게 다가갈 수 없는 방식 안에서 신중한 변증법적 균형을 요구한다. 조지 린드벡(George Lindbeck)과 게일 오데이(Gail O'Day)는 린더 켁의 주장을 따라 "다시 우리 자신의 언어의 유능한 화자가 되는 것 때문에 변증법적 구조 가운데서 첫 번째 이슈를 강하게 주장한다. 린드벡은 "공동체 자신의 믿음의 언어를 배우고 다시 배우는 것은 교회의 근본적인 도전이라고 믿는다." 세상의 언어와 범부를 통하여 복음의 이야기를 계속해서 해석하는 것 대신에 교회는 복음의 언어와 범주를 통해 세상을 해석해 가야만 한다." 게일 오데이는 성경은 "설교를 위한 주제와 관련한 명제의 본질 이상의 것을 제공한다"고 부언한다. 성경은 또한 "설교의 결정적이고 형체를 이루는 언어"를 부여한다. 이러한 병행구를 통해 그가 의미하는 것은 본인이 여기에서 계속해서 강조해 온 품성의 육성에 대한 것이다.

단순히 성경의 언어들이 그의 설교에 양념을 치도록 해야 한다는 말이 아니라 설교자는 성경의 전체 언어 세계를 포용해야 한다는 뜻이다. 즉, 신실한 설교는 믿음과 전통의 언어에 의해 형성되며, 그렇게 하여 우리를 위해 성경에 의거하여 그 실재(reality)를 재묘사하게 된다. 복음을 설교하기 위하여 우리는 믿음의 최초의 언어를 알아야 하고 그것에 의해 형성되어야 한다.[53]

선교지에서 섬기는 사람이나 언어학/번역 일을 하고 있는 사람(그리고 마틴 루터!)은 변증법의 다른 쪽 – 사람들의 일상의 언어로 설교를 해야 한다는 요구 – 을 보여준다. 유진 니다(Eugene Nida)가 수립한 언어학적 과정으로부터 래민 샌네(Lamin Sanneh)는 사람들의 문화, 역사, 언어, 종교, 경제, 인류학, 그리고 물리적 환경을 조사해야 하는 배경 연구를 포함하는 번역의 인식(ideas)을 확장시킨다.[54]

비록 설교자가 회중석에 앉아 있는 사람들과 동일한 언어권에서 살고 있지만 설교는 동일한 배경 연구를 요구한다. 그들이 섬기고 있는 사람들과 공동체의 일원으로서 설교자는 특별한 사람들의 그룹의 역사와 그들의 경제와 환경적 관심사, 그들의 문화적 관심사, 그리고 그들이 붙들고 있는 거짓 신들까지 배운다. 성경의 언어는 설교의 내용을

---

53 O'Day, "Toward a Biblical Theology of Preaching," 18.
54 Lamin Sanneh, *Translating the Message* (Maryknoll, NY: Orbis, 1989), 192.

제공한다. 그러나 이러한 요소들의 배경은 긍휼의 마음을 제공하며, 어떻게 적용할 수 있을지에 대해 지침을 제공하며, 우리가 발견해야 할 진정한 필요 배후에 놓여 있는 '느끼는' 필요('felt' needs)를 드러내 준다.

성경의 텍스트에 대한 그들의 번역이 반드시 놓여야 할 상황을 번역자가 인식해야 함과 같이 설교자들도 독립적인 텍스트가 아니라 공동체 안에 있는 텍스트를 제시하여야 한다. 물론 그 과정에서 텍스트는 공동체를 전복시키는 것이 될 것이며 공동체의 진위가 모호한 주장이나 맹목적 숭배를 좌절시키게 될 것이다.

윌리엄 다이니스(William Dyrness)는 *How Does America Hear the Gospel?*(미국은 복음을 어떻게 듣고 있는가?)라는 책에서 그 진행과정을 도표로 나타낸다. 믿음의 발전은 모든 백성이 함께 공유하는 노력(stress)과 희망과 함께 하나님의 공통의 은혜 아래서만 시작할 수 있다. 그것은 복음의 특별한 은혜로 그것들을 넘어 움직일 수 있도록 "초월의 상징"에 의해 자극을 받게 된다. 궁극적으로 목표는 성령님의 변화시키는 권능에 의해 믿음이 복종과 예언자적 훈육(prophetic discipline) 가운데로 성숙해 가는 것이다.[55] 설교자들은 상호적인 인간의 정체성(mutual human identity)의 측면에서 그들의 청중과 함께하는 공동의 토대를 세워야만 한다. 그러나 그때 그들의 독특한 역할은 그 청중을 하나님의 보좌 앞으로 데리고 가는 것이다.

공동체는 해석학적 열쇠이다. 그것은 믿음의 독특한 대화(distinctive

---

55 William A. Dyrness, *How Does America Hear the Gospel?* (Grand Rapids: William B. Eerdman, 1989), 23. 역시 143~53쪽에 나오는 "A Theological and Evangelistic Method for Americans"도 참고하라.

talk)에 의해 형성되며, 그리고 여전히 그의 백성들과의 관련성 속에서 그 대화를 사용한다. 설교자는 계속적으로 특별한 텍스트가, 그리고 그것의 한 부분인 복음이 세상에서 구원과 정의라는 하나님의 목적에 헌신하며 능동적으로 그것들을 추구하는 하나님의 백성이 될 수 있도록 어떻게 회중을 형성할 것인지를 물어야 한다.

더욱이 설교는 하나님이 주체가 되시는 공동체의 전체 예배의 한 복판에서 그 자리를 발견하게 된다. 리차드 리셔가 우리를 상기시키는 것처럼 "하나님의 스토리를 상술(詳述)하는 것 – '영광송'(Gloria in excelsis)에서 천사들이 노래했던 것으로부터 '삼성송'(Sanctus) 가운데서 천군천사들이 올려드렸던 놀라운 영창까지 – 을 제외하고 예전이 케리그마적 해석과 함께 사람들의 가슴에 울림을 주는 것이 무엇이 있겠는가?" 설교는 이러한 예배 환경 속에서 "살아 있고, 움직이며, 그 존재의 의미를 갖게 된다." "설교가 예전적 요소를 경시할 때 그것은 많은 개신교인들에게 익숙한 개인주의가 되고, 대가의 특유한 연출이 되고, 그렇게 될 때 그것 자체와 교회는 쇠퇴하게 된다."[56]

월터 브루그만은 우리를 다음과 같이 상기시키면서 여기에서 살펴보고 있는 변증법적 요소들을 함께 모아들인다. "우리의 주요한 커뮤니케이션이 실용주의적 테크놀로지 모드와 관리되고 순응시키는 가치 가운데서 행해진다면 우리가 희망하는 공동체가 우리는 될 수 없을 것이다." 우리는 "말하는 다른 방법", 즉 우리가 표현하기 위해 몸부림치는 진리를 축소시키지 않는 "강화의 대안적 영역"(alternative universe of

---

56 Richard Lischer, *A Theology of Preaching: The Dynamics of the Gospel*, 43.

discourse)을 알고 있다. 그의 자극하는 도전을 들어보라.

설교의 임무이며 가능성은 대안적인 스피치의 방식으로 복음의 복된 소식을 활짝 펼쳐 보이는 것이다. 그러한 스피치는 극적이고 예술적이며 사람들을 또 다른 대화의 세계로 초대하고 테크닉의 전제(reason)로부터 자유로우며, 점점 추상적이 되어가는 존재론의 방해를 받지 않으며, 구체적 실재(concreteness) 앞에서 당황해하지 않는다. 그러나 그러한 스피치를 편하게 듣고 있을 때 우리의 상상력은 공격을 당하면서 우리 대부분이 갇혀 있던 억측의 세계를 밀어내게 된다. 격하된 스피치(reduced speech)는 격하된 삶으로 나아가게 만든다. 주일 아침은 세상의 흐름과 반대되는 언어(counter language)를 통해 세상과 반대되는 삶(counter life)을 실천하는 자리이다. 주일 아침, 혹은 그러한 독특한 스피치를 통해 동참할 때마다 교회는 세상에 상상력이 넘치는 스피치를 제공하기 위한 우리 사회에 남아 있는 마지막 보루가 될 수 있을 것이다. 그러한 상상력이 넘치는 스피치는 사람들에게 믿음의 새로운 세계로 들어가도록 만들어 주며, 기쁨이 넘치고 주님께 순종하는 삶에 참여할 수 있도록 만들어 줄 것이다.[57]

기쁨이 없고, 새로운 발견이 없으며, 생명력이 없는 아주 많은 설교를 들어왔다. 그것은 목회자들이 들떠 있고, 겉모양이 번지르르하며, 열광적이어야 하고, 재미있게 설교를 해야 한다는 의미가 아니다. 그러나

---

57 Brueggemann, *Finally Comes the Poet*, 2~3.

나는 단순히 그리스도 안에서 새로운 피조물이 되었다는 사실을 말하면서 희망이 넘치는 기쁨이 없이 말을 한다는 것은 상상을 할 수가 없는데, 다양한 인간성(personalities)에 의해서 겉으로 나타나는 것이다.

나에게 있어 설교는 나의 결혼 이후에 나의 삶이 어떻게 변화되었는지에 대해 말하는 것과 많은 부분이 같아 보인다. 내가 마이어런(Myron)과 결혼했을 때 나는 전혀 다른 세계로 들어가게 되었다. 그것은 아름다움, 고결함, 용서, 단언, 안정감을 주는 세계였다. 논문들과 책들이 산더미처럼 쌓여 있던 어질러진 나의 책상과 대조적으로 마이어런은 다양한 색깔의 꽃들로 정원과 집을 채웠다. 그는 그의 믿음의 가치 – 지구를 돌보고 교실에서 만나는 아이들을 친절과 사랑의 마음으로 돌보는 – 를 따라서 살았다. 나의 좋지 않은 습관과 집착하는 강박충동, 그리고 나의 분명한 죄성에도 불구하고 그의 관대함은 늘 즉각적으로 주어졌다. 그는 나의 집필 프로젝트를 지원해 주었고, 나의 가르치는 일을 늘 축복해 주었다. 내가 말한 약속을 지키지 않고 있을 때마다 전화기 저쪽 편에서 그의 목소리는 늘 내게 기쁨을 주었고, 내가 사랑받고 있다는 것을 확신시켜 주었다. 감정적인 깨어짐과 신체적인 울부짖음 안에서 마이어런은 그가 늘 내 곁에 있다고 내게 일깨워 주었다. 큰 기쁨이 없던 내가 그와 함께했던 새로운 삶과 그에 대해서 어떻게 다 말할 수 있을까?

믿음의 공동체에 이것이 병행을 이루는 것은 아마도 분명해 보인다. 우리가 그리스도 안에서 믿음을 갖게 되었을 때 우리는 새로운 세계로 들어가게 된다. 하나님의 창조세계와 하나님의 은혜의 거대한 선물의 아름다움과 경이감에 새롭게 눈을 뜨게 된다. 우리는 예수 그리스도의 성품 가운데 온전히, 그리고 성경이 묘사하고 있는 덕 가운데서 신실하게 살기 위해 공동체 안에 들어왔다. 우리는 하나님의 용서와 예수 그리스도 안에서 하나님의 전적인 용납하심을 전달한다. 세상의 거대한 고통에 직면하여 우리는 하나님께서 그의 정의와 소망을 이루어 가시기 위해 일하신다는 사실을 알고 있으며, 우리가 그분의 뜻을 구할 때 하나님께서 우리와 함께 계신다는 사실을 알고 있다. 우리가 은혜와 그분의 사랑받는 존재가 되었다는 경이감, 세상의 필요를 돌보겠다는 큰 바람의 열정에 압도되는 진정한 전율이 없이 어떻게 이 하나님과 이 새로운 창조에 대해, 그리고 이 공동체 안에서의 이러한 삶에 대해 설교할 수 있을까?

그 자체로 의미를 찾을 수 없어 싫증이 나 있고, 세상의 정치와 경제에 의해 두려움을 가지고 있으며, 뿌리를 암중모색하고 있는 사회에서 설교는 목적, 희망, 안정감을 부여할 수 있는 위대한 선물이다. 설교는 하나님의 복된 소식을 전하고 그분의 희락을 묘사하며, 우리가 발견할 수 있는 최고의 이미지, 메타포, 본보기 등으로 그분을 예배하는 특권이 된다. 켁은 "강력한 종교적 언어는 극적이고 정교한 언어(language-bending)의 메타포를 생성한다"(52)고 주장하면서 신실한 설교의 본질에 천착한다. 설교에 있어서 우리가 말하는 것은 적절해 보이지 않지만 그것은 사실이다.

월터 브루그만의 이미지를 빌려 말하면 설교하는 것은 시인이 되는 것이다. "마비와 아픔, 소외와 격정, 들떠 있음과 탐욕, 순응과 자율성"의 상황에서 설교자들은 "이미 믿고 있지만 그럼에도 불구하고 이해가 다 되지 않고 수용하지 않으며 신뢰하지 않고 그대로 살지 못하는 것을 감히 말하는 것이다." 기독교 공동체는 복음이 치유, 소망, 그리고 자유를 가져다 준다고 믿는다. 그러나 이러한 보배는 종종 이해가 되지 않을 때가 있다. 그런 부조화한 가운데서 설교자는 "그것에 대한 열망과 깊은 두려움을 가지고 대안에 대해 말로 나타내야만 한다." 그들은 "예민한, 폭행하는 것이 아니라 놀라게 하는 소리, 예언하는 것이 아니고 그 대담함 가운데서 신실한" 언어를 사용한다. 브루그만은 다음과 같이 결말을 짓는다.

시(poem)에 대항하는 그럴듯한 가능성(odds)과 그 임무의 놀라운 도전에도 불구하고, 그 가능성과 도전 때문에 설교자는 말씀을 전해야 한다. 복음의 약속이 있고, 변화시키는 말씀을 소망하고 갈망하면서 우리의 삶은 균형을 유지하면서 기다린다. 결국 우리가 가진 것은 복음의 말씀이 전부이다. 그러나 공권력이 가지는 잔인함에 대면하면서, 그리고 사람들 가운데 깊은 상처로 인해 울고 있는 숨겨져 있는 그런 모습을 보면서 이러한 복음의 기이한 스피치가 결정적으로 중요하다는 사실을 우리를 둘러싸고 있는 많은 증거와 징후를 통해 발견하게 된다. 우리는 오직 말씀만을 가지고 있으며 그 말씀이 역사할 것이다. 시가 제국을 흔들어 놓고, 치유하고 변화시키고 구제하고, 또 시가 밤에 도둑처럼 들어와 다른 어느 곳이 아닌 하나님의 말씀으로부터 온 새롭고 신선한 생명을 제공하는 것이 사실이기 때문에 말씀이면 충분하다.

성경본문을 침묵하게 만들고, 이 위험한 스피치의 창고를 닫아 버림으로 잠잠하게 만들며, 대안적 가능성을 선포하는 기이한 실행(outrageous practice)을 중단시키려는 수많은 압력이 존재한다. 그러나 시는 그러한 침묵을 거부한다. 시는 외칠 것이며 산문체의 언어를 뛰어넘어서 위험을 무릅쓰고 외치는 설교자들을 통하여 그 외침을 널리 들려지게 할 것이다. 그러한 모험의 행위를 통해 능력은 나타나게 되며, 새롭게 함이 나타나게 된다. 그때 하나님께서는 찬양을 받으신다.[58]

어린이를 위한 설교[59]

어린이를 위한 설교는 설교학에 있어서 특별한 범주이다. 그러나 동일한 목표 - 하나님을 주체로 모시며, 어린이의 품성을 형성하고, 공동체를 육성하는 것 - 가 적용된다. 그러나 어린이 설교가 안고 있는 주요 문제점은 아이들을 복음으로 초청하는 대신에 율법적인 내용으로 아이들에게 말씀을 전한다는 것인데, 하나님께서 무엇을 하셨고 지금 무엇을 행하고 계신지보다는 그들이 무엇을 해야 할 것인지에 초점을 맞춘 율법적인 내용이 주를 이루고 있다는 점이다. 설교자들은 그리스도 안에서 새로운 생명이 가지는 자유 대신에 도덕주의를 제시한다.

예를 들면, 목회자가 재판관에게 찾아가 그가 그의 요청을 받아들여 주기까지 계속해서 간청하였던 여인의 비유인 끈질긴 과부의 스토리(눅 18:1~8)를 설교하였다. 그리고 그 설교자는 이렇게 결론을 맺었다. "그래서 우리도 이 스토리로부터 하나님께서 그의 마음을 바꾸시기까지 계속해서 하나님을 귀찮게 해야만 한다는 사실을 배워야 합니다."

---

58 Brueggemann, *Finally Comes the Poet*, 142~43.
59 역주/ 대부분의 북미교회에서는 주일 공예배는 모든 세대가 함께 예배를 드린다. 장년을 위한 설교 직전에 초등학교 학생 그룹을 강단 앞으로 초청하여 어린이를 위한 설교가 5~7분 정도로 제시된 다음에 성경공부나 활동을 위해 그들의 방으로 장소를 옮겨가게 된다. 본 섹션은 이런 상황 가운데서 기술된 내용이라는 전이해가 필요하다.

물론 목회자는 실제로 그런 말은 하지 않았다. 그러나 비유가 도덕주의로 바뀌었을 때 그런 인상이 전해진다.

　설교자는 장년 설교에서도 성경본문을 정확하게 읽지 않고 설교하기도 하지만 어린이 설교에서 그런 것들이 더 두드러지게 나타나는 것을 본다. 예로 든 본문은 계속해서 그 재판관이 하나님도 두려워하지 않고 사람도 두려워하지 않았다는 사실을 반복적으로 들려준다(2, 4, 6절). 그래서 그 과부는 그에게 간청하느라고 그를 괴롭게 할 수밖에 없었다. 그는 우리가 요청하기도 전에 우리를 돌보시는 우리의 은혜로우신 하나님과 얼마나 놀라운 대조를 이루는가? 이 비유의 전체적인 요점은 우리는 자유롭게 계속해서 하나님께 나아올 수 있다는 것이다 – 우리가 그분의 마음을 변화시켜야 하기 때문이 아니라 우리는 하나님이 그 재판관과 같은 분이 아니시라는 사실을 알기 때문이며, 우리가 그분께 첫 번째 요청하는 것도 들으시는 분이기 때문이다. 예수님께서도 지속적으로 기도할 것을 명령하셨다. 그렇게 해서 우리가 하나님과 하고 싶은 것을 이루기 위해서가 아니라 하나님께서 우리 안에 그분이 원하시는 것을 하시도록 하기 위해서이다. 그것이 바로 비유가 "하물며 하나님께서 그 밤낮 부르짖는 택하신 자들의 원한을 풀어 주지 아니하시겠느냐 그들에게 오래 참으시겠느냐 내가 너희에게 이르노니 속히 그 원한을 풀어 주시리라 그러나 인자가 올 때에 세상에서 믿음을 보겠느냐"는 말씀으로 끝을 맺는 이유이다.

　이 비유는 하나님께서 언제나 우리의 간구를 들으시며, 그분은 불의한 재판관과 같지 않다는 사실을 가르쳐 준다. 예배 가운데 우리의 특별한 윤리적 가르침은 오직 하나님에 대한 그러한 태도로부터 나와야 한다. 그래서 매일의 삶 가운데서 교인들이 하나님의 임재와 은혜를 인식하고 기쁨으로 그분에게 응답하도록 해야 한다.

어린이 설교와 비유는 예배 가운데서 우리가 가르치는 것뿐만 아니라 우리가 어떻게 가르쳐야 하며 어떻게 성경을 읽어야 하는지에 대해서도 예증해 준다. 성경의 내러티브는 그리스도인이 되기 위해 무엇을 해야 한다는 사실을 우리에게 깨우치기 위함이 아니다. 그것은 우리 안에서 일으키시는 성령님의 변화(transformation)를 통해 가능하도록 만드시는 그리스도 안에서 새 생명 가운데 양육될 수 있도록 하기 위해 우리를 죽인다.

어린이 설교는 교회에서 제일 어린 회중을 공동체의 습관 가운데서 통합시키는 기회를 교회에 제공한다. 어린아이들에게 믿음의 진리를 전달하는 성경적 방법은 교리, 찬양, 하나님을 가르치는 것(토라) 등의 방법을 포함한다. 우리는 그들에게 신실한 믿음의 사람들의 이야기를 들려줄 수 있고 그들의 덕을 닮아가려는 열망을 갖도록 격려할 수 있다. 그러나 우리는 주의하여 성경의 인물이나 그리스도인에 대한 설명이 "그와 같이 되어야 한다"는 도덕주의로 바뀌는 것을 유의하면서 그 동기로서 하나님의 은혜에 늘 강조점을 두어야 한다. 좋은 언어에 대한 지침은 '반드시 해야만 한다(must), 하는 것이 당연하다(ought), 하여야 한다(should), 혹은 해야만 한다(have to)' 등의 단어를 사용하는 것을 피해야 한다. (은혜 안에서 반복적으로 싸여 있을 필요가 있는지를 제시하면서도 우리 자신에 대해 이러한 단어를 얼마나 자주 사용하는가!)

어린이 설교는 예배 가운데서 우리가 행하고 있는 것을 왜 해야 하는지 전체 회중을 가르치는 도구가 될 수도 있다. 부록에서 예전적 예배에의 측면에서 몇 달 전 코스에서 제시하였던 메시지 시리즈 요약을 실었다. 안타깝게도 몇 주 동안 강의 약속 때문에 출타를 해야 했기 때문에 그것에 대해 지속적으로 보강할 수 없었다. 이 메시지를 사용하려는 교회가 있다면 묘사된 예전 행위는 주중에 확실하게 하여 분명하게 그것을 실행할 것을 권한다. 예를 들어, 어린이들과 나는 하나님의 거룩한 임재 - 하나님은 전적으로 하나님이시며 그분이 우리를 용서하시고 초대하시지 않으면 우리는 감히 하나님의 존전 앞으로 나아갈 수가 없다 - 앞에서 멈추어 서도록 만들어 주고 그것을 기억하도록 하는 특별한 행동으로 강단에 인사하는 것에 대해 이야기를 했다. 우리는 그날 강단의 성찬 가로대(rail)로 나아가 함께 인사하고 기도로 마무리했다. 어린아이들은 숭배(reverence)의 개념을 진정으로 이해하는 것 같았기 때문에 그 다음 주에 촛불을 밝히기 위해 강단에 올라가기 전에 담당자(acolyte)가 고개를 숙여 절을 하지 않았을 때, 그리고 예배하는 장소가 학교 강당과는 다르다는 사실을 인식하지 못한 것 같았을 때 혼동과 분열이 일어나게 된다. 우리는 다음 장에서 예전적 행동과 예배 장소의 에토스에 대해서 논의를 하게 될 것이다. 그러나 여기에서 우리가 어린이 설교에서 가르치는 것이 무엇이든지 간에 그것을 증강시키는 것의 중요성을 인식해야만 한다. 신실한 예배의 습관 가운데 아이들이 잠겨들 수 있게 해야 할 필요성을 인식하는 것은 우리 자신이 정말 그렇게 행하고 있는지를 물을 수 있도록 강하게 요청한다.

어린이들은 역시 어떻게 성경을 읽어야 하는지를 우리에게 가르쳐 준다. 성경봉독자가 너무 빠르게 읽거나 띄어 읽기 등에 주의를 기울이지 않고서 읽는 경우가 종종 있다. 로마서를 본문으로 한 설교에 대한 논문에서 린더 켁은 "작은 실책도 없이 본문에서는 모든 단어와 어법(phrases)이 똑같은 방식으로 표현되지 않는다. 마치 음악에서 모든 음표와 작은 악절(樂節)에서 똑같은 방식으로 표현하지 않는 것과 마찬가지이다"라고 주장한다. 그는 또한 "속도 혹은 억양의 변화도 없이 로마서를 그냥 빠르게 읽는 것을 듣다 보면 마치 단음 피아노 연주로 모차르트를 듣는 것으로 만족해야 하는 것과 같다"라고 불평을 한다. 수스(Suess) 박사가 "독특한 단어나 표현에 주의를 기울일 것"을 우리에게 가르쳐 주는 것처럼 성경의 본문은 "예상치 못한 표현 가운데서 정교하게 … 복음의 어떤 차원을 전달하도록 만들어 주는" 풍부함을 담고 있다.[60]

설교는 사람들이 텔레비전 화면보다도 언어 가운데 표현된 중요한 의미에 지속된 주의를 기울일 수 있도록 만들어 주는 남아 있는 시간들 중의 하나이듯이, 예배 가운데 성경봉독은 세상에서 최고의 스토리를 큰 소리로 읽을 수 있는 독특한 기회를 제공한다. 우리가 어떻게 그것을 읽느냐는 참으로 중요한 일이다. 이것은 우리를 형성한 이야기들이다.

신학자들의 공동체

설교는 만약 그 목표가 "하나의 직업이 되지 않도록 하는 것"이라면 그것은 결코 연기(performance)가 될 수 없다. 그것은 내가 교회에서 사역을 시작하기 전에 내가 받았던 최고의 충고였다. 설교는 그것이 얼마나 신선한가, 그것이 드러내는 연설 기술이 얼마나 대단한가, 혹은

---

[60] Leander Keck, "Romans in the Pulpit: Form and Formation in Romans 5:1~11," in O'Day and Long, eds., *Listening to the Word*, 79.

그것들이 책으로 출판할 수 있을 만큼 훌륭한가에 의해서 판단되지 않아야만 한다. 궁극적인 평가 기준은 그 설교가 청중으로 하여금 신학자와 활동가 안으로 들어가게 하느냐에 있다. 그것들이 성경본문과 씨름하고 있으며 사람들에게 어떻게 질문해야 하는지를 가르쳐 주는가? 그것이 믿음과 씨름하고 있으며 청중이 승리를 확신할 수 있도록 초청하고 있는가? 그것은 세상의 고통에 대해 몸부림치며 싸우고 있으며, 성도들이 하나님의 정의를 세워갈 수 있도록 도전하는가? 무엇보다도 그것은 우리로 하여금 하나님의 말씀을 들을 수 있도록 하나님의 임재 가운데로 우리 모두를 이끌어가는가?

우리의 설교는 성도들이 신앙을 그들의 삶에 어떻게 적용할 것인가의 아주 단순한 형식을 통해 이단과 우상숭배, 그리고 "민속 종교"에 저항할 수 있도록 그들을 믿음의 근본적인 교리 안에서 육성하는가? 윌리엄 헨드릭스는 왜 사람들이 교회를 떠나는지를 발견하기 위해 사람들을 인터뷰한 후에 목회자들에게 사람들을 신학적으로 가르칠 것을 권고한다. 그렇게 되면 그들은 "기본적으로 맥도날드 식의 교리(McDoctrine) – 현저하게 사람들을 육성하지는 못하고 축적되어 비만이 되게 하는 성경을 보조도구화(proof-texts)와 진부한 표현인 영적인 패스트푸드" – 에 대해 저항할 수 있게 한다.[61]

성도들이 신학자들이 되도록 훈련하는 설교의 목표는 단순한 사소함, 혹은 오락화가 되지 못하도록 설교를 금지하는 것이다. 텔레비전의 교육적인 가치, 혹은 부정적 가치에 대해서 논의하면서 닐 포스트

61　Hendricks, *Exit Interviews*, 284.

만은 사람들은 그들이 배우고 있는 것이 무엇인지에 관심을 가지고 있을 때 가장 잘 배운다는 것에 동의한다. "그 이유는 그 배우는 것이 확고한 감정적 토대 위에 뿌리를 내리고 있을 때 가장 잘 신장되기 때문이다." 그러나 "교육이 오락이 될 때 중요한 학습이 효과적이고 지속적으로, 그리고 신실하게 성취된다고 말하거나 암시하는 사람은 아무도 없었다"고 그는 선언한다.[62]

오락성 추구의 정신구조(mentality)는 만약 설교가 "학습자의 성장이 아니라 만족이 최고의 것이 되어 있는 상황에서 어떤 정보나 스토리, 혹은 아이디어가 즉각적으로 이해되기 쉽게 만든다"(146~47)는 텔레비전이 유추하는 가정을 따르게 된다면 설교를 침해하게 된다. 이 책은 특별히 성도들의 품성 성장에 관심을 가지며 만족보다는 내용의 기준(criterion of content)을 수반한다. 종종 우리의 설교는 청중에게 감정적으로 너무 어려워하게 만들 수 있다 – 고통을 당하고 있는 사람을 위로하는 것보다 편안한 사람을 더 힘들게 하는 것이 될 수 있다. 다른 경우에는 지적으로 너무 어려워하게 만들 수 있다. (이것은 단지 요점이 분명하지 않기 때문에 일어나는 일만은 아니라는 사실을 알아야 한다). 왜냐하면 믿음의 진리는 우리 문화 가운데 많은 관습으로 있는 것보다 더 깊은 숙고를 요구하기 때문이다. 거기에서 어필하는 설교가 될 수 있도록 하기 위해 무기력한 설교가 되게 해서는 안 된다. 대신 우리는 어떻게 보다 사람들에게 어필할 수 있도록 학습의 '과정'을 만들 수 있을까? 우리는 어떻게 예배 참석자들을 신학적으로 적합한 사람이 되도

---

62 Postman, *Amusing Ourselves to Death*, 146. 이 책에서 인용한 내용의 페이지는 본문 안에 괄호로 표시했음을 밝힌다.

록 하기 위한 가치 있는 목표와 함께 도전하게 할 수 있을까? 성경은 사람들이 하나님을 알도록 그들을 초대할 때, 마음을 새롭게 하도록 초대할 때, 하나님의 일을 묵상하도록 그들을 초대할 때, 모든 지식과 분별력을 가지고 이해하도록 초대할 때 그러한 도전을 자주 이슈화한다.

포스트만은 학습의 내용은 배움의 단계에서 가장 덜 중요한 요소라는 존 듀이의 관찰을 통해 우리를 일깨운다. 듀이는 그의 책, *Experience and Education*(경험과 학습)에서 그렇게 쓰고 있다. "참는 태도를 형성하는 방식에서 부차적인 배움은 … [특별한 학교] 교육보다 중요할 수 있으며 또한 종종 그렇다. … 왜냐하면 이러한 태도는 근본적으로 미래에 신뢰할 수 있는 것이기 때문이다." 포스트만은 이것을 풀어서 설명하는데 "한 사람이 배우는 가장 중요한 일은 언제나 그가 '어떻게' 배우느냐와 관련된 것"이라고 밝힌다(144). 이것은 설교자에게 있어서 아주 중요한 교훈이다. 우리가 어떻게 성경본문을 풀어 놓을 것이며, 하나님에 관해 어떻게 생각할 것이며, 어떻게 더 좋은 질문을 던질 수 있을 것이며, 사회적 질병에 대해 신학적 이슈를 어떻게 제기할 것이며, 본문의 말씀을 삶/세상의 상황에 어떻게 적용할 것이며, 가난한 사람들과 고통 가운데 있는 사람들을 어떻게 돌볼 것인지 - 이러한 모든 것에 대해 청중이 그 자신들의 성경공부와 신학화하는 일과 삶 가운데 적용할 수 있는 태도, 습관, 행동 등을 가르친다 - 그 방식을 우리는 조성해 간다.

무엇보다도 듀이의 통찰은 공동체의 동료들과 함께 청중이 믿음으로 살아가고 실천할 수 있는 세상을 우리 설교 가운데 제시할 수 있도록 우리를 자극하는 데 있어서 아주 중요하다. 우리가 행해야 할 것으로부터 배우면서 설교는 어떻게 우리 청중이 말씀을 가지고 그 진리를 삶 속에서 시도하고 삶으로 살아가도록 초대할 수 있을까? 예배는 우리를 죽여야만 한다 – 그리고 새로운 삶으로 우리를 둘러싸야 한다.

리차드 캠머러(Richard Caemmerer)는 이러한 짧게 묘사하는 삽화와 같은 글을 통해 완벽하게 그 목표를 묘사한다.

"목사님, 오늘 설교는 정말 은혜스러웠습니다."

예배가 끝난 후 한 교인이 말했다.

그 설교자는 대답했다.

"이제 그것이 삶 가운데서 보여지게 하십시오."[63]

---

63 Caemmerer, *Preaching for the Church*, 51.

Chapter 10

스토리 가운데서 우리 자리 발견하기
: 의례, 예전, 예술

Discovering Our Place in the Story
: Ritual and Liturgy and Art

Chapter 10
스토리 가운데서 우리 자리 발견하기
: 의례, 예전, 예술

⋮

주님은 하나님, 우리는 주님을 찬양합니다.

주님은 만유의 주, 우리는 주님을 소리 높여 찬양합니다.

주님은 영원한 아버지, 모든 피조물이 주님을 경배합니다.

하늘의 모든 천사, 체루빔과 세라핌이 주님께 끝없는 찬양을 올려드립니다.

거룩, 거룩, 거룩하신 주님, 권세와 능력의 하나님, 하늘과 땅이 주님의 영광으로 가득합니다.

영광스러운 성도들과 사도들이 주님을 찬양합니다.

고결한 예언자들이 주님을 찬양합니다.

흰 옷 입은 순교자들이 주님을 찬양합니다.

온 세상의 모든 교회가 주님을 찬양합니다.

무한광대하신 전능의 아버지, 모든 경배를 받으시기에 합당하신 참된 독생자,

우리의 중재자이시며 인도자이신 성령님, 우리는 주님을 찬양합니다.

그리스도이신 주님은 영광의 왕이시며, 성부 하나님의 독생자이십니다.

우리를 자유케 하시려고 인간이 몸을 입으셨을 때 동정녀의 몸을 거절하지 않으셨습니다.

주님께서는 죽음의 쏘는 것을 이기셨으며 모든 믿는 자에게 천국의 문을 활짝 여셨습니다.

주님께서는 영광 가운데서 하나님의 우편에 앉아 계십니다.

우리는 주님의 다시 오심을 믿으며 우리의 심판주가 되심을 믿습니다.

하오니 주여, 어서 오시옵소서.

주님의 보배로운 피로 사신 주님의 백성들을 도와주소서.

영원토록 주의 성도들을 영광가운데로 인도해 주옵소서.

– 교회의 '테 데움'(Te Deum)[1]

---

1 역주/ 영광송과 함께 가장 오래된 초기 기독교 찬양으로 어거스틴이 세례를 받을 때 밀라노의 주교였

오래된 그릇된 이름으로 '예전적' 교회와 '비예전적' 교회를 구분한다. 마치 이러한 용어가 그들이 드리는 예배가 보다 비형식인 예배인 것 같다고 생각하는 사람들로부터 응답하는 노래의 패턴으로 고정된 예배를 드리는 사람들을 정확하게 구분해 놓을 수 있는 것처럼 그리한다. 그러나 '레이투르기아'라는 용어는 헬라어 '에르곤'(일)과 라오스(사람들)라는 단어가 합성된 것인데, 실제로 '백성의 일'이라는 의미를 가지며 평신도의 모든 행동을 지칭한다. 이와 같이 모든 교회는 어떤 의미에서 '예전적'이다. 웰톤 개디(C. Welton Gaddy)는 '예전'(liturgy)이라는 용어는 구약에서 '샤라쓰'(sharath)라는 말을 번역한 것인데 공동체를 위하여 돌봄의 관념을 함축한다고 주장한다.[2] 이와 같이 제임스 화이트는 예전을 일로 규정하면서 다음과 같이 주장한다.

예전은 다른 이들의 유익을 위하여 사람들이 수행하는 일이었다. 다시 말해 그것은 모든 성도를 위해 제사장이 행하는 일의 정수이다. 그리스도인들의 전체 제사장 공동체가 공유한다. 예배가 '예전적'이라고 칭하는 것은 그것이 인식되는 방식을 가리키는데, 그렇게 하여 모든 예배자는 그들의 예배를 함께 올려드림에 있어서 능동적인 부분을 취하게 된다.[3]

던 암브로시스가 지은 곡으로 알려지고 있다. Te Deum laudamus(하나님, 우리는 주님을 찬양하나이다)를 줄여서 Te Deum으로 일반적으로 불리는데 '거룩한 삼위일체의 찬가'(Hymnus in honorem Trinitatis)로도 불린다. 위대한 감사의 찬양인 이 곡은 크게 세 부분으로 구성되어 있다. 밀라노, 골 지방 등에서 사용되다가 AD 500년경부터는 성무일과(聖務日課)나 절기 때 사용되었다. 성공회는 이것을 조도(朝禱)에서도 사용하였으며, 16세기 이후에는 절기나 감사절에 사용되기도 했다. 선율은 그레고리우스 이전과 이후에 여러 양식들이 나타나는데, 헨델, 베를리오즈, 드보르작, 모차르트 등이 다성 음악으로 편곡한 작품이 있다.

2   C. Welton Gaddy, The Gift of Worship (Nashville: Broadman Press: 1992), 36.
3   James F. White, Introduction to Christian Worship, rev. ed. (Nashville: Abingdon, 1990), 32.

그들의 예배가 믿지 않는 사람들에게 다가가는 것이 되기를 원하는 많은 교회들이 "예전 따위는 던져 버려야"한다고 - 마치 그것이 가능하다면 - 생각하고 있기 때문에 이 장은 의례와 예전의 주제를 논의하려고 한다. 찬송가나 예배서에 간략하게 실린 특별한 형태를 실행하지 않는 교회조차도 어떤 예배 요소들의 순서는 따르며 같은 패턴을 매주 반복한다. 다른 사람들은 별로 참여하지 않고 예배가 오직 설교자와 찬양 인도자가 전적으로 실행하지 않는 한 모든 예배는 예전의 특성을 가지고 있는 것이다. 문제는 그것이 기독교 예배의 본질에 충실한 것이냐이다.

'예전'이라는 용어는 교회의 아주 초기부터 발전해 왔고 특별하고 역사적인 공적 예배의 순서를 의미하는 단어로 사용되었는데, 특별히 미사를 모국어로 드릴 수 있도록 하는 것이 중요하다고 믿었던 루터에 의해 독일 사람들이 하나님을 예배하는 일에 있어서 기본적으로 계속 실행되어 온 순서이다. 많은 사람들은 이 예전과 그 의례가 "외부인들에게는 그리 매력적이지" 않다고 불평하면서 그것을 폐기하기를 원한다. 종종 교회의 역사적인 기반을 가진 예전을 가치 있게 여기는 사람들은 그것을 미라로 만들려고 하거나 화석화시키는 방식으로 그것을 방어한다. 양극단은 예전의 목적과 실행을 이해하려고 할 때 심각한 질문이 제기되게 된다.

앞의 두 장에서와 같이 이 장도 이 책의 앞의 섹션에서 논의되었던 주제들 - 역사 가운데서 이 관점에서 교회가 거부하고 있는 문화에 대해서 이해하기(2~4장)와 예배가 참석자들의 품성을 함양하고 믿는 자들의 공동체를 세워 나가면서 예배의 주체로서 하나님을 모시는 그것의 독특한 문화를 만들기(5~7장) – 을 세워가려고 한다. 찬양과 말씀에 대해 앞장에서 표면화되었던 이러한 목표의 측면에 대해서는 다시 언급하지 않을 것이다. 그러나 그것이 여기에서 논의되는 측면과 밀접하게 연결되어 있음을 마음에 두고 진행하려고 한다.

주체로서의 하나님

하나님은 예배의 주체이시기 때문에 우리는 예전이 사람들의 일을 포함하기 전에 그러한 응답의 자리로 초대하시는 하나님의 임재와 함께 시작된다는 사실을 기억하는 것으로 돌아가야 한다. 패트릭 케이퍼트(Pattrick R. Keifert)는 이러한 사실을 살펴보기 위해 구약성경에 눈길을 돌리면서 다음과 같이 주장한다. "하나님께서는 어느 곳에나 임재하시는 것은 자유롭게 하시지만 하나님께서는 이스라엘의 예배 가운데 임재하시겠다고 약속하셨다. … 예전은 하나님을 붙잡아 놓고 비축해 놓는 인간의 장치가 아니다. 하나님으로부터 오는 하나님 자신을 주시는 선물이다."[4]

예전을 둘러싸고 일어나고 있는 소위 예배 전쟁이라는 것은 내가 생각하기에는 만약 우리 자신의 조합으로가 아니라 하나님의 초대로 우리가 예배한다는 것을 기억한다면 아주 쉽게 해결될 수 있을 것으로 보인다. 예전적 응답에 있어서 하나님 자신의 말씀을 사용하는 것은 예배가 하나님께 드리는 우리의 선물이기 전에 우리에게 주시는 하나님의 선물이라는 사실을 기억할 수 있도록 도와준다. 예배의 중심 순간

---

4 Pattrick R. Keifert, *Welcoming the Stranger* (Minneapolis: Fortress, 1992), 60.

인 성경 읽기와 성찬을 강조하는 예전의 부분들은 하나님이 우리가 행하는 것의 주체이며 대상이라는 인식을 강화한다.

주체로서의 하나님을 상실하는 것은 예전을 성례(sacrament)로 인식하기보다는 일종의 퍼포먼스로 바꾸게 된다. 이것은 마틴 루터가 싸웠던 중세 논증 - 예전의 힘의 효과성은 사제의 정당성에 달려 있다는 논쟁 - 의 현대적 형태의 결과이다. 현대적 버전은 예전이 효과적이 되기 위해서 잘 수행되어야 하며, 그것의 효능은 모든 참여자가 일련의 감정적으로 만족하는 경험을 가져야 한다는 기준에 따라 결정된다고 주장한다.

루터는 효율성은 느낌, 혹은 목회자나 말씀과 성찬을 받는 평신도들의 행동에 의존하지 않는다고 주장한다. 부활하신 그리스도는 그 두 가지에 임재하신다. 믿음으로 예배 가운데 나오는 사람들에게 빈곤하게 집례되는 성찬이라 할지라도 하나님과 심오한 만남이 될 수 있다. 개디가 관찰한 대로 하나님의 은혜는 "목회자의 충만한 은사나 회중의 감정적인 참여의 수준, 예배 기획자가 창조적인 예배 음악이나 안무를 얼마나 놀랍게 배치했는가"에 달려 있지 않다.[5]

역사적 패턴 대 새로운 예전 형태에 대하여 일어나고 있는 소위 예배 전쟁은 바른 질문과 함께 시작되지 않았다. 우리가 가장 먼저 던져야 할 깊은 질문은 우리가 어떻게 그리스도의 십자가와 부활에 관련될 것인가이다. 그리스도 안에서 하나님께서 행하신 것이 우리의 예배를 움직여 가야 한다. 그렇게 하여 우리는 예배를 믿음생활의 한 가지나

---

5 Gaddy, *The Gift of Worship*, 14.

다른 요소 – 사회적 불의에 대한 경고, 재정적 청지기직에 대한 탄원, 복음적 애걸복걸(solicitation), "정치적으로 정당한" 것이 되어야 한다는 캠페인 – 로 붕괴시키는 일이 없어야 한다.

성경 텍스트의 형태는 그것이 설교되는 형태에 영향을 미친 것과 같이 그리스도 안에서 하나님의 행동은 우리의 예배 형태에 영향을 미쳤다. 말씀이 육신이 되었다는 사실은 새로운 것과 역사적인 것의 변증법적 구조를 계속해서 견지한다. 그 역사적인 것은 이스라엘을 특징지으며 하나님의 백성들을 주변의 이방 종교로부터 구별되게 한다. 이스라엘은 하나님께서 과거에 개입해 들어오신 사건을 기억하며 경축한다. 또한 현재에도 하나님의 역사하심을 갈망한다. 오늘 여전히 유대인들은 출애굽기 20장 8절과 신명기 5장 12절에 나오는 안식일 준수 명령에 대한 언약을 회상하고 '기억하며'(remember) '지키기'(observe) 위해 두 개의 안식일 촛불을 밝힐 때(혹은 양초의 두 심지에) 이것을 기억하게 된다. 역시 우리의 예배에서 우리는 그 연속성 가운데서, 그리고 깜짝 놀랄 새로움 가운데서 말씀을 경험한다. 우리의 형태는 그 내용과 매치가 되어야 하며 과거와 미래의 복잡한 이야기 가운데서 은혜의 단순성을 전달해야만 한다. 은혜의 다양성은 예전이 결코 지루한 것이 되어서는 안 된다는 사실을 요구한다.

패트릭 케이퍼트(Pattrick R. Keifert)는 "자기 주심"으로의 하나님 진리를 강조하며 이러한 방식으로 기억하는 것은 우리로 하여금 다음의 것들을 피할 수 있도록 해 준다고 주장한다.

그것은 보다 은혜의 전통적 언어가 창조하는 예전에서 생각지 않은 위험을 피할 수 있도록 도와준다. 스스로 임재하시는 하나님의 선물이 본질로서 이해된다면 하나님께서 은혜를 박스에 포장하여 – 예전 – 선물해 주시며 그 선물을 얻기 위해 박스를 열어 살필 수 있는 우리의 일을 상상하는 것이 쉬워진다. 일단 박스와 내용물을 구분할 수 있게 되면 우리의 주의를 박스에 기울일 것인가, 아니면 내용물에 기울일 것인가의 선택이 아주 수월해진다. 의례(ritual)를 거부하는 사람들은 선물이 담겨 있는 박스(예전)를 내던져 버릴 수 있으며 단지 선물에만 집중할 수 있다고 믿는다. 반대로 의례를 가치 있게 생각하는 사람들은 박스에 지나치게 그들의 관심을 기울이는 경향이 있다. 그들은 바른 의례를 갖는 것에 너무 많은 염려를 하며 보낸다. 그러면서 예배는 기계적이 된다. 그럴 경우에 하나님의 자기 주심의 기본적인 의례 논리는 상실되게 된다.

하나님의 자기 주심을 드러내는 의례에서 주인이 되시는 하나님에 대한 강조는 은혜는 하나님의 약속에 의해서 시작되었고 약속의 성취 안에서 지속되는 관계성이라는 사실을 일깨워 준다. 만약 성도들이 예전에 대해서 의식하고 있다면 그들은 하나님의 임재를 놓치고 있는 것이다. 의례 행위는 그것이 자신에게 주의를 기울이는 것으로부터 벗어나 하나님께 인사할 수 있는 기회를 사람들에게 허용하기 때문에 정확하게 작용한다.[6]

C. S. 루이스(C. S. Lewis)는 그의 책, *Letter to Malcolm, Chiefly on Prayer*(주로 기도에 대해 말콤에게 보낸 편지)에서 예전에 대한 의식에 관한 같은 요점을 제시한다. "예전적 마음 졸임"에 대해 한탄하면서 루

---

6 Keifert, *Welcoming the Stranger*, 61.

이스는 하나님께 초점을 맞추는 것과 충돌하는 혁신에 대해 반대한다. 그는 "그것은 마치 [성공회 성직자가] 사람들을 끊임없이 예배가 밝고, 빛을 비추고, 길이를 줄이고, 축소, 단순화, 복잡화 등으로 얼마든지 교회에 가는 것을 유인할 수 있다고 믿는 것처럼 보인다"고 항의한다. 루이스는 주장하기를 결과적으로 "많은 사람은 함께 교회에 나가기를 포기한다." 그리고 어떤 사람들은 "단지 견디는 것뿐이다." 그는 보수적인 생각을 위해 "좋은 이유"를 다음과 같이 설명한다.

> 새로움(novelty) 그 자체는 엔터테인먼트의 가치밖에는 없다. 그런데 대다수 교인들은 즐겁게 되기 위한 목적으로 교회에 가는 것이 아니다. 그들은 예배를 활용하기 위해서, 다시 말해 예배를 실행하기 위해서 교회에 간다. 모든 예배는 행위와 언어라는 구조를 가진다. 그것들을 통해 우리는 성찬을 받고, 회개하며, 간구를 올려드리고, 찬양을 드린다. 예배는 이 일을 가장 잘할 수 있도록 – 네가 괜찮다면 예배가 최고로 '작동하게' 한다고 이해할 수 있다 – 만들어 준다. 그때 예배는 오랜 시간 동안 익숙해져서 별다른 생각 없이도 몰입할 수 있다. 스텝에 신경을 쓰느라 몇 걸음인지 일일이 세어야 한다면 그건 춤을 추는 것이 아니라 춤을 배우는 것이라고 해야 할 것이다. 편한 신발이란 신고 있다는 사실이 의식되지 않는 신발이다. 편안한 독서는 눈이 피곤하게 느껴진다든지, 조명, 인쇄, 철자 등에 대해서 신경을 쓸 필요가 없어야 한다. 교회의 완벽한 예배는 그 형식을 거의 의식하지 못하는 예배, 그래서 우리의 관심이 하나님께로만 향하는 예배일 것이다.
>
> 그런데 예배에 도입하는 새로운 순서들이 이것을 방해하고는 한다. 그것

은 우리의 관심이 하나님이 아니라 예배 자체에 쏟아지게 만든다. 예배에 대해 생각하는 것과 예배하는 것(worshipping)은 다른 일이다. … 여전히 더 심각한 일이 일어날 수 있다. 새로운 요소 때문에 예배 자체도 아니고 예배 인도자에게 모든 관심이 쏟아지게 만들 수 있다. … 우리의 마음을 다른 곳에 허비하게 만드는 것이다. "앞에 서 있는 저 사람이 베드로에게 주신 주님의 명령을 바로 기억할 수 있으면 좋겠네요." 주님께서는 '내 생쥐들로 실험을 해 보아라', 혹은 '공연하는 개들에게 기술을 가르치라'고 말씀하신 것이 아니라 내 양을 먹이라고 말씀하셨다.

이와 같이 예배에 대한 나의 관점은 영속성과 한결 같음을 유지해 달라는 요청이다. 일정하게 유지만 된다면 나는 그것이 어떤 것이든지 간에 거의 모든 예배 형식을 받아들일 수 있다. 그러나 익숙해져서 편안해질 만하면 예배 형식을 자꾸 바꾸는 것은 예배를 드리는 데에 있어서 더 깊이 나아갈 수 없게 만들 것이다. 훈련된 습관(habito dell'arte)을 얻을 기회가 없어지기 때문이다.[7]

루이스의 댄싱의 유비나 케이퍼트의 포장된 선물의 유비에 대해 많은 사람들이 예배는 같은 예전적 형식이 매주 사용된다면 너무 지루하게 될 것이라고 주장한다. 어떤 다양성도 없이 예배서에 제시된 순서를 완고하게 따르는 교회에서는 이러한 비난이 정당하게 여겨진다. 그러나 대부분의 교단의 예배서는 예배 부분에 대한 여러 종류의 옵션을 포함한다. 또한 교회력의 절기에는 '예배 의식'(propers, 말씀 예전 직전

---

7   C. S. Lewis, *Letters to Malcolm: Chiefly on Prayer* (New York: Harcourt, Brace and World, 1963), 4~5.

의 짧은 기도, 선창, 성경봉독)에 매주 변화를 두는 것이 필요하다. 이와 같이 "그것은 다양성 그 자체가 아니라 잘못된 다양성이다. 그것은 비판을 받아야만 한다."[8] 예배 기획자들이 신중하게 유지해야 할 – 어떤 스타일을 포함하든지 간에 예전적 형식을 유지하기 위하여, 실제로 예배 참석자들이 신기함이나 단조로움에 의해 마음이 나누어짐이 없이 하나님께 자유롭게 초점을 맞출 수 있도록 하기 위해 – 변증법적 긴장이 요구된다. 루이스의 이미지 가운데 목표는 스텝수를 세지 않고 편안하게 – 즉, 마음이 나뉘어 미혹되지도 않고 기계적으로 됨이 없이 하나님의 자기 주심의 임재를 자유롭게 경험하면서 – 진정으로 춤을 출 수 있게 하는 것이다.

교구의 가정들을 오랫동안 연구한 후에 어느 주일에 황홀경의 위대한 선물인 그러한 춤을 경험할 수 있었다. 유사 기독교적인 찬양들, 뒤범벅이거나 단조로운 예배, 지루한 반주, 혹은 생명력이 없이 찬양을 부르는 사람들과 함께 여러 차례의 예배를 드린 후에 하나님의 임재 가운데로 온전히 들어갈 수 없을 만큼 지쳐 있었다. (그러한 것에 마음을 너무 많이 빼앗기도록 한 것에 대해서는 나의 책임이 크다는 것을 인정한다.) 목회자가 신선하게 하나님의 말씀을 전하고, 놀라움을 가지고 찬양을 하며, 오르간 반주자가 "하나님의 어린 양"(Agnus Dei) 찬양을 깊이 묵상하면서 드리고, 성찬 후의 송영(Canticle, "주께 감사하며 찬양을 드리세")을 기쁨으로 반주하는 회중 가운데서 예전을 "수행하는"(enact) 것은 얼마나 놀라운 특권이었던가! 모든 예배 인도자는 나의 훈련된 습관이

---

8   Kurt Marquardt, "Liturgy and Evangelism," *Lutheran Worship: History and Practice*, ed. Fred L. Precht (St. Louis: Concordia, 1993), 65.

하나님의 임재 가운데 들어갈 수 있게 안내하도록 나를 자유롭게 했다.

많은 사람들은 예전적 형식이 하나님과의 만남을 갖게 하는 자산이 되기보다 방해물이 되고 있다고 믿고 있다. 개인적인 경건생활도 그런 예가 될 수 있는데, 우리가 '공적' 예배를 원한다면 거기에는 반드시 도구가 있어야 한다. 케이퍼트가 주장한 대로 "의례와 같은 '외적인' 일들이 없이 … 하나님과의 즉각적인 관계를 가질 수 있는 것을 추정하는 것은 자신을 드리는 것의 논리를 단순하게 무시하는 것이다." 그는 예배학자인 제임스 화이트의 강조를 인용하는데, "기독교의 공적 예배를 만드는 것으로 의례의 중요한 역할을 이해하기 위해 우리는 자아 드림을 위한 3가지 조건을 이해해야 한다. 즉, 드림을 가능하게 만드는 자아, 수용자, 드림의 수단 등이 그것이다."9

많은 소위 예배 전쟁은 이러한 기본적인 세 가지 요소를 놓치고 있다. 예전적 형식의 요점은 하나님 자신(God's self)을 받아들이는 것이다. 그들의 편안한 길을 위해 하나님께 관계된 사적인 개인이 아니다. 그들은 하나님께서 하나님 자신을 주시는 수단인 공적 예배를 통해 하나님의 임재를 경험한 교회의 공적인 몸이다. 여기에서 우리가 물어야 하는 가장 기본적이면서 중요한 질문은 우리가 어떤 예전이나 의례를 사용할 것인지를 결정할 때 그 예배의 요소인 하나님의 자기 주심의 현존을 공동체 가운데 드러내는 도구가 되고 있는지를 물어야 한다.

종종 특별한 예전적 요소들을 위해 원래적인 하나님 중심적이 되어야 할 이유는 잊혀지고, 이러한 요소들은 그것이 가지고 있는 함축적

---

9 Keifert, *Welcoming the Stranger*, 61.

의미를 전달하지 못하는 경우가 있다. 앞의 몇 장에서 예배 음악과 설교가 어떻게 하나님께 대한 그 초점을 상실할 수 있는지를 살펴보았다. 이 점에 있어서 작은 예전적 요소에 대해서 살펴보자. 그것은 많은 교회에서 하나님께 초점을 두는 일을 강탈당하고 – 주로 전통이 가지는 의미에 대해서 평신도들과 목회자들의 교육 부재 때문에 – 말았다.

다양한 교단의 많은(대부분이 아니라면) 교회에서 예전적인 요소인 "평화의 인사를 나누는 것"은 옆 사람에게 친절하게 인사를 하거나 일상적인 잡담을 나누는 시간으로 바뀌었다. 물론 예배 참석자들은 공동체의 일원으로서 친교를 위해 그러한 대화가 필요한 것이 사실이다. 그러나 이것은 실제적으로 하나님을 예배하는 일 전후에 주어져야만 하는 것이다. 역사적으로 보면 미사에서 이러한 평화의 인사를 나누는 것은 마태복음 5장 23~24절, 고린도전서 11장, 그리고 초기 교회에서 평화의 인사(kiss of peace)를 주고받은 것과 깊은 관련이 있다. 제스처의 선택 – 악수를 하든지, 허그를 하든지, 혹은 화해의 입맞춤을 하든지 – 은 사람들에게 맡길 수 있다. 그러나 이 예전적 요소의 요점은 예배의 주체이신 하나님께서 우리에게 평화를 주신다는 것이다.

목회자들이 "주님의 평화가 언제나 여러분과 함께하시길 빕니다"라고 말할 때 그들은 지금 예배의 최고의 선물 – 예수 그리스도의 보혈을 통한 하나님과의 화해 – 을 사람들에게 수여하는 것이다. 회중이 "목사님과도 함께하시기를 빕니다"라고 응답할 때 그들은 목회자에 대한 그들의 돌봄을 확증하는 것이며 그들이 받은 화해라는 풍요로운 선물을 목회자와도 나누는 것이다. 서로 평화의 인사를 나눌 때 교인들은 공동체 안에 어떤 장벽 – 성별, 인종, 사회적 계급에 의한 차별이 없으며 각자에 대해 죄로부터 어떤 것도 존재하지 않는다는 – 도 없다는 사실을 상징화하는 것이다. 하나님의 평화는 그때 우리 모두 안에 자유롭게 넘쳐나게 된다.

평화의 인사를 교환하는 것은 예전 가운데서 전략적인 지점에서 주어진다. 공동체의 다른 사람들에게 원망을 들을 만한 일이 있거든 재단에 예물을 드리기 전에 먼저 화해를 해야 한다고 마태복음 5장이 경고하고 있기 때문에 예물을 드리기 전에 먼저 하나님의 평화를 각자에게 전하는 것이다. 또한 우리는 성찬에 참여하기 직전에 이것을 행한다. 왜냐하면 그러한 일치 가운데서 살지 못했다면 성찬에 우리가 참여하는 것은 조롱거리가 될 것이기 때문이다. 이와 같이 평화의 인사를 나누는 것은 기분 좋음을 위한 시간이 아니라 돌이키는 시간이요, 장벽을 쌓은 것에 대해 용서를 구하는 것이며, 다른 사람의 용서와 관용의 선물을 받는 시간이다. 그리스도의 몸인 교회의 일원과 원망 살 일이 있으면 성찬에 참여하지 않았던 옛 관습은 잘못된 극단에만 빠지지 않는다면 좋은 일례가 될 수 있다. 분별 없이 주님의 몸을 먹고 피를 마실 수 있는 가능성을 심각하게 인식할 필요가 있다(고전 11장).

만약 서로 다툰 두 교인이 평화의 인사를 나누는 동안에 실제적으로 화해를 하게 된다면 그것은 아주 놀라운 일이 아니겠는가? 실제로 마음이 나누어져 예배당의 다른 부분에 앉아 예배를 드리던 사람들이 화해를 구하는 것을 본 적이 있다. 그날 함께 예배하는 모든 사람에게 회개와 용서의 분위기로 가득 채워지고 하나님의 약속과 평화에로의 초대 가운데서 하나님의 임재를 깊이 느낄 수 있었다.

우리가 그러한 예전적 요소의 습관에 대해 교인들에게 교육을 할 때 그것은 하나님의 자기 주심의 도구가 될 수 있다. "주님의 평화가 언제나 당신과 함께하시길 빕니다"라고 회중석에 앉아 있는 사람들에게 인사를 전하는 것은 우리의 모든 관계성 속에서 화해케 하시는 하나님의 임재를 우리에게 나타내는 것이다.

성도들의 품성 형성

앞장에서 찬양과 설교에 대해 살펴보았듯이 예전과 의례의 모든 초점이 하나님께로 향하도록 하는 것은 의심할 것이 없이 성도들의 품성을 육성해 준다. '예배서'(Book of Common Prayer)에 대해서 논평을 하면서 베른하르트 크리스텐젠(Bernhard Christensen)은 공적 예배를 위한 그것의 형식은 "아름답고 생각을 고양시키며 교화하는 것"이어야 하며, "겸손, 경외, 감사, 탄원의 공동의 어조(note)는 진정한 예배의 모든 형식에 스며든다"는 것을 지적한다.[10] 이러한 일곱 가지 요소가 좋은 예전이 품성 형성을 소중하게 여기는 과정과 가치를 잘 요약해 준다.

좋은 예전은 분명하게 아름다울 수밖에 없다. 성경에는 하나님의 임재의 아름다움에 대한 넘치는 찬양으로 가득 채워져 있다. 점점 증가하는 우리의 추한 세계는 예배가 우리에게 하나님의 아름다움을 상기시켜 주어야 한다는 당위성을 불러일으킨다. 심리학자들과 사회학자들은 (또한 건축가들까지도) 점점 적은 사람들만이 창조의 아름다움을 즐거워하고 있다는 사실을 언급한다. 가난은 도시를 불결함으로 채워 가고 있고, 사람들로 넘쳐나게 하고 있다. 분주함은 많은 사람들로 하

---

10 Bernhard Christensen, *The Inward Pilgrimage* (Minneapolis: Augsburg, 1976), 71.

여금 아름다움에 대해 시간을 낼 수 없게 만들고 있다. 또한 현대 예술은 종종 음울하고 폭력으로 가득한 형태로 바꾸어가고 있다. 아름다운 예배(beautiful worship)는 우리의 죄악된 추함을 인식하면서 진정한 겸손함을 우리의 품성 가운데 증진시켜 줄 것이며, 용서의 아름다움을 통해 경이감과 놀라움의 감각과 이 땅에서 우리가 희미하게 보고 있는 천상의 아름다움을 맛볼 수 있도록 하나님께서 우리를 초대하신 것에 대한 심원한 감사를 증진시켜 줄 것이다.

우리는 역시 예전이 깊은 생각을 불러일으키고 교화시키는 것이 되기를 원할 것이다. 예전은 하나님에 대한 새로운 생각 - 우리 자신의 품성의 변화를 가져올 하나님의 성품 안으로 나아가는 새로운 통찰력 - 을 불러일으켜야만 한다. 하나님을 주체로 모시는 예전은 영적으로 도덕적으로 우리를 세워갈 것이다. 그것은 믿음 가운데 우리를 세울 것이며 건전한 교리 가운데 뿌리 내리게 할 것이다. 그 결과는 새로운 태도, 새로운 탄원과 중보, 새로운 행동을 가져오게 할 것이다.

품성 형성에 대한 관심을 벗어나서 교회들은 예전을 계획함에 있어서 아주 주의 깊게 생각해야만 한다. 이 예전이 사람들에게 매력적인 것이 될 것인가? 그것을 물을 필요는 없지만 언제나 물어야 할 질문은 그것이다. 이것이 어떤 품성을 육성할 것인가? 우리의 예전은 감정에 초점을 맞추고 있는가, 아니면 그것을 불러일으키는 하나님의 성품에 초점을 맞추고 있는가? 만약 그렇다면 인간의 슬픔과 소외 경험에도 불구하고 하나님이 누구이신지에 고착될 수 있게 하는 인간의 믿음 경험보다는 감정(emotions)에 의존하는 믿음을 육성하게 될 것이다. 예전이 자아에 초점을 맞추며 자부심으로 이끌어가고 있는가? 혹은 하나님께 초점을 맞추면서 겸손, 경외감, 감사, 탄원으로 이끌어가는가? 프리랜서로 활동하던 기간 전에 교회에서 사역을 하면서 한 달에 한 차례 새로운 예전을 준비했다. 그러면서 현대 사회에서 하나님을 예배의 주체로 모신다는 것과 예배 참석자들을 경건한 품성으로 육성한다는 것이 얼마나 어려운지를 배울 수 있었다. 우리는 겸손하고 아주 신중하게 물어야 하고, 그것을 준비하여야 한다.

본격적으로 종교개혁이 시작된 후 10년이 채 지나지 않았을 때 루터는 예전적 형식에 대한 질문에 답을 했다. 그는 어떤 혁신을 만들려고 하지 않는다고 입장을 밝혔다. 그것은 "믿음이 약한 사람을" 돌보려는 그의 관심 때문이라고 했다. "또한 믿음이나 이성이 없이 … 뛰어들기만 하며, 새로운 것만 좋아하고, 시간이 지나 낡아지게 되면 빠르게 식상해하는 변덕스럽고 까다로운 영혼들 때문에 더욱 그렇다." 그는 "경솔한 호기심"으로부터 자신을 떼어 놓기를 원하였다.[11] 울리히 류폴드(Ulrich Leupold)가 입증한 것처럼 루터는 "보통 사람들의 믿음과 경건에 대한 목회자의 관심을 가지고 있었기 때문에 예전적 감상주의를 회피하고 있었다."[12] 예전과 찬송에 대한 루터 저작의 영어판 편집자였던 류폴드는 루터의 예전 개혁을 다음과 같이 요약한다.

자유의 정신 가운데서, 그리고 회중석에 있는 [사람들]에 대한 이러한

---

11 Martin Luther, "An Order of Mass and Communion for the Church at Wittenberg"(1523), trans. Paul Zeller Strodach, *Liturgy and Hymn*, ed. Ulrich S. Leupold, vol. 53 in *Luther's Works*, gen. ed. Helmut T. Lehmann (Philadelphia: Fortress, 1965), 19.

12 Ulrich S. Leupold, "Introduction to Volume 53," *Liturgy and Hymn*, xiv.

관심과 함께 루터는 예배의 개혁을 계획했다. 그의 환자의 병든 부분을 제거함에 있어서 무자비하게 하면서 그의 건강한 조직을 보호하고 세우려고 했던 신중한 좋은 의사와 같이 루터는 전통적인 예전에 모든 생생한 특징을 보존하고 강하게 하였으며, 모든 붕괴된 점유횡령을 제거하려고 했다.[13]

본서는 비슷한 주의와 고심을 장려하게 될 것이다. 장기적인 믿음의 회복 탄력성은 우리가 예배를 계획할 때마다 위험에 처해 있다. 더욱이 어떤 예전 개혁에 있어서 언제나 예전이 품성의 깊이를 육성하는 가장 중요한 방식의 하나는 계속되어 온 믿음의 공동체 안에 성도들을 연합시키는 것이다.

기독교 공동체에 속함과 육성

그리스도인들의 품성의 발달에 심오하게 영향을 미치고 있음에도 불구하고 예전적 형식 – 가장 작은 예전적 요소라 할지라도 – 은 예배하는 우리가 예수 그리스도가 머리이신 전체 공동체에 속해 있다는 생각을 증진시킨다. 예전은 그것이 예배 참석자들이 하나님의 백성들의 '삶' 가운데 거할 수 있도록 맞아들일 때 그 목적을 가장 잘 이루고 있는 것이다. 믿음은 고립된 자아의 일이 아니라 공동체, 혹은 "믿음의 가문"을 통해 전달되는 하나님의 선물이다. 그러한 이유 때문에 공예배는 믿음을 위해 필요하지 않다는 일반적인 현대의 가정을 거부하면서

---

13 Leupold, "Introduction to Volume 53," xvi.

우리는 진정으로 공적인 예배를 위해 성도들이 함께 모이는 것의 중요성을 강력히 주장해야 한다. 안타깝게도 많은 현대 회중은 세계적이고 우주적이며 무시간적인 교회에 대한 의식을 전달하지 않는다. 우리는 히브리서 12장 1절이 깨우쳐 주는 "우리에게 구름 같이 둘러싼 허다한 증인들이 있다"는 사실을 잊고 있다.

우리는 패트릭 케이퍼트가 묘사한 대로 거짓된 "친밀감의 관념"(ideology of intimacy) 때문에 그 구름 같이 둘러싸인 증인들로부터 우리 자신을 고립시키고 있다. 예배가 "자발적이고 널리 개방적이며 잘못된 장벽과 격식도 없어야" 한다고 요구하면, 이러한 관념은 우리가 "누구에게서나 상처를 받을 수 있으며 그 순간에 우리의 진정한 느낌을 표현하기를 원한다"고 요구한다. 그러나 케이퍼트는 이러한 관념이 공동체에 어떤 공헌을 하기보다는 공동체를 파괴한다고 인식한다. 지나가는 모든 사람이 응시하며 지나가는 현대 사무실 빌딩의 개방된 공간에 놓여 있는 책상에 앉아 있는 비서나 다른 사람과 같이 대부분의 사람들은

> 그들이 낯선 사람들에게 노출되어 있느냐고 질문을 받았을 때 그들은 매우 자의식이 강하다고 느낀다. 그 질문에 대한 응답에서 그들은 예배에 능동적으로 참여한 사람으로부터 자신을 효과적으로 제거하고 있다. 대신에 수동적으로 회중 가운데서 몇 사람을 관찰한다. 혹은 공적인 역할을 하고 있는 사람을 관찰한다. 대부분의 관심이 공적인 인성에 집중되어 있는 사람은 실제로 예배의 중심인물로 역할을 한다. 그들은 겸손하게 들리는 말들을 사용하여 그들의 지위를 덮으려고 시도함에도 불구하

고 그들은 여전히 특권을 가진 몇 사람, 그 쇼의 중심으로 남아 있게 된다. 이 조용한 관찰자들은 보다 전통적이고 의식적인 세팅에서 공헌하게 될 가능성보다 이러한 넓고 개방적인 예배에서 깊은 감정을 공동으로 표현하는 일에 참여하는 일이 더 적게 된다. 의례는 효과적인 상호작용이 필요할 때 사회적 방벽을 만든다. 그것은 대부분의 사람들에게 종교적 가치를 표현하는 일에 참여하는 것이 충분히 안전하다고 느끼게 하면서 보호받고 있다는 감정을 제공한다. 방문자가 교회에 처음 왔을 때 그런 일들이 어떻게 가능할까라는 생각이 들지만 의례는 사실 교회에 익숙하지 않은 사람들에게 가장 친절한 것이 될 수 있다.[14]

본서는 특별히 신앙을 무기력하게 만들지 않으면서 낯선 이들에게 진정으로 다가갈 수 있는 예배를 세우는 것에 관심을 기울이고 있기 때문에 공적 의례(public ritual)에 대한 케이퍼트의 청원은 특별히 긴급한 사안이다. 그는 다음과 같이 경고한다.

> 기독교 공적 예배에서 친밀한 접촉을 증가시켜야 한다는 압력은 사교성만 줄어들게 만들 것이다. 친밀감의 필요는 중요한 일이지만 정확하게 교인들 중 많은 사람들이 그러한 친밀감이 없이 지내고 있기 때문에 공적 예배를 친밀감의 공간으로 바꾸려는 시도는 오히려 문제를 증대시킬 것이다. 주일 아침 함께 모인 낯선 이들이 느껴질 정도의 장벽을 만들지 말라. 그러면 대다수는 그들의 침묵과 사적인 수동성 가운데로 물러가게

---

14 Keifert, *Welcoming the Stranger*, 110.

될 것이다. … 우리는 공적 삶을 부양하고 합법적이며 친밀한 필요를 직면할 수 있도록 수단, 장소, 시간을 분명하게 하기 위해 기대감과 친밀한 척하는 동작을 포기할 필요가 있다.[15]

실로 친밀감에 대한 필요는 친교 시간이나 주중에 공동체의 일원들이 서로간의 상호행동을 통해 함께 채워갈 수 있다. 한편 예배는 하나님과 하나님의 선물들 - 그것은 예배 참석자들이 공동체의 일원과 새로 온 사람의 필요를 다른 시간에 충족시키기 위해 돌봄의 품성을 형성하게 될 것이다 - 을 위한 것이다. 우리의 예전은 이러한 필요를 채우기 위해 어떤 시도를 할 필요는 없다. 우리가 만약 그렇게 한다면 그 시도는 실패하게 될 것이며, 그것 때문에 그들은 예배 참석자들을 하나님의 임재 가운데로 인도하고 믿음과 사랑을 공적으로 선언하고 삶으로 살아냄을 통해 하나님께 응답하는 사람들의 모임인 공동체 가운데로 그들을 연합하게 해야 하는 진정한 목적을 태만히 할 것이다.

교회의 역사적 예전 가운데 특히 가치 있는 한 후렴구는 공동체 의식과 그들 상호간의 사역을 증가시켜 주는데, 그것은 목회자가 "주께서 여러분과 함께하시길 빕니다"라고 축복의 말을 던지면 회중은 "또한 목사님과도 함께하시길 빕니다."라고 응답하는 내용이다. 여기에서 의례적인 제스처는 아주 중요하다. 목회자는 손을 사람들에게로 향하여 벌리면서 주님의 임재를 회중에게 깨우쳐 주는 것과 같은 제스처를 취할 수 있다. 사람들은 역시 그들이 공동체를 섬기는 것과 같이 하나님

---

15 위의 책, 110-11.

의 임재에 대한 인식을 간구하는 기원을 담아 그들의 지도자에게 인사를 건넨다. 전통적인 예전에서는 참여자들에게 그들의 감사를 양 무리를 섬기는 목회자에게 표현할 수 있는 기회가 세 번이 주어지는데 주님의 성찬상에서, 하나님의 말씀을 그들에게 선포하면서, 그러한 사명을 목회자들이 감당할 때 성령님의 임재하심이 충만하기를 위해 기도할 때가 그것이다. 그들이 이런 인사를 건넬 때 그들의 손을 펴서 앞으로 내밀어 목회자들을 직접 바라보고 있는가? 목회자 역시 그들을 바라보고 그 축복을 받고 있는가?

언젠가 200여 명의 고등학교 학생들에게 예배를 설명하며 드리는 예배(explained-liturgy worship service)를 인도할 때 이러한 인사말을 풍성하게 나누었던 일을 기억한다. 내가 설명을 한 후에 이러한 후렴구를 말할 때 목회자가 그 청소년들을 축복하기 위해 그의 손을 뻗었고, 학생은 그들의 응답구를 힘을 다해 외쳤다. 그 목회자는 그것을 그의 가슴으로 받았고 싱글거리는 미소로 귀에서 귀로 퍼져나갔다. 예수 그리스도의 몸 안에서 성숙한 목회를 보여주는 얼마나 심오한 그림인가! 그 청소년들은 그들이 진정으로 교회에 속해 있다는 것을 느꼈을 것이다.

한 지인이 그의 친구가 쇼핑몰을 방문했을 때의 이야기를 전해 주었을 때 공동체 의식을 위해 이러한 예전적인 요소가 가지는 중요성을 강하게 느낄 수 있었다. 그의 친구가 구내매점에서 기다리고 있을 때 줄을 서 있던 한 연세가 많은 여자 분이 동전 지갑을 떨어뜨렸고 동전이 몰의 복도 사방으로 흩어졌다. 그분이 허리를 굽혀 그 동전을 주워 담을 수 없음을 보면서 서 있던 사람들이 그것을 하나 둘씩 모아서 그 당황한 여자에게 건넸다. 그는 젊은 아가씨를 바라보며 깊은 감사를 표현하는데 그의 입술은 이 말을 하고 있었다. "주께서 당신과 함께하시길 빕니다." 그를 도와주었던 사람들이 그것을 듣고 "당신과도 함께 계시기를 빕니다"라고 답을 했을 때 그들은 함께 웃으면서 서로 가벼운 포옹을 했다 - 바로 그 순간 쇼핑몰이 예전의 공동의 지식을 나누게 되는 공동체의 예배하는 자리로 바뀌었다.

예배의 작은 부분은 어린이들이 암기하는 데 도움이 된다. 이것은 그들에게 공동체의 일원이 되었다는 사실을 세 부분에서 깨닫게 하는 기회가 주어진다. 이것 때문에 어린이 설교에서 이 말과 제스처의 의미를 설명하면서 어린이들에게 그들의 축복이 목사님에게 임하도록, 그들의 돌봄 가운데서 그가 강하게 되도록 그들의 손을 그분을 향해 들도록 가르쳤다. 그들은 정말 사랑스럽게 그 동작을 했고, 예배 가운데서 왜 그것이 그렇게 중요한지를 부모들도 그 자리에서 함께 배울 수 있었다. 불행하게도 교회에서는 이 인사가 거의 사용되지 않기 때문에 현재는 그것이 예배 현장에서 잊혀져 가고 있다. 우리의 예배 의례에 대해 자주 어린이들과 성인들을 모두 가르칠 뿐만 아니라 그 가르침을 따라 정규적인 실행 - 공동의 의미(corporate meanings)와 함께 기억을 불어넣고 공동체의 의사표시(gestures)와 익숙할 수 있게 습관을 부여하는 것 - 을 할 수 있도록 하는 것이 필요하다.

그리스도의 몸 안에서 예배 참석자들을 맞아들이는 것 외에도 예전은 또한 하나님의 백성인 우리가 대안적 사회(alternative society)라는 사실을 우리에게 알려준다. 린더 켁은 리차드 존 노이하우스(Richard John Neuhaus)의 선언을 인용하는데, 기독교 예전은 "믿음의 공동체와 그것을 둘러싸고 있는 세상 사이의 '인식적인 부조화'(cognitive dissonance)를 강화"시켜야 한다고 말한다.16

예전은 예배 참석자들이 수용할 수 있고 이해할 수 있는 것 - 즉, 그것은 모국어로 번역되어야 한다 - 이어야 하지만 그 번역과정에서 우리는 예전의 전복적인 효과(subversive effect)를 잃지 않아야 한다. 아더 저스트(Arthur Just)는 다음과 같이 주장한다.

> 좋은 예전의 목표는 언제나 예수 그리스도의 복음을 통해 사람들의 삶을 변형시키는 것(문화의 변형)이 되어야 한다. 이것은 예전이 문화의 변덕에 종속되어 있다면 이것을 성취할 수 없게 된다. 아직 예전에 의해서 변형되지 않은 문화는 사실상 예전을 파괴한다. 교회는 문화와 차별이 없게 되며 복음을 상실하게 된다. 이것이 진정한 세속화이며 복음의 파괴이다.17

I. N. 미첼(I. N. Mitchell) 역시 많은 예전적 질문을 떠받치고 있는 신학적 문제에 대해 강조한다. 그는 우리가 "예전과 무엇이 잘못되었는가?"라고 묻지 말고 "문화와 무엇이 잘못되었는가?"라고 물을 것과 문화가 예전을 변화시키는 것보다는 예전을 통하여 문화를 변화시키는 것과 복음을 세상에 순응시키는 것이 아니라 세상이 복음을 따르게 하는 것에 초점을 맞출 것을 제안한다.18

예전과 그것을 수행하는 사람들은 우리를 둘러싸고 있는 문화에서 십자가 아래 사는 것이 무엇이며, 우리가 함께 모일 때 말씀과 성찬을

---

16 Leander E. Keck, *The Church Confident*, 23.
17 Arthur A. Just, "Liturgical, Renewal in the Parish," in Precht, ed., *Lutheran Worship*, 22.
18 I. N. Mitchell, "Liturgy and Culture," *Worship*, 65, no. 4 (July 1991): 364.

통해 우리 가운데 부활하신 그리스도께서 현존하시는 그리스도와 함께 사는 것이 무엇인지를 보여주어야 한다.

스토리 안에서 우리의 자리

우리가 회중 – 또한 방문자 – 을 진행하는 믿음의 공동체 가운데 연합시키기를 원한다면 교회가 시대마다에서 어떻게 예배를 드려 왔는지에 주의를 기울어야 한다. 기독교 예배와 관련하여 유대교의 뿌리에 대해서도 살펴보면서 구약에서 예배의 실행은 예전적 – 즉, 그들은 제사장들과 선지자들을 통해서 주어지는 하나님의 신탁의 말씀에 부가적으로 사람들의 참여가 포함되었다 – 이었다는 묘사로부터 분별해야 한다. 예를 들어, 시편의 말씀은 사람들이 말하거나 노래로 불렀던 합창을 포함하고 있으며(특히 시편 136편을 보라), 특별한 시편의 구조는 성전에 올라가면서 순례자들이 부른 노래로 되어 있다(시편 120~134편을 보라). 유사하게 개디가 지적한 것처럼 신약성서 학자들은 초기 그리스도인들의 예배를 강조하는 여러 공동의 예전의 증거를 발견하게 된다.[19]

예배가 성도들을 포용해 들이는 교회는 전 연령대에 걸쳐 '참여가 이루어지는' 사람들의 공동체이다. 사람들이 찬양하도록 어떻게 우리가 초청하지 않을 수 있다는 말인가? 우리는 모든 사람이 우리가 행하고 있는 예배의 그 차원에 포함될 수 있도록 하기 위해 예배에 대해 우리가 할 수 있는 최고의 교육을 수행해야 한다. 우리는 어린이들과 예배에 대한 교육을 받지 않은 성인들을 훈련해야 하는데, 행동, 예배에

---

19 Gaddy, *The Gift of Worship*, 37.

서 행하는 습성, 그리고 그것들이 가지는 의미에 대해 가르쳐야 한다.

우리의 예전 스타일은 다양한 것이 좋다 - 우리는 말하고, 옛 곡조와 새로운 곡조를 사용하여 찬양한다. 중요한 것은 예전이 온 교회가 그 안에서 나타내야 하는 현장을 제시한다는 점이다. 지역성, 연령, 언어 등에서 우리는 결코 홀로 예배하지 않는다. 아더 저스트가 주장한 대로, "예전이 특별한 시대와 장소의 독특한 문화와 관련성을 갖는 것은 그 예배의 종말론적 특성을 교회가 표현하는 것을 방해한다. 모든 시대에서 예전은 초문화적(trans-cultural)이고 초시간적(trans-temporal)인 메시지를 나타낸다." 교회의 역사적 예전 형태를 사용하는 것의 이점은 "우리가 고안하지 않았으나 우리 자신의 것으로 만든 예전을 가지고" - 우리의 믿음의 선배들이 사용하였던 예전, 예수님이 사용하셨던 시편뿐만 아니라 천사들이 불렀던 찬양(이사야 6장으로부터의 상투스)과 연합된 예전 - 예배할 수 있다는 점이다.[20]

현대의 예전들의 활용을 철저하게 거부하는 저스트의 입장에 나는 동의하지 않는다. 그러나 그것의 새로움이 역사적 증언과 균형을 이루기 위해서는 새로운 예전이 전통적인 것과 함께 사용되어야 한다고 믿는다. 그러한 변증법적 긴장이 없이는 예전은 "분파주의, 고립주의자, 문화적 경계가 없는 복음을 커뮤니케이션할 수 없게 될 위험을 가진다. 예전은 한 지역과 그곳의 사람들에게만 고착되어 모든 시대, 모든 장소의 모든 사람에게 오신 그리스도를 선포하기를 중단하게 만든

---

20 Arthur A. Just, "Liturgy and Culture," *Lutheran Worship Notes*, 27 (Autumn, 1993): 1~2.

다."²¹ 1993년 "다시 상상하기"(Re-Imagining) 컨퍼런스에서 논쟁의 여지가 있는 예전들에 대한 응답에서 두 교단의 지도자가 강조했던 것과 같이 "다양한 그룹이 그들의 관점, 혹은 목적에 따라 교회의 신학과 예배를 재형성할 때, 그들은 교회의 삶을 산산조각으로 만드는 것이다. ⋯ 공유된 기준이 없이 교회는 예배와 선포의 공동의 삶을 가질 수 없게 된다."²²

하나님의 백성과 그분의 은혜로우신 관계성에 대한 스토리는 과거로부터 미래에까지 미치는 아주 복합적인 것이다. 교회는 그 이야기의 온전성을 전달해야 한다. 결과적으로 우리가 예배를 기획할 때 우리 자신의 선입관 - 우리가 선호하는 일련의 선택 그리드를 통해 예배 찬양을 선택하는 과정과 같이 - 으로부터 우리 자신을 보호하기 위한 점검이 필요하다. 교회의 역사를 통해 전해져 내려온 예전의 유익은 시대를 거쳐 오면서 점검해 온 것이 필요한 사항과 결합되어 있다는 점이다. 우리는 형태에 대한 곡해에 대하여 부단히 경계해야만 함에도 불구하고 교회의 전통적 예전을 사용하는 것은 영속적인 실험으로부터 우리를 자유롭게 만들어 준다. 루터가 처음으로 종교개혁 당시의 사람들을 위해 그의 예배 신학을 묘사할 때 그는 "지금은 어디에서나 일반적으로 사용하는 예배 형식이 기독교가 처음 시작될 때로 돌아가야 한다"고 주장한다.²³ 그는 기독교의 근본적인 원리를 어기는 융합을 잘라내면

---

21 위의 책, 2.

22 Joseph D. Small and John Burgess, "Evaluating 'Re-Imagining,'" *The Christian Century*, 111, no. 11 (6 April 1994): 344.

23 Martin Luther, "Concerning the Order of Public Worship," in *Liturgy and Hymn*, 11.

서 예수님의 초기 추종자들에게 뿌리를 두는 전통을 보존하고자 했다.

많은 사람들은 옛 예전들이 죽었다고 불평을 하는데 종종 그들의 주장이 옳기도 하다. 많은 장소에서 그것은 죽었다. 왜냐하면 교회들은 단순한 전통주의로 예전을 전환하고 있기 때문이다. 자로스라브 펠리칸(Joroslav Pelikan)은 그 전통주의를 "살아 있는 자들의 죽은 믿음"이라고 부른다. 교회의 역사적인 예전들을 사용해야 한다고 주장하는 사람들은 펠리칸이 말하는 "살아 있는 자들의 죽은 믿음"을 추구하고 있다 – 즉, 전통 가운데 드리는 예배는 우리로 하여금 능동적으로 그리스도 안에서 종말론적 미래에 대해서 뿐만 아니라 교회의 과거에 인식할 수 있도록 만들어 준다. 펠리칸이 주장한 대로 전통은 그것의 정체성과 연속성에 대해 주장하는 동안에 발전시킬 수 있는 능력을 가지고 있다. 전통은 과거의 실행과 미래를 위한 우리의 선택적 희망과의 접촉을 통해 현재에 연결시키는 모드로 역할을 한다. 그것은 우리를 하나님의 백성의 이야기 가운데 위치시키며 시간과 장소를 통하여 펼쳐지는 계속되는 친교 공동체에 속해 있다는 우리의 소속감을 고양시킨다.[24]

전통적 예배로 대표되는 과거를 폐기시키기를 원하는 사람들은 모더니티의 역사에 대한 철저한 거부의 대가가 무엇이었는지를 배워야만 한다. 린더 켁은 사회학자 벤톤 존슨(Benton Johnson)의 관찰을 인용하는데, 교회의 "지도자들은 교회생활의 남아 있는 경계표를 그들에게 주지 않으면서 평신도들 아래에 불을 놓으려고 시도한다. 그러한 과정에서 … 그들은 교회가 세상에서 중요한 것에 연관성이 없다는 인

---

[24] Jaroslav Pelikan, *The Vindication of Tradition* (New Haven: Yale University Press, 1984), 65.

상을 전달한다."25

이제 교회는 연관성이 없는 것으로 보여질 뿐만 아니라 보다 심오하게 우리는 그의 본질적인 의미를 상실하게 된다. 그래미 헌터(Graeme Hunter)가 관찰한 대로, "누군가의 과거를 받아들이지 않는다는 것은 삶의 의미를 탐구함에 있어서 오만함(consequence)을 가지는 것이다. 우리 삶의 의미를 찾는다는 것은 큰 스토리 안으로 밀어넣어 그것을 보는 것인데, 그것은 어떤 문화의 배경을 거스르면서 그것을 입안한다는 의미를 함축한다."26 특히 교회가 교인들에게 예수님을 따르는 것의 의미를 전달하려고 하고, 그들은 그 제자도를 따라 살아가는 사람들의 공동체 안으로 그들을 연합시키려고 한다면 우리의 예전은 예배 문화를 유지하면서 그 거대한 이야기를 전해야 한다.

다른 여러 사람을 인용하면서 닐 포스트만은 오늘날 텔레비전 시대에 확대되어 가고 있는 과거를 거부하는 것에 강력하게 항의한다. 대안 사회인 교회는 이것에 저항해야 하지 않겠는가? 포스트만은 다음과 같이 기록한다.

> 1980년에 노벨문학상을 수상한 체슬라브 밀로시(Czeslaw Milosz)가 스톡홀름의 수락 연설에서 오늘의 시대를 '기억하기를 거부하는 것'을 그 특징으로 한다고 말했다. … 내가 보기에 역사가 칼 쇼르스케(Carl Schorske)는 근대적 사고의 관점에서 역사가 점점 쓸모가 없어졌기 때

---

25 Keck, *The Church Confident*, 17.
26 Graeme Hunter, "Evil: Back in Bad Company," *First Things*, 41 (March 1994): 38~39.

문에 그 관계 또한 지속적으로 냉담해졌다고 지적하면서 진실에 한걸음 다가갔다. 즉, 역사에 대한 완고한 무지 때문이 아니라 별로 연관성이 없다는 느낌으로 인해 역사의 왜소화를 가져왔다는 말이다. 텔레비전 방송인인 빌 모이어즈(Bill Moyers)는 정곡을 짚었는데 "나는 내가 하는 일이 건망증으로 들썩거리는 걱정되는 시대를 재촉할까 우려가 된다. … 우리 미국인들은 24시간 전에 일어난 일은 잘 알아도 6000년 전이나 60년 전에 일어난 일은 별로 아는 것이 없다." 내가 보기에 테렌스 모란(Terence Moran)은 구조적으로 이미지와 단편적 정보만을 제공하도록 편향된 매체로 인해 역사적인 관점을 갖기가 어려워졌다고 말하면서 이러한 문제의 핵심을 언급한다. 연속성과 맥락이 결여된 세계에서는 "여러 정보들이 수준 높은 의미를 해석해 내거나 전체적으로 일관성 있게 통합하기는 힘들어졌다"고 주장한다. 우리는 의도적으로 기억하길 거부하지 않았으며 기억하는 일이 쓸모없다고 단정짓지도 않았다. 오히려 우리는 기억하는 일에 있어서 부적합한 존재로 변해가고 있다. 왜냐하면 기억하는 일이 단순한 향수 이상의 그 무엇이라면 어떤 상황적인 바탕 – 이론, 비전, 메타포 – 을 필요로 하는데 사실을 체계화하고 유형을 식별할 수 있는 무엇을 필요로 한다.[27]

　　교회의 역사적 실행을 내던져 버리는 많은 움직임이 우리가 잠겨 살아가고 있는 텔레비전 문화가 기억하는 것에 적합하지 않다는 사실을 바탕으로 활발하게 일어나고 있기 때문에 여기에 포스트만으로부터 길

27　Neil Postman, *Amusing Ourselves to Death* (New York: Viking Penguin, 1985), 136~37.

게 인용했다. 우리는 하나님의 교회의 스토리 안에 우리 자신을 위치할 수 있게 만드는 비전 – 예배의 신학 – 을 상실했다.

예배 가운데서 행하는 것을 우리는 왜 행하는지를 보여주는 보다 강력한 비전을 우리는 필요로 한다. 하나님께서는 여전히 그리스도인들의 품성과 공동체를 형성하는 주체가 되신다는 확신을 가져야 한다. 이 책의 핵심을 차지하는 세 가지 중요 요소가 신실하게 유지된다면 기독교 공동체들은 기억하는 것에 적합하게 성도들을 양육할 수 있을 것이다.

그러나 우리 문화가 기억하는 것을 거절하는 것과 교회가 신실하게 기억하려는 것 사이에는 예배가 보다 문화와 같이 되어야만 한다는 논리를 증강시키는 마케팅 신봉자들이 있다. 마틴 마티는 이러한 트렌드를 다루는 *Context* 잡지에 실린 아티클에서 마케팅과 예배 사이에 이렇게 가세되는 갈등에 대해 응답한다. 그는 다음과 같이 쓰고 있다.

> 모든 신중한 교회는 그들의 예배의 전통적 형태 – 메시지, 기억, 그리고 그것들과 관련된 신학에 어떻게 통전적으로 연결되어 있는지와 상관없이 – 가 그들의 민감성이 슈퍼마켓이나 텔레비전에 의해서 형성되는 세대의 마음을 움직이지 못할 수도 있다. 텔레비전은 매체로서 사용하는 시간이 너무 길고, 즉각적인 흥분이 필요하고 미학적 평범함이 요구된다. 적용할 어떤 것도 행하지 않는 것은 무의미하게 만드는 것을 의미하며 앞서 말한 것처럼 청중을 작아지게 만든다. 올해 시장에서 불신자들이 무엇을 원하는지와 매치시키기 위해 모든 가게를 털어놓는 것은 믿음에 대해 거의 알지 못하는 사람들이 그 표현에 있어서 모든 것을 결정하도록 하는 것이다.

이 작가는 우리가 주요 개신교 교단 교회에서 1950년대에 일어났던 것이 일어나는 것을 보려고 한다고 염려한다. 그들은 일상적인 것에 매료되고, 큰 주차장과 웅장한 건물, 별로 헌신을 요구하지 않는 것을 좋아하는 사람들에 대해 도구를 정비한다. 그러나 그들은 쉽게 왔던 것처럼 떠나는 것도 쉽게 떠나게 된다. 내가 지금 길게 드리는 예배 전통에서 역동성을 찾으려 하고 떠오르는 마케팅의 원리에 대해서는 반대한다고 생각할 수 있다. 그러나 나는 이것에 대해 절대 신봉하는 것도 아니고 경청하려고 하는 것뿐이다.[28]

우리는 마티가 새로운 세대는 "예배의 의미, … 성찬의 실행, 시온의 언어로부터 너무 멀리 떨어져 있다"[29]고 한 것을 새겨들어야 하고, 깊은 인식을 가지고 있어야 한다. 그러나 온 이야기를 던져 버린 채, 그들을 그 안에 연합시키기 위해 더 열심히 일함으로써 그들을 최선을 다해 섬기려고 하고 있지 않는가? 베른하르트 크리스텐젠은 그러한 의미로부터 멀리 서 있는 사람들조차도 과거 시대의 예배 실행에 대해 깊이 생각할 수 있다고 주장한다. "이러한 '공동의 기도회'에 참석하면서 대부분의 비교단적, 비형식적 특성을 가진 그리스도인들은 구약성경의 시편 기자가 '성소에서 맛보았던 그 능력과 아름다움'을 경험하는 데 거의 실패하지 않게 될 것이다."[30]

---

28 Martin E. Marty, "Build a Parking Lot, and the People Will Come (and Go)," *Context*, 25, no. 4 (15 Feb. 1993): 3~4.
29 위의 책, 4.
30 Christensen, *The Inward Pilgrimage*, 71.

과거의 유산을 던져 버리는 대신에 우리는 그것을 새롭게 하고, 갱신하며, 개혁하고, 회복시킬 수 있다. 우리는 새로운 멜로디와 신선한 교훈, 완전한 교육, 그리고 우리가 행하는 것이 무엇이며 왜 그것을 행해야 하는지를 부드럽게 상기시키는 일을 사용할 수 있다. 예배에 참석한 많은 사람들이 충분히 그 관습에 대해 교육을 받지 못한 시대에는 예로부터 이어져 온 성도들의 공동체에 그들이 연합하는 것에 대한 지속적인 주의와 부지런히 고심할 것(diligent care)을 요구한다.

버게스와 스몰이 강조한 대로, "예배의 언어는 신학적이고 목회적인 차원에서의 분별을 통해 형성되어야 한다." 옛것과 새것의 변증법적 긴장관계 가운데 과거가 현대적 자원의 발전을 어떻게 해 가는 것이 좋을지 정보를 주게 해야만 한다. 왜냐하면 "예전은 개인들에게 새로운 가능성을 가늠하도록 하는 것이기 때문이며, 고백적인 행동과 공동의 실천 가운데 함께 어울리도록 해야 하기 때문이다."[31]

시편, 기도, 신조의 활용

공동의 고백적 행동은 성도들 개인을 지탱하는 데 절대로 필요하다. 두 번이나 암에 걸려 투병 중인 내 친구는 최근에 그의 딸이 어렸을 적 예배에 참석하여 암기했던 예전적 내용에 대해 정확하게 그 의미를 배우지 못했기 때문에 딸을 염려하고 있다는 고백을 털어놓았다. 그가 투병하는 기간에 사도신조가 믿음의 놀라운 요약이라는 사실을 발견한 이래 그는 교인들이 사도신조를 반복하여 고백하지 않는 것에 대해 반

---

31 Small and Burgess, "Evaluating 'Re-Imagining,'" 342.

대하였다. 그는 "내 딸은 그 신조가 '얼마나' 중요한지를 잘 알지 못하고 있다"고 통곡하듯 말했다.

6장에서 암기하는 전통의 가치에 대해 이미 논의했음에도 불구하고 이 무상함의 시대에 그 중요성을 아무리 강조해도 지나침이 없다고 생각한다. 여기에서 우리는 특별히 우리를 지탱해 줄 필요가 있는 이미지, 신학적 진리, 교리적 진술 – 마음과 영, 정신의 음식 – 의 메모리 뱅크에 관심을 가지고 있다. 우리의 예전이 신조, 시편, 응답 등과 같은 예전의 조각들 가운데서 이러한 선물들을 통합한다면 그것들은 삶의 모든 것을 위한 자원을 우리에게 제공해 줄 것이다.

우리는 모더니티의 소비주의로부터 우리를 보호하기 위해 믿음의 이야기를 계속해서 말해야 하기 때문에 역시 기억을 필요로 한다. 월터 브루그만은 다음과 같이 한탄한다.

> 기억상실이라는 무감각 속에서 공동체는 오직 '지금'만 존재할 뿐이며 '우리'만 존재한다고 생각할 수도 있다. … 기억상실증을 가진 사람들은 어떤 제안, 맹목적 복종, 그리고 쉬운 경영 등에 아주 놀랍게 개방되어 있다. 이러한 기억들은 어떤 것을 까다롭고 기이하게 만들어 동화되는 것을 어렵게 만들 수 있다. 소비주의는 "생산품"이 사회적 판단 기준으로 작용하게 만들며, 때를 맞추어 그러한 '소비자 가치들'이 부끄러움을 모르는 잔인함에 이르게 하는데, 이것은 기억상실증에 의존하고 있다는 사실이 분명해진다. 시편(78편)은 젊은이들의 힘을 북돋아주는 과거를 분명하게 기억함으로써 힘을 얻는 구조를 통해 풍요로운 마음을 가진 사람

들이 되어야 한다는 사실을 알려준다.[32]

교회가 현대 문화의 맹렬한 소비주의에 계속해서 저항하기 위해 대안적 사회로서의 존재 의식을 기억하는 것이 필요하다.

데이빗 바틀렛(David Bartlett)은 성전에 올라가면서 찬양하는 순례자들에게나, 혹은 감사제와 같은 그러한 의례에 있어서 "당신은 심상과 구문에 더 현란한 발놀림을 원하지 않는다"는 로버트 알터(Robert Alter)의 통찰력을 인용한다. 대신에 "전통적 자원의 웅변적인 리허설과 어떤 연속성 가운데 그러한 자원의 전통적인 배열 방식"을 갈망한다. 바틀렛은 초기부터 시편이 다음과 같은 역할을 하였다고 결론을 내린다.

> 시편이 지금 우리를 위해 작용할 때 과거에 우리를 밝게 하고 힘 있게 했고, 또 오늘도 그렇게 할 수 있는 이미지의 메모리 뱅크로 역할을 하게 된다. 위기가 올 때 역동적인 믿음을 가진 사람들이나, 혹은 믿음이 쉬고 있는 사람들이나 익숙한 찬양을 흥얼거리는 것을 볼 수 있음은 놀라운 일이 아니다. 우리의 관습과 의례가 함께 만나는 삶의 "관습적인" 큰 순간 – 세례식, 결혼식, 장례식과 같이 – 에 우리는 다시금 시편으로 눈을 돌리게 된다. 그것이 주님으로부터 전혀 새로운 말씀을 주시기 때문이 아니라 과거에 우리를 지탱해 온 말씀이 우리를 소생케 하기 때문이다.[33]

---

32 Walter Brueggemann, *Biblical Perspectives on Evangelism: Living in a Three-Storied Universe* (Nashville: Abingdon, 1993), 121.

33 David L. Bartlett, "Texts Shaping Sermons," in *Listening to the Word: Studies in Honor of Fred B. Craddock*, ed. Gail R. O'day and Thomas G. Long (Nashville: Abingdon Press, 1993), 155.

많은 사람들이 교회는 우리의 전통적인 자원이 더 이상 새로운 세대들에게 어필하지 않기 때문에 그것들을 던져 버려야 한다고 주장하면서도 이러한 주장의 허울 좋음은 관습적인 순간에 이러한 자원으로 돌아서게 된다는 바틀렛의 인식에 의해서 노출된다. 그것은 우리가 그러한 지속적인 언어 – 희망과 힘, 그리고 빛의 말 – 를 제시할 수 있는 교회를 둘러싸고 있는 문화에 얼마나 놀라운 선물인가!

이 선물이 가지는 위대한 넓이를 인식하면서 월터 브루그만은 엘리 위젤(Elie Wiesel)의 인상적인 진술, "시인들은 죽은 자들이 자기 의견을 표명할 수 있도록 하기 위해 존재한다"를 인용한 후에 시편에서 "그들은 믿음을 표명한다. 그러나 믿음을 표명하면서 그들은 솔직하게 그들의 고통도, 울화도 표명한다 – 그리고 마지막에는 기쁨을 표명한다. 그들의 지속적인 자기 표명은 우리에게 생명으로 다가오는 그 말씀을 제시해 준다."[34] 우리의 예배에서 시편을 사용하는 것은 우리의 모든 감정에 대한 말씀과 그분을 신뢰하도록 우리를 초대하시는 하나님으로부터 오는 신탁의 말씀, 인간의 말이 실패할 때에도 견디게 하는 진리의 말씀을 제시해 준다.

예전은 강력한 교사이다. 지속적으로 예전적 부분을 반복하는 것은 참석한 사람들의 마음 가운데 편안함을 견고하게 심어준다. 호스피스 환자들을 영적으로, 일체가 되어 돌보았던 것을 묘사하면서 에바 카바나(Eva Cavangh)는 발견한 내용을 전해 준다. "죽어가는 사람들 앞에서 나는 강력하고 변화시키는 기도를 발견했다. 죽어가는 사람들은 '독창

---

[34] Walter Brueggemann, *The Message of the Psalm: A Theological Commentary*, Augsburg Old Testament Studies (Minneapolis: Augsburg, 1984), 12.

적인 기도'(creative prayer)인가를 따지지 않는다. 아마도 그들은 너무 피곤하고 약해져 있기 때문일 것이다. 그들은 그들이 수년 동안 드려왔던 주기도문이나 시편 23편과 같은 오래되고 친숙한 기도에 전적으로 의존하는 것을 보았다." 만약 그들이 "아직도 충분히 강했다면 그들은 가족과 친구들과 큰 기쁨을 가지고 드렸던 의식적인 기도나 예배 – 성찬 집례, 익숙한 성경구절을 중심으로 드리는 예배 – 와 같은 것을 좋아했을지도 모른다."35

이러한 증언은 예배 인도자들이 회중을 위해 예전을 기획할 때 깊이 숙고해야 할 내용이다. 우리의 예배가 이러한 예전적 기도와 시편을 가르치지 못한다면 누가, 무엇이 그것을 할 수 있을 것인가? 우리 문화 가운데 많은 사람들이 그의 자녀에게 경건생활의 습관을 훈련하고 믿음의 자산을 제공하는 신실한 믿음의 부모와 함께 기독교 가정에서 자라나는 특권을 경험하지 못하고 있다.

나에게는 예전과 관련하여 소위 예배 전쟁이라는 것의 대부분이 오랫동안 우리가 예배의 습관과 의미를 가르치는 일에 실패하였기 때문에 발생하고 있는 것 같다. 의례에 대해서 문외한인 사람들을 교육하고, 전통이 가지는 의미에 대해 관심을 기울이는 것은 많은 에너지를 필요로 한다. 예배를 기획할 때 우리가 무엇을 하는 것인지를 깊이 점검하는 것보다는 관습에 빠져드는 것은 아주 쉬운 일이다. 그러나 예배는 아무도 할 수 없는 일을 교회가 하고 있는 유일한 일이기 때문에 좋은 예배는 우리의 최고의 우선 사항이 되어야 한다. 더욱이 좋은 예

---

35 Eva Kavanagh, "Prayer of the Flesh," *The Other Side*, 29, no. 3 (May-June 1993): 56, 58.

배는 노력 - 하나님을 찬양하기 위해서 뿐만 아니라 성도들의 품성을 형성하기 위해서, 그리고 교회 공동체를 육성해 가기 위해서 - 을 기울일 만한 충분한 가치가 있다.

교회의 성례전적 삶

예전의 요점은 예배에 그것의 형태와 흐름을 부여한다는 것이다. 대부분 교단의 찬송가는 교회의 지식(lore)의 기록이다. 그래서 예배는 관련이 없는 품목들을 세워놓은 것이 아니다. 근본적으로 그것이 축약되어 형성된 예배는 기본적인 포맷과 다양한 요소와 함께 그리스도인의 삶의 세 가지의 다른 리듬에 응답한다. 주의 리듬(the rhythm of the week)은 말씀과 성찬, 성경봉독, 설교, 찬송, 봉헌, 강복선언이 포함된 안식일/주일 예배와 함께 시간 속에서 펼쳐진다. 날의 리듬(the rhythm of the day)은 아침기도와 저녁기도(morning and evening prayer), 그 사이에 8가지 성무(eight offices)[36]가 배치된다. 삶의 리듬(the rhythm of the life)을 위한 예배 예전으로는 세례, 견신례, 결혼, 파송, 장례 등의

---

[36] 역주/ 예전적 예배를 드리는 교회들에서 지켜지고 있는 시간의 전례(liturgy of the Hours)는 유대인들이 가진 매일 전례에 기초한 것으로 초기 기독교 공동체의 매일의 삶의 기반을 이루었다. 이것은 정해진 시간에 기도를 드리는 전통으로 수도원이 생겨나면서 수도원의 성무(聖務)는 하루를 여러 부분으로 나누어 밤의 성무와 낮의 일곱 번의 기도를 드리는 것으로 발전하였고, 8가지 성무는 밤중기도(자정 무렵), 찬미경(새벽 3시경), 일시경(아침 6시경), 삼시경(아침 9시경), 육시경(정오), 구시경(오후 3시경), 만과(오후 6시경), 끝기도(오후 9시경) 등으로 구성된다. 로마 가톨릭교회는 20세기에 들어와 이러한 성무일과의 개혁을 하게 되는데, 주일이 가장 중요한 날로 복구되고 성무일과가 단순화되면서 단지 수도자나 성직자만이 아니라 일반 신도를 위한 것으로 발전시켜 개인기도를 더 풍요롭게 하기 위해 성경 읽기, 특히 시편의 활용을 더욱 강조하였다. 또한 찬미경을 올리는 아침기도와 만과를 드리는 저녁기도가 매일 성무일과의 축을 이루었고, 밤중에 드리는 말씀기도는 단축되면서 하루 중에 어느 시간이든 자유롭게 드릴 수 있게 했다. 밤기도는 하루를 마치면서 드리는 기도였고, 네 개의 시간으로 나누어서 드리던 것(일시경, 삼시경, 육시경, 구시경)은 세 부분으로 나누어진 낮기도가 생겨났는데 오전 중간(삼시경), 한낮(육시경), 오후 중간(구시경)이 그것이다. 이때는 주로 찬송, 시편기도, 독서, 청원기도, 주님의 기도 등으로 구성된다.

의식을 거행한다.

여기에서 우리는 일반적인 예전 순서 가운데 포함된 모든 요소에 대해 설명을 할 필요는 느끼지 않는다. 대신에 내가 다양한 교회와 교단에서 프리랜서로 사역을 할 때 보아왔던 자주 오용되고 있는 부분에 대해서만 간단하게 설명하려고 한다. 이 섹션의 제목은 마치 많은 예전적 약점이 예배의 주요 부분만 강조하는 실수, 혹은 이러한 중요 부분들로 흘러가거나 거기로부터 흘러나오게 만드는 붕괴 현상으로부터 생겨나고 있기 때문인 것처럼 붙여져 있다. 회중은 건강한 성례전적 삶을 필요로 한다. 주님의 만찬은 그것이 가지는 온전성 가운데 베풀어져야 하며, 세례는 믿음의 공동체 속에서 온전한 삶으로 처음 나아가는 것(initiation)처럼 경축되어야 한다. 무엇보다도 우리의 성례전적 삶의 요점은 그리스도를 보여주는 것이 되어야 한다.

어떤 교회들은 주님의 만찬을 얼마나 자주 가져야 하는지에 대해 논쟁을 한다. (이것은 성례전적 삶이 미사의 중심이 되어 있는 로마 가톨릭 교인들에게는 분명코 참 어리석은 것으로 들릴 것임에 틀림없다). 분명히 주님이 명령하신 대로 우리는 가능하면 자주 우리 주님의 죽으심을 회상하기를 원한다. 그러나 여기에서 나의 중심 요점은 예배가 성찬을 포함하지 않는다면 예전은 전적으로 다른 구조를 갖게 된다는 점이다. 만약 그렇지 않으면 예배의 모든 부분은 전혀 일어나지 않을 정점을 향해 세워지게 된다. 교회들은 만약 성찬이 빠진다면 아침기도, 저녁기도, 말씀의 예배, 기도와 설교 중심의 예배, 혹은 다른 형태의 순서를 사용할 수 있을 것이다.

어떤 사람들은 매주일 성찬을 갖는 것에 반대하는데 그렇게 되면 예배가 지루해질 것이라고 생각하기 때문이다. 그런 생각에 사로잡히게 되면 교회는 그것의 온전성을 살려 주님의 만찬을 가질 수 없게 된다. 왜냐하면 이 선물은 복합적 의미와 분위기를 가지고 있기 때문이다. 교회력의 절기는 이러한 분위기를 살릴 수 있도록 도와준다. 사순절에 성찬은 슬픔을 자아내는 분위기(그것이 처음 세워질 때 사도들이 가졌던 슬픔을 나누며)로 진행할 수 있겠고, 겸손의 분위기(주님을 십자가로 나아가게 만든 우리의 죄를 생각하면서)로 진행할 수도 있겠다. 또한 과거에 초점을 맞추며 진행할 수도 있겠다. 부활절기에는 성찬은 보다 기쁨이 넘치는 분위기(예수님이 정말 부활하셨다!)로 진행할 수 있을 것이고, 장래에 우리가 주님과 함께 부활하여 천상에서 갖게 될 향연을 그려보며 가질 수도 있겠다. 오순절기는 우리의 삶 가운데 찾아오셔서 성령님의 능력으로 부으시고 장벽이 없는 공동체가 되도록 하신 그리스도의 몸을 바로 이해함을 통해 보다 현재에 중점을 둘 수 있는 기간이다. 본인이 목격한 바로 이러한 정신을 가장 잘 이해할 수 있는 방법은 성찬대에 나올 때 교인들이 돈을 떨어뜨려 그 돈으로 예배 후에 교회 지역의 가난한 구역을 찾아가 공동체가 그들을 위한 저녁 식사 준비에 사용하는 것이다.

우리가 성찬을 어떻게 준비하는가는 참으로 중요한 일이다. 우리가 어떻게 성찬을 행하든, 어떤 예전 형태를 사용하든지 상관없이 모든 것은 그리스도를 증거하는 것이 되어야 하고, 당신 자신을 주시는 그리스도의 선물을 받기 위해 그의 임재 가운데서 우리 자신을 사용하는 것이 되어야 한다. 특히 본인은 평화의 인사를 함께 나누면서 설교를 시작하여 우리가 막 기쁨으로 참여하게 될 성찬을 극적으로 기대할 수 있는 성찬 대감사 기도 가운데로 나아가는 형식을 좋아한다. 성찬 후에 주어지는 예전적인 순서는 기도, 찬양, 강복선언을 통하여 세상에 나아감을 구체적으로 배치하여 스토리의 대단원으로 나아가게 할 수 있다. 나의 요점은 역사적인 예전에서 예배 순서는 이렇게 극적인 흐름을 가지고 있었으며, 이러한 놀라운 향연에서 하나님의 선하심을 실제로 맛볼 수 있게 하는 놀라운 경이감을 갖도록 도와줄 수는 없지만 우리를 환기시킬 수 있다는 사실이다.

말씀에 초점을 맞추는 예전을 둘러싸고 있는 예전적 요소들 역시 이렇게 동일하게 극적이다. 이렇게 함께 배열된 요소들은 말씀 예전을 위해 우리를 준비시킨다. 죄의 고백, 용서의 확인과 같은 순서는 하나님과 우리 사이의 모든 장벽을 제거한다. 목회자가 하나님의 용서를 선언할 때 그리스도와 교회로부터 나오는 순서 앞에 서 있게 된다. 기원(invocation)은 십자가의 표징 아래 우리를 위치시키며, 개회찬송은 그날의 분위기를 조성해 준다. 끼리에 순서는 모든 청중의 필요에 대해 자비를 간구하게 되며, 영광송(Gloria in Excelsis), 혹은 새로운 형식인 '이것은 주님의 잔치이니'(This is the Feast)는 천사들의 찬양에 동참하게 만든다. 짧은 기도(collect)는 성경봉독에 울려 퍼지게 될 주제에 관해 기도한다. 그리고 봉독될 성경말씀이 들려지고 시편의 말씀으로 요약된다. 찬양대 찬양, 인도자와 함께 부르는 짧은 교창(versicle) 등이 주어진다. 복음서는 예배의 첫 번째 최고지점으로 응답을 통해 강조되며, 그날의 찬양이 설교를 위한 응답, 혹은 설교에 대한 응답으로 주어진다. 모든 예배자는 함께 믿음의 공동체의 전체적인 본질을 선언하면서 신앙고백을 드리게 되고, 기도는 하나님의 뜻을 우리 삶 속에서 행할 수 있도록 우리를 하나로 묶어 준다.

대학의 예전 강의 클래스 후에 이어지는 대학원 영문학 클래스는 교회의 유산인 이 스토리를 절묘하게 말하는 것이 무엇인지를 나에게 알려주었다. 점점 역사적 미사를 서로 이어 만들었던 우리 믿음의 선배들은 각 시대를 따라 이 놀라운 내러티브를 아주 탁월하게 조화있게 편성하여 우리에게 전해 주었다. 놀라운 모든 예전적 부분을 공교하게 묘사하는 것에 거의 저항할 수는 없다. 그러나 그것들을 묘사하는 좋은 책들이 많이 있기 때문에 여기에서는 그것을 반복하지 않을 것이다.[37] 아주 많지 않은 예배자들만이 이러한 예배의 요소의 진가를 인정하고 있고, 그 흐름을 맛보고 있으며, 그들이 제시한 진기한 경험(adventure)을 소중히 여기고 있음이 나를 슬프게 한다. 더 최악의 것은 예전을 인도하는 많은 사람들조차도 그것을 어떻게 빛나게 하는지를 인식하지 못하고 있다는 점이다.

교회들이 예전의 아름다움을 가르치는 것과 새로운 성도들을 그 광휘 가운데 연합시키는 일에 비극적으로 실패하고 있다는 것은 어떤가? 그들이 믿음의 공동체의 스토리 가운데서 예전이 주는 통찰력을 맛볼 수 있도록 하기 위해 왜 우리는 자녀들에게 가르치지 않는가? 예배 중에 나누는 인사(*salutation*)가 룻과 보아스의 스토리로부터 왔으며, '하나님의 어린 양' 찬양이 세례 요한에게서 왔으며, 상투스가 이사야로부터 왔으며, '마그니피캇'(*Magnificat*, 마리아 찬가)이 마리아로부터 왔으

---

37 James F. White, *Introduction to Christian Worship*, rev. ed. (Nashville: Abingdon, 1990)과 Carl Schalk, "Music and the Liturgy: The Lutheran Tradition," in Precht, ed., *Lutheran Worship*, 243~61 등을 참고하라.

며, '눙 디미티스'(Nunc Dimittis, 시므온의 노래)가 시므온으로부터 왔다는 사실을 그들이 예배에 참석할 때 아이들이 알 수 있도록 하기 위해 교회학교에서 예전의 성경적 뿌리를 가르칠 수는 없는 것인가? 예전을 행할 때 마음에 두어야 할 증인들의 망이 얼마나 풍성한가! 한 친구가 이러한 초시간적인 공동체에 대해 글을 썼다. "예전은 더 이상 말이 아니며, 믿음을 삶으로 살아내는 진정한 백성들을 위한 언약이다. 과거의 성도들뿐만 아니라 지금 살아 있는 성도들, 그리고 아직 오지 않은 사람들까지 성도들의 연대를 더욱 힘 있게 한다."[38]

우리가 사용하는 형식이 무엇이든지 간에 예전의 목적은 하나님의 임재와 믿음의 공동체를 확대하는 것이어야 한다. 결과적으로 정치적 의제는 기도 가운데 분명히 할 필요는 없으며, 알림이 예배의 흐름을 방해해서도 안 된다. 의례가 의례상의 드러냄이 되어서도 안 되며, 격식을 차리지 않은 경솔한 언행에 의해서 흐려져서도 안 된다. 예배 음악은 메시지와 상응하는 것이 되어야 하며, 예전의 요소들은 시간 때문에 생략되어도 안 되고, 관련이 없는 요소들이 별다른 이유 없이 추가되어서도 안 된다. 예전이 별생각 없이 진행되어서도 안 된다. 예배는 도구이다. 예배가 진정으로 일어나느냐는 참석자들에게 달려 있다.

헨리 나우웬은 우크라이나에 갔던 그의 여행 경험으로부터 짧은 사건 가운데서 예전을 둘러싸고 있는 세계적인 공통점인 공유된 예전의 신랄함(poignancy)을 다음과 같이 인지한다.

---

[38] 오르간 연주자인 데이빗 헨드릭슨 박사와의 개인적인 서신왕래에서 인용한 것이다.

우리가 밴을 주차했을 때 수백 명의 사람들이 우리를 주시하며 교회 밖에 서 있는 것을 보았다. 내가 들었던 그들의 처음 표현은 "호스포디 포밀루이"(*Hospody pomyluy*), "주여, 자비를 베푸소서"였다. 그것은 동방교회 예전에서 대부분의 사람들이 사용하는 말이었던 예수님의 기도의 핵심인 '끼리에 이레이손'이었다. 그것을 들으면서 마음에 깊은 감동이 왔다. 그들은 내게 이 새로운 나라를 가장 최고의 방법으로 소개하는 것 같았다: "주여, 자비를 베푸소서." 그것은 하나님의 백성들의 기도였으며, 갈등, 전쟁, 박해, 그리고 억압으로 얼룩져 있던 수세기 동안 울려 퍼진 기도였다. 그것은 예전의 언어였으며, 마음으로 드리는 가장 친밀한 기도에 속한 언어였다.[39]

침묵

프리랜스로 일하면서 나는 수많은 교회를 방문했는데 예배 가운데서 실제로 침묵 가운데 시간을 보낸 교회는 손가락으로 꼽을 수 있을 정도로 적었다. 천사들은 잘 알았다. 요한계시록에서 묘사되는 천상의 예배는 반시간 동안의 신비한 침묵을 포함하였다.[40]

Lutheran Book of Worship(루터교 예배서)은 예전 가운데 침묵을 활용하는 지침을 담고 있는데 예배 가운데서 전략적으로 침묵을 가질 수 있는 세 가지 자리를 제시한다. 그러나 실제로 그것을 교회들이 주목

---

39 Henri J. M. Nouwen, "Pilgrimage to the Christian East," *New Oxford Review*, 61, no. 3 (April 1994): 15.
40 요한계시록 8장 1절을 참고하라. 또한 나의 다음의 책, 20장을 참고하라. Marva Dawn, *Joy in Our Weakness: A Gift of Hope from the Book of Revelation* (St. Louis: Concordia, 1994).

하여 실행하는 경우는 거의 없다. 많은 대안적인 현대적 예배는 침묵을 활용하는 것을 소홀히 하고 있을 뿐만 아니라 묵상(meditation)과 숙고(reflection)를 위한 기회를 아예 땅에 묻어 버렸다.

수도자들이 그들의 기도의 삶을 계획할 때 인식했던 것처럼 인간의 몸과 마음은 침묵을 필요로 한다. 우리가 죄성으로 덮여 있는 우리 자아를 하나님 앞에 세워 침묵하기 전까지 – 우리의 목적을 성취하기 위해 모든 것, 모든 사람을 조종하려고 했던 우리의 노력을 통제 가운데 놓으면서 – 우리의 내적 자아가 하나님을 향하여 마음을 열고, 하나님의 말씀을 수용하는 것은 거의 불가능하다. 어떻게 우리가 하나님을 성령님께 온전히 우리 자신을 풀어 놓을 수 있을까? 우리는 우리 자신을 긴장의 바쁜 항구로부터 벗어나 하나님의 무한하신 존재의 대양으로 운반해 줄 침묵의 채널을 필요로 한다.

어떤 사람들은 오직 수도사들이나 다른 명상에 잠기는 사람들에게나 침묵이 필요하다고 주장하기도 한다. 그러나 그러한 반대는 아마도 침묵을 견디지 못하는 현대의 무능력 때문에 일어난 것이다. 침묵 가운데서 우리는 우리 자신뿐만 아니라 우리의 두려움과 추함, 공허함에 직면해야 한다. 모든 것 중에서 가장 어려운 것은 우리가 하나님을 만나야 한다는 것이다. 교회는 위대한 선물을 제공할 수 있는 기회 – 교인들과 방문자들에게 하나님의 음성은 은혜로우시며 자비로우시다는 것을 침묵 가운데서 듣고 배울 수 있도록 가르치는 – 를 가지고 있다.

미네소타 시골에서 예술 활동을 했던 것에 대해 기록하면서 캐롤 블라이(Carol Bly)는 감회에 사로잡혀 다음과 같이 말하였다. "우리는 결국 우리의 머리를 통해 어느 계층의 사람들이 필요한 것과 모든 계층의 사람들이 그렇게 할 권리를 가지고 있다는 것을 알 수 있다. 침묵과 무중력이 필요한 것은 베토벤이 아니다. 그것은 우리 모두이다."[41] 모든 장소 중에서도 교회는 이러한 선물 – 아직까지 교회도 그 자리로부터 가장 빠르게 도망가고 있는 것 같다 – 을 제공할 수 있어야 한다.

레이몬드 가우론스키(Raymond Gawronski)는 우리의 믿음이 그 안에서 형성되기 때문에 침묵을 즐길 수 있도록 우리를 초대한다.

> 우리의 믿음은 영원하고 개인적인 말씀이 되시는 그분 안에 있다. 그분은 사람들과 대화를 나누는 말씀이시다. 성탄절 찬양 중 "고요한 말씀"(silent Word)이라고 칭한 그것을 듣기 위해 우리는 침묵 가운데 있어야 한다. 미국의 근본주의자들의 광신적인 신앙의 경향에도 불구하고 하나님의 말씀은 라디오에서 울려 퍼지는 시끄러운 중고차 광고와 같지 않다. 하나님의 말씀은 숲속에서 미동도 하지 않고 앉아 있을 때 안개 속에서 나타나는 사슴과 같이 우리에게 다가온다. 만약 당신이 충분히 조용하게, 그리고 부드럽게 앉아 있다면 그 사슴이 도망가 버릴까봐 두려워할 필요는 없을 것이다. 물론 우리의 사슴은 우리를 끊임없이 추격해 오는 천국의 사냥개(the Hound of Heaven)이다. 그러나 역설적으로 우리는 하나님께 나아가며 그분은 그때 우리에게 말씀이 되시며 침묵이 되신다. 또한 그때 우리에게 침묵하실 수 없는 분으로 존재하시며 그의 목소리를 높이지 않으시며 소리치지 않으시는 분이 되신다.[42]

---

41 Carol Bly, *Letters from the Country* (New York: Penguin Books, 1981), 49.
42 Raymond T. Gawronski, "Why Orthodox Catholics Look to Zen," *New Oxford Review*, 60, no. 6 (July-Aug. 1993): 15.

의례 제스처와 자세

본서가 강조하는 세 가지 기본적인 예배의 주제 – 하나님께 초점을 맞추는 것, 개인의 그리스도인 품성을 육성하는 것, 공공의 몸(communal Body)인 교회의 일원으로서 그리스도인의 품성을 육성하는 것 – 는 간접적으로 제스처와 자세를 통해서 진술할 수 있다. 예를 들면, 예배를 돕는 복사(acolytes), 강단의 일을 돕는 사람(alter guild)이 성찬상을 준비할 때 제단에 인사를 하는 제스처는 그들을 일깨울 수 있다. 또한 그러한 자세는 말씀과 성찬 가운데 그리스도의 임재 때문에 그곳에서는 특별한 경외감이 요구되는 성단소(chancel)에 들어오는 사람도 일깨울 수가 있다. 우리 믿음의 선배들은 아마도 이러한 경외심을 가지고 기이한 엄격함과 보증되지 않은 두려움 가운데서 독특한 그 극단의 자리에 나아왔을 것이다. 그러나 이제는 종종 진자가 그 반대 방향으로 너무 멀리 가서 그리스도를 단지 친한 친구로는 생각하지만 만왕의 왕이 되시고 만주의 주가 되시는 분으로 생각하지 않는 결과를 야기했다.

이 책에서 자주 강조하는 내용이지만 다시 우리는 신중하게 변증법적 균형을 유지해야 한다. 하나님은 우리 가까이에 내재하시는 분이며, 친밀한 방식으로 사랑을 주시는 쉽게 다가갈 수 있는 분이다. 그러나 그분은 우리를 넘어서 완벽한 거룩하심 가운데 거하시는 초월적인 분이며, 모든 피조물을 그분에게로 돌리시며 소유하시어 그들로부터 경배를 받으시는 분이다. 우리는 예배 제스처와 자세를 통해 이러한 역설적인 하나님에 대한 인식을 고양시킬 수 있다.

예배 시작 부분에서 주어지는 어린이 설교에서 본인은 아이들이 예배를 돕는 복사(acolytes)가 행하는 일을 볼 수 있도록 그들을 초대했다. 우리는 그들이 제단에 나아가고 떠날 때 어떻게 절을 하는지를 함께 주시해 보았다. 우리는 하나님께서 어떻게 어디에나 계시는지에 대해서 이야기를 나누었다. 그러나 특히 우리는 그분이 무엇보다 하나님이시며 우리는 아주 작은 존재라는 사실을 기억하는 이 장소에서 그분께 어떻게 존경을 보낼 수 있을지에 대해 이야기를 나누었다. 우리가 떠드는 것은 이러한 예배의 자리에서 적당하지 않다는 사실을 함께 기억할 수 있었다. 그 예배의 자리는 특별히 하나님의 성품을 위해 따로 자리를 떼어놓는 자리이다. 그것은 웃음과 기쁨이 가득한 자리이며, 회개와 슬픔의 눈물이 있는 자리, 침묵과 묵상이 있는 자리, 선포된 말씀이 있는 자리이다. 그러나 그곳은 무례함의 자리가 아니며 다른 사람을 방해하는 소란함의 자리도 아니다. 또한 그곳에서 일어나는 하나님과의 특별한 순간과 별 상관이 없는 자리가 아니다. 그때 아이들과 나는 제단으로 걸어갔고, 함께 그곳에서 절을 했다. 그것은 아주 거룩한 순간이었고, 아이들은 경이감과 어린이다운 존경을 가지고 서 있었다.

우리와 연관성이 없고 소란스러운 사회에서 조용한 장소를 열망하면서 그 안에서 우리가 하나님을 만날 수 있고 그분을 닮아갈 수 있는 공동체가 함께 모여 거룩함의 감정을 가지고 조용히 그곳에 있다는 것이 얼마나 중요한 일인가. 우리 아이들은 텔레비전과 워크맨, 그리고 다른 기술과학문명이 제공하는 오락이 주는 소동과 과장된 말로 계속해서 괴롭힘을 당하고 있기 때문에 그들에게 대안적인 것 – 숭배의 움직임, 거룩함의 제스처, 덕스러운 자세 – 을 제공해 주는 것은 얼마나 중요하고 필요한 일인가.

예배 제스처는 찬양할 손을 든다든지, 공동체의 기도를 위해 줄을 건너서 손을 함께 잡는다든지, 용서의 선언을 듣기 위해 손을 벌린다든지 하는 동작을 포함할 수 있을 것이다. 몸과 얼굴의 위치 역시 다양한 예배 부분의 주제를 강조해 준다. 목회자가 기도할 때 강단을 향하는 것도 중요하며, 그들에게 주시는 하나님의 말씀을 받을 때 사람들이 제단을 향해 고개를 드는 것도 중요하다. (그러므로 키리에의 마지막 부분을 드릴 때 회중으로부터 고개를 들어 제단이나 십자가를 바라볼 수 있는데 그들이 지금 사람들에게가 아니라 하나님께 기도하고 있음을 드러낼 수 있다). 예배자들은 신앙고백을 할 때 서로를 바라보면서 – 하나님에게가 아니라 찬송가를 보면서 하거나 바닥을 보면서 하는 경우도 있는데—할 수도 있는데 이것은 서로에게 우리의 믿음을 선언하는 것이기 때문이다.

우리가 예배 순서들에 마음이 담기지 않고 습관처럼 드리는 것이 되지 않도록 주의를 기울일 때 이러한 예배의 자세는 예민하게, 그리고 강력하게 우리의 품성의 발전에 영향을 끼칠 것이다. 결과적으로 그리스도가 머리이시고, 몸인 예배하는 공동체로서 우리가 함께 모여 있다는 의식은 우리의 매일의 삶으로 이어진다. 제단에 절을 하는 것은 매일의 삶 속에서 갖게 되는 결정 가운데 하나님의 뜻에 부복하도록 영향을 미칠 수 있다. 예배에서 서로에게 우리의 신앙을 고백하는 것은 우리의 이웃, 직장 동료, 가족과 보다 쉽게 우리의 믿음을 나눌 수 있도록 우리를 초대한다. 오래된 전통으로 의례(ritual)를 던져 버리는 사람들은 몸의 언어와 감각 경험의 품성 형성에 주어지는 깊은 영향을 이해하지 못할 것이다.

예술, 건축, 상징과 이콘들

교회의 예술과 예배 공간에 대한 뛰어난 저서들은 아주 많이 있다.[43] 여기에서 그 주제를 다루려고 하는데, 우리 사회에 파괴적으로 많은 영향을 미치고 있는 텔레비전 시대에 (앞의 2장에서 살펴본 대로) 우리가 깊이 빠져 있다면, 그것이 거의 인식하지 못할 예술과 상징주의에 거대한 영향을 미치고 있기 때문이다.

아직 텔레비전의 영향이 그렇게 현저하지 않은 다른 문화들은 예전적 예술의 영적인 작용에 대해 보다 깊은 진가를 인정하고 있다. 헨리 나우웬은 우크라이나를 방문하여 쓴 그의 일기에서 "풍부하게 장식된 교회, 사제들의 풍부한 색조의 장식된 제의(祭衣), 찬송들, 시편교창, 기도들(풍부한 하모니 가운데 노래로 드려지는), 사람들의 경건한 주목, 사제들의 장엄한 제스처들", 그리고 우크라이나 공동체에서의 동료 그리스도인들의 환영과 환대 등에 의해 일깨움을 느꼈다고 쓰고 있다.[44]

그러한 상징, 예술, 소리, 제스처, 그리고 장엄한 헌신이 함께 섞이는 것이 시대가 바뀐 미국 사회에서도 가능할까? 닐 포스트만은 종교적 미학의 이해에 변화가 일어나고 있기 때문에 의심스러워한다. 특별히 텔레비전에서 방영되는 종교를 기다리면서 일어나는 현상에 대해 그는 다음과 같이 쓰고 있다.

---

[43] 이 주제에 대한 짧은 개론적 안내를 위해서는 White, *Introduction to Christian Worship*, 88~121과 Wayne E. Schmidt, "The Place of Worship," in Precht, ed., *Lutheran Worship*, 175~218 등을 참고하라.

[44] Henri J. M. Nouwen, "The Gulf Between East and West," *New Oxford Review*, 61, no. 4 (May 1994): 12.

물론 텔레비전이 종교의 품위를 격하시켰다는 주장에 대한 반론도 있다. 그 중에서 대단한 구경거리가 종교에도 낯설지 않게 존재한다는 주장도 있다. 퀘이커교도를 포함해서 몇몇 엄격한 종파를 제외하고는 모든 종교는 예술, 음악, 성상, 경외감을 불러일으키는 의식을 통해 사람들의 마음을 끌려고 노력한다. 종교에 있어서 미학적 차원은 많은 사람들로 하여금 종교에 대한 매력을 갖도록 만드는 원천으로 작용한다. 특히 로마 가톨릭교회와 유대교에 있어서 이러한 특성이 강한데, 사람들의 마음을 사로잡는 성가, 화려한 예복과 스톨과 같은 어깨에 걸치는 숄, 추기경이나 랍비들이 쓰는 독특한 모자, 성찬용 웨이퍼(wafers)와 포도주, 스테인드글라스, 고대 언어로 읊조리는 신비한 운율까지 이러한 요소가 깊게 작용한다. 이것들은 텔레비전 화면에 비치는 꽃 장식, 분수, 정교한 세트 등과는 전적으로 다른데 종교적 장식은 단순한 장식품이 아니라 그 종교 자체가 지니는 역사와 교리 등이 통합된 요소이다. 그것들은 회중에게 적절한 경외감을 불러일으킨다. … 참된 종교에서 사람들이 경험하는 대단한 광경에는 단순한 흥미 이상의 목적에 부합하는 경외감이 존재한다. 그 차이는 결정적으로 중요하다. 사물에 신비한 힘을 부여하면서 드러나는 경외감은 이것을 통해 거룩한 세계로 나아가는 수단이 된다. 오락은 우리를 거룩한 세계로부터 더 멀어지게 하는 수단이 된다.[45]

텔레비전에서 방영되는 종교에 적용하는 그의 주장에 많은 사람들이 항의를 하고 있음에도 불구하고 장신구에 대한 그의 기본적인 요점

---

45 Postman, *Amusing Ourselves to Death*, 121~22. 이 책에서 인용한 내용의 페이지는 본문 안에 괄호로 표시했음을 밝힌다.

이 본서의 전체적인 분별과정에 어울리기 때문에 약간 길게 포스트만으로부터 인용했다. 우리가 예배에 대해 질문을 던질 때 예술과 상징을 어떻게 신중하게 고려할 것인지에 대한 가장 좋은 질문은 그것이 기독교 신앙 자체의 역사에 완전하게 어울리는지와 관련이 있다. 우리의 음악, 설교, 예배 장소, 그리고 예전 등이 우리를 거룩한 것으로부터 멀어지게 하는가, 아니면 그것으로 더 가까이 가게 하는가? 포스트만은 응집성(coherence)과 적정성(propriety)의 이슈를 우리에게 제시한다. 우리의 대답은 우리가 행하는 것과 우리가 그것을 어떻게 행하는가가 맹목적인 숭배인가, 진정한 예배인가를 드러낼 것이다.

포스트만은 텔레비전화된 예배에는 "진정한 종교적 경험을 불가능하게 만드는 유효 시청 범위라는 텔레비전의 특성과 그 주위 환경이 있다"고 주장한다(118). 우리는 그러한 주장에 동의하지 않을 수도 있다. 그러나 그가 제시하는 바탕은 우리의 교회에서 드리는 예배를 위해 좋은 질문을 제기한다. 그의 첫 번째 고려는 공간의 신성화를 들 수 있다. 예배를 위해 "그것이 행해지는 공간은 신성함의 수단과 함께 준비되어야 한다"는 것은 필수적이다. 만약 회중이 "신비와 상징적인 초세속적 특성의 분위기에 잠기지 않는다면 그때 사소하지 않은 종교적 경험을 위해 요구되는 마음의 상태를 불러일으킬 수 있다는 것이 있음직하지 않다"(119). 우리 예배와 우리가 그것을 수행하는 장소는 하나님의 무한하신 타자성의 모든 특성 가운데서 하나님의 임재 의식을 갖게 하는가? 하나님의 집으로서 우리의 교회 건물은 영혼의 고향을 상징하는가?

예배 공간에서 상징의 가치는 보는 것보다도 훨씬 더 많은 것을 넌지시 말해 준다는 데 있다. 예를 들어, 성의(altar cloth)에 새겨진 성삼위에 대한 상징은 보는 이로 하여금 세 위격을 가지신 한 하나님의 존재의 신비를 묵상할 수 있도록 초대한다. 그러한 상징이 의미하는 것은 가르침을 받아야만 한다. 또한 교회는 그 의미의 즐거움과 신비 가운데서 시작되지 않은 것을 포함할 수 있는 새로운 방식을 발견해 가야 한다.

Amusing ourselves to Death(죽도록 즐기기)에서 텔레비전화된 예배에 대한 포스트만의 다른 주요 비판은 교회에서 예배를 너무 가볍게 만드는 것에 대해 경고해 준다. 그는 주장한다. "기독교는 요구하는 신중한 종교라고 말하는 것이 실수라고 생각하지 않는다. 쉽고 즐겁게 하는 것으로 전락할 때 그것은 전혀 다른 종교가 되고 만다"(121). 우리는 예배 가운데서 우리가 행하고 보는 것이 제자도에 관한 진리를 드러내는지를 언제나 물어야 한다. 아마도 우리의 십자가는 너무 아름다운 것 같다 – 그것은 그리스도 안에서 죽었다는 것을 의미하는데 우리는 그것을 잊었다.

그 이후에 나온 책에서 포스트만은 기술과학문명화된 세상이 믿음의 상징을 파괴하는 방식을 비난하면서 그의 관심을 증폭시킨다. 그는 캘리포니아 샤르도네이(California Chardonnay)[46]를 팔기 위해 예수님을 이용하는 예를 들고, 하나님을 언급한 헤브루 내셔널 프랑크프루트 소시지 광고("우리는 하늘의 최고 권위자를 만족시켜야 하기 때문입니다")를 인용한다.[47] 이것은 신성모독의 예가 아니지만 아주 심한 것이라고 설

---

46 역주/ 캘리포니아에서 생산되는 샤르도네이로 제조한 양주 브랜드를 말한다. 샤르도네이는 프랑스에서 가장 많이 재배하는 화이트 포도의 이름이며 북미와 남미 등 전 세계에서 가장 많이 생산되는 포도 품종이다.

47 역주/ 샤르도네이 광고는 이렇게 구성된다. 예수님이 포도주를 한 병 들고 흡족한 눈으로 바라본다. 그리고 카메라를 향해 고개를 돌리며 말을 한다. "내가 가나에서 물로 포도주를 만들 때 바로 이런

명한다. "무엇보다도 신성모독은 상징의 힘에 지불할 수 있는 최고의 찬사이다. 신성모독을 하는 자도 우상숭배자만큼이나 심각한 상징의 형태를 취한다."48 오히려 이것들은 신성모독이 아니라 법으로 막을 수 없는 평범화의 예일 뿐이다.

포스트만은 테크노폴리 안에서 중요한 문화적 상징의 평범화는 "테크놀로지에 대한 흠모가 어떤 것에 대한 흠모를 가져가 버렸기 때문에" 일어난다고 확언한다. 결과적으로 종교적 상징은 "가능하면 빠르게 무력한 것으로 만들어야만 한다 – 즉, 거룩한 것, 혹은 신중한 함축된 의미까지 고갈시켜 버린다. 하나를 신격화하기 위해 다른 것을 몰락시켜야 한다"(165).

우리 문화 가운데서 종교적 상징은 "이제 일반적인 것이 되었으며 그것이 반드시 경멸의 대상까지는 아니더라도 주목을 받지 못하는 무관심의 대상이 되어버렸다"(166). 하나의 뛰어난 예는 텔레비전이 그렇게 자주 부도덕한, 혹은 어리석은 성직자의 이미지를 방영하는 방식이 그것이다. 질병, 슬픔, 혼동 가운데 있을 때 도움을 요청할 수 있고 신뢰할 수 있는 사람의 명시적 의미로의 성직자의 상징을 상실하도록 만드는 데 그것은 일조를 한다. "상징의 의미 없음을 향한 여정의" 두

포도주를 생각하고 있었지요. 오늘 한번 마셔 보세요. 그럼 믿게 될 것입니다." 또한 헤브루 내셔널 소시지 광고는 전통적인 빨간색, 흰색, 파란색으로 만들어진 의상을 입은 엉클 샘이 등장하여 그의 특유의 표정을 짓고 있는 동안 헤브루 내셔널이 만든 맛있고 영양가 있는 소시지에 대한 설명이 나간다. 그리고 그 소시지가 육류제품이 준수해야 할 연방 기준보다 훨씬 엄격한 조건하에서 생산된다고 강조하면서 "왜냐구요?" 카메라가 하늘을 향하면서 다음의 목소리가 들려온다. "우리는 하늘의 최고 권위자를 만족시켜야 하기 때문입니다."

48 Neil Postman, *Technopoly* (New York: Alfred A. Knopf, 1992), 165. 이 책에서 인용한 내용의 페이지는 본문 안에 괄호로 표시했음을 밝힌다.

번째 이유는 그것들이 자주 일어나게 하는 빈도수의 기능뿐만 아니라 그것이 사용되는 차별 없는 상황이 가능하기 때문이다(167). 그 가사가 폭력적이거나 성적이거나 허무적인 내용으로 채워져 있는 노래를 부르는 락 가수가 십자가 목걸이를 착용하고 있다면 예배 공간에서 중점을 이루는 십자가에 남아 있는 권능은 무엇일까?

현대 사회에서 상징에 대한 의미의 공허화(evacuation)는 공동체와 그것이 가지고 있는 믿음의 내러티브에 무서운 결과를 가져온다. 포스트만은 다음과 같이 설명한다.

> 당연히 상징에 대해 일정한 존경심을 갖지 않는다면 전통에 대한 지각이 발휘될 수 없게 된다. 사실 전통은 상징의 권위를 인정하고 그것이 낳은 내러티브의 타당성을 인정하는 것, 그 이상도 이하도 아니다. 상징이 고갈되어 가면서 내러티브도 상실되게 되는데, 이는 테크노폴리의 위력이 가져온 가장 심각한 결과이다(171).

포스트만이 우리에게 경고하기를 문화는 반드시 내러티브를 가져야 하며,

> 심지어는 파국이 예정되어 있다 할지라도 그것을 취할 수밖에 없다. 이에 대한 대안은 의미를 찾지 않고 그냥 사는 것, 이것은 삶을 완전히 부정하는 것일 수밖에 없다. 모든 내러티브는 각기 그 나름대로의 형태와 정서적 구조가 존경과 충성, 헌신을 요구하는 상징의 꾸러미들로부터 주어진다. … 물론 그러한 이야기들이 왜 그 힘을 상실했는지에 대한 여러

이유들이 있다. … 그 중에 하나가 … 테크노폴리가 성장해 가면서 이전에 존재하였던 보다 의미있는 이야기들을 어떻게 전복시켰느냐이다. 그러나 모든 경우에서 이야기를 표현하고 지지하며 극화시키는 상징의 평범화(trivialization)가 쇠락을 가져왔다. 상징의 고갈은 내러티브의 상실을 드러내는 징후이자 원인이다(173).

자크 엘룰도 거의 50여 년 전에 기술과학문명화의 위험에 관해 비슷한 경고를 하고 있으며, 사회학자들은 그를 비관주의적 괴짜로 멀리한다. 그러나 최근 몇 년 동안에 점점 학자들은 그의 예언의 정확성을 인식하기 시작했다.[49] 교회의 문화는 그리스도의 복음의 이야기와 믿는 자들의 공동체로서 자신들의 이야기를 담고 있다. 이 내러티브의 예배 상징이 평범한 것이 되면 – 테크노폴리와 같이 다른 맹목적 숭배에 의해서 – 그때 그 내러티브 자체는 연관성이 없는 것으로 보인다. 교회는 그러한 상징의 상실이(예술뿐만 아니라 예전과 예배의 도구를 포함하여) 생생한 믿음의 상실을 가속화하지 않도록 하기 위해 신경을 써야 한다.

존 웨스터호프(John Westerhoff)는 현대 교회의 예술에 탁월성이 결핍되어 있다고 비판한다. 건축은 "일반적으로 상상력이 결핍되어 있고," "별로 대단치 않은 그림이나 조각 몇 작품이 교회를 장식하고 있는 것"이 보통이라고 주장한다. 그는 교회에는 "예술가들을 교회로부터 점점 멀어지게 할 수밖에 없는 감상적인 예수님 성화나 하찮은 음

---

49 이에 대해서는 나의 박사학위 논문을 참고하라. Marva Dawn, "The Concept of 'the Principalities and Powers' in the Works of Jacques Ellul" (University of Notre Dame, 1992).

악"정도로 채워져 있는 것에 대해 안타까워한다.[50]

음악적 가치를 결정하는 우리의 선택과정에서 마지막 그리드로 탁월성과 위대함을 요구했던 것과 같이 교회는 단순히 인간적 차원을 넘어서 보다 높은 차원으로 우리를 이끌어갈 수 있는 비쥬얼 아트 – 배너나 성구, 혹은 스테인드글라스에 있는 상징, 그림, 조각, 건축, 그리고 이콘 등 – 를 필요로 한다. 웨스터호프는 주장한다. "예술은 우리의 신비, 경이, 경외심의 경험을 화육화시켜 준다. 그렇게 하여 그것은 거룩한 것을 대면할 수 있도록 도와준다. 예술이 없이는 우리는 인간의 궁극적인 의미를 인식할 수 있는 대부분의 수단으로부터 단절되게 된다"(41). 교회가 발견할 수 있는 최고의 예배 예술을 사용하고 있는지를 물으면서 웨스터호프는 3장에서 우리가 살펴보았던 몇 가지 우상숭배의 형태와 반대로 행할 것을 구하고 있다. 그는 "너무 많은 사람들이 사고와 상상력이 결여된 주관적인 감정주의의 잘못된 종교에 의해 희생되고 있다"(44)고 한탄한다. 좋은 예술은 그들의 성숙도와 상관없이 새로운 통찰력과 비전을 갖도록 각 사람을 고양시킨다. 동시에 웨스터호프는 조언하기를 우리는 "예술이 정의를 행하는 믿음으로부터 벗어나 잘못된 길로 인도하지 않을까 염려할" 필요가 없다. 오히려 그는 "위대한 예술은 제사장적이고 예언자적이어서 우리가 거룩한 것에 접촉할 수 있도록 이끌어 주고, 일상의 삶 속에서 중요한 계시에 대면할 수 있도록 도와준다"고 제시한다. 더욱이 예술가들은 "우리가 우리 자신의 개인적 경험 가운데 살지 않고 어떤 방식으로든 그것을 화육

---

50 John H. Westerhoff III and John D. Eusden, *The Spiritual Life: Learning East and West* (New York: Seabury, 1982), 47. 이 책에서 인용한 내용의 페이지는 본문 안에 괄호로 표시했음을 밝힌다.

화시키고 구체적으로 그것을 드러낼 수 있도록 가르쳐 준다"(44~45).

서구 그리스도인들에 의해 과소평가되고 있는 예술과 상징주의의 한 측면은 도상학(圖像學, iconography)의 공헌이다. 성화상(icons)에 대한 나의 관심은 그것을 복구하고 카피해 준 두 예술가 친구에 의해서 처음 불이 지펴졌는데 헨리 나우웬의 귀한 저서인 *Behold the Beauty of the Lord: Praying with Icons*(주님의 아름다움을 보라: 성화상들을 통해 기도하기)[51]가 출판되면서 불타오르기 시작했다. 이 책은 독자들로 하여금 그것들에 대해 배우는 동안 공부할 수 있도록 하기 위해 네 개의 접어서 끼워넣은 페이지에 성화상의 복제물을 담고 있는데 성화상이 보다 깊은 세계로 나아갈 수 있도록 만들어 주는 예배로 나를 이끌어 갔다. 나우웬은 우크라이나에서 쓴 일기에서 성화상들은 단순한 삽화나 장식물이 아니라 "영원으로 나아가게 하는 진정한 창문"이라고 설명한다. 처음에 그에게 "이 거룩한 이미지가 무엇인가를 금지시키는 것" 같았지만 "그것은 점점 나에게 그것의 비밀을 드러내 주었고 나의 일상의 선입견을 넘어서 하나님 나라로 이끌어가고 있었다"고 그는 크게 기뻐한다.[52]

성화상은 단지 예배를 위한 수단만은 아니다. 그것을 그리기 위해서는 요구하는 정확한 절차를 따라, 단순한 그림이 아니라 표현하는 인물을 장식하는 보석으로, 그들을 맞아들이는 충일함으로, 그들을 이해함 가운데 포함된 지식으로, 그리고 교회 공동체의 생명력으로 그들을

---

51 Henri J. M. Nouwen, *Behold the Beauty of the Lord: Praying with Icons* (Notre Dame: Ave Maria Press, 1987).

52 Nouwen, "Pilgrimage to the Christian East," 14~15.

초대함을 통해 그들은 예배를 위해 필요한 훈련, 상상력, 감정, 지성, 의지를 종합하여 우리를 위한 모델이 된다.

프레데리카 마세베스-그린(Frederica Mathewes-Green)은 성화상을 바라봄으로부터 그것이 화육화되는 모든 것에 응답하는 차원으로의 움직임을 묘사한다. 성화상을 바라보는 것에 대해 다음과 같이 주장한다.

성화상을 바라보는 것은 섬세한 르네상스의 마돈나를 흠모하는 것과 같지 않다. 그들의 장중함과 깜짝 놀랄 만한 직접성 가운데 있는 무엇이 보다 개인적인 응답을 요구한다. 정교회는 성화상을 "천국으로 가는 창문"이라고 칭한다. 성화상에 입 맞추는 것은 아마도 서구 그리스도인들에게는 가장 하기 어려운 마지막 응답이 될 수도 있다. 그러나 정교회 교인들에게는 그것은 눈에 잘 띄는 응답이며 이러한 신비가 요구하는 부드러움, 감사, 그리고 겸손을 전달하는 유일한 응답이 된다.

… 보이지 않는 거룩하신 주님은 우리를 둘러싸고 계시고, 마루에 우리의 이마를 대고 위엄에 눌려 무릎을 꿇으면서, 성찬 숟가락에서 천국을 맛보며, 그분의 성상에 입을 맞추면서 우리는 그의 파악하기 어려운 존재를 이해하게 된다. 외부인들은 동방정교회가 완고하고, 비의적이며, 엄격하게 의례적이라고 생각할 수도 있다. 그러나 그것은 우리에게 형식적이고 의례적인 입맞춤을 요구하는 미신적 관습이 아니다. 우리를 구원하시는 하나님께 올려드리는 그러한 감사를 느끼며, 그분의 존귀하심 앞에서 갖는 경외감과 성도들과의 교제 가운데서 기쁨을 느낀다. 그것들은 우리가

마음으로 응답하는 것이다.53

기독교 공동체의 예전적 예배

본인이 이 책을 쓰면서 내 연구가 단지 책상 위에 앉아서, 책에서 읽은 내용을 채워넣고 다른 사람들과는 연결되어 있지 않은 고립된 것이 되지 않기를 바란다. 컴퓨터 앞에 앉아 예전에 대해 생각하고 그에 대해 쓰는 것은 마치 기독교 공동체 안에서 동료들과 함께 예배를 드리고 있는 것처럼 느껴졌다. 예배 기획자들과 찬양 사역자들, 예술가들, 예배학자들이 제시하는 최선의 것으로 우리가 함께 참여하는 "사람들의 일"에 대해 묵상하는 것은 나의 뼈에 사무치는 감사의 파도를 느낄 수 있었다. 그것은 가장 강력한 훈련과 가장 창조적인 상상력, 가장 열정어린 감정, 가장 최고의 지성, 그리고 가장 엄밀한 의지 – 요약하면 하나님에 대한 진정한 찬미 – 를 요구하는 예배를 갈망하게 만들었다.

존 노르딘(John Nordin)과 같이 나는 "능력있게 예전을 실행하는 것은 방문자와 교인들을 모두 똑같이 끌어들인다는 것을 입증할 수 있다"고 믿는다. 역시 나는 계속해서 "지루하고 비효과적인 공적 예배에 대해 경멸하거나 혹은 지쳐 있는 사람들은 그들이 효과적인 의례를 경험했을 때 감사로 넘쳐나고 흥미를 갖게 되는 것"을 보아왔다. "나는 '전통적인' 예전의 난해함에 불평하는 것은 무능한 의례(incompetent ritual)에 관해 불평하는 것이라고 믿는다."54 그러나 나는 노르딘을 넘어가는데,

---

53 Frederica Mathewes-Green, "The Kissing Part," *The Christian Century*, 111, no. 12 (13 April 1994): 375.

54 John Nordin, "Can Traditional Ritual Be Evangelistic?" *Dialog*, 33, no. 3 (Summer 1994): 230.

그는 "현대적" 예전들이 이 책이 세워가고 있는 세 가지 기준(하나님, 품성, 공동체에 대한)을 그들이 만족할 때, 그 찬양들이 8장의 선택 그리드를 통해 성공적으로 통과를 했을 때, 하나님의 말씀(9장에서 강조되었던 것처럼)이 진리와 순수함 안에서 선포되었을 때, 예배가 진정으로 "사람들의 일"이 되었을 때 강요하는 것을 입증할 수 있다고 믿는다.

새로운 예전과 오래된 예전은 모두 처음 온 이들을 동일하게 환영할 수 있다. 왜냐하면 환대는 생명력에 달려 있는데, 그 생명력은 하나님의 임재와 공적인 방식으로 공동체의 참여를 진정으로 전달하는 어떤 종류의 예배이든지 간에 특성화할 수 있기 때문이다. 방문자는 하나님께서 그 가운데 계시기 때문에 그들이 참여하게 되는 예배 참석자들이 사랑하는 그 예전 자체에 매료될 수 있을 것이다.

예배는 우리가 천국을 미리 맛볼 수 있는 시간인 까닭에 아마도 우리는 천국을 보다 더 갈망하는 사람들로부터 어떻게 더 좋은 예배를 드릴 수 있을 것인지를 배울 수 있을 것이다. 나우웬은 우크라이나 사람들의 역사를 배웠을 때 그들의 영성에서 "오랜 고통의 중심성"을 더 잘 이해할 수 있었다고 적고 있다. 미국의 큰 비율의 예배자들에 비해 "행복, 번영, 육체적 웰빙, 존중 등은 대부분의 우크라이나 사람들, 특히 농부들의 경험과는 거리가 먼 것이 되어왔다." 대신에 그들에게는 "이러한 선물들은 언제나 장래의 하나님 나라에 속한 것이며, 그들의 화려한 예전에서 희미하게나마 그것을 맛볼 수 있을 뿐이다."[55]

미국에서의 예배는 천국의 반짝임에 의해서보다는 권태(boredom)에

---

[55] Nouwen, "Pilgrimage to the Christian East," 14.

의해서 더 선명하게 특징지어지는 것 같다. 이것이 드려지는 예배가 잘못된 것인가, 아니면 예배자들이 잘못된 것인가? 물론 예전이 빈약하게 계획되었거나, 혹은 서투르게 진행되어서 그렇다면 전자의 잘못이다. 우리가 "사람들의 일"을 수행하는 데 실패했을 때 권태는 종종 예배자의 잘못일 경우가 더 많다. 조이 얼 호스트만(Joey Earl Horstman)은 다음과 같은 말로 진정한 '레이투르기아'(leitourgia)에 우리를 초대한다.

> 권태는 우리의 힘, 생명력과 가능성, 우리의 흥분(excitement)과 경탄의 능력…을 약화시킨다. 종종 우리는 언약궤 앞에서 순전한 기쁨과 신체적 움직임의 경이감을 위해 바지가 내려가는 줄도 모르고 마음대로 춤을 출 필요가 있다. 종종 우리는 타락한 세상 가운데 살고 있기 때문에 슬퍼하며 옷을 찢으며 울어야 할 필요가 있다.
> 종종 우리는 다른 사람이 대신하는 것을 지켜보거나 안전하게 앉아 있는 대신에 생명 가운데 우리 자신을 잠입시키며, 벤치에서 일어나 직접적으로 참여할 필요가 있다. 왜냐하면 위험을 무릅쓰고 아름다움과 비극, 그리고 우리의 유산인 불확실성을 경험하려고 감행하는 것은 권태감에 대한 치료제일 뿐만 아니라 사실은 우리가 예배에 초점을 맞추는 것이 될 수 있기 때문이다.[56]

---

56 Joey Earl Horstman, "Channel Too: The Postmodern Yawn," *The Other Side*, 29, no. 3 (May-June 1993): 35.

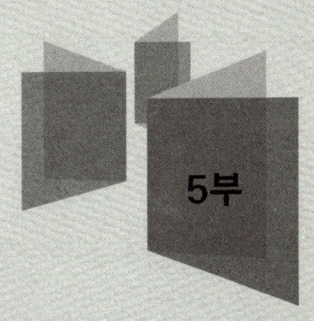

문화를 위한 예배

Worship *for the Sake of* the Culture

Chapter 11

무기력해짐이 없이 다가가기

Reaching Out without Dumbing Down

Chapter 11
무기력해짐이 없이 다가가기

우리 시대에 복음전도의 뿌리는
예배의 새로운 이해 가운데 놓여 있다.

– 제임스 화이트, *The Worldliness of Worship*

이 책에서 논의된 이슈의 대부분은 지난 몇 년 동안에 기독교 지도자들이 그들의 예배에서 불신자들을 교회로 끌어당길 수 있는 새로운 방식을 구하면서 일어난 것들이다. 우리가 살펴본 대로 사람들을 그리스도께로 끌어들이기 위해 예배의 패턴을 바꾸어야 한다는 생각은 잘못된 주장이다. 더욱이 그러한 접근은 제도적 기독교에 참여하지 않는 사람들을 위한 이슈의 내용을 잘 파악하지 못한 것이다. 예를 들어, 교회에서 뒷문으로 나가는 사람들에 대해 어떤 종류의 사유가 필요한 것인가?

교회 성장의 "어두운 면"

데이빗 바렛(David Barrett)은 유럽과 북미 지역에서 12달 동안

2,765,100명의 예배 참석자가 그리스도인이 되기를 중단했다 – 평균적으로 매일 7,600명을 잃음 – 는 옥스퍼드대학 출판사의 통계를 전한 적이 있다. 이것은 매주 53,000명 이상이 교회를 떠나서 다시 교회로 돌아오지 않는다는 것을 의미한다. 세계에서 활동 중인 그리스도인의 비율은 1900년 29%에서 오늘날의 인구 23.3%로 떨어졌다. 서구지역과 공산진영에서의 감소가 세계의 2/3 지역에서의 교회 성장률을 앞서가고 있다.[1]

많은 사람들이 교회에 계속해서 참여하는 데 시간을 들일 만한 가치를 발견하지 못한다면 무엇인가가 심각하게 잘못되고 있음이 틀림없다. 윌리엄 헨드릭스는 교회 성장의 이러한 "어두운 면"이 보고되지도 않고, 신중하게 연구되지 않으면서도 그러한 주장은 증가하고 있다고 단언한다. 우리는 "파동치는 교회 참석률에 대해 보고하는 일에 열심임에도 불구하고 점점 북미의 그리스도인들이 교회에 대해 '환멸을 느끼는 것'"은 왜 그런지에 대해서 물어야 한다. "믿음을 포기하는" 사람은 없다. "반대로 그들은 영적인 일에 관해서 아주 분명하게 말하고 있다. 실로 어떤 사람들은 현저하게 활기가 넘치는 영적 삶을 유지하고 있다"(17). 이 장에서 우리는 교회가 어떻게 예배 가운데서 교회를 둘러싸고 있는 문화에 다가갈 수 있을지 – 환멸을 느끼는 어떤 것은 방지하면서 – 에 대한 보다 좋은 질문을 던지기 위해 앞장에서 다룬 주요 주제들과 함께 연결하여 살펴볼 것이다.

1　William D. Hendricks, *Exit Interviews* (Chicago: Moody Press, 1993), 252. 이 책에서 인용한 내용의 페이지는 본문 안에 괄호로 표시했음을 밝힌다.

무기력해지지 않고 다가가기

　1994년 낙태시술 반대자 한 사람이 "생명을 살리려는" 그의 시도를 위해 두 사람 – 의사와 중절 수술을 받은 사람 – 을 죽인 사건이 일어났을 때 공포감을 느꼈다. 아이러니는 너무나 분명하다. 어린 생명을 살리겠다는 목적을 가진 사람이 생명을 죽인다는 것이 어떻게 일관성이 있는 일인가? 같은 방식으로 그리스도께로 사람들을 이끌기를 원하는 많은 교회들이 예배를 너무 표면적으로 드림으로 그리스도를 충분히 전해 주지 못해 믿음을 지속케 하는 데 오히려 위험을 초래하고 있다.

　어떤 사람들은 내가 든 유비가 너무 거칠다고 항의할 수도 있을 것 같다. 그러나 예배를 무기력하게 만드는 것이 장기적 관점에서 보면 동일하게 믿음에 치명적이 된다. 사람들이 기독교를 행복과 좋은 감정으로 덧입혀진 것으로 소개를 한다면 만성적인 질병, 가족의 불안정 상태, 혹은 오랜 실직이 위협할 때 견디는 힘을 어디에서 찾을 수 있을 것인가? 예배가 오직 즐거운 것이어야 한다면 교회 안에 있는 우리 모두가 죄성을 가진 인간 존재이기 때문에 불가피하게 일어나는 갈등 상황 가운데서 예배에 매료되어 나온 사람들이 어떻게 사역에 헌신할 수 있을까?

　헨드릭스는 인터뷰를 했던 많은 사람들로부터 사람들이 왜 교회를 떠나는지에 대해 청취하였다. 그런데 그들 중의 어느 누구도 예배가 너무 깊기 때문에 교회를 떠난다는 사람은 한 사람도 없었다. 어떤 이들은 부적절한 지적 도전 때문에, 음악적으로 부적절함 때문에, 품성 개발에 충분히 주의를 기울이지 않기 때문에, 혹은 공동체성이 부족하기 때문에 교회를 떠난다고 했다. 앞의 1장에서 우리는 텔레비전을 너무 많이 시청하는 아이들은 실재로 같은 또래 아이들보다 뇌가 더 작았다는 사실을 살펴보았다. 예배를 개혁하려는 우리의 시도가 린더 켁이 한탄하고 있는 대로 "화석화된 것을 피하기 위해 사소한 것으로 대체하는 것보다 더 작은" 것으로 대체한다면 우리 교회들은 더 작은 믿음을 만들어낼 것이 아닌가?[2]

만약 교회가 존재 이유 - 하나님을 사랑하고 이웃을 사랑하는 것 - 를 잊어버리게 된다면 예배는 화석화가 된다. 처음 교회에 나온 사람들이나 아직 입교를 하지 않은 사람을 잘 환영할 수 있도록 잘 교육하는 것에 실패한다면 교인들은 자기만 아는 엘리트주의자가 될 것이다. 신선하게 신학화하는 것이 부족할 때 많은 이들이 전파하려는 열정을 가지고 하나님을 사랑할 동기를 잃어버리게 된다. 그들을 둘러싸고 있는 세상을 적절하게 인식하지 못할 때 많은 사람들은 예배로부터 세상 가운데서 평화와 정의를 위해 일할 어떤 자극도 획득하지 못하게 된다.

한편 예배를 다시 일으켜 세우려는 그들의 시도 가운데서 교회들이 본질은 하락시키고 단순하게 속도만 높이게 된다면 그들은 하나님과 이웃은 하찮은 것으로 여기게 될 것이다. 하나님의 온전하심이라는 좋은 음식을 이웃에게 제공하기 위해 그들을 충분히 존경하지 않게 된다. 더욱이 하나님을 너무 작게 축소시키면 복음 전도와 정의를 위한 열정이라는 측면에서 이웃에 대한 관심을 너무 작게 축소시키는 것으로 이어지게 된다.

---

2 Leander E. Keck, *The Church Confident* (Nashville: Abingdon, 1993), 25.

"잃어버린 영혼들" 돌보기

2장은 이러한 영향력에 대해 보다 명확하게 인식하여 교회의 예배를 잘 기획할 수 있기 위해 현대 문화에 대한 여러 현저한 특징을 열거해 보았다. 그러나 예언자적인 방식으로 이러한 문화적 이슈를 제시하는 대신에 아직까지 많은 교회들이 꾸물거리고 있는 것은 이상한 일이다. 많은 탁월한 사회학자들이 텔레비전의 피상성의 위험을 인식하고 있는 지금, 어떤 교회들은 그들의 예배를 단순한 엔터테인먼트로 전향하면서 동일하게 하찮게 만들고 있다. 연구자들이 베이비부머 세대 교인들이 도덕적 권위를 추구하고 있다는 사실을 제시하고 있을 때, 수많은 설교자들이 그들의 도덕적 권위를 내던져 버리고 있다. 학자들이 포스트모던주의자들의 한 흐름이 모더니즘의 상대성(relativity)에 대항하면서 그들의 뿌리로 돌아가려고 하고 있음을 알려주고 있음에도 불구하고 수많은 교회들이 교회의 역사적 예전을 거부하고 있다.

우리가 우리 사회의 "잃어버린 영혼들"을 돌보기를 원한다면 그들에게 이를 수 있는 가장 좋은 방법은 교회의 가장 부요한 자원을 그들에게 제공하는 것이다. 그들에게 우리가 정립할 수 있는 가장 신실한 예배를 제공해 주도록 하자. 월터 브루그만은 복음이 다음과 같이 선포되고 들려져야 한다고 주장한다.

- 사유하지 않는 사회에서 지적으로 믿을 수 있는 방식
- 냉소적인 공동체 안에서 정치적으로 비판적이고 건설적인 방식
- 방종의 사회에서 도덕적으로 조밀하고 무게감이 있는 방식
- 종교적 저속한 허식성이 압도하는 사회에서 예술적으로 만족할 수 있

는 방식

- 쉽지만 거짓의 답들로 가득한 사회에서 목회적으로 세심한 방식[3]

이러한 목록은 2장에서 살펴보았던 것과 같이 베이비부머와 부스터 세대들이 느끼는 필요성의 많은 내용을 요약해 주고 있다.

테크노폴리에 대한 닐 포스트만의 책은 그가 "사랑으로 무장한 저항의 파이터"라고 부르는 것이 되어야 할 필요를 제시하는 특성의 다양성을 논의한다. 나라를 의미하는 용어로 '교회'라는 말을 대체하면서 우리 사회가 해로운 효과를 중화시키는 수단을 갖도록 그리스도인들을 준비시켜야 한다는 그의 논평하듯 들려주는 현명한 충고를 우리는 발견하게 된다. 포스트만은 "혼동, 오류, 어리석음에도 불구하고 당신은 주변을 돌아본다. 한때 교회가 세상의 희망이 되게 했던 내러티브와 상징을 당신의 가슴 가까이에 위치시켜라. 그렇게 하면 다시 그것의 역동성을 넉넉하게 살리게 될 것이다"[4]라고 주장하면서 '사랑스러운'이라는 말을 상세하게 설명한다. 예를 들어, 8장에서 언급한 것처럼 네 가지 찬송가가 연주되고 불릴 때 카자흐스탄 사람들은 그것에 의해서 깊이 육성되었다. 교회 안에서 그러한 믿음의 상징들을 잃지 않도록 깊이 유의하자.

테크노폴리에 저항하는 사람들을 묘사하는 포스트만의 명단의 첫 번째 구성 요소는 "그 질문이 무엇을 묻는 것이며 왜 묻는지도 알지 못

---

3 Walter Brueggemann, *Biblical Perspectives on Evangelism* (Nashville: Abingdon, 1993), 128.

4 Neil Postman, *Technopoly* (New York: Alfred A. Knopf, 1992), 182.

하면서 그 설문 조사에 응하는" 사람들이다(183). 이것은 하나님을 예배의 주체로 모셔야 하는 것의 중요성과 예배를 통해 장기적인 측면에서 품성과 공동체의 발전을 이루어야 한다는 것을 마음에 담고 던지는 바른 질문을 묻지 않고 종교적 시장주의자들에 의해서 행해지는 설문 조사에 응답하는 잘못으로, 많은 실행이 변화되고 있는 시대에 교회가 주의를 기울여야 하는 중요한 사실이다. 예배에 대한 설문들이 회중 가운데서 너무 자주 잘못된 질문을 던지고 가장 강한 의견을 가진 사람들에 의해서만 답변이 이루어진다. 이와 같이 설문들이 그들이 생각했던 것만큼 터무니없는 것들에 무게가 실려지게 해서는 안 된다.

포스트만은 예배를 파괴하는 문화적 힘에 저항하기를 원하는 사람들에게 적용할 수 있는 다른 여러 가치 있는 특성을 제시한다. 우리는 현대 문화에 사로잡혀 있는 사람들에게 만약 우리가 다음과 같은 사람이 된다면 보다 효과적으로 다가갈 수 있다.

- 효율성을 인간관계의 최고의 목표로 받아들이기를 거부하는 사람이 될 때
- 숫자의 마력을 맹신하는 것으로부터 자기 자신을 자유롭게 하기를 원하는 사람이 될 때
- 적어도 진보라는 관념에 대해 맹종하지 않고 정보를 이해와 혼동하지 않는 사람이 될 때
- 나이든 사람을 현실성이 없는 구닥다리로 취급하지 않는 사람이 될 때
- 종교의 위대한 내러티브를 진지하게 받아들이고 간직하는 사람이 될 때
- 성스러운 것과 세속적인 것의 차이를 아는 사람이 될 때
- 그리고 현대를 위해 전통에 대해 눈을 감아버리지 않는 사람이 될 때(184)

문화 가운데서 기술과학 문명화의 효과에 반대하는 포스트만의 교육적 제안은 학교가 "고전적 예술 작품이 가능하도록 만들어야 하는데, 정확하게 말해서 그것들이 유용해서가 아니라 그것들이 다른 섬세한 감수성의 질서와 응답을 요구하기 때문"이라고 주장한다. 교회의 목표가 하나님과 이웃을 사랑하는 우리의 능력을 넓혀가기 위해 예배 참석자들 가운데 깊은 감각을 고양시켜 주는 것이라면 우리는 사회적 개혁을 위해 예술 작품을 사용하도록 하는 포스트만의 캠페인에 참여할 수 있을 것이다. 그는 "우리의 현재 상황 가운데서 학교들이 락 콘서트를 후원하는 데 있어 변명할 필요가 없다. 왜냐하면 학생들이 모차르트, 베토벤, 바흐, 혹은 쇼팽의 음악을 듣지 않기 때문이다"(191). 비록 포스트만의 레퍼토리를 세계적이고 민족적이고 보다 포괄적으로 넓히기를 원한다 할지라도 우리는 교회를 위해 동일한 것을 제안할 수 있을 것이다.

포스트만은 그가 열거하는 예술가들은 상관성이 있다고 믿고 있는데 "그들이 사람들이 예술에 접근할 수 있도록 교화하는 기준을 제시했기 때문만이 아니라 문화가 그들의 목소리를 조용하게 만들어 그들의 기준을 보이지 않게 만들었기 때문이다." 교회는 가장 높은 예술적 기준을 제시하는 사회적 조직 가운데 있어야 한다. 특히 우리는 하나님을 예배함에 있어서 탁월함과 위대함을 필요로 하기 때문이다. 포스트만은 "우리의 청소년들이 반드시 모두 가치 있는 일이 아닐지라도 즉각적으로 접근할 수 있는 것들과 그들에게 알려지지 않은 섬세한 감수성의 차원이 있음을 알게 해야 한다. 무엇보다도 인류의 예술적 도구들을 그들이 볼 수 있게 해야 한다"(191). 즉각적인 욕구 충족의 문화 가운데서 교회는 그것이 가지고 있는 음악과 예술의 위대한 유산을 통해 훈련과 보다 깊은 헌신의 습관을 가르치고, 보다 사려 깊은 사유와 신중한 숙고의 습관을 가르쳐야 한다.

맹목적인 숭배들

이 장이 지금까지 말하고 있는 모든 것은 교회가 지속적으로 문화의 맹목적인 숭배에 저항하고 그것의 신들을 거부하도록 경각심을 갖게 해야 한다는 3장에서 주어진 경고와 관련이 있다. 돈, 권력, 효율성, 즉각성을 숭배하고 통제하는 나라에서 진정한 예배는 우리가 관대하고, 온유하며(성경적 의미에서), 사려 깊으며, 영원을 사모하며, 복종하도록 우리를 초청한다. 유명인을 숭배하는 사회에서 교회는 모든 성도의 은사를 확인하며 예배를 모든 사람의 일로 제시한다. 큰 숫자로 성공을 가늠하는 문화에서 교회는 그 문화가 주는 메시지가 반드시 그렇지만은 않다는 것을 알고 있으며 그것이 교회를 삼키지 못하도록 하며 성도들의 믿음(그들이 결과적으로 이웃에게 다가가게 만들 수 있는)을 더 깊게 만들려고 노력한다.

이것은 이상적이다. 그러나 켁이 한탄하는 것처럼 많은 곳에서 예배는 "완전히 세속화"되었다. 켁은 예배의 기원이 주어졌을 때의 경험을 떠올리면서 다음과 같이 술회한다.

예배 기원을 "Gimme a G; gimme an O, gimme a D"(나에게 '하'를 주세

요, 나에게 '나'를 주세요, 나에게 '님'을 주세요)[5]와 같은 하나님을 향한 큰 환호 소리로 대체해 버렸다. 극단적인 예이지만…. 그러나 하나님을 예배하는 교회의 예배가 그것이 표현하는 어리석음과 세속화로부터 벗어나기까지 주요 개신교회 교단의 예배 갱신은 일어난 것이 아니다. "세속화는 이전에 인간이 경험했던 그 어떤 반종교적 세력보다도 훨씬 치명적인 대적이다"라고 한 호주의 역사학자의 주장이 옳다면 그때 우리는 예배가 세속화되면서 위험에 처한 것 – 교회가 "믿음의 객체가 되시고 원천이 되시는 분의 임재 가운데 신실하게 서 있는가"와 관련하여 교회의 정체성과 본래의 모습(integrity) – 이 무엇인지를 즉시 볼 수 있을 것이다. 이러한 세속화에 대한 교정 수단(antidote)은 예배의 중심 – 하나님께 경배하는 것 – 이 무엇이어야 하는지, 그 본래의 모습을 회복시키고 있다.[6]

예배를 우상숭배로부터 자유롭게 지켜낼 수 있는 유일한 수단은 하나님을 예배의 주체로 모시는 것이다. 하나님께서는 종종 교회가 문화적 우상숭배를 선택하여 영합할 때 그 역할을 하지 않으신다. 캐나다의 사회학자 레기날드 비비(Reginald Bibby)는 "오늘날 어떤 교회들은 마음대로 고를 수 있는 것이 너무 적어서가 아니라 '너무 많아서' 침체되고 있는지도 모른다"고 밝힌다. 비비가 요약해 준 대로, "아주 우아하게 불평함을 통해 그 집단은 기본적으로 소비자들이 원하는 형태를 따라 종교생활을 해 왔다. 그들은 그 종교가 무엇인지에 기초를 둔 종교

---

[5] 역주/ '하나님'을 뜻하는 'GOD'의 한 글자씩 나누어서 하나님을 나에게 달라는 뜻으로 외침의 소리를 표현한 것이다.

[6] Keck, The Church Confident, 26-27.

를 제시하지 않고, 시장(사람들)이 지니기를 원하는 종교를 제시해 왔다." 예배에 대한 반발은 "참석율은 소비자들이 편리하게 그것을 할 수 있을 때 일어나는 것에 의해서 결정되는 아주 다른 요소"라는 점이 예배와 관련하여 울려나오는 반향이다. "역설적으로 종교적 그룹은 활발한 참석자들을 잃어가고 있는데 그들이 무엇을 잘못하고 있기 때문이 아니라 그들이 성공하고 있기 때문이다"(Hendricks, 113).

성공은 교회가 그 예배 가운데서 가장 저항해야 할 위험한 우상숭배이다. 헨드릭스가 면담을 했던 사람들 가운데 한 명은 자기가 섬기던 교회를 떠나 여러 교회를 방문했다고 한다. 그리고 그는 말하였다. "그들 모두는 [내가 전에 있었던 교회를] 계속해서 매질하고 있었다. … '우리가 이것을 하고, 그것을 했더라면 우리는 훨씬 더 많은 사람을 교인으로 만들 수 있었을텐데…'라고 자신들에게 말하고 있었다." 헨드릭스는 목회자들이 받는 압박감 가운데 다음의 것을 더하고 있다.

아마도 오늘날 목회자들이 받는 압박 가운데 가장 심각한 것은 주일 아침 회중석에 어떻게 하면 더 많은 사람이 앉도록 할 것인지에 대한 것이다. 그래서 어떤 교회가 어떤 방식을 사용하여 교인수를 많이 늘릴 수 있었다고 알려지게 되면 다른 교회는 "그것이 우리 교회에서도 먹혀들어 갈까? 우리도 그것을 바로 도입해야 할 것 같다"고 반응한다. 오래전에는 많은 교회들이 성공의 다양한 척도를 가진 동일한 전략을 사용하였다. … 이슈는 어떻게 하면 우리 교회가 다른 "성공한"(즉, 대형) 교회와 같이 될 수 있을 것인가가 아니라 어떻게 하면 하나님께서 원하시는 바로 그 교회가 될 수 있을 것인가이다. 우리는 진정으로 교회가 무엇인지를 알고 있는가? 우리를 부르셔서 교회가 되게 하신 하나님의 독특한 목적과 사명이 무엇인지 알고 있는가?(115)

교회들이 마케팅 신봉자들의 외적 통계보다는 하나님으로부터의 내적 부르심에 대한 응답으로서 그들의 독특한 공헌이라는 관점에서는 거의 생각하지 않는다. 그곳의 인종그룹이 바뀌면서 그 이웃들에게 걸맞은 찬양 스타일로 바꾸어 나가는 도심 안의 교회들이나 점점 인구가 감소하는 농촌지역에서 희망과 안정성을 제시하는 역할을 감당하고 있는 작은 교회는 그 멋진 예외가 될 수 있다.

예배는 전복적이 되어야 한다

오늘날 텔레비전 시대, 베이비부머 시대, 포스트모던 시대에 사람들을 목양하고 사회적 우상숭배에 빠져드는 것을 피하기 위해, 4장에서 논의한 대로 교회의 예배는 전복적인(subversive) 것이 되어야 한다. 교회의 예배가 다가가야 할 사람들의 필요에 대해서 교회는 귀기울여야 하지만 그들이 생각하고 원하는 것보다 훨씬 더한 이전에 그들이 전혀 경험해 보지 못한 보다 깊은 필요에 대해 그리스도를 통해 주시는 온전한 답을 제시할 수 있어야 한다.

예배가 그것의 전복적인 역할을 온전히 수행할 때 교인들과 방문자들에게 개디가 "실재와의 대면"이라고 칭한 것과 같은 것을 제시할 수 있게 될 것이다. 성도들이 진정으로 하나님께 초점을 맞춘 예배에 참여할 때 이것은 비그리스도인들에게는 "생각지 못하게 얼굴을 내리치는 것과 같은 것"이 될 수 있다. 개디가 그것을 묘사한 것처럼 불신자들은 먼저 "충격과 감성"을 경험하게 될 것이다. 예배가 진정한 것이 된다면 개인들이 "갑작스럽게 지금까지 놓친 것들이 무엇인지를 보게 될 때 관찰자들의 개인적 인식은 고양될 것이다. '하나님이 계시구나. 하나님은 여기에 계시구나. 하나님은 실재이며 단순한 낙관적인 관념이 고안한 것이 아니며 고상한 공상이 만들어낸 것이 아니며 하나님은 진정으로 존재하시는 분이구나'를 인식하게 될 것이다." 그러나 모든 사람에게 있어서, 특별히 아직 신앙에 입문하지 못한 예배 방문자에게 있어서 하나님의 실재에 대한 심오한 발견은 모두의 "개인적 신앙과 행동, 우선순위와 보호의 원천"을 지배할 것이다. 특히 심각한 물음에 대한 보증이 되심을 깨우쳐 줄 것이다. 우리는 물어야 한다. "이러한 하나님에 대한 인식이 내 삶을 설계하는 데 있어 무엇이라고 말씀하는가? 그것은 내가 가장 최고의 가치를 두었던 것들, 즉 내 관심과 경험, 주로 내 직업과 만족하게 하는 것에 어떻게 도전하는가?"[7]

이것이 얼마나 자주 일어나는가? 우리의 예배는 정기적으로 우리의 모든 것을 뒤집어 놓는가? 그것이 자주 일어난다면 우리는 아마도 우리가 아는 모든 사람을 예배에 참석하도록 초청하려고 할 것이다. 마치 사마리아 여인이 물동이를 남겨두고 동네로 달려가 이웃들을 초청한 것과 같이(요 4장 참고) 우리와 생명의 물을 우리가 살고 있는 세상과 나누고자 하는 열심 가운데서 우리의 세속적인 다른 관심을 내려놓게 될 것이다.

마틴 마티는 놀라운 유비를 통해 예배가 가지는 이러한 전복적인 힘

---

7   C. Welton Gaddy, *The Gift of Worship* (Nashville: Broadman Press, 1992), 42.

을 나무 도마(wooden cutting boards)의 세균을 죽이는 능력과 비교한다. 플라스틱 도마 위에서는 죽지 않던 박테리아의 99.9%가 3분 안에 나무 도마 위에서 죽는다는 보도를 읽은 후에 마티는 그런 정보를 갖게 된다. "천연적이고 전통 있는 나무 도마 사용을 진전시키는 것이 필요하듯이 예배의 행동과 영적인 일은 그렇게 행해져야 한다." 마티는 그 유비를 다음과 같이 설명한다.

플라스틱은 좋은 첫인상을 만든다. 그것은 부드럽고 인조의 단순한 모양을 하고 있다. 우리의 습관과 일상에 방해가 전혀 되지 않는다. 이것을 예배에 적용해 보자. 예를 들어, 그것이 널리 불리는 대중적인 "찬양곡"이 아니라면 널리 불리는 노래를 취하라. 그것들은 부드럽고 인조적이며 단순하고 마음에 전혀 불편함이 없다. 그것은 우리의 감정을 터치하지만 영적인 것은 아니다. … 그것은 기억이 우리를 어지럽게 하거나, 혹은 활기를 북돋우기도 하는 뇌세포에 넣도록 만들어진 것이 아니다.

그때 우리는 오래된 나무로 만든 것을 듣게 되었다. 악보가 구성되고 영적이고 "남부의 하모니"로 되어 있으며 제네바의 평이한 노래, 그레고리안 챈트, 재즈, 합창, 포크송, 그리고 전체적인 기조(基調)를 갖춘 현대적인 노래, 그리고 신경을 건드리는 특성, 그리고 왜 이러한 세균킬러가 플라스틱에서는 지나쳐 가는지 궁금하다.

가끔 어떤 사람은 플라스틱으로 된, 미리 형식에 담긴 주제설교를 듣는다. 거기에서 설교자는 지나간 장면에 대한 부드럽고 평범한 논평을 듣는다. 오늘날 어떤 이들은 나무를 재발견하기도 한다. 그것은 기본적인 성경의 본문에 대한 자연적이고 진정성 있는 해설과 우리 시대에 충격적인 적용을 가지고 있다. 영적인 세균은 훨씬 적게 번식하는 것 같다. 마티는 변증법의 다른 측면을 인식하고 있다. 그리고 "나무, 씻지 않은, 살균처리하지 않은, 사용하지 않은 것은 역시 위험하게 될 수 있다"는 사실을 추가하면서 화석화된 예배에 대해 이의를 제기한다.[8]

예배가 오직 사람들의 마음을 끌어들이고, 사람을 불편하게 하지 않으며, 소생시키는 것이 아니라면 방문자와 정기적인 예배 참석자들이 아무런 변화도 경험하지 못한 채로 예배실을 떠나게 될 것이다. 그러나 전복적인 특성을 가진 예배는 그것이 외부인을 끌어들일 수 있는 가능성을 부정하지 않는다. 5장에서 7장까지에서 살펴본 것처럼 마음속에 세 가지의 본질적인 지침을 따라 계획된 예배는 그들이 필요한 것과 가장 심오하게 바라는 것들로 낯선 사람들을 환영해 들일 수 있다.

하나님을 만나는 예배는 영원한 매력이다

5장에서 묘사한 것처럼 진실한 예배의 열쇠는 하나님께서 예배의 주체가 되시는 것이다. 그의 책, *Exit Interviews*(출구 인터뷰)에서 윌리엄 헨드릭스는 많은 사람들이 지루함 때문에 예배에 참석하는 것을 중지했다는 사실을 발견한다. 그는 다음과 같이 요약한다. "이러한 모임들만이 흥미가 없는 것은 아니다. 그들은 예배할 마음의 자세가 되어 있는 않은 것이다. 그들은 사람들이 하나님을 만나도록 돕는 것을 잘 하지 못하고 있다"(260). 8장과 10장에서 강조한 것처럼 그 안에서 하나

---

[8] Martin E. Marty, "M.E.M.O.: The Cutting Edge," *The Christian Century*, 110, no. 6 (24 Feb. 1993): 223.

님을 찾을 수 없고, 그것들이 하나님의 자기 주심을 화육화하지 않고, 하나님의 은혜에 응답하도록 하지 않는다면 찬양 스타일과 예전 타입은 그리 중요하지 않다.

헨드릭스는 유명한 설교자였던 친구에게 무엇이 설교자의 목적이 되어야 하는지를 물었다. 그 친구는 탁월한 설교자로 자신을 인식하고 있지는 않았지만 사람들이 지속적으로 그의 설교를 듣기 위해 찾아오고 있었다. 이 책의 9장에서 강조했던 바이지만 그 친구는 이렇게 대답했다고 한다. "설교의 요점은 사람들이 하나님을 만나도록 돕는 것, 즉 하나님과 진정한 만남을 갖게 하는 데 있다. 그 메시지를 전하는 동안에 대략 나는 모든 사람이 그에게, 혹은 그의 인격에 무엇인가를 말씀하시는 하나님으로부터 듣는 경험을 갖게 하기를 원한다"(282). 헨드릭스는 다음의 내용을 추가한다.

> 성공적인 클린턴 대통령 선거 캠페인 본부에서 압정으로 고정시켜 놓은 메모가 전설적이다. "바보야, 문제는 경제야!" 내가 매주 설교해야 했다면, 특히 엔터테인먼트에 대한 관심으로 흠뻑 적셔진 문화 가운데서 그리해야 한다면 나 자신을 깨우치는 말을 압정으로 고정해 놓겠다. "바보야, 문제는 하나님이야!"(283)

이것은 아주 초보적인 이야기로 보일 수도 있다. 그것을 계속 떠올릴 필요가 없다고 생각할 수도 있다. 그러나 예배에 외부인을 끌어들이기 위한 많은 마케팅 전략은 가장 본질적인 것이 무엇인지에 충분히 집중하지 않는다. 믿지 않는 사람들과의 인터뷰는 교회가 이 점을 놓치고 있다고 지적한다. 조지 갤럽의 획기적인 연구서인 *The Unchurched Americans*(교회에 나가지 않는 미국인들)는 미국 인구의 41%가 교회와 어떤 연관도 없으며, "10명 중의 6명은 대부분의 교회들과 회당들이 종교로서의 진정한 영적 요소를 상실했다고 동의했다." 교회에 나가지 않는 사람들 중의 45%가 매일 기도하고 있다고 응답했고, 64%는 예수님이 하나님이시라고, 혹은 하나님의 아들이라고 믿고 있다고 답을 했으며, 68%는 그리스도의 부활을 믿고 있으며, 77%는 어릴 적 신앙훈련을 받은 적이 있으며, 동시에 약 절반 정도가 "오늘날 대부분의 교회들과 회당들은 삶의 의미를 발견하도록 사람들을 돕는 데 있어서 효과적이지 않다"고 동의를 했다(249).

만약 우리 예배가 믿지 않고 있는 사람들에게 다가가기를 원한다면 일반화된 영성의 얇은 층을 드러내는 것이 아니라 하나님의 온전하심 가운데 진정한 하나님을 드러내야만 한다. 왜 사람들이 교회를 떠나는지에 대한 그의 연구를 통해 헨드릭스는 교회들에게 "사람들에게 신학을 가르칠 것"를 교훈한다. 인터뷰를 진행하면서 그는 "길거리에 얼마나 많은 '민족종교'들이 있는지를 보며 깜짝 놀랐다." 민속종교라 함은 하나님이 누구이신지에 대해서나 그분과 우리의 관계가 어떠한지에 대해서는 "대중적이지만 정확한 정보를 주지 않는" 종교를 뜻하는 말로 사용한다(284).

불신자들에게 다가가려는 시도 가운데서 하나님을 잃어버린 가장 뚜렷한 방식 가운데 하나가 우리가 사람들을 어떤 전략과 예배 스타일을 사용하여 그리스도께 인도할 수 있다고 교회 지도자들이 생각할 때 발생한다. 우리가 이러한 방식을 생각한다면 우리는 예배할 때 우리가 행하고 있는 것에 대해 혼동을 하고 있는 것이다. 왜냐하면 쿠르트 마쿼아르트(Kurt Marquardt)가 묘사한 대로 "하나님을 예배하는 것은 그 자체가 최종적인 것이며, 복음 전도는 그 최종적인 것을 위한 수단일 뿐이다."[9]

더욱이 많은 다른 요소들이 하나님으로부터 듣고 응답할 수 있는 방문자의 준비에 영향을 미친다. 개디는 다음과 같이 우리에게 깨우침을 준다. "예배에 그리스도인이 아닌 사람들이 관여하게 될 것에 대해서는 아무런 보장이 없다. 각 개인의 감수성과 수용성은 반작용을 결정하는 데 중요한 요소이다." 조작을 통해 성령님을 조종하려고 하기보다는 하나님의 백성들은 하나님이 주체가 되시도록 해야만 한다. 왜냐하면 개디가 권하는 것처럼 "그리스도인이 아닌 사람들이 하나님을 진정으로 예배하는 일에 헌신되어 있는 교회를 만나게 될 때 선을 위한 가능성은 언제나 존재하게 되기 때문이다." 진정한 예배에서 비록 완전히 초신자라 할지라도 "경배, 심오한 확신, 진실된 고백, 그리고 하나님의 실재에 대한 강력한 증언을 형성하는 강렬한 기쁨을 그들도 인지할 수 있다."[10]

우리는 예배를 너무 쉽게 만들려고 해서는 안 된다. 왜냐하면 하나님은 언제나 우리의 이해 너머에 존재하시는 분이기 때문이다. 예배는 오직 지성에 호소하거나 오직 감성에만 호소하는 것이 될 수도 없다. 왜냐하면 하나님은 신비로우신 분이고 지혜로우신 분이기 때문이다. 예

---

9 Kurt Marquardt, "Liturgy and Evangelism," in *Lutheran Worship: History and Practice*, ed. Fred L. Precht (St. Louis: Concordia, 1993), 28.

10 Gaddy, *The Gift of Worship*, 42-43.

배를 통하여 하나님께서 우리의 고통에 대해 말씀하시도록 예배는 끊임없이 위로하는 것이 되어야 한다. 우리는 영원토록 예배해야 한다는 사실을 알기 위해 그것은 영속적으로 역설적이다. 만약 그들이 우리의 예배가 주일 한 날에 한입에 마실 수 있는 것을 하나님께 드리는 모든 것이라고 이해할 수 있다면 낯선 사람들은 우리의 예배 가운데 돌아올 필요를 느끼지 않을 것이다.

품성을 형성하는 예배가 지속적인 매력을 가진다

예배는 우리가 다른 곳에서는 발견할 수 없는 것을 얻게 한다고 우리를 확신시켜야 한다. 그렇지 않고는 우리의 친절한 치료 전문가를 방문하고, 락 콘서트를 방문하고, 우리의 느낌을 상승시켜 주는 곳을 방문하는 것과 같아질 것이다. 진정한 예배는 우리가 절망적인 죄인들임을 깨닫고 은혜로운 용서 가운데 우리를 감싸고 계시는 하나님의 변화시키는 권능을 우리 이웃들과 나누기 위해 변화된 사람으로 세상 가운데로 나아갈 힘을 공급받아서 나아가며, 세상 가운데 정의와 평화를 세우기 위해 모든 것을 행할 준비를 하게 한다는 사실을 가르쳐 준다.

예배는 근본적으로 하나님을 예배하기를 원하는 성도들을 위해 – 우리가 분명하게 진리의 하나님을 어떻게 예배할지를 아직 모르는 사람들을 환영하기를 원하지만 – 존재한다. 역시 대부분의 방문자들은 회중 예배에 친구와 함께 왔으며, 대부분의 집회는 친구들의 영향을 통해 이루어진다. 이러한 사실 때문에 6장에서 논의했지만 개인과 관련하여 예배를 위한 우리의 주요 기준은 방문자들의 마음을 끌기 위해서가 아니라 지속적인 변화로 그들을 끄는 것이 되어야 하며, 성도들을 믿지 않는 사람들에게 다가갈 수 있도록 믿음 가운데서 견고하게 세우는 것이 되어야 한다. 만약 우리의 예배가 이웃과 가족, 직장동료, 낯선 사람들에게 전도하고자 하는 열심을 가지는 그런 품성으로 사람들을 준비시킨다면 예배를 기획하면서부터 계속해서 질문해야 한다. 예배는 하나님을 예배하고 섬기는 특권에 대해 열렬하게 갈망하도록 우리를 형성하는가?

오늘날 많은 교회들이 예배자들 가운데 그런 품성을 양육하지 못하는 것 같다. 그의 "출구 인터뷰" 연구에서 헨드릭스는 많은 그리스도인들이 "만성적인 피로감 신드롬"이라는 영적 버전으로부터 고통을 당하고 있다고 결론을 내린다. 이것은 믿음을 떠나지 않았고 그들이 나가는 교회를 비록 떠나지는 않은 사람들과 관련이 있는데 그들이 과거에는 교회의 삶에 열심히 관여했지만 지금은 "불만족이라는 낮은 급의 바이러스에 감염되어 고통을 당하고 있는 것"으로 보였다. 헨드릭스는 "만약 당신이 많은 사람들로부터 많은 시간에 기쁨이 없음으로 짓이겨진 헛기침소리를 듣고 있다면 지금 무엇이 진행되고 있는지를 살펴보아야 한다"라고 주장한다. 그는 묻고 있다. "그렇게 많은 사람들이 정말 '좋아하지' 않는 것은 왜 그럴까? 그러면서도 교회를 떠날 만큼 싫어하지는 않는 것인가? 적어도 좋아 보이는 갈등인가, 아니면 대안인가와 같이 무엇이 발발하기 전까지는 그러지 않을 것인가?"

헨드릭스는 아마도 프로테스탄트 신도들의 대다수가 그들의 교회에 대해서 이와 같은 방식으로 느끼고 있다고 추정한다. 이것이 사실로 판정되지는 않았음에도 불구하고 그러나 교회에 참석하도록 권유받은 사람들의 반 이상이 한 달에 한 번 정도, 혹은 조금 더 적게 - 참석한 프로그램에 열성적인 충실함이 있는 것은 아니지만 - 참석했던 사람들이라는 사실이 위험하게도 의미심장한 것이다(152). 참석자들이 시편 기자가 가졌던 "주의 궁정"에 대한 열망을 공유하도록 하기 위해 공적 예배는 어떤 형태를 가져야 하는가? 아주 많은 현대의 그리스도인들이 공동체의 예배가 주는 선물에 대해 필요를 적게 느끼는 것을 어떻게 대처할 수 있을 것인가?

6장에서 강조했던 것처럼 성도들의 품성을 육성하는 것은 하나님을 예배의 주체와 객체로 모시느냐에 달려 있다. 헨드릭스는 "신학은 차이를 만든다"고 주장한다. 인터뷰를 했던 거의 모든 사람을 통해 그가 발견한 것은 "하나님, 그리스도의 몸, 인간의 본성, 죄, 구원, 영적 성장, 그리고 신학적 이슈에 대해 가르치는 것은 사람들의 사고, 태도, 행동에 깊은 차이를 만들었다"(262)는 사실이었다.

웨이드 클락 루프의 베이비부머 세대에 대한 연구는 어린이들의 훈련된 양성과 기독교 신앙의 유지 사이의 중요한 상관관계를 드러내고 있다. 루프는 "응석을 다 받아주는 어린이 양육 환경에서 자란 이들은 아주 많은 수가 신앙에서 떨어져 나갔고 교회나 회당으로 다시 돌아오는 숫자도 많지 않았다"는 사실을 발견했다. 반면 보다 엄격하게 양육을 받은 것으로 응답한 사람들은 "신앙에서 떨어져 나간 사람은 그렇게 많지 않았으며, 그렇게 되었던 사람들 중에 많은 이들이 다시 활발하게 종교적 활동에 참여하는 사람으로 돌아왔다. 어린이 양육에 있어서 훈련 접근 방식은 종교적 가치와 종교적 준수의 습관을 스며들게 하는 것으로 나타났다."

루프의 연구 통계는 어린이들의 보다 엄격한 양육이 믿음을 보다 오래 지속할 수 있도록 인도해 준다는 사실을 보여준다. 보수적인 개신 교도들의 64%가 명시적으로 그리스도인으로서 활동하고 있는 반면(39% 지속적인 신앙인, 25%는 되돌아온 신앙인), 주요 교단의 개신교도들은 55%의 비율을 보여주었다(31% 지속적인 신앙인, 24% 되돌아온 신앙인) – 현재 신앙생활을 이어가고 있는 사람들 중의 12%는 주요 교단에서 보수적인 교회로 적을 바꾸었다.[11] 이러한 통계 수치에서 어떤 강한 주장을 유추하기는 어렵지만 베이비부머들에게 잘 들어맞는 것을 만들기 위해 믿음을 무력하게 만들면서 다른 것을 강조한다면 그 교회는 지금 잘못된 방향으로 나아가고 있다는 사실을 그 수치는 보여준다. 믿음을 보다 온전하게 가르친 기독교 공동체는 믿음생활을 유지하는 데 있어서 보다 높은 비율을 보여주었다.

행동 – 여기에서는 예배 참석 – 지식, 감정, 의지가 결합된 것에서부터 발원한다. 성도들의 온전한 품성을 양육하는 교회들은 그들 가운데서, 그들의 영역을 벗어나 외부에서 하나님을 진실하게 경배하는 것 때문에 계속해서 처음 방문한 사람들을 이끌어들일 수 있을 것이다.

공동체를 세우는 예배가 지속적인 매력이다

윌리엄 헨드릭스가 그의 인터뷰로부터 "오늘날 사람들이 왜 교회를 떠나는지에 대한 이유를 무시하는 사람은 아무도 없다"(259)고 주장하였지만 여기에서 논의된 주제들 하나하나가 공동체를 향한 갈망으로부터 나온 것이다(260). 프리랜서로 사역할 때 방문했던 수백 교회

---

11 Wade Clark Roof, *A Generation of Seekers* (San Francisco: HarpersCollins, 1993), 178~179.

들 가운데 일반적이 아니라 특별한 예외인 진심으로 환영하는 공동체의 환대를 경험하기도 했다. 본인은 패트릭 케이퍼트가 말한 많은 사람은 구경하는 순진한 가족 형태의 의례 대신에 누구나 참여할 수 있는 진정으로 '공적'인 예배에 대한 요청의 중요성을 배울 수 있었다. 대부분의 교회는 예배 시간 동안에 기존의 교인들이 예배에 깊이 참여하기 위하여 방문자를 거들지 않았다. 그리고 예배 후에는 많은 그리스도인들이 자기 친구들과 열심히 대화를 하느라고 새로 방문한 사람을 거의 환영하지 않았다.

예배가 개인의 품성뿐만 아니라 공동체의 품성도 육성하는 것은 중요하다. 왜냐하면 믿음에 대한 장기간의 끄는 힘은 그 다음에 따라오는 것이 어떻게 증강되느냐에 달려 있기 때문이다. 사회학자 벤톤 존슨(Benton Johnson), 딘 호그(Dean Hoge), 그리고 도널드 루이덴스(Donald Luidens) 등은 장로교회가 제시하는 모든 프로그램은 "종교에 대해서는 거의 언급이 되지 않는 주변의 가족들과 친구들 사이에서 믿음을 지탱하기에 충분하게 강한 헌신을 불러일으키지 못하였다"는 사실을 발견한다. 어린이들은 그의 부모가 크게 헌신된 그리스도인이었을 때 믿음 생활을 계속해 가는 확률이 가장 높았다. 이와 같이 아직 교인이 아닌 사람들에게 단순히 어필하려는 목적으로 예배는 주어질 수 없다. 우리는 사람들로 하여금 믿음 가운데 깊이 뿌리를 내릴 수 있게 하며 돌봄의 공동체를 세우기 위해 본질적인 요소에 기반을 둔 예배를 기획해야 한다. 존슨, 호그, 루이덴스는 "효과적이 되기 위해 최고로 인식되는 기독교교육 프로그램은 강한 믿음의 사람들의 진영에서 풍부하고 광범

위하게 증강되어야 한다."¹²

7장에서 논의한 대로 새로운 사람들을 환영하고 믿음으로 양육하는 그러한 진영이 되기 위해 교회들은 "그들의 삶이 예수 그리스도는 주님이시다라는 진리에 의존하는 헌신된 개인들의 단체"가 되어야 한다. 더글라스 웹스터는 우리가 "회중을 관중석에 앉아 있는 사람으로 바꿈으로, 말씀의 선포를 단순한 연기로 바꿈으로, 예배를 단순한 엔터테인먼트로 바꿈으로 이 진리가 희미해지지 않도록 해야만 한다"고 경고한다. 만약 우리가 사람들을 예수님께 단순히 이끌기 위한 잘못된 시도를 하면서 공적인 의견과 성경적 고백 사이의 차이를 잊어버린다면 진정한 기독교 공동체는 그 과정에서 모습을 감추게 될 것이다. "만약 '교회에 다니지 않는 해리'가 우리 교회에서 집처럼 완전히 편안함을 느꼈다면, 그때 우리는 진정한 믿음의 집을 더 이상 가지지 못하고 대중문화의 종교를 갖게 될 기회가 열린 것이다."¹³

회중은 정말로 교회가 되어야 한다. 이것은 그들이 외부인들의 큰 무리에게 어필되지 않게 된다는 의미이다. 그러나 그들이 제시하려고 하는 바른 매력은 삶을 변화시키고 계속해서 지속될 것이다. 스탠리 하우워어스(Stanley Hauerwas)와 윌리엄 윌리몬(William Willimon)은 교회는 다음과 같이 함으로써 세상에 영향을 끼치려는 "상주하는 나그네들"로 구성되어 있다고 우리를 깨우쳐 준다.

그들은 진정한 교회가 됨으로써 영향을 끼치려는 사람들이다. 즉,

---

12 Benton Johnson, Dean R. Hoge, and Donald A. Luidens, "Mainline Churches: The Real Reasons for Decline," *First Things*, 31 (March 1993): 16.

13 Douglas D. Webster, *Selling Jesus* (Downers Groves, IL: InterVarsity Press, 1992), 16-17.

믿음과 비전의 선물이 결핍되어 있으면서 무엇이 된다는 것을 통해 세상은 존재하지 않으며 그렇게 될 수도 없다. 고백하는 교회(confessing church)는 가시적인 교회를 구한다. 그 교회는 세상에 분명하게 보여지는 처소이며, 그 안에서 사람들은 그들의 약속을 신실하게 지키며, 적을 사랑하며, 진리를 사랑하고, 가난한 자를 업신여기지 않고 존귀하게 여기며, 의를 위해 고난을 받고, 그렇게 함으로써 공동체를 세우시는 하나님의 권능을 분명하게 증언하게 된다. 고백하는 교회는 세상으로부터 철수하는 일에는 관심이 없으며, 교인들이 증언하는 일을 수행하면서 세상으로부터 미움을 받는 것에 대해 놀라지 않는다. … 증언의 가장 믿을 만한 형태는 (그리고 세상을 위해 할 수 있는 가장 '효과적인' 일은) 살아 있고 숨쉬며 가시적인 믿음의 공동체를 실제적으로 수립하는 것이다.[14]

교회의 예배는 교회를 둘러싸고 있는 문화와 커뮤니케이션을 하지 않기 위해 '나그네'(alien)가 되어야 할 필요는 없다. 그러나 동시에 교회의 변화시키는 능력인 복음을 텅 빈 것이 되지 않도록 하기 위해 '거주자'(resident)가 되려고 할 필요도 없다. 8, 10장에서 찬양, 설교, 예전과 관련하여 실천적 관점에서 이 변증법의 균형에 대해 탐구하였다. 우리의 모든 예배 기획에서 우리는 믿음의 공동체를 불러내고 고백하는 교회가 되기 위해 우리 자신을 훈련해 줄 형태에 대해서 묻게 될 것이다.

---

14 Stanely Hauerwas and William H. Willimon, *Resident Aliens* (Nashville: Abingdon, 1989), 46-47.

교회는 세상에 책임이 있다

교회를 둘러싸고 있는 문화에 교회가 다가갈 수 있는 하나님의 중요한 방식은 사회 자체에 대한 교회의 영향력을 통해서이다. 이렇게 밖으로 다가감에 있어서 수많은 교회들이 실패하고 있다는 사실이 교인들의 의식과 공중 사회의 일원들에게 명백하게 드러나고 있다.

헨드릭스가 인터뷰하였던 사람들은 복음의 사회적 적용에 대해 거의 언급하지 않았다. 그는 그것이 "가장 불편하게 하는 것"이라는 사실을 발견했는데, 그것은 "대부분에 있어서 영성과 사회적 관심의 문제 – 가난한 사람, 정의, 인권, 환경, 공공정책 이슈 등등 – 사이에 연결을 만들어야 할 때 귀가 먹은 듯 침묵하고 있다"는 것이다. 헨드릭스는 그 자신이 잘못된 질문을 던졌다는 사실을 인정했다. 그러나 관심 결여로 보이는 것은 개인을 넘어서 복음의 유익을 확대하지 않고 개인적 경건과 경건생활에 초점을 맞추는 종교의 개인적 차원으로부터 기인하고 있지는 않은지 의아해했다(259). 믿음을 공적 영역에 적용하는 데는 어떠한가? 대도시에서 나의 형제가 교회의 예배에서 정의를 위한 세상의 필요와 믿음을 완전하게 연결시키고 있는 강력한 교회를 발견하기 위해 3년 동안 찾았다.

많은 사람들의 "정보-행동" 비율이 크게 줄어들고 있는(2장에서 논의한 것처럼) 텔레비전 시대에 교회는 자신들이 선포한 진리에 대해 역동적이고 공적인 응답을 육성하는 방식을 찾아야 한다. 우리의 예배는 하나님의 우주적인 돌봄 아래서 세상의 필요에 대한 인식을 세워가야 할 뿐만 아니라 예배 참석자들이 그의 돌봄의 대리인들로 어려움 가운데 있는 사람들에게 응답하게 하시는 하나님의 목적에 참여할 수 있도록 도전하고 힘을 주어야 한다. 우리는 단지 사람들이 자신의 유익을 위해 예배에 참석하도록 그들을 끌어들이기를 원치 않으며, 온 세상에 하나님의 사랑의 관대함을 널리 펼치는 일에 함께 동참할 수 있도록 만들기를 원한다.

현대 교회들의 개인주의적 궤도는 공적 감시자들이 역시 인지하고 있다. 국가적인 설문 조사에서 62%의 사람들이 그들 자신의 삶에서 종교적 영향력이 증가되었다고 주장한 반면 16%의 사람들은 감소했다고 대답했다. 그러나 오직 21%만이 미국인의 삶 속에서 종교의 영향이 증가하고 있다고 생각했고, 65%는 그것이 감소했다고 생각했다. *US News and World Report*지에서 제프리 셸러(Jeffrey Sheller)의 기사는 "공적 강화(public discourse)에서 주변으로 밀려나거나 배제되는 경우가 자아 중심적 종교와 '내면 지향의 영성'을 향한 경향이 증가하고 있는 것과 깊이 관련이 있을 것"이라고 제시하였다.[15] 이것은 교회가 "정부의 의회"에 들어가 "강한 목소리를 내면서" 보다 강력한 공적 역할을 확보해야 한다고 말하는 것이 아니다. 아베리 둘레스(Avery Dulles)가 주장한 대로 교회의 "적당한 능력 영역"은 언제나 "종교적이고 도덕적 품성의 형성"에 있다.[16]

예배는 주로 이러한 것의 형성을 제공해야만 한다. 정의를 위한 하나님의 열정이 선포될 때 하나님의 백성들은 동일한 품성이 육성된다. 공식적인 찬양, 설교, 예전에서 하나님의 우주적인 돌봄이 온전히 나

---

15 Jeffrey L. Sheler, "Spiritual America," *U.S. News and World Report*, 116, no. 13 (4 April 1993): 50.

16 Sheler, "Spiritual America," 50.

타나지 않는다면 예배자들은 공적 영역에서 계속해서 크게 영향력을 갖지 못할 것이다.

복음을 위한 열정

교회들이 그 숫자와 영향력에 있어서 급속하게 쇠퇴해 가는 이 중요한 때에 기독교 공동체는 어떻게 여기에 응답해야 할까? 많은 사람들은 그들의 예배 스타일을 바꾸는 것에서 그 대답을 찾으려고 한다. 그러나 교회의 전체적인 에토스가 그 과정에서 함께 변화되지 않으면 그것은 충분하지 못하다. 사실 정반대의 결과가 주어지는데, 많은 교회의 새로운 스타일은 세상을 위하여 외부를 향하기보다는 개인의 내면에 초점을 맞추기 때문이다. 그때 교인들과 방문자들은 그들에게 예배는 무엇을 의미하며 그것을 벗어나서 무엇을 할 수 있는지를 묻는다. 아더 저스트(Arthur Just)는 이것이 "우리의 예전학과 교회론을 위해서 뿐만 아니라 우리의 선교학에까지 아주 심각한 파급효과를 가져오고 있다."고 말한다. 만약 "예배자들의 비전이 내면에 집중되어 있고 예배의 목적이 교육이라면 그때 외부를 향하고 세상의 변화를 위해 존재하는 교회를 위한 복음적 비전을 형성하는 것이 거의 불가능해질 것이기" 때문에 선교 프로그램은 계속해서 실패하게 될 것이다.[17] 우리의 예배 대신에 우리는 묻도록 해야 한다. 하나님이 누구신가? 하나님은 그분의 목적을 위해 이 세상에서 살고 있는 나와 공동체를 어떻게 사용하기를 원하시는가? 예배는 지금 이 장소와 시간에 하나님의 백성이 되

---

17   Arther A. Just, "Liturgical Renewal in the Parish," in Precht, ed., *Lutheran Worship*, 29.

도록 우리를 어떻게 형성하는가?

우리를 둘러싸고 있는 문화를 위하는 예배는 그 문화와 영합하지 않고, 선명하게 다원론자들에게 공적으로 믿음의 기본을 전달할 것이다.[18] 린더 켁은 "새로운 변증학" – 반대를 일소해 버리는 것이 아니고, 소위 '모던 (혹은 포스트모던) 심성'이라고 부르는 그 파악하기조차 어려운 것에 기독교 신앙을 수용할 수 있는 것으로 만들려고 애쓰는 것이 아니라 실재에 대한 지적이고 그럴듯한 해석(construal)으로 기독교 신앙과 그 전통을 제시하는 – 을 요청한다(107).

켁은 교회를 호되게 꾸짖는다. 그 교회는 "완전하고 정확한 지식, 분명한 사고, 간결한 표현, 언어의 사려 깊은 사용에 대한 관심이 내려놓아야 할 엘리트주의의 표식이 되고 있는데" 그것들은 일반적인 공적 사회에 어필하려고 예배의 많은 시도들 가운데서 발견되고 있기 때문이다. 오직 우리가 누구이며, 우리는 무엇을 믿으며, 다른 무엇을 만들 수 있는지를 효과적으로 전달할 수 있을 때만 하나님의 백성들은 문화를 위하여 그들의 소명을 이루어갈 수 있게 된다(110).

이것은 복음과 다른 사람들에 대한 열정을 요구한다. 켁은 우리가 "한 사람이 진정한 그리스도인이 되어야만 한다"는 확신과 "복음은 그들 삶의 중심에 결정적인 차이를 만드는 것을 넉넉히 믿을 수 있을 만큼 진리"라는 사실에 대한 확신을 회복해야 한다고 주장한다. 그리스도인들은 "그들이 아직 창조주 하나님을 의지하지 않거나 의지할 수 없기 때문에, 아직 정확하게 하나님과의 관계를 맺지 못했기 때문에

---

18 Keck, *The Church Confident*, 106. 이 책에서 인용한 내용의 페이지는 본문 안에 괄호로 표시했음을 밝힌다.

무질서 가운데 살고 있는 다른 사람을 위한 깊은 사랑과 긍휼"을 가진 사람이라는 특징을 가져야 한다(116).

이 이중의 열정은 진정한 예배 – 통계, 인터뷰, 나의 개인적 경험은 그러한 예배가 많은 교회에서 현저하게 결여되어 있다고 제시한다 – 에 의해 육성된다. 결과적으로 기독교는 숫자와 영향력에 있어서 전반적으로 점점 쇠퇴되어 가고 있다.

교회에 대한 희망이 있는가? 헨드릭스는 이렇게 주장한다.

> 이 희망은 예수님의 약속 가운데서 확인되는 확실한 희망인데, 그분은 그의 교회를 세우실 것이며, 어떤 것도, 심지어는 음부의 권세라 할지라도 그것을 이기지 못할 것이라고 약속하셨다. 그러나 그 약속에서 어떤 것도 "우리의" 교회를 그렇게 주장해 주시도록 그리스도께 의무를 지우지 않는다. 그분은 '한' 교회를 세우시는데, '그분의' 교회를 세우시는 데 자신을 바치셨다.
>
> 그래서 이슈는 사람들을 어떻게 다시 교회로 돌아오게 할 것인지가 아니라 우리 교회를 어떻게 그분의 교회로 만들 수 있을 것인지이다(253).

이 책이 제기하는 질문과 숙고(reflections)는 우리의 예배 가운데서 우리가 보다 신실하게 주님의 교회가 되도록 도우려는 하나의 시도이다. 이 책에서 논의된 모든 것을 당신이 동의하느냐는 중요하지 않다. 중요한 것은 이 질문을 계속해서 던지는 것이며 우리는 그 답에 이르게 되었다고 생각하지 않는 것이다. 왜냐하면 그렇게 되면 그것은 새로운 우상숭배가 될 것이기 때문이다.

시대가 바뀌고 있는 때에 교회는 보다 좋은 질문을 제기하면서 지배하고 있는 많은 우상숭배를 거부해야만 한다. 닐 포스트만이 텔레비전 시대의 많은 신들(gods)에 대항하여 싸우면서 선언한 것과 같이 "질문을 던지는 것은 그 저주를 깨뜨리는 것이다."[19]

---

19 Neil Postman, *Amusing Ourselves to Death* (New York: Viking Penguin, 1985), 161.

Chapter 12

교회의 최악의 적은 교회가 될 수 있다
: 그것이 다시 일어날 것인가?

⋮

The Church as Its Own Worst Enemy
: Is It Happening Again?

Chapter 12

교회의 최악의 적은 교회가 될 수 있다
: 그것이 다시 일어날 것인가?

> 다른 것이 사실일지라도
> 나사렛 예수의 생각은 그의 시대에 적합했다는 것도,
> 더 이상 우리 시대에 적합하지 않다는 것도
> 명확하게 사실이 아니다.
> 정확하게 그것들이 그분의 시대에 어떻게 하면 적합한 것이 될 것인지는
> 아마도 그분의 스토리 마지막에 제시될 것이다.
>
> – G. K. 체스터톤(G. K. Chesterton)

미국에서 불신앙의 진원

제임스 터너(James Turner)는 그의 책, *Without God, without Creed: The Origins of Unbelief*(하나님도 없이, 신앙고백도 없이: 불신앙의 진원)에서 현대 사상이 어떻게 "하나님을 단순하게 잃어버렸는지"에 대한 일반적인 대답을 발견하려고 한다. 퍼즐의 많은 조각들이 이미 연구 – "르네상스와 계몽주의와 회의주의, 성서 비평학의 영향, 신학에 있어서 다원주의의 충격, 과학적 자연주의의 부활, 후기 데카르트 철학의 영향 등" – 되었다. 이러한 작업은 "애매하면서도 강요하는 영향"을 심어주었는데, 그것은 "과학의 부흥, 그리고 과학과 연관된 비판적 사고방식

의 확산 등이 하나님에 대한 신앙을 침식해 들어가는 등"의 영향을 끼친다. 최근의 역사학자들은 역시 초기에 세속화로 명명된 사회적 변화를 보다 쉽게 언급했던 것처럼 "산업화, 도시화, 기술과학의 변화의 영향"을 강조한다. 무엇보다 다른 침식해 들어가는 가장 높은 자리를 차지하는 세력으로 "학자들은 하나님의 문제의 원천으로 일반적으로 과학과 사회경제적 변화를 들고 있다."[1]

터너는 불신앙의 진원지를 추적하는 그 자신의 시도는 주요한 원인으로 이 대답을 듣고 싶다고 기대한다. 그의 거대하게 교란시키는 발견을 다음과 같이 제시한다.

> 개인적인 요소들은 … 기대되는 윤곽을 변형시켰다. 그러나 그 윤곽이 함께 놀라운 그림을 만들어낸다. 내가 보고 싶었던 것과 거의 정반대되는 사진이었다. 과학과 사회 변혁은 그림에서 불쑥 거대한 모습을 드러냄에도 불구하고 그것이 불신앙의 원인이 되지는 않았다. … 간략히 말하면 불신앙은 '종교에 일어났던' 어떤 것 때문이 아니었다.
> 반대로 종교는 불신앙의 요인이 된다. 그들의 종교적 신앙을 사회경제적 변화에, 새로운 도덕적 도전에, 지식의 새로운 문제에, 과학의 엄격한 기준에 적용시키려고 하면서 하나님을 변호하려던 이들은 서서히 그분을 질식시키기 시작했다(xiii).

---

1 James Turner, *Without God, without Creed: The Origins of Unbelief in America* (Baltimore: The Johns Hopkins University Press, 1985), xii. 이 책에서 인용한 내용의 페이지는 본문 안에 괄호로 표시했음을 밝힌다.

그의 서문에서 터너는 중세 시대와 함께 시작하면서 당시에 기독교를 거부한다는 것은 어려웠으며 불가능했다고 주장한다. 모든 대안적 종교 전통도 하나님의 실재를 당연한 것으로 여겼다. 터너는 그 기간 동안에 하나님은 "매일의 삶과 자연의 활동과 아주 긴밀하게 함께 엮어져 있었는데, 그 주변 환경으로부터 실제적인 적출은 불신앙을 그럴싸하게 만드는 데 필요했다"고 관찰한다(2).

터너는 믿음의 획일성, 혹은 그것의 효율성에 대해 말하고 있는 것이 아니라 모든 사람의 삶 속에 "풀 수 없게 엮어진" 것이었던 "당연한 것으로 여기던 하나님의 실재"에 대해 말하고 있다. 신앙은 "형식적인 교의(敎義)라기보다는 의식의 가장자리에서 맴도는 통각(統覺, apperception) 상태"와 같이 여겨진다. 그것은 "한 사람이 계절의 변화나 태양이 떠오르는 것을 '믿는 것'과 같은 방식으로 어떤 사물의 구조에 대해 느껴지는 감각에 거의 접해 있다." 그것은 19세기 후반 "불신앙은 온전히 가능한 선택사항이 되었던" 기념비적 변동이었던 이유이다. 결론적으로 터너는 다음과 같은 질문을 제기한다. "하나님께서 세상에 충만하시다면 일반인들이 어떻게 그분을 믿는 것을 중지할 수 있을까? 문화가 어떻게 그것의 가장 깊이 뿌리를 내리고 있는 것, 가장 필수적인 자명한 이치를 없이 할 수 있을까?(4)

터너는 종교개혁, 국가 권력, 교회의 편향을 침식했던 종교적 관용 정책, 경제 혁신, 자본주의, 테크놀로지, 인쇄, 무역, 그리고 자본주의의 다른 아류들과 같은 세력을 통해 해답을 추적한다(9~11). 특히 그는 지적인 삶을 위한 새로운 세속화된 구조의 영향에 대해 주목하는데, 그 구조는 "교회적인 제약에 적게 종속되고, 갈등하는 관념에 대해서는 보다 개방적이며, 하나님과 그분의 방식에 대해 질문하는 것을 억압하고, 냉담해지는 것을 적게 만드는 것"이다(13).

17세기 신비주의의 만개와 교회 지도자들이 합리화(rationalization), 혹은 이성에 우선을 두는 것을 거부하였던 경건주의로 달려갔던 것을 통해 여기에서 터너의 전체적인 설명을 추적하려고 했던 우리의 목적을 훨씬 넘어가고 있다. 그는 합리화되고 도덕화된 신앙에 대해 18세기의 응답(35~72), 19세기의 복음주의의 발흥과 지식으로서의 직관과 감정적 응답으로서의 종교에 있어서 새로운 혁신(73~113)을 개략적으로 진술한다.

그러나 4세기에 걸친 변화에 대한 터너의 설명의 결론은 여기 우리의 목적을 위해서는 중요하다. 그는 다음과 같이 요약한다. "종교를 보다 최신식으로, 변화하는 사회적 실재에로 보다 잘 선회하는 종교로 인식하는 것은 어렵다." 그러나 이 시간을 초월하는 특성에 대해 치러야 하는 대가는 "당황케 하고 공격적인 고대의 제도들을 … 완화시키든지, 혹은 던져버리든지 해야 한다"는 것이다. 이와 같이 종교는 "사람들의 필요와 바라는 것 가운데 깊이 뛰어들게 되었고, 혹은 신이 인간의 이미지로 보다 가깝게 조각되었다"(113).

그리고 터너는 "매일의 경험으로부터 하나님의 직접적인 임재를 멀리 두면서 만질 수 없는 영적인 영역 안으로"(119), 성직자의 소명의 신분 영역으로의 환원(121), 인간의 경험에 의한 입증 필요성을 포함하는 지식의 개념 작용(conception)의 변화(132) 등으로 밀어 놓으려는 여러 사회적 변화를 묘사한다. 기독교가 풍화되고 있다는 모든 착잡함

은 다양한 이단의 출현을 포함한다. 특히 초월주의(transcendentalism)[2]
는 가장 광범위하게 영향을 미치는데 그것이 가지고 있는 문예적 영향
력 때문이다(163).

그의 책의 첫 번째 부분인 "근대 시대의 믿음, 1500~1865"를 결론
지으면서 터너는 다음과 같이 말한다. "그리스도의 교회들이 하나님과
그분께 이르는 길에 대한 자신의 가르침을 통해 지금 자신들이 발견하
게 되는 혼란의 상태에 가장 크게 공헌을 했다는 사실은 최고의 아이
러니이다"(167). 그것은 그 책의 두 번째 파트인 "근대 시대의 불신앙,
1865~1890"을 형성하는 기간을 준비하고 있다. 거기에서 터너는 불
신앙을 불러일으킨 이러한 세 가지 측면을 탐구한다.

(1) 만약 하나님이 존재하신다면 그분에 대한 지식은 인간의 능력 너머
에 존재한다는 확신을 갖게 하는 믿음에 대한 지적 불확실성, (2) 하나님
을 믿는 신앙의 비도덕성 때문에 거부와 비신앙적인 도덕성의 설정으로
이끌어가는 믿음과 함께하는 도덕적 문제, (3) 하나님으로부터 다른 이
상적인 것들로의 숭배의 변환(172).

이러한 세 가지 주제 각자에 대한 터너의 결론은 이 장의 주제와 관

---

2 역주/ 초절주의(超絶主義), 혹은 선험주의 등으로도 칭해지는 이 사조는 19세기 중엽 미국을 중심으로 일어난 관념론적 철학 운동으로 이상주의적 관념론에 의한 사상개혁의 특성을 취한다. 청교도 운동 이후 전개된 미국식 낭만주의 운동으로 정의와 자유를 존중하며 계몽적 특성을 가진 철학적, 문학적 운동이다. "직관적 지식과 인간과 자연에 내재하는 신성 및 인간이 양도할 수 없는 가치에 믿음"을 중요하게 생각하는데 임마누엘 칸트와 쉘링(F. Schelling) 및 신플라톤주의적 동양사상의 영향을 받아 범신론, 직관주의, 신비주의, 유니테어리언주의 등을 주장한다. 대표자로는 랄프 왈도 에머슨, 헨리 데이빗 소로우, 월트 휘트먼 등을 들 수 있다.

련지어 볼 때 중요하다.

"신앙의 지성적 위기"라고 제목이 붙어 있는 장(171~202)에서 터너는 "종교 지도자들은 그들이 돌보는 교인들 가운데 어떤 사람들이 지식적 권리의 포기 쪽으로, 과학을 내주는 쪽으로 기운다면"(192) 어떻게 그들을 비난해야만 하는지를 설명한다. 왜냐하면 "무엇보다 이러한 세속적인 방문자를 하나님의 집으로 환영해 들이고 자연적 지식과 초자연적 지식 사이의 차이와 이 세상의 만질 수 있는 것과 다른 세상의 감지할 수 없는 일들 사이의 차이를 덮어 감추는 사람은 신학자들과 목회자들이기"(193) 때문이다. 그래서 터너는 다음과 같이 종결한다.

교회들은 믿음을 좀 더 부드럽게 하는 데 주요 역할을 감당했다. 신학자들은 하나님은 인간의 이해를 넘어서 존재하시는 분이라는 사실을 인정하는 것을 너무 내키지 않아 해서 허락하지 아니하였고, 세속적인 인간의 지식의 주위에 하나님을 가져오는 것에 너무 강요하였으며, 너무 염려하여 믿음을 과학과 연결하지 못했으며, 지적 세계로 가는 다른 길을 존중하지 않았으며, 이해할 수 있는 실재의 비인식적 방식에 너무 무감각했으며 – 요약하면 하나님을 오늘 시대에 적합하게 하려고 하면서 그 자신의 전통의 많은 부분을 망각하게 되는 것 – 등과 같은 입장을 취하게 된다. 교회의 지도자들은 과학이 하나님을 의존하는 한, 과학이 예증하였던 지식의 새로운 개념작용이 궁극적 결론에 이르지 못하는 한 이것과 함께 도망하였다. 그러나 그렇게 했을 때 신학은 하나님에 대한 질문의 복잡성을 무시하는 것에 대한 대가를 지불해 왔는데, 인간의 이해를 넘어서는 것처럼 보이는 초월적인 신비를 억누르는 것 때문이었다. 대부분의 신학자들은 빅토리아 시대의 불가지론 이전에 오랫동안 믿음을 상실했다고 어떤 이들은 말한다(202).

"믿음의 비도덕성"이라는 제목이 붙은 터너의 책의 장(203~25)은 신정설(theodicy),[3] 권위, 진리, 진보, 악과의 타협 등의 주제에 대한 질문을 논의한다. 이 경우에 신학자들과 목회자들의 잘못("그들의 신성모독")은 인간의 원함과 창조주의 의도 사이에 존재할 수밖에 없는 긴장을 잊어버리는 것이다. "그들은 창조는 인간의 이해를 초월하는 것이라는 고대의 지혜로부터 먼지만 모아 들였다"(224).

"보다 탁월한 방식"이라는 제목이 붙은 장(226~47)에서 터너는 교회 지도자들의 진보의 관념에 대한 그들의 열정 때문에 일어난 교회의 도덕성과 관련하여 불가지론의 유산을 다룬다. 터너는 "믿음의 관리인들이 이와 같이 불신앙으로 가는 길을 포장했다"고 안타까워한다.

그것은 그들의 믿음의 진보는 오래되고 거대한 경향을 능가했기 때문이다. 이제 여러 세대 동안에 증가하는 많은 목회자들과 신학자들은 모더니티와 바른 관계를 가질 필요를 이해하게 되었다. 가장 영향력 있는 것은 모더니티를 고대의 가르침 밑에서 놀도록 자리를 만들어 주었다는 점이다. 그 고대의 가르침은 하나님은 인간의 이해와 목적을 초월한다는 것이며, 하나님의 방식은 인간의 것과는 다르다는 것이었다. 그들은 하나님의 조화성(congruence) 대신에 이 세상의 비즈니스와 대화를 더 나누

---

[3] 역주/ 악의 존재가 신의 섭리라고 주장하는 이론.

었다. 그들은 영성보다는 도덕성에 대해 더 많은 이야기를 했으며, 어떤 소문난 다른 영역을 향해 나아가는 그것의 어렵고 빈약한 힘주기 대신에 그럴듯한 인간 세상에서 종교의 사용법에 대해서 이야기하기를 좋아했다. … 이러한 전략과 함께 교회의 지도자들은 종교를 세속 세상과 함께 조화롭게 유지하려고 했다. 그러나 하나님에 대한 조화를 요구하는 것을 이 세상에 맞추어 허락함으로 대가를 지불해야 했다. …

여기에서 약간의 아이러니보다 더 많은 것이 숨어 기다리고 있다. 교회의 지도자들은 믿음이 그 자체를 실천 가운데서 표현해야 한다고 주장하는 것과 믿음과 도덕은 연결되어 있다고 주장하는 것, 어떤 가치 있는 하나님에 대한 신빙성은 인간의 도덕적 추구에 대한 기초를 제공해야 한다는 것은 분명 잘못된 것이 아니었다. 그러나 그들은 그들 자신의 고대 전통에 존재하는 긴장관계에 대해 주목하는 것에는 태만했다(245, 247).

"경건성 없는 고결함"이라는 제목이 붙은 그의 마지막 장(284~61)에서 터너는 불가지론이 신앙에 의해 전에 완화되었던 깊은 영적 굶주림을 만족시키는 대체물 – 상실과 슬픔 가운데 위로, 두려움과 혼동에 대한 안전, 불확실성 안에서의 적응 지도(orientation) – 을 어떻게 발견했는지를 보여준다. "아마도 우주적으로 가장 놀랍게 하나님께서 거룩한 처소를 제공하셨는데 그곳에서 마음의 가장 깊은 우물로부터 솟아오르는 경이감, 의존성, 찬양, 존경의 마음을 갖도록 허락하신다"(248). 다시 예술, 자연, 인간의 종교 등을 통해 "하나님의 공적 대표자들은 그분의 환치(換置, displacement)를 배열할 수 있도록 도와 왔다"(253).

종교에서 외적으로 일어난 다양한 발전은 불신앙이 자라도록 만든 환경 - 근대 과학의 발현, 사회적, 경제적 변화, 산업화와 도시화로 인해 발생하는 동요 - 을 조성했다. 그러나 "마지막 분석에서 이러한 세력은 새로운 질문을 제기한다. 거기에 해답을 주었던 사람들은 종교 지도자들이었다." 그것은 외부의 긴박성에 대한 그들의 반응(reactions)이었으며, 불신앙을 형성하는 힘은 아니었다. "마지막으로 가장 영향력 있는 교회 지도자들은 모더니티와 평화로운 관계를 만들면서 그들의 신앙을 보존하려고 했는데 세속적인 이해와 목표와 가능하면 호환할 수 있는 방식으로 하나님과 그분의 목적을 인식하는 방식을 통해 그리하였다." 비록 "소수자들이 초월적인 하나님은 완전히 인간의 이해, 그들의 입장에서 너무 멀리 나가며 너무 멀리 떨어져 있는 것 같은 그들의 신을 벗어나야만 한다고 주장하였다(260).

터너는 그의 책, 결언(262~69)에서 하나님에 대한 생각이 "비인간적이고 초월적인 것으로부터 벗어나 인간적이고 세상적인 것으로 움직여 나간" 방식에 강력한 요약을 제시한다. "그것은 하나님에 대한 이러한 새로운 자세, 믿음의 더해가는 세상성(worldliness)"이다. 그것은 불신앙의 가능성을 설명하려고 시도할 때 가장 많이 활용된다. 그것은 "이러한 혼란 가운데서 … 중요한 요소"이다. 그것을 좀더 정확하게 제시하면 "불신앙은 영향력 있는 교회 지도자들 - 평신도 작가, 신학자, 목회자 - 이 종교적 신앙에 대한 현대의 압력을 어떻게 대면해야 할지를 결정하는 것으로부터 나온다." 이러한 반응들 중에는 신중한 숙고의 산물이 아닌 것도 있다. 그러나 "함께 주어지는 선택은 모더니티를 포용하면서 그것을 어떻게 다룰 것인지에 대한 결정 - 모더니티와 같은 라인에 하나님을 가져옴으로써 믿음의 전통적 기초에 대한 근대의 위협을 제거하는 것 - 으로 요약된다(226). 터너는 다음과 같이 결론을 내린다.

> 그들은 회복 탄력성을 가진 신앙은 그 자체로 인간의 사상과 경험 가운데 기초한다는 것을 믿게 되는 실수를 하지 않았다. 그러나 그들은 이해할 수 없는 하나님과 그분을 알아가려는 인간의 노력 사이에 긴장이 자명하게 존재해야 한다는 사실을 종종 망각했다. 그들은 하나님이 이 세상의 주가 되셔야 한다고 주장하는 바보들은 거의 아니다. 그러나 그들은 이 세상은 그분을 명확하게 규정할 수 없다는 사실을 언제나 기억하지 못하고 있었다. …
>
> 약간 다르게 설명하면 불신앙은 교회 지도자들이 너무 자주 하나님에 대한 기본적인 초월성을 잊어버리기 때문에 발생한다. … 그들은 모더니티의 도전을 대면하려고 하면서 실제적으로는 신앙을 그것에 내주고 있기 때문에 그렇게 하고 있는 것이다. 이러한 목회자들과 신학자들은 옛 트랙에서는 신앙을 계속해서 유지할 수가 없다고 잘 이해하고 있다. 그러나 그들은 그것이 새로운 것으로 단순하게 뛰어들어서는 안 된다는 사실과 믿음은 그것을 적용하는 과정에서 안전한 지혜를 수정할 수 있다는 사실을 충분히 잘 이해하지 못하였다(267).

터너는 이 모든 것으로부터 유추할 수 있는 교훈은 하나님을 믿는 사람들은 우리 인간의 이해력으로 그분에게 접근할 수 있도록 만들기 위해 - 즉, 믿음을 길게 끌고 가기를 원한다면 - 하나님을 결코 깎아내리지 않을 것이라고 주장한다. "우주는 우리의 측정 기구에 맞추지 않는다. 그것을 잊어버리면 많은 믿는 자들은 그들의 하나님을 잃어버리게 될 것이다"(269).

그것이 다시 일어날 것인가?

여기에서 터너의 주장을 아주 광범위하게 요약하고 인용하였다. 왜냐하면 그가 가르쳐 주는 교훈이 시대가 바뀌고 있는 때에 소위 예배 전쟁이라는 영역에서 너무 자주 간과해 왔기 때문이다. 터너는 신앙을 잃어버리는 것은 교회가 그들을 둘러싸고 있는 문화 가운데 일어나고 있는 변화에 자신들을 적합하게 만들지 않았기 때문이 아니라 사회적 우상숭배와 요구에 굴복하는 것을 찬성하면서 그들의 전통이라는 지혜를 너무 쉽게, 너무 유순하게 희생시켜 버리기 때문이라는 사실을 명료하게 만든다. 대신에 신학자들과 목회자들이 대신에 신중한 숙고와 옛것과 새것의 변증법적 균형감각을 가지고 문화적 도전에 응답해 왔다면 무엇이 일어났을까?

터너는 지금 교회가 서 있는 그 문화로부터 오는 위협은 불신앙에서 오는 것이 아니라고 말한다. 오히려 이러한 위협에 대한 응답을 너무 쉽게 하고 있기 때문이다. 교회 지도자들은 교회 자체 안에 기본적인 변화를 만들면서 – 교회 자체의 파괴되어 가고 있는 것에 대해 – 반응을 해 왔다. 교회의 예배와 연결해서 볼 때 같은 일이 오늘날에도 일어나고 있는가? 다음의 경향을 고려해 보자.

- 많은 교회들이 텔레비전 시대의 즉각성과 피상성에 대해 "사람들의 일"이 되어야 하는 것이 되지 못하도록 예배를 방해하면서 텔레비전 스타일의 찬양과 찬양 사역자들을 동원하여 거기에 함께 응답하려고 하고 있다.

- 많은 교회들이 연속성이 없이 다양성을 제시하면서 베이비부머 세대들의 선택에 대한 강조에 반응하고 있다.
- 많은 교회들이 교회의 역사적 전통을 내던져 버리면서 포스트모던주의자들의 뿌리 없음(rootlessness)의 흐름에 편승하고 있다.
- 많은 예배 인도자들이 이 시대의 신들 – 성공, 숫자, 돈, 권력, 명성, 그리고 대중적 인기라는 우상숭배 – 에 굴복한 희생물이 되었다.
- 많은 설교자들이 하나님을 그들의 설교와 회중의 찬양의 주체와 대상으로 모셔 들이는 대신에 치유적 자조(自助, self-help)의 메시지를 전하고 있다.
- 많은 교회 지도자들이 믿음을 무기력하게 만들고 품성을 세우는 대신에 오직 감정에 호소하면서 "위험에 빠진 마음들"(endangered mind)에 빠져 있다.
- 많은 예배 참석자들이 복음을 사회 속에 적용하면서 삶으로 살아내야 하는 하나님의 백성들의 계속되어 온 공동체의 일원으로 자신을 이해하는 대신에 자기 자신들의 개인적 위안만을 추구한다.

교회를 둘러싸고 있는 문화의 위협에 대한 교회의 이러한 모든 응답은 믿음을 위험에 처하게 만드는 결과를 야기한다. 우리의 예배가 교인들과 방문자들이 동일하고 쉽게 이해할 수 있는 것이 되기 위해 모국어로 드려야 한다는 것은 사실이다. 그러나 진정으로 하나님을 주체와 대상으로 모신 예배는 전복적인 특성을 가지게 된다. 특별히 포스트모던 시대와 테크놀로지 시대에 베이비부머 세대와 베이비부스터 세대에 응답하려고 하면서 우리 예배 가운데 이러한 믿음의 전복적인 본질을 잃지 않으면서 그러한 사람들의 언어로 말할 수 있어야 한다.

우리는 터너가 묘사했던 것과 아주 유사한 과정이 다시 일어나도록 할 것인가? 만약 극단적인 "전통주의자", 혹은 "현대적 예배 신봉자"가 소위 예배 전쟁에서 누군가가 승리를 하게 된다면 전자가 승리할 경우에는 변화하는 시대에 적응하는 것을 방해할 것이며, 후자가 승리할 경우에는 과거의 지혜를 잃어버린 채 변화에 적응하게 될 것이다.

여기에 대안적인 방식이 있다. 우리는 보다 좋은 질문을 던질 수 있을 것이다. 하나님을 예배의 주체로 모시는 예배, 성도들의 품성을 육성하는 예배, 하나님의 목적을 따라 세상에 다가갈 수 있는 사람들이 되도록 기독교 공동체를 형성해 가는 예배를 기획할 수 있을 것이다.

우리의 예배는 믿음을 무기력하게 함이 없이 세상에 다가갈 수 있을 것이다. 그러나 이것이 우리 가운데 일어나도록 하기 위해 우리는 보다 좋은 질문을 던질 수 있어야 한다. 본서는 그것이 누군가에게 일어나기를 바라고 기도하면서 쓰여졌다.

부록

교회의 역사적 예전 가운데서 가진
일련의 어린이 설교

부록

교회의 역사적 예전 가운데서 가진
일련의 어린이 설교

예전의 다양한 요소를 바탕으로 준비된 이 어린이 설교문은 예전적인 요소들이 함께 주어졌던 예배 시간의 한 부분에서 행해졌다. 이것을 간략하게 만들기 위해, 메시지가 주어져야 하는 예전적 상황에 대해서만 간단히 묘사했는데, 설교의 주제, 가질 수 있는 어린이들의 신체적 행동, 얻을 수 있는 교훈 등을 중심으로 간략히 제시했다.

1. 시간: 복음서 봉독이 끝난 후 어린이 설교를 위한 일반 장소에서 행해짐.

    주제: 주현절 예전색과 배너들

    행동: 제단, 성경봉독대, 설교단, 그리고 배너에 있는 예배 상징들을 볼 수 있도록 제단 주변을 걷기

    교훈: 교회력의 다른 절기에 우리는 특별한 예전색깔과 상징을 사용하는데 그리스도께서 우리를 위해 행하신 일을 일깨우기 위해서이다. 주현절기에는 금색의 왕관을 왕이신 그분께 올려드린다.

2. 시간: 예배 시작 부분에서 광고가 끝난 후

   주제: 촛불을 밝히기 전과 후에 복사(acolytes)는 예배의 집인 거룩한 장소에 대한 존경의 마음을 나타내기 위해 고개를 숙여 절을 한다.

   행동: 복사가 인사하는 것을 본 후에 왜 그들이 그렇게 하는지에 대해 토론을 한 후에 어린이들이 성찬 가로대(communion rail)로 나아가 함께 절을 하게 한다.

   교훈: 예배는 하나님을 만나는 특별한 시간과 장소인 것을 기억하면서 예배를 드릴 때 우리는 다르게 행동을 한다.

3. 시간: 예배 시작 부분에서 광고가 끝난 후

   주제: 오르간 전주

   행동: 세 종류의 다른 전주—트럼펫 팡파레, 사순절 묵상곡, 페달을 사용한 합창 멜로디—를 듣게 한다.

   교훈: 오르간 전주는 우리의 생각이 하나님께로 향하도록 만들고, 우리의 분주한 마음을 차분하게 만들며, 찬양의 곡조를 알게 하고, 기도 가운데로 우리를 인도하며, 우리로 하여금 예배를 준비하도록 도와준다.

4. 시간: 신앙고백 직전

   주제: 우리에게 신앙고백이 필요한 이유

   행동: 제단 가로대(altar rail)에 무릎 꿇기

   교훈: 하나님의 거룩하심 앞에서 겸손함과 허락하신 용서의 은혜 안에서 누리는 기쁨을 알게 한다.

5. 시간: 어린이 설교를 위한 일반 장소에서 행해짐.

   주제: 사순절 예전색과 배너들

   행동: 세워진 십자가 숫자 세기

   교훈: 그리스도께서 우리를 위해 죽으신 모든 것을 생각하며 회개하고 묵상하는 것의 가치를 알게 한다.

6. 시간: 오늘의 기도 직전

   주제: "주님께서 여러분과 함께 계시기를 빕니다"와 "목사님과 함께 계시기를 빕니다"에 대한 응답

   행동: 목사님이 손을 들고 우리에게 인사를 건넬 때와 똑같이 우리가 말하고 노래할 때 목사님을 향해 손을 들기

   교훈: 하나님의 사랑과 우리 사랑 가운데 목사님을 감싸 안게 한다.

7. 시간: 구약성경 봉독 직전

   주제: 성경구절의 위치

   행동: 구약성경, 서신서, 복음서 봉독하는 자리에서 성경말씀 안으로 온전히 들어가기

   교훈: 왜 매 주일 3군데의 말씀을 읽어야 하는지와 이러한 말씀들의 연관성을 알게 한다.

8. 시간: 종려주일 예배로 나아가는 행진이 끝난 후

   주제: 종려주일/ 고난주일

   행동: 걸으면서 종려나무 가지 흔들기, 아마도 현대적 버전으로 한다면 박

수를 치는 것일텐데 함께 박수치기, 경배의 행위로 바닥에 고개를 대고 엎드리기

교훈: 오늘 예수님께서 이 자리에 우리와 함께하시기 위해 오신다면 우리는 어떻게 응답할 수 있을까? 만왕의 왕되신 주님을 어떻게 경배할 수 있을까?

9. 시간: 복음서 봉독 직전

주제: 복음서 봉독 직전에 "오 주님께 영광을 돌립니다"와 봉독 후에 "오 그리스도, 주님을 찬양합니다"로 응답하는 것

행동: 발로 뛰면서 응답송을 부르기

교훈: 복음서의 말씀이 봉독될 때 듣기를 원하는 열망과 그것을 들을 수 있음에 대한 감사, 예배 가운데서 첫 번째 클라이맥스(high point)를 준비하기

10. 시간: 봉헌 직전

주제: 봉헌

행동: 봉헌함이 전해질 때 우리 자신을 거기에 넣을 수 있을 것인지에 대한 숙고

교훈: 하나님께서는 우리 모두를 소유하고 계시며 그것을 기억하면서 우리가 가진 돈의 일부를 하나님께 드린다.

11. 시간: 성찬 직전

주제: 응답과 제정의 말씀

행동: 성찬을 준비하기, 빵과 포도주를 가져오기

교훈: 예배의 두 번째 클라이맥스를 준비하기

12. 시간: 찬양대 페스티벌 중간

주제: 다양한 스타일의 찬양

행동: 어린이들은 찬양을 부를 때 쉬운 데스캔트를 배우며 어른들과 함께 데스캔트를 넣어 찬양하기. 어떤 어린이들은 플루트로 연주하기

교훈: 하나님을 찬양하기 위해 우리의 재능을 사용해야 한다.

(이 설교 메시지는 둘로 나눌 수도 있다. 한 설교는 음악의 스타일을 강조하는 내용으로 준비할 수 있겠고, 한 메시지는 어린이 플루트 연주자와 같이 우리의 재능을 드리는 것을 강조하는 내용으로 준비할 수 있겠다).

참고문헌

Achtemeier, Elizabeth. "An Excellent Woman." *The Christian Century*, 110, no. 24 (22 Aug.-1 Sept. 1993): 808-9.

Alexander, John. "Bleeding Hearts: How Church Communities Can Flourish." *The Other Side*, 29, no. 3 (May-June 1993): 61-63.

_____. "Bleeding Hearts: Job against the Church." *The Other Side*, 29, no. 4 (July-Aug. 1993): 52-54.

Asimakoupoulos, Greg. "Please Take Out Your Hymnal." *Discipleship Journal*, 82 (July/Aug. 1994): 24-27.

Aune, Michael. "Lutheran Book of Worship: Relic or Resource?" *Dialog*, 33, no. 3 (Summer 1994): 174-82.

Barna, George. *The Frog in the Kettle: What Christians Need to Know about Life in the Year 2000*. Ventura, CA: Regal Books, 1990.

_____. *Marketing the Church: What They Never Taught You about Church Growth*. Colorado Springs, CO: NavPress, 1988.

_____. *User Friendly Churches: What Christian Need to Know about the Churches People Love to Go to*. Ventura, CA: Regal Books, 1991.

Barna, George, and William Paul McKay. *Vital Sign: Emerging Social Trends and the Future of American Christian*. Westchester, IL: Crossway Books, 1984.

Barna Research Group. *National and International Religion Report* (21 March, 1994), as cited in *Discipleship Journal*, 14, no. 4 (July/Aug. 1994): 14.

Bartlett, David L. "Texts Shaping Sermons." *Listening to the Word: Studies in Honor of Fred B. Craddock*, 147-63. Edited by Gail R. O'Day and Thomas G. Long. Nashville: Abingdon Press, 1993.

Beker, J. Christian. *Suffering and Hope: The Biblical Vision and the Human Predicament*. Grand Rapids: William B. Eerdmans, 1994.

Bellah, Robert N., and Christopher Freeman Adams. "Strong Institutions, Good City." *The Christian Century*, 111, no. 19 (15-22 June 1994): 604-7.

Bellah, Robert, Richard Madsen, William M. Sullivan, Ann Swindler, and Steven M Tipton. *Habits of the Heart: Individualism and Commitment in American Life*. Berkeley: University of California Press, 1985.

Benne, Robert. "Cambridge Evangelicals." *The Christian Century*, 110, no. 20 (27 Oct. 1993): 1036-38.

Bly, Carol. *Letters from the Country*. New York: Penguin Books, 1981.

Bobier, Michelle. "A Baptist Among the Episcopalians." *New Oxford Review*, 59, no. 6 (July-Aug. 1992): 13-16.

Bounds, E. M. *Power Through Prayer*. Edited by Penelope J. Stokes. Minneapolis: World Wide Publications, 1989.

Brauer, James L. "The Church Year." *Lutheran Worship: History and Practice*. Edited. Fred L. Precht. St. Louis: Concordia, 1993.

Brueggemann, Walter. *Biblical Perspectives on Evangelism: Living in a Three-Storied Universe*. Nashville: Abingdon, 1993.

_____. *Finally Comes the Poet: Daring Speech for Proclamation*. Minneapolis: World Wide Publications, 1989.

_____. *Israel's Praise: Doxology against Idolatry and Ideology*. Philadelphia: Fortress, 1988.

_____. *The Message of the Psalms: A Theological Commentary*. Augsburg Old Testament Studies. Minneapolis: Augsburg, 1984.

Buttrick, David. "Who is Listening?" *Listening to the Word: Studies in Honor of Fred B. Craddock*, 189-206. Edited by Gail O'Day and Thomas G. Long. Nashville: Abingdon, 1993.

Caemmere, Richard R. *Preaching for the Church*. St. Louis: Concordia, 1959.

Christensen, Bernheard. *The Inward Pilgrimage: Spiritual Classics from Augustine to Bonhoeffer*. Minneapolis: Augsburg, 1976.

"Converting Other Not High Priority." *The Christian Century* 111, no. 19 (15-22 June 1994): 601.

Coupland, Douglas. *Generation X: Tales for an Accelerated Culture*. New York: St. Martin Press, 1991.

_____. *Life after God*. New York: Pocket Books, 1994.

Dawn, Marva J. "The Concept of 'The Principalities and Powers' in the Works of Jacques Ellul." Ph.D. Dissertation, University of Notre Dame, 1992.

_____. *The Hilarity of Community: Romans 12 and How to Be the Church*. Grand Rapids: William B. Eerdmans, 1992.

_____. *Joy in Our Weakness: A Gift of Hope from the Book of Revelation*. St. Louis: Concordia, 1994.

_____. *Keeping the Sabbath Wholly: Ceasing, Resting, Embracing, Feasting*. Grand Rapids: William B. Eerdmans, 1989.

_____. *Sexual Character: Beyond Technique to Intimacy*. Grand Rapids: William B. Eerdmans, 1993.

_____. "What the Bible Really Says about War." *The Other Side*, 29, no. 2 (March-April 1993): 56-59.

Dean, William. "What Nixon Knew." *The Christian Century*, 111, no. 16 (11 May, 1994): 484-86.

Dearmer, Percy. *The Story of the Prayer Book*. New York: Oxford University Press, 1933.

Downey, Sabine. "Out in the Open." *The Christian Century*, 111, no. 13 (20 Apr. 1994): 406-7.

Dulles, Avery. "Tradition and Creativity in Theology." *First Things*, 27 (Nov. 1992): 20-27.

Dyrness, William. *How Does America Hear the Gospel?* Grand Rapids: William B. Eerdmans, 1989.

Ellul, Jacques. *The Ethics of Freedom*. Translated by Geoffrey W. Bromiley. Grand Rapids: William B. Eerdmans, 1976.

_____. *The Humiliation of the Word*. Translated by Joyce Main Hanks. Grand Rapids: William B. Eerdmans, 1985.

_____. *Jesus and Marx: From Gospel to Ideology*. Translated by Joyce Main Hanks. Grand Rapids: William B. Eerdmans, 1988.

_____. *The Meaning of the City*. Translated by Dennis Pardee. Grand Rapids: William B. Eerdmans, 1970.

_____. *The New Demons*. Translated by C. Edward Hopkin. New York: Seabury

Press, 1975.

_____. "Notes Innocentre Sur la 'Question Herméneutique.'" *L'Eangile, Hier et Aujourd'hui: Melanges Offerts au Professeur Franz J. Leehardt*, 181-90. Genéve: Editions Labor et Fides, 1968.

_____. *Propaganda: The Formation of Men's Attitudes*. Translated by Konrad Kellen and Jean Lerner. New York: Alfred A. Knopf, 1965.

_____. *Reason for Being: A Meditation on Ecclesiastes*. Translated by Joyce Main Hanks. Grand Rapids: William B. Eerdmans, 1990.

_____. *The Subversion of Christianity*. Translated by Geoffrey W. Bromiley. Grand Rapids: William B. Eerdmans, 1986.

_____. *The Technical Bluff*. Translated by Geoffrey W. Bromiley. Grand Rapids: William B. Eerdmans, 1990.

_____. *The Technological Society*. Translated by John Wilkinson. New York: Vintage Book, 1964.

_____. *The Technological System*. Translated by Joachim Neugroschel. New York: Vintage Books, 1964.

_____. *Violence: Reflection from a Christian Perspective*. Translated by Cecelia Gaul Kings. New York: Seabury Press, 1969.

Frei, Hans. *The Eclipse of Biblical Narrative: A Study in Enlightenment and Nineteenth-Century Hermeneutics*. New York: Yale University Press, 1974.

Gaddy, C. Welton. *The Gift of Worship*. Nashville: Broadman Press, 1992.

Gawronski, Raymond T. "Why Orthodox Catholics Look to Zen." *New Oxford Review*, 60, no. 6 (July-Aug. 1993): 13-16.

Gieschen, Thomas. "Contemporary Christian Music—Problems and Possibilities," Unpublished paper prepared for the "Lectures in Church Music," Concordia University, River Forest, IL, 6 Nov. 1986.

Glendon, Mary Ann. "Tradition and Creativity in Culture and Law." *First Things*, 27 (Nov. 1992): 13-19.

Green, Bernard D. "Catholicism Confronts New Age Syncretism." *New Oxford Review*, 61, no. 3 (April 1994): 18-22.

Grindal, Gracia. "To Translate Is to Betray: Trying to Hand the Lutheran Tradition On." *Dialog*, 33, no. 3 (Summer 1994): 183-90.

Guinness, Os. *Dining with the Devil: The Megachurch Movement Flirts with Modernity*. Grands Rapids: Bakers Book House, 1993.

Hauerwas, Stanley. and William H. Willimon. *Resident Aliens*. Nashville: Abingdon, 1989.

Healy, Jane M. *Endangered Minds: Why Our Children Don't Think*. New York: Simon and Schuster, 1990.

Heim, David. "Sophia's Choice." *The Christian Century*, 111, no. 11 (6 April 1994): 339-40.

Hendricks, William D. *Exit Interviews: Revealing Stories of Why People Are Leaving the Church*. Chicago: Moody Press, 1993.

Himmelfarb, Gertruce. "Tradition and Creativity in the Writing of History." *First Things*, 27 (Nov. 1992).

Horstman, Joey Earl. "Channel Too: The Postmodern Yawn." *The Other Side*, 29, no. 3 (May-June 1993).

Hoyt, Will. "On the Difference Between a Hero and an Apostle." *New Oxford Review*, 61, no. 3 (April 1994).

Hunt, Michael J., C.S.P. *College Catholics: A New Counter-Culture*. New York: Paulist Press, 1993.

Hunter, Graeme. "Evil: Back in Bad Company." *First Things*, 41 (March 1994): 36-41.

Hymnal of the Moravian Church. Bethlehem, PA: Department of Publications and Communications, Moravian Church, 1969.

Jacobs, Alan. "To Read and to Live." *First Things*, 34 (June/July 1993): 24-31.

Johnson, Benton; Dean R. Hoge; and Donald A. Luidens. "Mainline Churches: The Real Reason for Decline." *First Things*, 31 (March 1993): 13-18.

Just, Arthur A. "Liturgical Renewal in the Parish." *Lutheran Worship: History and Practice*, ed. Fred L. Precht. St. Louis: Concordia, 1993.

_____. "Liturgy and Culture." *Lutheran Worship Notes,* 27 (Autumn 1993): 1-2.

Kavanagh, Eva. "Prayer of the Flesh." *The Other Side*, 29, no. 3 (May-June 1993): 56-60.

Keck, Leander E. *The Confident*. Nashville: Abingdon, 1993.

_____ "Romans in the Pulpit: Form and Formation in Romans 5:1-11." *Listening* to the Word: Studies in Honor of Fred B. Craddock, 77-90. Edited by Gail R O'Day and Long. Nashville: Abingdon, 1993.

Keifert, Patrick R. *Welcoming the Stranger: A Public Theology of Worship and Evangelism*. Minneapolis: Fortress, 1992.

Kennan, George F. "American Addictions: Bad Habits and Government Indifference." *New Oxford Review*, 60, no. 5 (June 1993): 14-25.

_____. *Around the Cragged Hill: A Personal and Political Philosophy*. New York: W. W. Norton, 1993.

Kolden, Marc. "Homosexual Ordination: The Real Issue?" *Dialog*, 33, no. 3 (Summer 1994): 163-64.

LaCugna, Catherine Mowry. "Freeing the Christian Imagination." *Dialog*, 33, no. 3 (Summer 1994): 191-95.

Lasch, Christopher. *The Culture of Narcissism: American Life in an Age of Diminishing Expectations*. New York: W. W. Norton, 1979.

L'Engle, Madeleine. *The Love Letters*. New York: Farrar, Straus and Giroux, 1966.

Leupold, Ulrich S. "Introduction to Volume 53." *Liturgy and Hymn*, xiii-xx. Edited by Ulrich S. Leupold. Volume 53 in *Luther's Works*. Helmut T. Lehmann, general editor. Philadelphia: Fortress, 1965.

Lewis, C. S. *Letters to Malcolm: Chiefly on Prayer*. New York: Harcourt, Brace and World, 1963.

Lischer, Richard. "Preaching as the Church's Language." *Listening to the Word: Studies in Honor of Fred B. Craddock*, 113-30. Edited by Gail R. O'Day and Thomas G. Long. Nashville: Abingdon, 1993.

_____. *A Theology of Preaching: The Dynamics of the Gospel*. Nashville: Abingdon, 1981.

Long, Thomas G. "And How Shall They Hear? The Listener in Contemporary Preaching." *Listening to the Word: Studies in Honor of Fred B. Craddock*, 167-88. Edited by Gail R. O'Day and Thomas G. Long. Nashville: Abingdon, 1993.

Luther, Martin. "Concerning the Order of Public Worship"(1523). Translated by Paul Zeller Strodach. *Liturgy and Hymns*, 9-14. Edited by Ulrich S. Leupolds, Volume 53 in *Luther's Works*. Helmut T. Lehmann, General Editor. Philadelphia: Fortress, 1965.

_____. "An Order of Mass and Communion for the Church at Wittenberg"(1523). Translated by Paul Zeller Strodach. *Liturgy and Hymns*, 17-40. Edited by Ulrich S. Leupold. Volume 53 in *Luther's Works*. Helmut T. Lehmann, general editor. Philadelphia: Fortress, 1965.

Lutz, H. Benton. "The Self-Absorbed Masquerade." *The Other Side*, 29, no. 4 (July-Aug. 1993): 44-47.

MacDonald, George. *The Curate's Awakening*. Edited by Michael R. Phillips. Minneapolis: Bethany House Publishers, 1985. (Originally published as Thomas Wingfold, Curate in 1876.)

_____. *The Prodigal Apprentice*. Edited by Dan Hamilton. Wheaton, IL: Victor Books, 1984. (Originally published as Guild Court in 1867.)

Mahedy, William, and Janet Bernardi. *A Generation Alone: Xers Making a Place in the World*. Downers Grove, IL: InterVarsity Press, 1994.

Mankowski, Paul V. "The Skimpole Syndrom: Childhood Unlimited." *First Things*, 33 (May 1993): 26-30.

Marquardt, Kurt. "Liturgy and Evangelism." *Lutheran Worship: History and Practice*, 58-76. Edited by Fred L. Precht. St. Louis: Concordia, 1993.

Marty, Martin E. "Build a Parking Lot, and the People Will Come (and Go)." *Context*, 25, no. 4 (15 Feb. 1993): 3-4.

_____. "Holy Ground Sacred Sound." Public Lectures at Zion Lutheran Church, Portland, OR, Nov. 14. 1993.

_____. "M.E.M.O.: The Cutting Edge." *The Christian Century*, 110, no. 6 (24 Feb. 1993): 223.

_____. "M.E.M.O.: Instrument of Grace." *The Christian Century*, 109, no. 36 (9 Dec. 1992): 1151.

Mathewes-Green, Frederica. "The Kissing Part." *The Christian Century*, 111, no. 12 (13 April 1994): 375.

Meyer, Lester. "A Lack of Laments in the Church's Use of the Psalter." *Lutheran Quarterly*, Spring 1993, 67-71.

Mitchell, Henry. "The Hearer's Experience of the Word." *Listening to the Word: Studies in Honor of Fred B. Craddock*, 223-41. Edited by Gail R. O'Day and Thomas G. Long. Nashville: Abingdon, 1993.

Mitchell, I. N. "Liturgy and Culture." *Worship*, 65, no. 4 (July 1991): 364.

Mittleman, Alan L. "Review of Renewing the Covenant: A Theology for the Postmodern Jew by Eugene Borowitz." *First Things*, 30 (Feb 1993): 45.

Moravian Daily Texts. Bethlehem. PA: Department of Publications and Communications, Moravian Church, 1994.

Mulholland, M. Roberts, Jr. *Invitation to a Journey: A Road Map for Spiritual Formation*. Downers Grove, IL: InterVarsity Press, 1993.

Muller, Steve. "Quick Quote." *Current Thoughts and Trends*, 10, no. 3 (March 1994): 20.

Myerhoff, Barbara. *Number Our Days*. New York: Simon and Schuster, 1978.

Myers, Kenneth A. *All God's Children and Blue Suede Shoes: Christian and Popular Chuture*. Westchester, IL: Crossway Books, 1989.

Neuhaus, Richard John. "The Innovationist Edge." *First Things*, 27 (Nov. 1992): 64-66.

Nordin, John. "Can Traditional Ritual Be Evangelistic." *Dialog*, 33, no. 3 (Summer 1994): 229-30.

Nouwen, Henri J. M. *Behold the Beauty of the Lord: Praying with Icons*, Notre Dame: Ave Maria Press, 1987.

_____. "Finding a New Way to Get a Glimpse of God." *New Oxford Review*, 60, no. 6 (July-Aug. 1993): 6-13.

_____. "The Gulf between East and West." *New Oxford Review*, 61, no. 4 (May 1994): 7-16.

_____. "Pilgrimage to the Christian East." *New Oxford Review*, 61, no. 3 (April 1994): 11-17

O'Day, Gail R. "Toward a Biblical Theology of Preaching." *Listening to the Word: Studies in Honor of Fred B. Craddock*. Edited by Gail R. O'Day and Thomas G. Long. Nashville: Abingdon Press, 1993.

Otto, Rudolf. *The Idea of the Holy*. Translated by John W. Harvey. London: Oxford University Press, 1923.

Pelikan, Jaroslav. *The Vindication of Tradition*. New Haven: Yale University Press, 1984.

Peters, Ted. "Worship Wars." *Dialog*, 33. no. 3 (Summer 1994): 166-73.

Pittelko, Roger D. "Worship and the Community of Faith." *Lutheran Worship:*

History and Practice. Edited by Fred L. Precht. St. Louis: Concordia, 1993.

Postman, Neil. *Amusing Ourselves to Death: Public Discourse in the Age of Show Business*. New York: Viking Penguin, 1985.

_____. *Technopoly: The Surrender of Culture to Technopoly*. New York: Alfred A. Knopf, 1992.

Rienstra, Marchiene Vroon. *Swallow's Nest: A Feminine Reading of the Psalms*. Grand Rapids: William B. Eerdmans, 1992.

Robinson, Haddon W. *Biblical Preaching: The Development, and Delivery of Expository Messages*. Grand Rapids: Baker Book House, 1980.

Roof, Wade Clark. *A Generation of Seekers: The Spiritual Journeys of the Baby Boom Generation*. San Francisco: HarperCollins, 1993.

Sanneh, Lamin. *Translating the Message: The Missionary Impact on Culture*. American Society of Missiology Series, no. 13. Maryknoll, NY: Orbis Books, 1989.

Sass, Louis A. *Madness and Modernism: Insanity in the Light of Modern Art, Literature, and Thought*. New York: Basic Books, 1992.

Sayers, Dorothy L. *The Whimsical Christian*. Grand Rapids: William B. Eerdmans, 1969.

Schalk, Carl, "Music and the Liturgy: The Lutheran Tradition." *Lutheran Worship: History and Practice*, 243-61. Edited by Fred L. Precht. St. Louis: Concordial, 1993.

Schmidt, Wayne E. "The Place of Worship." *Lutheran Worship: History and Practice*, 175-218. Edited by Fred L. Precht. St. Louis: Concordial, 1993.

Schultze, Quentin J., et al. *Dancing in the Dark: Youth, Popular Culture and the Electronic Media*. Grand Rapids: William B. Eerdmans, 1991.

Sennett, Richard. *The Fall of Public Man: On the Social Psychology of Capitalism*. New York: Random House, 1978.

Sheler, Jeffrey L. "Spiritual America." *U.S. News and World Report*, 116, no. 13 (4 April 1993).

Small, Joseph D., and John P. Burgess. "Evaluating 'Re-Imagining.'" *The Christian Century*, 111, no. 11 (6 April 1994): 342-44.

Smith, Jane Stuart, and Betty Carlson. *A Gift of Music: Great Composers and Their Influence*. Westchester, IL: Cornerstone Books, 1979.

Stackhouse, John G., Jr. "God as Lord and Lover." *The Christian Century*, 109, no. 33 (11 Nov. 1992): 1020-21.

Stott, John R. W. *Between Two Worlds: The Art of Preaching in the Twentieth Century.* Grand Rapids: William B. Eerdmans, 1982.

Tapia, Andrés. "Reaching the First Post-Christian Generation." *Christianity Today*, 38, no. 10 (12 Sept. 1994): 18-23.

Taylor, Barbara Brown. "Preaching the Body." *Listening to the Word: Studies in Honor of Fred B. Craddock*, 207-21. Edited by Gail R. O'Day and Thomas G. Long. Nashville: Abingdon, 1993.

Tucker, Gene M. "Reading and Preaching the Old Testament." *Listening to the Word: Studies in Honor of Fred B. Craddock*, 35-51. Edited by Gail R. O'Day and Thomas G. Long. Nashville: Abingdon, 1993.

Turner, James, *Without God, without Creed: The Origins of Unbelief in America*. Baltimore: Johns Hopkins University Press, 1985.

Turner, Philip "To Students of Divinity: A Convocation Address." *First Things*, 26 (Oct. 1992): 25-27.

Ugolnik, Anthony. "Living at the Borders: Eastern Orthodoxy and World Disorder." *First Things*, 34 (June/July 1993): 15-23.

Van Harn, Roger E. *Pew Rights*. Grand Rapids: William B. Eerdmans, 1992.

Vitz, Paul C. *Psychology as Religion: The Cult of Self-Worship*, 2nd ed. Grand Rapids: William B. Eerdmans, 1994.

Webber, Robert. "The Divine Action in Worhip." *Worship Leader*, 1, no. 3 (Jone/July 1992): 7, 49.

Webster, Douglas D. *Selling Jesus: What's Wrong with Marketing the Church*. Downers Grove, IL: InterVarsity Press, 1992.

Wells, David F. *God in the Wasteland: The Reality of Truth in a World of Fading Dreams*. Grand Rapids: William B. Eerdmans, 1994.

_____. *No Place for Truth: or Whatever Happened to Evangelical Theology?* Grand Rapids: William B. Eerdmans, 1993.

Westerhoff, John H. III, and John D. Eusden, *The Spiritual Life: Learning East and West*. New York: Seabury Press, 1982.

Westermeyer, Paul. "Professional Concerns Forum: Chant, Bach, and Popular Culture." *The American Organist*, 27, no. 11 (Nov. 1993): 34-39.

_____. "Three Books of Worship: An Ecumenical Convergence." *The Christian Century*, 110, no. 30 (27 Oct. 1993): 1055-57.

White, James F. *Introduction to Christian Worship*, rev. ed. Nashville: Abingdon, 1990.

Willimon, William H. "Impressions and Imprints." *The Christian Century*, 110, 33 (17-24 Nov. 1993): 1149.

Woodward, Kenneth L. "Dead End for the Mainline?" *Newsweek*, 9 Aug 1993, 46-48.

Wuthnow, Robert. "Church Realities and Christian Identity in the 21st Century." *The Christian Century*, 110, 16 (12 May 1993): 520-23.

Yankelovich, Daniel. *New Rules: Searching for Self-Fulfillment in a World Turned Upside Down*. New York: Random House, 1981.